지중해의 성자
다스칼로스 3

FIRE IN THE HEART
by Kyriacos C. Markides
Copyright ⓒ Kyriacos C. Markides, 1990
All rights reserved.

Korean translation copyright ⓒ 2008 by Inner World Publishing Co.
Translated and published in the Korean language by arrangement with
Marlene Gabriel Agency through Eric Yang Agency, Seoul.

이 책의 한국어판 저작권은 에릭 양 에이전시를 통한
Marlene Gabriel Agency와의 독점계약으로 정신세계사가 소유합니다.
저작권법에 의하여 한국 내에서 보호를 받는 저작물이므로
무단 전재와 복제를 금합니다.

지중해의 성자
다스칼로스 3

키리아코스 C. 마르키데스 지음/김효선 옮김

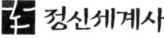

지중해의 성자 다스칼로스 **3**
ⓒKyriacos C. Markides, 1990

키리아코스 C. 마르키데스 짓고, 김효선 옮긴 것을 정신세계사 정주득이 2008년 2월 22일 처음 펴내다. 정신세계사의 등록일자는 1978년 4월 25일(제1-100호), 주소는 03965 서울시 마포구 성산로4길 6 2층, 전화는 02-733-3134(대표 전화), 팩스는 02-733-3144, 홈페이지는 www.mindbook.co.kr, 인터넷 카페는 cafe.naver.com/mindbooky이다.

2024년 7월 16일 펴낸 책(초판 14쇄)

ISBN 978 - 89 - 357 - 0297 - 8 04840
      978 - 89 - 357 - 0293 - 0 (전3권)

한국 독자들에게 보내는 인사

《지중해의 성자 다스칼로스 3》(Fire in the Heart)의 한국어판 출판을 계기로, 한국 독자들에게 감사의 인사를 전하게 되어 매우 기쁘게 생각합니다. 이 책을 통해 전 세계 수많은 사람들의 삶에 영향을 끼쳤던 비범한 신유가이자 신비가인 다스칼로스와의 영적인 만남을 한국의 독자들과 계속 나눌 수 있게 된 것은 영광스러운 일입니다.

다스칼로스는 저의 삶에도 막대한 영향을 끼쳤습니다. 무엇보다 다스칼로스는 저의 세계관이 근본적으로 바뀌게 하는 데 핵심적 역할을 했습니다. 사회과학자이자 학자로서 훈련받은 나는 실제로 존재하는 유일한 세계는 오감으로 관찰할 수 있는 사실과 현상으로 드러난 물질세계뿐이라고 생각했습니다. 그러나 다스칼로스와 그의 가까운 제자들과 오랜 세월 함께하면서, 그리고 통상적인 관점에서는 도저히 설명이 되지 않는 그의 놀라운 신유(神癒)의 결과와 현상들을 목격하면서 나의 회의론과 불가지론을 점차 극복하게 됐습니다.

다스칼로스의 범상치 않은 심령능력과 뛰어난 철학적 혜안은 인간의 마음이 물질두뇌 속에 묶여 있지 않으며, 두뇌는 단지 마음의 도구에 불과하다는 결론을 내리게 만들었습니다. 그것은 우리 인간은 한낱 육신이 아님을 뜻합니다. 육신은 진정한 나의 겉모습일 뿐이며, 우리의 생명은 육신의 죽음으로 끝나는 것이 아니라는 것을 말해주고 있습니다.

다스칼로스가 늘 얘기했듯이, 그의 특별한 사명은 사람들이 자신의 진정한 본성을 발견하게끔 도와주는 일이었습니다. 그리스도교 신비가였던 그는 사실상 인간은 스스로 자초한 기억상실증으로 고통받고 있는 작은 신이라고 역설했습니다. 우리의 궁극적 목적이자 운명은, 우리를 만들어낸 창조자와 다시 하나가 되어 자신의 진정한 본성을 깨닫는 것입니다.

진지한 사상가들과 신비가들은, 다스칼로스가 심령가이자 신유가일 뿐만 아니라 실재의 본질에 관한 심원하면서도 명쾌하고 완벽한 가르침을 설득력 있게 제시한 현자(賢者, sage)였다고 말합니다. 다스칼로스가 20세기 최고의 신비가들 중의 한 사람으로서 추앙받는 것도 이 때문입니다. 한국의 독자들이 이처럼 뛰어난 영적 가르침을 접할 수 있도록 애써준 정신세계사에 깊이 감사드립니다.

2008년 1월
키리아코스 C. 마르키데스

지은이의 말

〈지중해의 성자 다스칼로스 3〉은 앞서 출판된 1, 2권에 이어지는 3부작의 마지막 이야기이다. 그러나 이 책 역시 그 자체로 한 권의 독립적인 책이므로 앞서 나온 책들의 내용을 잘 몰라도 읽는 데 큰 어려움은 없을 것이다. 또 앞의 두 권의 책을 이미 읽은 독자들도 그 책에 담기지 않았던 깊이 있는 내용들을 이 책에서 만나게 될 것이다.

제1장은 주로 앞의 두 권의 책에 실린 중심 개념들에 대한 복습과 요약이라고 할 수 있다. 하지만 이 시리즈를 처음 읽는 독자라도 1장의 내용의 밀도나 새로운 어휘에 겁먹을 필요는 없다. 1장에서 제시되는 생각과 개념들은 다음 장들에서 이어지는 폭넓은 대화와 일화와 경험담들을 통해 더 알기 쉬워지고 분명해질 것이다. 처음 읽는 독자는 각주를 참고하면 내용을 더 잘 이해할 수 있을 것이다.

그리스 남자 이름의 호칭은 전편과 동일하게 그리스 특유의 어투를 사용했다. 즉 내가 누군가를 3인칭으로 언급할 때는, 예컨대 "내가 도착했을 때 다스칼로스는 집에 없었다"와 같이 '다스칼로스, 코스타스, 이아니스, 안토니스, 스테파노스'라고 칭했다. 하지만 그리스인 남자를 직접 호칭할 때는 '다스칼레, 코스타, 이아니, 안토니, 스테파니'라고 불렀다. 예컨대 "말씀해주세요. 다스칼레, 당신은 어떻게 마음대로 몸을 떠납니까?"와 같은 식이다.

책에 나오는 이름들은 역사적인 인물과 내 가족의 이름을 제외하고는 전부 가명이다. '다스칼로스'는 이름이 아니다. 그것은 '마스터' 또는 '선생님'을 의미하는데, 그리스 문화권에서 학교 선생님이나 사제(司祭)를 부를 때 일반적으로 사용되는 말이다.

이 책과 앞의 두 권의 책을 완성하기 위하여 신세를 진 사람들은 일일이 이름을 열거할 수 없을 정도로 너무나 많다. 우선 키프로스에 있는 친척들과 이 책에 나오는 친구들, 그리고 이 비전의 가르침을 광범위한 독자들에게 전할 수 있는 기회와 영광을 나에게 베풀어준 그리스계 키프로스의 영적 스승인 다스칼로스와 코스타스에게 깊은 감사의 뜻을 전한다.

키프로스에서 진행중인 나의 작업이 가능하도록 휴가와 지원금을 제공해준 메인대학교에도 감사한다. 또한 이번 연구에 대해 협조와 격려를 아끼지 않은 사회학과의 동료 교수들에게도 진심으로 깊은 감사를 표하고 싶다. 특별히 좋은 친구이자 동료인 스티브 콘 교수와 스티븐 마크 교수, 그리고 캐서린 그르젤코프스키 교수에게 감사한다. 그들은 기꺼이 내 작업을 정신적으로 후원해주고 유용한 충고와 비평을 해주었다. 또한 시간과 에너지를 아끼지 않고 초고를 세심하게 검토해준 수잔 그린우드에게도 감사의 뜻을 전한다. 그리고 마이클 루이스의 그림과 폭넓은 조언에 대한 감사의 말도 빼놓을 수 없다. 지난 몇 년 동안 나는 마이클의 우정, 예술적인 충고, 그리고 영적인 감수성의 덕을 톡톡히 보았다.

  나의 아내 에밀리는 처음부터 이 작업의 한 부분이었다. 우리는 다스칼로스와 코스타스의 신비적 우주론이 던져주는 엄청난 충격을 감당하느라 애쓰면서 우리의 영적, 존재론적 몸부림 속에서 함께 성장해왔다. 키프로스 태생이면서 독일과 프랑스 문학 교육을 받은 에밀리는 우리 모임에서 무게 있는 비판적 견해로 훌륭한 대화를 이끌어내는 역할을 해주었다. 또한 에밀리는 '여신의 부활'이 인류의 영적 르네상스의 필수조건이라는 사실을 나에게 일깨워주었다. 무엇보다도 그녀는 내 인생의 항해에 중심을 잡아주는 용골(龍骨)과도 같았다. 그녀가 없었더라면 나는 그리스계 키프로스의 영적 스승들의 신비스러운 세계 속으로의 모험을 오래 지속할 수도, 마음의 평화와 에너지를 유지할 수도 없었을 것이다.

차례

한국 독자들에게 보내는 인사 5
지은이의 말 7

1. 에레브나 The Erevna ······ 13

2. 지옥과 천국 Hells and Paradises ······ 55

3. 환영 Illusions ······ 97

4. 이해 가능한 세계와 궁극적 실재 The Understandable and the Real 131

5. 영성의 예술가 Artist of the Heart ······ 157

6. 우주의 기억 Universal Memory ······ 179

7. 깨어나는 스승 Awakening of a Master ······ 209

8. 발견 *Discoveries* 257

9. 우주와 마음 *Cosmos and Mind* 301

10. 심령이지체 만들기 *Shaping the Psychonoetic Body* 347

11. 환시 *Vision* 377

용어해설 *405*

옮긴이의 말 *413*

부록-저자와의 대담 *415*

1
The Erevna

에레브나

"묵상과 명상, 자기관찰과 봉사를 통해서
우리는 의식적이고 용의주도한 진리탐구 과정,
즉 에레브나를 시작합니다.
우리는 서로 카르마를 주고받으면서 되풀이되는
환생으로부터 얻는 경험을 통해 성숙해질 것이고,
결국 우리의 본향인 내면의 신령한 자아로 되돌아가게 됩니다.
하지만 이기적 욕망으로부터 잠재의식을 체계적으로 정화하면
의식의 진화를 더욱 촉진할 수 있습니다."

1987년 5월 내가 니코시아에 막 도착했을 때, 스테파노스로부터 전화가 걸려왔다. "자네에게 보여줄 게 있네. 다스칼로스에 관한 일이야. 지금 바로 자네에게 보여주고 싶어." 그의 목소리는 흥분되어 있었고 급박한 느낌마저 들었다. 그래서 메인으로부터의 긴 비행으로 인해 전날 밤 제대로 자지 못했음에도 불구하고, 나는 그에게 건너오라고 말했다. 정말 피곤하긴 했지만, 막역한 사이의 좋은 친구인 스테파노스를 만나는 것이 매우 기뻤다.

"사태는 우리 손을 벗어나고 있네." 그는 깊은 숨을 내쉬며 웃으면서 말했다. 그리고 다스칼로스에 관한 두 쪽짜리 기사가 실린 신문을 나에게 건네주었다.

나는 당황스러워서 고개를 흔들었다. 내가 다스칼로스의 사생활을 보장하겠노라고 약속했음에도 불구하고, 사태는 더이상 그의 정체를 숨길 수 없는 지경에 이른 것처럼 보였다. 나는 이미 그에 관한 책을 두 권이나 썼고, 다스칼로스와 같은 사람을 익명으로 남겨두기에 키프로스는 너무 작은 섬이었다. 그가 눈이 휘둥그레진 기자들 앞에서 '기적'의 치유를 실제로 보여주었을 때, 그의 이야기가 곧 신문지상에 실리리라는 것은 불 보듯 뻔한 일이었다. 스테파노스는 마침 그 놀랄 만한 신유의 현장에 있었기 때문에 그 자세한 상황을 전해줄 수가 있었다.

"나는 다스칼로스와 잡담을 나누고 있었네." 우리가 냉차가 담긴 컵을 들고 자리를 잡자 스테파노스가 말했다. "그때 카메라와 녹음기를 든 기자들이 그에게 인터뷰를 요청하면서 들이닥쳤어. 그가 하는 일에 관해 들었다면서 다스칼로스에게 몇 가지 질문을 하고 싶어서 왔다고 하더군. 다스칼로스는 그들을 집 안으로 맞아들였고, 그들과

한 시간도 넘게 이야기했다네."

"그건 굉장한 심경의 변화로군." 나는 놀랐다. 그때까지 다스칼로스는 기자들에게 어떤 인터뷰도 허락한 적이 없다는 사실을 알고 있었기 때문이다.

"그들은 사후의 삶, 환생, 치유, 투시, 그리고 기타 등등에 관한 온갖 종류의 질문을 퍼부었네. 그 친구들은 그런 것에 대해서는 이전에 들어본 적이 없는 것 같았어. 완전히 넋 나간 표정으로 듣고 있었다네."

스테파노스가 이야기를 이었다. "그런데 그들이 막 떠나려고 하던 참에 한 영국 여성이 세 살짜리 아들을 팔에 안고 들어왔네. 그 후에 일어난 일은 뉴스에 보도된 것과 거의 같다네."

나는 커다란 그리스어 활자로 "여러 명의 목격자 앞에서 스피로스 사티(다스칼로스)가 소아마비로 고통받고 있는 세 살짜리 영국 어린이를 치유하다"라고 쓰인 제목을 다시 읽으면서 내 앞에 놓인 주간지를 들여다보았다. 나는 그 기사 내용을 읽어보았다. "그것은 기적인가? 아니면 최면연상 작용인가? 뭐라고 말해야 할지 정말 모르겠다. 나는 내 두 눈으로 본 것만을 쓴다. 몇 분 전만 해도 제 발로 서지도 못하던 조그만 아이가 지금 방 안을 뛰어다니고 있다." 기자는 다스칼로스가 어떻게 아이를 치유했는지에 대해 계속 써나가고 있었다. "나는 아이를 안고 있는 영국 여성을 호기심을 가지고 지켜보았다. 그녀가 아이를 스피로스 사티의 팔에 안겨줬을 때, 내가 알아차린 것은 오직 아이의 왼쪽 다리가 무거운 플라스틱 부목으로 덮여 있었다는 사실뿐이었다. 그 다리는 위축되어 있었고 분명히 다른 다리보다 짧았다.…… 스피로스 사티는 아이를 팔에 안고 의자에 앉아서 아주 다정한 목소리로 아이에게 말하기 시작했다. 그러면서 그는 아이의 아픈 다리를 천천히 부드럽게 어루만지기 시작했다. '아드님이 무슨 문제를 가지고 있습니까?' 나의 동료 하나가 그 여성에게 조그만 소리로 물어보았다. '우리 애는 소아마비에요.' 그녀가 말했다. '저 애는 제 발로 설 수가 없어요. 혼자 세워두면 넘어질 거예요.' 그 사이에도 스피로스 사티는 아이의 위축된 다리를 계속 어루만졌다. 그는 마치 다리를 늘이기라도 하려는 것처럼 몇 번 그 다리를 잡아당겼다.…… 10분, 20분 정도 지났을 것이다. 시간은 정확히 기억할 수가 없다. 나는 눈을 떼지 않고 때로는 아이를, 또 때로는 스피로스 사티를 지켜보았다. 갑자기 아이가 고통스러운 듯 얼굴을 찡그렸다. 그 순간 그는 아이를 일으켜 세우고 아이의 엉덩이를 가볍게 찰싹 때리면서 말했다. '자 뛰어봐, 아가야.' 그러자 아이는 온 방 안을 뛰어다니기 시작했다! 이것은 기적인가? 아니면 최면작용인가? 결론은 누구든 자기 마음대로 내릴 수 있다. 나는 정확히 내가 본 것만을 쓸 뿐이다."

"익명의 시대는 갔어." 나는 거의 10년 동안 다스칼로스와 관련된 경험들을 공유해왔던 스테파노스에게 말했다.
　은퇴한 공무원인 스피로스 사티를 내가 처음 만난 것은 1978년 여름이었다. 그는 키가 크고 주변에서 흔히 볼 수 있는 평범한 모습의 남자였다. 온통 남자들만 있는 키프로스의 커피 하우스 어디서나 주사위와 카드놀이를 하고 신문을 보면서 가십에 열을 올리는, 그리고 터키식 커피를 느긋하게 한 모금씩 마시며 시간을 보내는 남자들 사이에서 그와 비슷한 외모의 남자들은 얼마든지 발견할 수 있다. 그러나 스피로스 사티는 그런 평범한 사람이 아니며 커피 하우스의 단골 손님도 아니다. 그는 시간이 나면 화초와 선인장을 돌보거나 이 세상 밖의 색다른 풍경을 그리거나 베토벤을 듣는 것을 더 좋아한다. 만일 그가 시베리아나 네팔, 또는 아프리카의 한 마을에 살았다면 인류학자들은 아마도 그를 샤먼이라고 말했을 것이다. 그리고 만일 그가 멕시코인 또는 페루인으로 태어났다면 그는 분명히 쿠란데로라는 칭호를 얻었을 것이다. 또 인도인이나 티베트인이었다면 요기나 라마로 존경받았을 것이다.

스피로스 사티는 신유가(神癒家)[1]이며, 상상을 초월하는 심령적 힘과 형이상학적 지식을 가진 마스터, 스승이다. 그는 마음대로 늙은 육신을 빠져나가서 날아다닐 수 있고, 다른 '보이지 않는 구원자'[2]들과 함께 필요한 사람들에게 '봉사' 하기 위해 먼 곳이나 다른 차원으로 여행할 수 있다고 주장한다. 그는 완전한 의식을 가지고 이런 일들을 할 수 있다. 그리고 샤먼들이 그렇게 한다고 알려져 있는 것처럼, 돌아와서 자신의 유체이탈 경험을 제자들에게 이야기해준다.

사람들은 통상적인 약물의 효능에 더이상 기댈 수가 없게 된 후에야, 주술을 통해서라도 온갖 신체적, 심리적 장애에 시달리는 몸과 영혼을 치유해보려고 조심스럽게 그를 찾았다.

오랫동안 섬 안에서 그의 이름은 비술(秘術)과 동의어로 통해왔

---

[1] 신유가(神癒家): 영혼의 치유사. 초월적인 능력으로 병을 치유하는 사람. (역주)
[2] 보이지 않는 구원자(Invisible helpers): 심령계와 이지계에 사는 스승들로서 육안으로는 보이지 않는다. 코스타스의 영적 안내자 중 하나인 교부 도미니코 같은 스승들이다. 다스칼로스나 코스타스와 같이 거친 물질 차원에 살면서 유체이탈하여 물질 차원이나 다른 차원에 사는 인간들을 도와주는 스승들도 포함된다.

고, 신앙심 깊은 종교인들은 그를 악마적 성향이 있는 마법사로 생각하여 멀리했다. "내 집에서 그 사람 이름은 입에 올리지도 말아라." 신앙심이 깊고 사람 좋은 나의 숙모는 예전에 나에게 이렇게 명령했었다. 일찍이 그를 파문시키려던 사제단 측의 노력이 당시의 대주교 마카리오스의 강력한 반대에 부딪혀 좌절된 적이 있었다. 대주교도 일종의 제자로서 스피로스 사티로부터 녹음된 강의 테이프를 비밀리에 제공받았다는 소문도 있었다. 이 고위성직자는 스피로스 사티가 그리스도교를 위협하는 사람도 아니고, 무서운 흑마술사도 아니라는 것을 분명히 알았던 것이다. 내가 그랬던 것처럼, 대주교도 스트로볼로스의 이 비범한 인물이 사실 그리스도교 신비가임을 깨달았음에 틀림없다.

하지만 의심 많은 세간의 지식인들은 스피로스 사티를 진지하게 받아들이지 않았다. 어쩌면 그는 협잡꾼이나 돌팔이 의사로 여겨졌을 것이다. 아니면 기껏해야 재미있는 별난 사람, 순진해서 잘 속는 사람들에게 해를 끼치지는 않지만 시대에 뒤떨어진 사람, 과학적 객관성이나 학문적 사고방식을 배우지 못한, 머리가 좀 모자라는 사람들이나 흥미를 가질 그런 사람 정도로 치부되었다. "너 정말 그 사람하고 시간낭비나 하겠다는 거야?" 내가 스피로스 사티의 세계를 연구하는 데에 나의 안식년을 쓰려고 한다고 처음 얘기했을 때, 성공한 사회과학자인 내 사촌이 고개를 가로저으며 걱정스럽게 말했다. "차라리 키프로스의 계급 구조나, 아니면 정치적 당파와 투표 성향 간의 관계에 대해 연구해보지 그래. 아직 그런 문제에 대해서는 아무도 연구하지 않았어."

스피로스 사티는 인생의 대부분을 자신이 속한 사회에서 하층민으로 보낸 셈이고, 그의 세계를 믿는 사람이건 믿지 않는 사람이건 간에 사람들은 그를 깊은 의심의 눈초리로 바라보았다. 물론, 그의 도움을 구하는 사람이나 내부 모임에 열심히 나오는 제자들은 그렇지 않았다. 제자들은 그의 집 뒤 성소를 돌아가면 나오는 스토아³에서 그의 강의를 듣는 것이 자신들의 이미지에 끼칠 수 있는 위험을 무릅쓰고 있는 사람들이다. 그들은 스토아에 모여서 그들의 심령이지적(心靈理智的), 영적 발전을 위하여 스승이 가르쳐준 명상 수행을 하고 신비적 능력을 연마한다. 이 사람들에게 스피로스 사티는 스트로볼로스의 마법사일 뿐만 아니라 다스칼로스, 곧 비전(秘傳)의 지혜의 대가이자 그것을 가르쳐주는 스승이다.

나는 하룻밤 푹 쉰 뒤 다음날 아침에 다스칼로스를 만나러 갈 것이라고 스테파노스에게 말했다. 다음날 다스칼로스의 집에 도착했을 때는, 여느 때와 마찬가지로 이러저러한 이유로 그의 도움을 구하는 방문객 몇 명이 와 있었다. 그는 기분이 좋아보였고, 1986년 여름 우리의 마지막 만남 이후 8개월여 만에 나를 다시 만난 것을 기뻐하였다.

그는 신문에 노출된 사실에 불쾌해하기는커녕 오히려 즐거워하였으며, 심지어 기자들을 놀라게 만든 것을 매우 재미있어했다. "그 일에 기적적이거나 특별한 것은 아무것도 없네." 그는 싱글싱글 웃으며 말했다. "나는 다만 '성령'의 도구가 되었을 뿐이라네. 그게 다야." 그는 이전에도 여러 번 말했던 대로, 기적을 기적으로 만드는 것은 우리의 무지일 뿐이라는 말을 되풀이했다. 만일 우리가 우주가 작용하는 이치를 안다면 그런 현상을 기적이라고 부르지 않을 것이라는

---

3 스토아 (stoa): 진리탐구를 위한 모임이나 가르침이 이루어지는 그리스식 방이나 건물. 다스칼로스의 집 뒤뜰에 있는 방은 그러한 목적으로 사용된다.

것이다.

"단 하나의 기적이 있네." 그가 힘주어 말했다. "그것은 생명 그 자체야. 다른 어떤 것도 아닐세."

다스칼로스는 특유의 장난기를 발동하여 유쾌하게 떠들며 그 에피소드와 관련된 몇 가지 우스갯소리를 늘어놓았다. 먼저 와 있던 사람들이 있었고 그가 해야 할 일도 있었기 때문에 우리는 곧 일어섰다. 대신 우리는 주말쯤에 다시 만나기로 약속했다. 그 사이 나는 급속히 발전하고 있는 항구 도시 리마솔에서 2~3일을 보내면서 다스칼로스의 수제자이자 지명된 후계자인 코스타스와 재회했다.

그 신문에 실린 기사는 온 섬나라에 동요를 일으켰다. 심지어는 치유나 심령능력 혹은 그 비슷한 것들을 평소에 무시하던 사람들조차도 흥분했다. 나는 그 문제에 관한 일종의 전문가로 알려져 있었기 때문에 나의 '전문적 견해'를 듣기 위해 친구들과 지인들이 찾아왔다. 그 가운데는 캐나다의 대학에서 근무하고 있는 키프로스 출신 사회학자인 소피아도 있었다. 그녀는 여름철 고향 방문을 위해 섬에 와 있었고, 내가 섬에 왔다는 사실을 알고 나에게 연락해왔다.

우리는 키프로스에 주둔해 있는 유엔군이 그리스계 키프로스인과 터키계 키프로스인 사이의 평화 유지를 위해 그어놓은 경계선인 그린라인을 끼고 있는 식당 엘레프데르 카르파시아에서 토요일 늦은 오후에 만나기로 약속했다. 그곳은 사실 영국 식민지 시대에 지어진 정부 건물인데 폭격으로 황폐해져서, 볼 때마다 1974년 여름 터키가 저지른 파멸적인 침공과 두 민족 간의 비극적 사건들을 떠올리게 하지만 그래도 나는 그 장소를 좋아했다.

그 식당은 포격으로 지붕이 반만 남은 네 벽으로 이루어진 탁 트인 장소인데, 재스민과 종려나무들에 둘러싸여 있었으며 오래된 베니스풍의 아치 너머로는 니코시아의 터키 점령 지역이 내려다보였다. 지금은 터키가 점령하고 있는 카르파시아 반도에서 온 피난민들이 그 건물을 넘겨받아서 아주 더운 여름 몇 달 동안, 돈이 적게 드는 임시 방편적인 사업으로서 오후와 저녁 시간에 식당을 운영하고 있었다. 그 지역의 일부 지식층과 급진적 정치 활동가들이 좋아하는 이 식당은 조용히 앉아 긴 대화를 나누기에 좋은 장소였다.

"솔직히 저는 당신이 요 몇 년 동안 해오신 일을 알고 나서 당황스러웠어요." 우리가 베니스풍의 아치 밑에 있는 테이블에 자리를 잡은 뒤 소피아가 미소를 지으며 말문을 열었다. "좀더 솔직하게 말하면, 당신이 다뤘던 그런 문제들은 저를 불편하게 만들었어요. 그건 제 가치관이나 제가 배워온 모든 것과는 상반되는 것이었거든요."

"저도 충분히 이해합니다." 나는 웃으면서, 그러한 반응이 나를 조금도 언짢게 하지 않는다고 그녀를 안심시켰다. 소피아는 내 연구에 대해 아주 막연하게만 알고 있는 것이 틀림없었다. 전에 우리는 키프로스 문제의 해결을 위한 세미나에 몇 번 같이 참석했었기 때문에, 그녀는 나를 정치사회학자로만 알고 있었다. 내가 어떻게 저술 이력을 그처럼 급전환할 수 있었는지, 그리고 내가 어떻게 그런 이상한 신유가나 신비가들의 일과 삶 속으로 빠져들 수 있었는지를 그녀가 이해하기는 어려웠을 것이다. 사회과학의 과학적, 실증주의적인 전통을 배웠고, 어떤 형태든 종교란 사회상이나 인간 정신병리의 투영물이라고 교육받았던 내가 다스칼로스와 코스타스와 그 제자들 무리에 공감하는 것에 대해 소피아가 의문을 가지는 것은 너무나 자연스러운 일이었다. 나는 그녀가 무슨 생각을 하고 있는지 짐작할 수 있었다.

'불쌍한 키리아코스. 처음 취지는 좋았겠지만, 도대체 이 무슨 수렁에 빠져 있는 거야?'

"내가 다스칼로스에 대한 연구를 시작했을 때가 거의 10년 전이었는데 그때는 나도 당신처럼 철저한 회의론자였어요. 그러나 10년의 세월이 지나는 동안, 나는 가볍게 넘겨버릴 수 없는 진실한 무엇인가가 여기에 있을지도 모른다는 것을 깨닫게 됐습니다."

"하지만 당신의 과학적 객관성은 어떻게 된 거죠?" 우정이 담긴 목소리로 다소 신랄하게 소피아가 물었다.

"나는 내 연구가 과학의 목적에 위배되지 않는다고 확실하게 말할 수 있어요. 단지 이 연구에서만은 특별히 좀더 현상학적인 접근을 시도하고 있는 것뿐입니다." 나는 그녀에게 나의 목적은 다스칼로스나 코스타스 같은 사람들이 경험하는 세계를 설명해버리려는 것과는 거리가 멀다고 말했다.

"나는 어떤 선입관을 가지고 다스칼로스의 세계에 접근해 들어가는 미국 대학교수의 입장 대신 다스칼로스 자신이 그의 세계에 관하여 나에게 말하도록 놔두는 쪽을 택했습니다. 우리가 관심을 두고 있는 문제의 본질이 우리의 견해와 극적으로 다른 상황에서는 자신의 견해가 아무리 과학적이라고 여겨지더라도 그것을 강요하는 것은 현명치 못합니다. 오히려 그에 앞서, 우리가 관심을 갖고 있는 문제들에 대해 상대가 자신의 언어와 이해의 범주 안에서 설명할 수 있는 기회를 주어야 합니다. 나는 내 선입관과 한계를 강요하지 않기 위해 조심해야만 했습니다."

"키리아코, 당신이 사용해왔고 또 앞으로도 사용할 그 방법에 문제가 있다고 생각지 않으세요? 바꾸어 말하면, 당신의 방법은 서술적일 뿐 비판적이지 않다는 것이 문제 아닐까요?"

"오히려 그 반대예요. 나는 코스타스나 다스칼로스를 만날 때 항상 '의심 많은 도마'[4]의 역할을 해왔어요. 나는 처음부터 쭉 비판적 자세를 유지해왔고 때로는 지나칠 정도였어요. 달리 말하면, 나는 현실의 본질에 관해서 그들이 말하는 내용의 타당성을 찾기 위해 좀 다그치는 편이었습니다. 그들이 나를 회의론자로 여기고 있었기 때문에 나와 그들 사이의 관계는 사실상 편했지요."

그녀는 집요했다. "하지만 그것은 달리 말하면, 당신의 접근 방법이 실재에 관한 그들의 설명에 사실상 의문을 제기하지 않았다는 것을 말해주고 있어요. 당신은 대안적인 관점을 가지고 그들과 맞서지 않았잖아요."

"내가 그들에게 대립적인 자세를 계속 유지했다면 이렇게 오래 가지 못했을 겁니다. 지난 10년 동안 이 신비가들의 삶과 일 속에서 그 범상치 않은 세계에 관한 자료를 이렇게 많이 수집할 수가 없었을 거예요. 지금쯤은 나를 융통성 없고 틀에 박힌 못 말릴 사람이라고 무시해버렸을 걸."

그녀가 끈질기게 말했다. "하지만 또 당신이 그 사람들과 행동을 같이 하는 데서 오는 위험, 즉 우리가 사회학에서 '원주민화[going native]'[5]라고 부르는 현상으로 인해 비판적 사회학자인 자신의 역할을 망각할 위험은 없나요?"

"하지만 그것은 위험인가요, 편견인가요?" 내가 반박했다. "그들

---

[4] 도마(Thomas): 예수의 열두 제자 중 가장 의심이 많았던 제자. (역주)
[5] 원주민화[going native]: 연구자가 자신이 관찰, 연구하고 있는 문화와 과도하게 밀착, 동일시하여 자신의 정체성과 분석적인 자세를 잃어버리는 현상. (역주)

과 행동을 같이하는 데서 오는 그런 위험은, 당신이 연구자로서 연구 대상을 제대로 이해하기 위해 필요한 그 상황 속으로 들어가려고 하지 않는 데에도 있습니다. 그러니까 당신은 그런 현상을 과학적 연구의 대상으로 취급하지 않으려는 입장을 고수하려 하고 있어요. 나는 이런 경우에는, 그와 같은 접근 방법으로는 어떤 내실 있는 결과나 실질적인 이해를 이끌어낼 수 없다고 생각해요. 오히려 그런 접근법은 연구중인 문제에 대해 편견을 갖게 하거나 진정한 통찰력의 결핍을 초래하게 할 수 있습니다."

방법론에 관한 우리의 우정 어린 짧은 토론은 종업원이 주문을 받으러 오면서 끝났다. 소피아는 차를 주문했고 나는 맥주 한 잔을 주문했다. 거의 한 시간쯤 일찍 해가 지면서 어두워지고 있었다. 그러나 물이 말라버린 넓은 해자 건너편 발코니에서 사람들이 움직이는 모습은 아직도 보였다. 이 해자는 도시의 벽인 성채 — 16세기 섬의 지배자였던 베니스인에 의해 축조된 — 안에 살고 있는 터키인과 우리의 사이를 갈라놓고 있었다.

"키리아코, 그 다스칼로스가 이른바 형이상학적인 능력을 가지고 있단 말이지요?" 소피아가 분할된 건너편 터키 지구를 응시하면서 물었다.

"그가 말하는 것, 그리고 사실상 모든 진정한 신비가들이 말하고 있는 것을 말해드리지요. 세상에 형이상학적이고 초자연적인 것은 사실 아무것도 없습니다. 어떤 현상과 능력을 형이상학적인 것으로 분류하는 것은 우리 인식의 한계 때문입니다. 우리의 인식이 달랐다면, 비의학적인 치유나 심령능력 등등이 아마 완전히 정상적이고 자연스러운 것으로 여겨졌을 겁니다."

"사실 나는 '우주〔Nature〕는 이러저러한 것'이라는 나의 인식이 매우 제한적이었다는 것을 깨달았어요. 우리는 그 한계 밖에 있는 것은 무엇이든지 형이상학적인 것으로 보려는 경향을 가지고 있고, 그것을 과학과 이성의 영역을 초월해 있는 어떤 것으로 정의합니다. 마음속에서 일단 그렇게 분류해놓고 나면 우리는 그런 딱지가 붙은 것을 의식적으로든 무의식적으로든 거부해버립니다. 그것을 비현실적인 것으로 생각하거나 기껏해야 인간이 이해할 수 없는 것으로 치부해버리는 거죠. 요컨대, '골치 아픈 것은 싫다'는 식입니다. 바꾸어 말하면, 우리는 보통 보고, 듣고, 느끼고, 맛보고, 냄새 맡는 것, 즉 오감을 통해서 받아들일 수 있는 것만을 자연스럽고 당연한 현실로 생각합니다. 하지만 신비가들이나 오늘날의 몇몇 과학자들이 주장하는 '초감각'이 우리에게 실제로 주어진다면 어떻겠습니까? 그래서 이 초감각을 계발시켜서 그 세계를 보다 심층적으로 이해하는 데 사용한다면 어떻게 되겠어요?"

나는 말을 이어 나갔고 소피아는 이제 호기심을 보이며 귀를 기울이고 있었다. "우리는 인간 의식의 진화가 의식이 없는 상태로부터 미신과 원시적 마법에 의존하는 수준에 이르도록 발전했으며, 그다음에는 이성이 발달해서 19세기에 승리의 정점을 맞고 그다음 20세기의 과학적 사고 능력에 다다른 것이라고 당연한 듯이 믿고 있습니다. 하지만 오늘날 기계론적 과학에 이르러서 의식의 발달이 그 최후의 목적지에 도달했다고 믿는 것은 논리적 근거가 없습니다. 아마도 역사를 통틀어 위대한 신비가들이 우리에게 말해온 바와 같이, 인류가 도달해야 할 초이성적이고 초과학적인 단계들이 아직 남아 있을지도 모릅니다. 사실, 초개아심리학자[6]들이 오늘날 주장하고 있는 것도 바로 이것입니다."

소피아는 말없이 생각에 잠긴 채 차를 한 모금씩 마셨다. "그러면 당신의 친구인 다스칼로스나 코스타스가 오감을 뛰어넘는 특별한 능력을 가지고 있다고 주장하는 건가요?" 그녀가 드디어 이렇게 말했다.

나는 미소를 띠며 그녀에게 말했다. "내가 말할 수 있는 것은, 오직 지난 10년 동안 이 사람들과 함께 경험한 것이 전부입니다. 내 얘기를 듣고 나면, 스스로 결론을 이끌어낼 수 있을 겁니다. 나는 과학적으로 설명할 수 없는 능력이 따로 있다는 주장들을 의심하면서 이 연구를 시작했습니다. 하지만 지난 수년 동안 다스칼로스와 코스타스를 만나고 그런 문제를 다룬 많은 책들을 읽으면서 나는 실증주의적인 내 선입견을 재검토하게 됐어요. 그와 같은 능력이 있을 수 있고, 그 능력이 실질적이고 정상적일 뿐만 아니라 사실 우리 인간의 계통발생적인 유산일 수도 있다는 잠정적인 결론에 도달했습니다. 그러한 능력이 보통의 인간 영혼 안에서는 휴면중이지만 다스칼로스나 코스타스와 같은 뛰어난 몇몇 개인들에게서는 발현된 겁니다. 그런 사람들은 심령가, 투시가, 샤먼, 신비가 등등의 이름으로 불리지요."

"나는 놀랄 만한 치유와 공교롭게 일치하는 사건들이 내 눈앞에서 연달아 일어나는 것을 보면서, 시간이 지날수록 나의 회의론이 상당부분 깨져나갔다는 것을 인정하지 않을 수 없었습니다. 당신도 잘 아는, 얼마 전에 기자들 앞에서 일어났던 일이 나에게는 전혀 놀랍지 않았어

---

6 초개아심리학(transpersonal psychology): 존재의 영적 차원으로 이어지는 영역들에 관심을 가지는 심리학의 신개척 분야. 인간이 자아의 본성을 더 깊고 폭넓게 체험하거나 타인, 자연, 영적 차원 등과 더 긴밀히 연결된 느낌을 갖게 되는 의식 상태나 과정에 대하여 연구하는 심리학 분야. (역주)

요. 왜냐하면 나는 그러한 현상들을 너무나 자주 봤기 때문에 이제는 그런 일들을 당연한 것으로 받아들이기 시작했기 때문이지요."

"몇 가지 실례를 얘기해주실 수 있겠어요?" 소피아가 물었다.

"지난여름에 영국의 한 여성 치유가가 자기의 전공 분야에 관한 '워크숍'을 하기 위해서 키프로스에 왔었습니다. 내가 메인으로 돌아가려고 준비하고 있을 때였어요. 그녀는 내 책을 읽은 후에 다스칼로스를 방문했습니다. 서로 이야기를 나누고 나서, 다스칼로스와 코스타스는 그녀의 고질적인 척추병을 치유해주었답니다. 그녀는 자기에게 일어난 놀라운 일을 깨닫고, 혼자 스토아에서 한참 동안 흐느껴 울었다는군요. 그날 밤, 그녀는 잠자리에 들기 위해 침대로 가다가 자기의 두 다리 길이가 똑같아진 것을 발견하고, 그걸 얘기하려고 밤늦게 에밀리에게 전화를 했어요. 그녀는 더이상 걷는 데 문제가 없다고 하면서 전화에 대고 막 흐느껴 울더랍니다. 그리고 이렇게 말했다는군요. '나는 치유에 관한 워크숍을 하기 위해서 키프로스에 왔는데 오히려 나 자신이 치유를 받았어요.'"

그런 다음 나는 소피아에게 마비 상태로 여러 달 동안 침대에 누워 있었던 카티나 부인의 극적인 사례를 포함하여 몇 가지 다른 사례를 이야기해주었다. 카티나 부인도 역시 척추 문제로 고통받고 있었는데 다스칼로스는 우리 눈앞에서 그녀를 치유했다. 그 부인은 그때 이후 병이 재발하지 않고 정상적인 생활을 하고 있다. 여기서 중요한 점은, 그녀가 그렇게 즉석에서 나은 후에 앞서 척추 사진을 찍어주었던 방사선과 의사를 다시 찾아 사진을 찍었다는 사실이다. 일주일 앞서 찍었던 엑스레이 사진에는 척추가 병든 상태였던 것에 반해, 새로운 엑스레이 사진 속의 척추는 정상이었다.

"또 한번은, 내가 다스칼로스를 태우고 운전을 하고 있었는데 갑자기 그가 메인 주에 있는 우리 집의 내부를 나에게 묘사하기 시작했어요. 그는 우리 집 2층에 전화기를 설치해야만 한다면서 농담처럼 이렇게 말했지요. '전화를 받으려고 뛰어내려 오다가 자네 목을 부러뜨릴 수도 있을게야. 키리아코.' 아무도 메인에 있는 우리 집의 내부를 그에게 이야기해준 적이 없었고, 전화기의 위치는 물론 말해준 일이 없는데도 말이에요."

"아마도, 모든 것이 우연의 일치로 설명될 수 있겠지요." 소피아가 얼른 받아들이기가 내키지 않는다는 듯 말했다.

"하지만 그런 일들을 우연의 일치로만 간단히 넘겨버리기는 어렵지요. 그와 같은 일들이 자꾸만 일어나면 당신도 그런 사건들에 주의를 기울이게 될 겁니다. 그러면 그것을 단지 우연의 일치라고만 생각할 수는 없게 될 거예요."

그러면서 나는 실례를 더 들었다. "내 학생 중의 한 명이 지난 20년 동안 신체적인 문제로 고생하고 있었어요. 의사들은 그 원인을 밝혀내지 못했지요. 그래서 그녀의 사진을 다스칼로스에게 가지고 갔습니다. 그는 몇 초 동안 사진을 쥐고 있더니 문제는 그녀의 뇌에 있다고 진단하면서 뇌파전위 검사를 해보라고 권유했지요. 그 학생은 그의 충고에 따라 고가의 뇌 검사를 했습니다. 정말로 거기에 문제가 있었어요. 그녀는 의사 앞에서 왜 뇌검사가 필요하다고 생각하게 되었는지에 대해서는 말하지 않았다고 합니다."

"또다른 비슷한 경우가 있는데, 내가 뉴욕에 있는 한 여성의 사진을 다스칼로스에게 가지고 갔습니다. 그녀는 몸에 고질적인 문제를 가지고 있었는데 의사들은 그 원인을 밝혀내지 못하고 쩔쩔 맸답니다. 다스칼로스는 썩은 이빨에 문제가 있다고 하면서 그녀에게 알려주라고 말했어요. 그는 그 썩은 이빨들이 병독을 퍼뜨려 전신을 감염시키고 있기 때문에 모두 뽑아버려야 한다고 말했지요. 나는 한참 망설이다가 그녀에게 다스칼로스의 처방을 편지로 알려주었습니다. 그리고 여섯 달 후에 전화 한 통을 받았어요. 그 여성의 남편이었습니다. 그는 사건의 자초지종을 나에게 꼭 알려주고 싶었다고 말했어요. 그의 아내는 다스칼로스의 충고를 심각하게 받아들이지 않았고, 물론 이빨을 뽑으러 치과에 가지도 않았답니다. 그런데 여섯 달이 지난 뒤에 이빨 네 개가 저절로 망가져서 뽑혀버렸다는군요. 전염성을 가진 점액이 입 안에 흥건했고, 그제야 그녀는 치과에 가서 이빨을 모두 뽑았다는 거예요. 그 뒤로 그녀의 신체적 문제는 사라져버렸다는 겁니다."

복잡한 표정을 지으며 소피아가 말했다. "당신은 우연의 일치를 부정했는데, 만일 당신이 말한 것이 실제 상황이라면 그러한 현상을 어떻게 설명하시겠어요?"

"역사상 위대한 철학자나 신비가 그리고 과학자들은 실제로 우연의 일치는 없다고 말해왔습니다. 예컨대, 칼 융은 우연의 일치는 없다는 바로 이 관점과 관련해서 그 논란 많았던 동시성 이론을 발전시켰습니다. 다스칼로스와 코스타스 역시 우연의 일치의 본질을 설명할 수 있는 고도로 발전된 지식체계 하에서 일해오고 있습니다."

바로 그때, 식당으로 들어오고 있는 옛 친구가 눈에 띄었다. 나는 그에게 손을 흔들었고, 몇 년 만에 반갑게 인사를 나누었다. 잠시 후 그는 자기 친구가 있는 다른 테이블로 갔고, 소피아와 나는 갖춰진 식사를 하기 위해 자리를 잡았다. 엘레프데르 카르파시아의 모든 테이블은 벌써 꽉 찼고, 종업원들은 뜰에 있는 주방에서 테이블까지 그들의 단골손님들에게 차게 식힌 맥주와 포도주를 곁들인 메제데스, 구색을 갖춘 그리스와 터키 식의 오르되브르를 나르면서 분주하게 오가고 있었다.

"당신 친구들의 세계관에 대해서 더 들을 준비가 되어 있어요." 식사를 시작하며 개인적인 근황을 서로 나눈 뒤 소피아가 말했다.

"우리의 생각과 느낌은 곧 우리가 주위에다 투사하는 에너지예요." 나는 다스칼로스의 가르침의 기본적 원리를 소피아에게 소개하기로 작정했다. "이것이 사람들이 끊임없이 만들어내고 있는 염체(念體)[7]라는 것이지요."

"그게 무슨 의미지요? 염체?"

"염체는 다양한 모양과 색깔을 취할 수 있는 생각의 덩어리〔thought-form〕입니다. 뛰어난 신비가나 투시가들은 이것들이 사람들의 잠재의식으로부터 나오는 것을 지각할 수 있답니다. 이 염체들은 힘과 에너지와 자체의 생명을 가지고 있습니다. 그 에너지는 긍정적일 수도 있고 부정적일 수도 있어요. 예컨대, 다른 사람에 대한 친절한 생각이나 느낌은 긍정적인 에너지를 지닌 염체입니다. 마찬가지로 부정적인 생각이나 느낌은 부정적인 염체입니다."

"그 염체들은 어디로 가지요?" 소피아가 물었다.

"염체는 다스칼로스와 코스타스가 존재의 심령이지(心靈理智) 차원[8]이라고 부르는 곳에 머물면서 잠재의식적으로 같은 주파수[9]로 진

---

7 염체 [Elementals] : 개인이 투사하는 모든 느낌이나 생각을 염체라고 한다. 그것은 그것을 투사한 사람과는 별개로 자신만의 고유한 생명과 형체를 가지고 있다. 모든 염체는 자신의 근원으로 반드시 돌아온다.

동하는 사람들에게 영향을 미쳐요. 염체들은 이르든 늦든 언젠가는 자신의 근원으로 돌아옵니다. 그러므로 우리가 이 세상에 투사하는 염체가 선하든 악하든, 어떤 것이건 간에 결국에는 일곱 배나 힘이 강해져서 우리에게 되돌아온답니다. 이것이 카르마가 작용하는 방식이에요."

"카르마?"

"그래요. 인과의 법칙이지요. 그들은 인생의 어떤 일도 우연한 것은 없다고 주장합니다. 모든 존재는 카르마의 법칙, 인과의 법칙에 의해 지배받고 있어요. '뿌린 대로 거두리라'는 말은 카르마의 법칙에 바탕을 두고 있다고 그들은 주장합니다. 우리가 좋은 일을 하든 나쁜 일을 하든, 무슨 일을 하든 간에 그것은 사실 우리가 우리 자신에게 하는 셈이랍니다."

나는 카르마의 법칙이 반복되는 윤회의 맥락 속에서 작용한다고 설명했다. "우리가 밖으로 투사하는 염체들은 이번 생, 아니면 미래의 생에 우리에게 되돌아올 것입니다. 이것이 우리가 운명을 엮어내는 방법이에요."

"우리가 자신의 운명에 전적으로 책임을 져야 한다는 뜻인가요?"

---

8 심령이지 차원 [Psycho-noetic dimensions] : 4차원인 심령 차원과 5차원인 이지 차원을 일컫는다. 4차원은 공간이 초월되고, 5차원은 시간과 공간이 모두 초월된다. 심령 차원에 사는 사람들은 공간을 초월하여 먼 거리를 즉시 이동할 수 있고, 이지 차원에 사는 사람들은 공간을 뛰어넘고 시간을 가로질러 순간적으로 이동할 수 있다.

9 염체나 다른 차원계들과 거기에 속한 신체 등과 관련하여 언급되는 '진동'이니 '주파수' 니 하는 단어들에 익숙하지 않은 독자는 우리의 사고활동이 뇌파의 형태로 측정된다는 사실뿐만 아니라, 물질입자는 곧 파동이라는 아원자물리학의 발견사실을 떠올려 보면 이런 개념을 좀더 쉽게 받아들일 수 있을 것이다. 다스칼로스의 말에 따르면 물질계, 심령계, 이지계 등은 TV 채널마다 주파수가 다르듯이 저마다 고유의 주파수 범위에서 진동한다. (역주)

소피아가 물었다.

"그게 바로 그들이 말하는 내용이죠. 우리의 생각이나 욕망, 감정들은 잠재의식을 형성하는 염체들입니다. 우리는 각자의 잠재의식의 총화를 한 생에서 다음 생으로 가지고 다니는 거구요."

"그런데요. 이 환생의 개념은 제가 받아들이기에 너무 힘들어요." 소피아가 다소 신경이 예민해진 표정을 보이며 말했다.

"이 개념은 믿고 안 믿고, 좋아하고 싫어하고의 문제가 아니라 삶의 사실[facts] 그 자체라고 다스칼로스는 주장합니다. 그리고 존재의 본질 속으로 들어가서 진지한 탐구를 하다 보면 그러한 사실을 발견하게 된다는 거죠."

"계속 얘기해보세요. 한 생에서 다음 생으로 갈 때 우리에게 무슨 일이 일어나나요? 당신의 친구들은 어떻게 얘기하지요?"

"죽음 뒤에 우리에게 무슨 일이 일어나는지를 이해하기 위해서는, 인간이 단 하나의 신체만 가지고 있는 것이 아니라 실은 세 개의 신체를 갖고 있다는 사실을 깨달아야만 한답니다."

"세 개요?" 소피아의 얼굴에 나타난 믿을 수 없다는 표정에 나는 미소를 지었다.

"네. 세 개요." 나는 확인해주듯 대답했다. "우리는 거친 육체[10] 외에도 심령체(心靈體)[11]와 이지체(理智體)[12]를 갖고 있습니다. 심령체는 우리의 느낌, 감정, 그리고 욕망의 몸인데, 그것의 중심은 가슴입니다. 이지체는 생각의 몸인데, 그것의 중심은 머리에 있어요. 이 세 개의 몸들은 각각 다른 차원계에 존재하지만, 그것들은 함께 우리의 현재인격[13]을 구성합니다. 거친 육체는 3차원 세계에 존재하고, 심령체는 4차원 세계에, 이지체는 5차원 세계에 존재합니다. 이들은 세

몸이지만 하나로서, 함께 우리의 현재인격을 구성합니다."

"이 세 개의 몸들은 각각의 몸에 상응하는 에테르 복체[14]에 의해 서로 연결되어 있는데, 이 에테르 복체는 각각의 몸에 스며들어서 그것들의 활력을 유지시켜주는 에너지 장입니다. 다스칼로스와 코스타스는 죽음의 순간에 죽는 것은 오직 거친 육체뿐이라고 주장합니다. 자아를 의식하는 우리의 인격은 느낌과 감정과 호불호(好不好)를 그대로 지닌 채 심령이지 차원에서 계속 존재하며 살아간답니다. 이렇게 할 수 있는 것은 우리가 또 다른 두 개의 몸, 곧 심령체와 이지체를 가지고 있기 때문이라는 거지요.

"그렇다면 이 세상에서의 삶과 사후의 삶의 차이는 무엇인가요?"

소피아는 우리가 이야기를 나누고 있는 주제에 대한 깊은 의심과, 한

---

10 거친 육체[gross material body] : 3차원에 존재하는 인간이 오감으로 자각하는 물질적 육체. 현재인격을 구성하는 세 가지 신체 중의 하나. 태양신경총 차크라에 중심을 갖고 있다. 보통사람들은 거친 육체만을 의식한다.

11 심령체[Psychic body] : 현재인격을 구성하는 세 가지 신체 중의 하나. 가슴 차크라에 중심을 가지고 있는 느낌과 감정의 몸. 심령체는 4차원인 심령계 안에서 산다. 그 모습은 다른 두 몸인 육체와 이지체와 동일하다.

12 이지체[Noetic body] : 현재인격을 구성하는 세 가지 신체 중의 하나. 생각의 몸. 이지체는 5차원인 이지계 안에서 존재한다. 그 모습은 거친 육체와 심령체와 동일하다. 이지체의 중심은 머리 차크라에 있다.

13 현재인격[Present personality] : 보통 개인의 인격으로 알려지고 있는 것으로서 거친 육체와 심령체, 이지체로 이루어져 있다. 현재인격은 끊임없이 진화해가고 있는 우리 자신의 가장 낮은 표현으로서, 내면자아인 영구인격과 하나가 되려는 경향이 있다.

14 에테르 복체複體[Etheric double] : 세 개의 신체(거친 육체, 심령체, 이지체)를 살아 있게 하고 서로 연결되어 있게 하는 에너지 장. 각 신체의 모든 입자들은 상응하는 에테르 복체를 가지고 있다. 치유가 일어나는 것은 에테르 생명력 때문이다. 우주는 에테르 에너지로 가득 차 있다. 그것은 한 사람에게서 다른 사람에게로 전달될 수도 있으며 차크라를 통해 흡수된다.

편으로는 매료된 감정이 뒤섞인 듯한 목소리로 계속 묻고 있었다.

"유일한 차이는 그 각각의 차원들을 지배하는 법칙에 관한 것입니다. 다스칼로스와 코스타스는 세계들 속에는 또다른 세계들이 있으며, 모든 세계들은 진동하는 주파수가 서로 다르다고 주장합니다. 예를 들어, 거친 물질계는 우리에게 고체의 단단한 느낌을 주는데, 그 이유는 우리가 거친 물질과 같은 주파수로 진동하는 거친 육체 속에 있기 때문이라는 겁니다. 다른 세계들도 역시 물질의 세계인데, 더 높은 수준에서 진동하는 물질세계입니다. 예를 들자면, 심령계 안에서는 공간이 초월됩니다. 지구의 이쪽에서 반대쪽으로도 즉시 이동할 수 있어요."

"만일 자신의 진동수를 높이는 방법을 배운다면, 우리는 여전히 거친 육체 속에 살고 있으면서도 그것을 뒤에 남겨둔 채, 심령이지체를 가지고 다른 차원들을 여행할 수 있다고 그들은 주장합니다. 그들이 유체이탈〔exomatosis〕[15], 또는 몸 밖의 여행이라고 부르는 그런 상태에서는 거친 육체나 거친 물질계는 장애가 될 수 없습니다. 우리의 의식은 다른 차원의 현실 속으로 즉각 여행할 수 있을 뿐만 아니라 이 거친 물질계 내에서도 순간적으로 이동하면서 다른 지역에 관한 정보나 지식을 얻어낼 수 있습니다. 메인에 있는 우리 집 이야기에서처럼 말이에요." 나는 웃으면서 말했다.

소피아는 곤혹스러운 표정으로 듣고 있었다. 내가 이야기하고 있는 내용이 그녀에게는 흥미를 자극하는 상상 속의 이야기로 들렸을 것이

---

15 유체이탈〔Exomatosis〕: 육체를 마음대로 벗어나 완전히 깨어 있는 의식을 가지고 심령이지 차원에서 지내다가 육체로 돌아오는 능력. 여기에는 몸을 벗어난 상태에서 경험한 것은 무엇이나 다 기억하는 것도 포함된다.

틀림없다. 그녀의 끈덕진 의구심은 거의 10년 전, 내가 연구 초기 시절 다스칼로스에게 보였던 태도를 생각나게 했다.

"사람들이 보통 영혼으로 이해하고 있는 것이 그 심령이지체라는 것인가요?" 그녀가 물었다.

"아니에요. 전혀 아니에요. 그 심령체와 이지체도 높은 차원에서 진동하기는 해도 역시 물질적인 신체입니다. 우리가 죽음이라고 부르는 시점에서 거친 육체를 버려도, 우리는 다른 두 개의 몸 — 감정과 생각의 몸 — 을 가지고 계속 살 것입니다. 우리는 거기서도 이 세상에서와 비슷한 모습으로 보일 것이고, 다시 태어날 때까지 일정 기간 동안 그 다른 세계에서 계속 살 겁니다. 그리고 새로운 생을 시작하는 시점에서, 우리의 심령체와 이지체는 그들이 영구인격이라고 부르는 것에 흡수될 것입니다."

"영구인격은 뭐죠?" 소피아가 테이블 위에서 팔짱을 끼며 물었다.

"그것은 환생의 경험이 기록되는 우리 내면자아의 부분입니다. 윤회의 쳇바퀴 속에서 얻은 모든 경험은 이 영구인격을 통해서 한 생에서 다음 생으로 전해집니다."

"사실 잃는 것은 아무 것도 없어요. 새로운 삶이 시작될 때, 새로운 이지체와 심령체가 만들어집니다. 그것들은 직전 생의 경험뿐만 아니라 지나간 모든 전생 속의 경험 전부를 담고 있을 것입니다. 여건이 허락하여 수태되는 순간부터 새로운 현재인격은 카르마 법칙의 맥락 속에서 새로운 경험과 배움을 얻기 위하여 3차원 세계로의 여행을 시작할 것입니다."

나는 이어서 다스칼로스와 코스타스가 가르친 바에 따라 심령이지체가 새로운 현재 인격에 안착하는 과정이 점진적인 — 즉 태아 때부터 시작하여 대략 일곱 살 정도까지 이루어지는 — 것임을 설명했다. 그때까지 어린아이들은 보통 부분적으로 심령이지계에서 산다. 그 나이 이후가 되면, 평균적인 인간은 3차원 세계에 완전히 빠져들고, 다른 세계에 대해서는 잊어버려서 감지하지 못하게 된다.

"그렇다면, 영구인격이 영혼인가요?" 소피아가 다시 물었다.

"아닙니다, 정확하지 않아요." 나는 소피아의 의문에 가득 찬 표정을 보고 웃으면서 대답했다.

"우리 어디 다른 데 가서 대화를 계속하는 게 좋겠어요." 소피아가 나직하게 제안했다. 옆 테이블에 있는 사람들 몇 명이 우리의 대화에 상당히 관심을 보이고 있었다.

시간은 이미 열시 반이었다. 그래서 우리는 아직도 키프로스 정부가 관리하고 있는 오래된 성곽도시 안쪽을 산책하기로 했다. 우리는 파마구스타 게이트로 차를 몰고 가서 해자 옆에 주차를 하고 인적이 거의 끊긴 좁은 거리를 걷기 시작했다.

"그렇다면 영혼이란 건 뭔가요?" 베니스풍 담벼락의 성벽을 따라 걸으면서 소피아가 물었다.

"당신의 질문에 답하려면, 먼저 다스칼로스와 코스타스가 신(神)을 어떻게 이해하는지를 이야기해야만 합니다. 그들은 신을 절대자〔the Absolute〕, 절대 있음〔Absolute Beingness〕과 같은 좀더 비인격적인 단어로 부르는 것을 좋아합니다. 그들에게 '절대'는 모든 세계의 배후에 있는, 깊이를 헤아릴 수 없는 실재〔Reality〕입니다. 우리는 그것에 대해서 잠정적인 진술만을 할 수 있는데, 우리의 언어와 이성이 극복하기 힘든 장애물이기 때문입니다. 사람은 자기가 신이 되었을 때, 즉 테오시스[16]의 경지에 도달했을 때만 신을 알 수 있다고 그들은 주장합니다."

"'절대 있음'은 헤아릴 수 없이 무수한 성원소[Holy monad][17]로 구성되어 있다고 그들은 가르칩니다." 나는 이야기를 이어나갔다. "또한 각각의 성원소는 헤아릴 수 없이 무수한 영체[spirit entities]로 구성되어 있습니다. 그것은 다수성[plurality]과 다양성[multiplicity]과 자족성[self-sufficiency]과 독자성[Divine Autarchy]을 동시에 지닌 하나인 신, 하나인 절대자입니다. 절대자는 그 안에 모든 것을 갖고 있으며 부족한 것은 아무것도 없습니다. '절대자'는 자신을 드러내기 위해 마음을 창조했는데, 그 마음은 가장 심원하고 형상이 없는 차원에서부터 거친 물질계까지 걸쳐 있는 무한한 진동의 바다입니다."

"그들은 마음[18]이 신이라고 말하나요?" 소피아가 물었다. 우리의 주제에 대한 소피아의 관심이 점점 더 커지고 있었다.

"아니에요. 마음은 신 또는 절대자가 자신을 드러내기 위한 수단입니다. 자, 이제 모든 성원소는 이데아의 세계를 통과해야만 하는 영체(靈體, spirit entities)를 방사합니다. 이것은 어쩌면 플라톤의 이데아 개념과 유사하다고 할 수 있어요. 그런 이데아들 중 하나가 인간 이데아입니다. 신령한 자아[Spirit ego], 혹은 영체의 빛이 인간

---

16 테오시스(Theosis) : 자아가 계속된 환생을 통해 거친 물질 경험을 겪은 후 다다르는 진화의 마지막 단계. 신[the godhead]과 재결합한다.
17 성원소[Holy monad] : 절대자를 구성하는 부분. 각각의 성원소는 수많은 빛줄기를 방사하는데 이 빛줄기는 각기 다른 원형들을 통과하여 형체를 갖게 되고 현상적 존재가 된다. 이 방사된 빛, 프뉴마(Pneuma)가 인간 이데아를 통과하면 하나의 영혼이 비롯된다. 같은 성원소에 속하는 사람들은 서로 각별한 친근감을 갖게 된다.
18 마음[Mind] : 보이지 않는 절대자가 자신을 드러내는 수단. 마음은 초질료. 모든 우주, 모든 차원의 존재계가 마음에 의해 만들어진다. 모든 것이 마음이다.

이데아를 통과하는 순간 한 영혼이 형성됩니다."

"저는 영혼은 불멸이라고 생각했어요." 계속 걸으면서 소피아가 말했다.

"그렇지요. 그러나 그것도 처음에는 형성되어야만 합니다. 진정한 우리는 영혼 너머에 있는, 인간 이데아 너머에 있는, 우리가 그리스어로 프뉴마(Pneuma)[19]라고 부르는 신령한 자아입니다. 그러므로 모든 인간의 핵심 본질은 프뉴마, 곧 영(靈)입니다. 그것은 우리 안에 있는 신입니다. 그리스 교회에서 '신은 프뉴마'라고 찬송하는 것을 생각해보세요."

나는 이야기를 이어나갔다. "영혼이 형성되는 순간, 그것은 필연적으로 낮은 세계, 즉 선과 악, 삶과 죽음 등 양극의 세계의 경험을 얻기 위해 맨 밑바닥의 거친 물질 차원까지 내려와 자신의 폭을 넓혀나가야만 합니다."

"영혼은 원래 색깔이 없습니다. 그것은 이 낮은 세계의 경험적 지식을 가지고 있지 않아요. 경험을 얻기 전의 영혼의 상태는 타락하기 전의 아담과 이브의 상태와 같습니다. 말하자면 영혼이 낮은 세계의 경험을 얻으려면 낮은 쪽으로 자신을 뻗쳐가야만 합니다. 그 지점에서 영구인격이 형성되고 있는 것입니다. 영구인격은 영혼의 일부로서, 거기에 윤회의 경험들이 기록됩니다. 그리고 첫번째 생이 시작되는 순간에 현재인격이 형성될 것입니다. 현재인격은 좀 전에 이야기

---

19 프뉴마(Pneuma) : 신령한 자아. 궁극적 자아인 내면 자아. 절대자와 본질적으로 동일한 우리 자신의 부분. 프뉴마는 우리의 신성한 본질이며 변할 수 없는 영원한 것이다. 그것은 창조된 적도 없고, 죽지도 않는다. 낮은 세계의 경험을 얻기 위해 이원성의 세계로 내려온 것이 프뉴마이다. 그렇게 하는 것은 절대자와의 하나됨 안에서 개체성과 고유성을 발전시키기 위한 것이다.

했듯이 이지체, 심령체, 거친 육체로 구성되어 있습니다."

"모든 인간은 다차원적 존재랍니다. 다스칼로스가 말한 바와 같이, 한 개의 선은 두 점으로 이루어집니다. 두 개의 점 중 한쪽은 빛나는 영(靈)이고, 다른 쪽은 현재인격으로서 어둡습니다. 존재의 목적은 이 두 점을 합치시켜 빛나는 하나의 원을 형성하는 것입니다."

"그것은 어떻게 이루어지나요?" 소피아가 물었다.

"그 낮은 자아가 자신의 신성한 근원을 깨닫는 것을 통해서지요. 낮은 세계로 내려와서 윤회의 쳇바퀴를 돌기 시작한 것은 실제로 우리의 신령한 자아, 프뉴마가 무지의 상태로 들어가 함정에 빠진 것을 의미합니다."

"지금 당신은, 사실은 우리 모두가 신이라고 말하고 있어요." 소피아가 웃음을 지으며 마지못한 듯 받아들였다.

"우리는 스스로 자초한 기억상실증으로 고통받고 있는 유랑하는 신들입니다." 내가 대답했다. "삶의 궁극적이고도 중요한 목적은 우리의 기억을 회복하는 것입니다. 이것이 다스칼로스와 코스타스가 가르쳐온 것이에요."

"그 이야기를 들으니 우리가 어떻게 그 기억을 되찾을 수 있을까 하는 의문이 생기네요." 소피아가 말했다.

"여러 가지 방법이 있지요. 다스칼로스와 코스타스는 우리가 그것을 인정하든 안 하든, 우리가 그것을 의식하든 안 하든, 사실상 우리는 모두가 자기발견 내지는 자기실현의 길을 가고 있다고 가르칩니다. 우리는 서로 카르마를 주고받으면서 되풀이되는 환생으로부터 얻는 경험을 통해 성숙해질 것이고, 결국 우리의 본향인 내면의 신령한 자아로 되돌아가게 됩니다. 이 길을 통해 결국은 모든 인간이 자아를 실현하게 될 것입니다. 이 길은 무지로 인해 야기된 피할 수 없는 고통과 괴로움의 길입니다."

"다른 방법은 의식적이고 용의주도한 진리탐구 과정, 즉 그들이 에레브나(The Erevna: Research)[20]라고 부르는 과정을 통해서입니다. 우리는 진리의 탐구자가 되어 의식적으로 자기발견을 위한 여행을 시작합니다. 다스칼로스가 즐겨 언급하는 탕아의 비유에 따르면, 사랑하는 아버지의 궁전으로 돌아가는 여행을 시작하는 거죠. 에레브나는 '진리를 알면, 진리가 너희를 자유롭게 하리라'는 말씀의 방법적 측면입니다."

"그러면 에레브나를 어떻게 시작하나요? 어떻게 진리의 탐구자가 될 수 있나요?"

"묵상과 명상, 자기관찰과 봉사를 통해서지요." 나는 다스칼로스와 코스타스가 학생들에게 알려주었던 몇 가지 간단한 명상법을 소피아에게 소개했다. "그 중에서도 자기관찰과 봉사가 가장 중요합니다. 다스칼로스가 '마음속의 미노타우로스'[21]라고 부르는 우리의 이기주의를 죽이는 것이 이것의 목적입니다. 이기주의는 우리가 진정 누구인지를 깨닫는 것을 방해하기 때문에 가장 나쁜 적이라고 그들은 말합니다. 그리고 그 이기주의는 낮은 차원의 의식에 우리를 붙들어 매놓아요. 그러므로 테세우스와 같이, 우리는 그 괴물을 죽여야만 합니다."

---

20 에레브나(Erevna): 진리탐구를 의미한다. 진리탐구와 봉사를 위하여 키프로스에 설립된 비영리단체의 명칭〔EREVNA〕이기도 하다.
21 미노타우로스: 그리스 신화에 나오는 괴물. 빠져나오기 어려운 미궁에 갇혀, 제물로 올라오는 살아 있는 인간을 먹으며 살고 있다. 몸통은 인간이고 머리는 소(半人半牛)의 형상을 한 괴물 미노타우로스는 용감한 테세우스 왕자에 의해 죽는다.

"우리가 이기적 욕망으로부터 잠재의식을 체계적으로 정화하면 의식의 진화를 촉진할 수 있습니다. 그렇게 해서 우리는 신이 되는 경지, 즉 테오시스 경지로의 회귀 과정을 앞당길 수 있는 겁니다."

"저는 이 윤회론을 받아들이기가 힘들어요." 우리가 옛 니코시아의 중심부에 있는 많은 고대 교회 가운데 하나인 아이오스 사바스 옆을 지나가고 있을 때 소피아가 말했다. "만일 우리가 처음에 신이었다면, 그리고 우리의 숙명이 신적인 상태로 다시 깨어나는 것이라면, 왜 애당초 윤회의 쳇바퀴를 돌기 시작했을까요?"

"그거야말로 큰 의문이지요! 이 의문은 아마추어나 진지한 신비가들을 막론하고 모든 시대에 걸쳐 온갖 종류의 추론을 야기해왔습니다."

"불교 전통의 특별한 분파에서 생겨난 이론 중에는 이런 것이 있어요. 의식의 궁극적 상태는 무아(無我) 상태로서, 우리의 개성은 신의 완전성 안에서 희석되어버린다는 겁니다. 그리고 그와 같은 상태에서는 더이상 한 사람 한 사람 분리된 개개인의 상태로 존재하지 않는다는 겁니다. 이 개념은 불가지론을 믿는 서구의 비종교적인 많은 지성인들에게는 개인의 의식이 불멸한다는 개념보다 더 호소력 있게 다가갔습니다. 사실, 지난번에 스탠포드 대학 수면(睡眠) 연구센터 연구원인 스테판 라버지가 쓴 《자각몽》[Lucid Dreaming]이라는 아주 재미있는 책을 읽었어요. 그 책의 말미에서 저자는 바로 이 문제를 언급했습니다. 나는 그가 말한 내용에 호기심이 생겨서 다스칼로스와 코스타스와 토론해보기 위해 그 내용 중 한 부분을 종이쪽지에 적어 두었습니다. 사실은 그게 내 지갑 안에 있어요." 우리는 가로등 쪽으로 걸어가 그 종이를 펴서 읽었다.

「우리의 초개아적(超個我的) 정체는 개인적 정체를 초월한다. 인간의 초개아적 개체성은 결국 궁극적 실재의 본질과 동일하다는 사실이 입증될지도 모른다.…… 모든 소유를 소유하고, 모든 지식을 알며, 모든 창조물을 창조한 자 ― 그 하나의 마음[One Mind], 실재 그 자체.」

"에레브나의 관점에서 볼 때, 여기까지는 괜찮아요. 다스칼로스나 코스타스도 이 관점에 대해 시비를 걸 것 같진 않습니다. 그런데 이 꿈 연구가가 얘기하는 것을 더 들어보세요." 소피아가 한 발짝 더 가까이 다가왔다.

「죽음이 찾아오면 그렇게 될 수 있는바, 한 개인으로서의 우리는 소멸되어 버릴지라도, 물방울이 바다에 떨어져 사라져 버릴지라도, 그와 동시에 우리는 늘 지니고 있던 자신의 본성을 깨닫게 될 것이다. 물방울은 자신이 단지 물방울이기만 한 것이 아니라 바로 바다였다는 사실을 인식하게 된다. 그러니 '죽으면 우리는 무엇이 될까'라는 질문에 대한 대답은 '모든 것인 동시에 아무것도 아닌 것'이라고 할 수 있다.」

나는 종이를 접으면서 말했다. "만일 내가 이 내용을 다스칼로스에게 읽어줬다면 그는 분명히 웃고 말았을 겁니다. 그는 죽음이 우리에게 깨달음을 줄 수 있다면, 지혜에 이르는 가장 확실한 방법은 자살일 거라고 늘 말해왔거든요."

나는 다시 걸음을 떼면서 설명했다. "무엇보다도, 죽음은 의식을 변화시키지 않아요. 다스칼로스와 코스타스가 말한 것처럼, 죽음에 따른 유일한 변화는 우리가 거친 육체를 남겨두고 떠난다는 것입니다. 하지만 우리는 자아를 의식하는 존재로서 다른 두 신체, 즉 감정과 생각의 몸인 심령체와 이지체를 가지고 계속 살게 됩니다. 우리는 죽는 순간 의식의 수준에 따라 진동이 다른 세계로 들어갑니다. 우리가 영적으로 성숙하여 마침내 우리의 목적지인 테오시스에 도달하는 것은 반복되는 환생과 카르마의 작용을 통해서입니다. 그리고 물론 에레브나를 통하여 우리의 귀향을 가속시킬 수 있습니다."

"그런데, 대부분의 사람들은 심령체와 이지체가 실제로 존재한다는 것을 깨닫지 못하고 있다고 다스칼로스는 가끔 말합니다. 사람들이 인간의 궁극적 목적에 대해 잘못된 관념을 가지고 있는 것도 바로 그 때문이라는 거죠."

"당신은 아직 나의 처음 질문에 대답하지 않았어요." 소피아가 나에게 상기시켰다. "애초에 왜 환생을 시작하게 됐나요?"

"그 문제를 얘기할 겁니다. 환생의 목적은, 절대자의 일체성 속에서 우리의 개체성과 고유성을 버리기 위해서가 아니라 오히려 발전시키기 위해서라고 다스칼로스와 코스타스는 가르칩니다. 이원적 세계로 내려오기 전의 우리는 낮은 세계의 경험이 없는, 또 뚜렷하게 구분되는 개체성도 없는 신이었습니다. 우리는 모두 똑같았습니다. 우리는 시간과 공간 너머에서 하나의 대천사 같은 존재로 살았습니다. 시간과 공간이 있는 낮은 이원적 세계는 신령한 자아, 곧 프뉴마가 온토피시스(Ontopeisis)에 이를 수 있도록 경험의 기회를 제공할 목적으로 창조되었습니다."

"그건 또 뭐죠?" 소피아가 다소 절망적인 몸짓으로 손을 들어올리며 물었다.

　나는 한숨을 쉬며 말했다. "유감스럽게도, 온토피시스의 정확한 의미를 전달할 수 있는 영어 단어를 발견하지 못했습니다. 아시다시피, 이 말은 '존재〔Being〕'를 의미하는 그리스어 명사인 on과 '된다〔to become〕'는 뜻의 그리스어 동사로부터 파생된 peisis가 합쳐진 것입니다. 간단히 말해서, 온토피시스는 프뉴마가 (낮은 자아의 카르마가 소진되어) 윤회의 쳇바퀴의 마지막 단계에 다다른 후 개체성을 얻게 되는 것을 의미합니다. 온토피시스는 테오시스의 산물입니다. 테오시스가 마지막 깨달음, 윤회의 쳇바퀴로부터의 해방, 그리고 신령한 자아와 낮은 자아의 합일을 가리킨다면, 온토피시스는 신령한 자아가 자신을 투사하여 인간 이데아를 통과하고 이원적 세계, 시간과 공간의 세계에 들어가서 얻어낸 것을 가리킵니다."

　"다스칼로스와 코스타스에 따르면, 이 위대한 진리는 예수가 이야기한 탕아의 비유 속에 아름답게 묘사되어 있습니다. 온토피시스는 오랜 세월 온갖 곳에서 갖가지 시련과 고난의 경험을 겪은 후에 아버지의 궁전으로 되돌아온 탕아의 상태를 의미합니다."

　"우리에게 개체성과 고유성을 제공하는 것은 시공간 속의 경험입니다." 나는 설명을 이어나갔다. "이 이원적 세계, 선악의 세계에서는 어느 누구의 경험도 똑같지 않기 때문에 개체성과 고유성이 정확히 서로 일치하는 사람은 단 한 명도 없습니다. 적어도 내게는, 우리의 궁극적 목적이 '나는 나〔I AM I〕', 곧 우리의 자아의식을 완전히 없애버리는 데 있다고 보는 관점보다는 이것이 훨씬 더 그럴 듯합니다. 그러니까 우리가 없애버려야만 하는 것은 자아를 의식하는 개체성이 아니라 우리의 이기주의라는 것입니다. '나는 나'는 불멸하는 근원인 신령한 자아이며 우리의 진정한 자아이자 존재의 원천인 프뉴마라고 다스칼로스는 말합니다. 그것은 결코 태어난 적도 없고 결코 죽지도 않을 것입니다. 그것은 자신을 온토피시스에 이르게 해줄 낮은 세계의 경험적 지식을 쌓는다는 단 하나의 목적을 위하여 계획적으로, 거룩하게 이원성과 무지의 영역으로 들어온 신입니다."

소피아는 생각에 잠긴 듯한 표정으로 미소를 지었다. "당신은 과학자이며 학자인 우리가 지식을 쌓기 위해서, 자연의 비밀을 풀기 위해서 힘을 쏟는 것도 깊은 의미에서 볼 때는 우리 자신의 테오시스와 온토피시스를 위한 것이라고 완곡하게 얘기하고 있군요."

"에레브나에 따르면 바로 그겁니다. 모든 인간은 과학자이건, 부두 노동자이건, 공산주의자이건, 자본주의자이건 관계없이 실제로는 바로 그 일을 하고 있다는 것입니다. 단지 그들은 그 사실을 의식하지 못하고 있을 뿐이라는 거죠."

"그럼 의식하는 사람은 누구죠?"

나는 싱긋이 웃었다. "오직 소수의 신비가들입니다. 다스칼로스와 코스타스에 따르면, 나머지 대다수의 인간들은 한정된 인식의 고치 속에 갇힌 채 깊이 잠들어 있다고 합니다."

오토만 시대에 만들어진 좁은 길을 지나 교회의 대교구를 바라보는 광장의 중앙에 다다랐을 때 소피아가 말했다. "그런데 모르긴 하지만, 신비가들 사이에도 차이가 많고 의견이 일치되지 않는 경우가 많은 걸로 알고 있는데요, 그들이 말하는 것을 어떻게 믿을 수 있을까요?"

"다스칼로스와 코스타스는 누구의 말도 믿지 말아야 한다고 말합니다. 그보다는 우리 스스로가 진리 탐구에 나서야 한다는 것입니다. 그들에게 에레브나는 어떤 사상이나 교리가 아니라 자기 발견과 자아실현을 위한 개인적 탐구의 방법입니다. 그들은 높은 경지의 진정한 신비가는 수준 높은 과학자가 외부세계를 탐구할 때 결론을 이끌어내는 것과 똑같은 방법으로 진리를 발견할 수 있다고 주장합니다. 그뿐 아니라, 그들은 지식이란 그것이 과학적이건 신비적이건 간에 모두가 잠정적이며 상대적인 것이라고 말합니다. 궁극적으로 우리는 테오시스의 경지에서 우리 자신이 진리가 되었을 때만 진리를 알 수 있을 겁니다."

"그러므로 고차원 세계의 지식이 낮은 차원에 전달될 때, 그 지식을 다루는 신비가의 의식과 수준에 따라 어느 정도의 왜곡은 늘 있을 수 있지요. 모든 물리학자들이 노벨상 수상자가 아닌 것처럼 신비가들도 모두가 똑같지는 않습니다."

우리는 어느 사이에 산책을 시작했던 파마구스타 게이트의 뒤편까지 와 있었다. 토론에 너무 몰두한 나머지 시간이 이렇게 흐른 것을 전혀 깨닫지 못했던 것이다. 시간은 이미 자정이 넘어 있었고 인적이 끊긴 거리에는 움직임이 거의 없었다. 단지 두 명의 군인이 우리가 주차한 곳 가까이에 있는 바리케이드를 지키고 있었다.

나는 소피아가 섬에 있는 동안 머무르고 있는 가까운 교외 카이마클리까지 그녀를 태워다주기로 했다.

"말해보세요. 키리아코, 이런 것들이 당신에게 어떤 영향을 미쳤나요?" 그녀의 집을 향해 차를 몰고 있을 때, 그녀가 물었다.

"그것이 내가 이 일에 개입된 이후로 만나는 사람들마다 내게 물어보는 질문입니다. 그건 이야기가 길어요." 내가 그녀를 쳐다보며 웃었다.

"바로 당신과 똑같이, 나도 오감으로 증명할 수 있는 것 말고는 실재에 관한 그 어떤 주장에도 매우 회의적이었어요. 하지만 열렬한 과학적 유물론자는 아니었음을 고백해야겠네요. 당신처럼 나도 그리스 정교회 신앙 안에서 자랐고, 사제복의 아름다움에 반해 있었지요. 그러나 시간이 흐르면서 나는 불가지론 쪽으로 기울 수밖에 없었어요. 대학에서 배운 것은 일상적인 의식의 세계만이 존재하는 유일한 현실세계라는 믿음을 전제로 한 것이었기 때문에 나에게 별 선택의 여지를 주지 않았어요. 과학적 방법론만이 진정한 진리에 이르는 유일한 길이라고 믿도록 길들여진 거죠. 그 밖의 모든 것은 견해상의 문제에 불과하므로 비현실적인 것이었습니다. 그래서 나는 썩 내키지는 않았지만 합리적이고 과학적인 근본주의 쪽으로 전향하게 된 것이죠."

"나는 만일 다른 세계들이 있다고 하더라도 그것은 틀림없이 인간의 이해 너머에 있는 것이라고 생각했어요. 그러니까 그런 쪽의 모든 탐구는 시간과 에너지만 낭비하는 무익한 일일 거라고 생각했지요. 나는 내가 몸담고 있는 이 사회적인 세계를 내 직업인 사회학자의 관점에서 이해하려고 애쓰면서 이 3차원적 현실에만 초점을 맞춰 나 자신의 평화를 유지했지요. 대학원생 시절에는 잠시나마 마르크시즘에 빠져서 그게 마치 모든 문제에 대한 해답인 줄 알기도 했답니다. 재미있지 않나요?"

"그래서 어떻게 됐는데요?" 소피아가 물었다. 나는 그녀의 목소리에서 약간 빈정대는 듯한 느낌을 받았다. 나는 그녀가 역사적 유물론에 공감하고 있다는 것을 알았다.

"내가 메인대학에 취직을 하면서 모든 것이 변화하기 시작했어요." 나는 한 동료를 통해서 '심신 이완을 위한' 동양의 명상법과, 그 존재조차 모르고 있었던 학문 분야에 대해 알게 된 사연을 이야기해주었다.

"무슨 학문 말이에요?"

"영원한 철학[22]이요." 나는 헉슬리가 사용했던 유명한 용어로 대답했다. 그리고 이 영원한 철학, 혹은 철학자 휴스턴 스미스가 그의 책 《잃어버린 진리》[Forgotten Truth]에서 '원초적 전통'이라고 부르기를 선호했던 그것은 역사적으로 진지한 의식탐구자와 수행자들에게 전수되어온 시대의 지혜를 담은 비전의 가르침임을 설명했다.

"원시시대부터 내려오는 이 전통은 인간의 본성 자체에 뿌리를 두고 있는데, 어떤 특별한 문화나 시대에 따라 풍미했던 온갖 철학적 경향이나 유행, 또는 양식 같은 것과는 관계가 없습니다. 모든 시대와 문명의 위대한 신비가나 스승들은 이 전통을 드러내왔다고 합니다. 그런데 이제는 인류역사상 처음으로 대중이 이 원시시대부터 이어져온 전통을 접할 수 있게 되었습니다."

"어떻게요?"

"간단히 구입할 수 있는 책을 통해서죠."

"무슨 의미에요?"

"지금까지 이 신비적 지식은 온갖 어려움, 때로는 생명의 위험까지도 감수하면서 은밀히 그것을 추구했던 소수 전수자들만이 접할 수 있는 특권적 영역이었습니다. 그런데 이제 시대가 변했어요. 우리가 이전보다 더 열려 있고 더 많은 것이 용인되는 시대에 살고 있다는 것은

---

[22] 영원한 철학[The Perennial Philosophy] : 시대와 문화를 초월하여 발견되는, 인간 의식과 실재의 본질에 대한 공통적 통찰에 근거한 사상을 일컫는 말이다. 영속적 철학, 영구적 철학, 항존 철학 등으로도 불린다. 신비철학과 초심리학에 관심을 쏟았던 영국 작가 올더스 헉슬리가 세계의 위대한 신비가들의 가르침에 대해 논한 〈The Perennial Philosophy〉를 쓴 이후로 이 용어가 널리 쓰이게 되었다. (역주)

큰 행운입니다. 이제는 모든 것이 활자로 인쇄되어 공개되지요."

"그런데 소피아, 이 키프로스의 신비가들과 각별한 관계를 갖게 되고부터는 나도 이런 문제에 한층 더 흥미가 당겨서 점점 더 깊이 탐구해 들어가게 됐어요. 그리고 우리는 어쩌면 르네상스와 계몽운동을 합친 것보다도 더 심오하고 중요한 인간 의식 변혁의 경계선상에 서 있는 것이 아닌가 하는 생각을 하게 됐지요."

나는 그녀의 어머니 집 문 밖에 차를 세우며 말했다. "우리는 스스로 생각하는 것처럼 그렇게 무지하게 살다 가도록 운명 지어진 무력한 피조물은 아니에요. 어쩌면 천문학자들의 우주만큼이나 광대한 세계가 우리 안에서 발견되기를 기다리고 있을지도 모릅니다."

그러면서 나는 미국의 우주비행사 에드가 미첼에 대해 이야기했다. 그는 달에 발을 디디면서 너무나 심오한 신비체험을 겪은 나머지 지구에 귀환한 후, '내면의 우주공간〔inner space〕'이라는 새로운 개척지의 탐사를 위하여 이지과학 연구소〔Institute of Noetic Sciences〕라는 연구재단을 캘리포니아에 설립했다.

"이 책들을 쓰면서 느꼈던 최대의 보람은 전 세계에서 편지를 보내오는 독자들의 반응이었습니다. 이 가르침이 그들에게 자신이 경험하고 있거나 또는 경험했던 다른 세계들에 대한 지도와 안내 자료를 제공하고 있다는 겁니다."

"지금의 나에게는 우리의 일상적 3차원 현실 속에 침투해 있다는 다른 차원 현실들의 존재 여부는 더이상 문제가 되지 않습니다. 지금의 문제는 이 세계들을 어떻게 탐구하고 조사할 것인가, 어떻게 하면 이런 영적 차원들에 관한 과학을 발전시킬 수 있을까 하는 것입니다. 티베트의 라마승들이 높은 산꼭대기에서 수천 년 동안 해온 것도 바로 이런 탐구입니다."

"당신은 다스칼로스와 코스타스를 믿고 있군요. 그들이 그런 차원의 세계를 들락거리고 그 원시시대로부터 내려오는 전통을 가르친다는 것을 말이에요." 소피아가 말했다.

"나는 그들의 말이 귀기울일 만한 가치가 있다고 믿고 있고, 그들이 우리의 일상적 감각 너머의 세계에 대해 전해주는 이야기를 진지하게 받아들입니다. 그래요, 소피아, 이제 나는 교조주의에 물들지 않은 과학은 영성의 적이 아니라 큰 지원군이라고 확신합니다. 이 때문에 요즘 세상이 너무나 매력적이고 긍정적으로 느껴진답니다."

"저도 그 점에 대해 생각해보겠어요." 소피아가 웃으며 대답했다. 그래서 나는 그녀에게 하나의 입문서로서 '첨단 과학'이 위대한 신비가들의 영적 주장의 진실성을 간접적으로 증명해주고 있는 시대적 현상을 개괄한 마릴린 퍼거슨의 《물병자리 시대의 공모(共謀)》[23][The Aquarian Conspiracy]를 권했다.

"마지막으로 질문이 하나 있어요." 소피아가 차에서 내리면서 말했다. "이 사람들은 어떻게 알았을까요? 당신이 오늘 밤 내게 말해준 것들에 대해서 그들은 어디서 배웠을까요?"

"다스칼로스와 코스타스는 '차원 높은 세계'에 대한 자신들의 지식이 두 가지 원천으로부터 온다고 주장해요. 하나는 다른 세계 속으로 직접 들어가서 겪는 체험을 통해서입니다. 그들은 이러한 능력과 지식이 이번 생뿐만 아니라 과거 생들로부터 발달된 것이라고 주장하지요. 세 가지 신체를 완전히 다룰 수 있게 되면 우리는 유체이탈 상

---

23 국내에는 《뉴에이지 혁명》이란 제목으로 정신세계사에서 번역출간되었다.

태에서 그 몸들을 사용할 수 있고, 다른 차원들을 방문할 수 있습니다. 그렇게 되면 우리는 다른 세계에 대한 지식을 얻을 수 있고, 거기에서 도움이 필요한 사람들에게 봉사할 수 있게 됩니다. 초의식적 자아인식의 소유자인 '보이지 않는 구원자'가 되는 거죠. 헤르메스 트리스메지스투스(Hermes Trismegistus)가 되는 거예요."

"무엇이 된다구요?" 소피아가 눈을 크게 뜨며 물었다.

"헤르메스 트리스메지스투스." 나는 웃으면서, 비전(秘傳)의 신비적 지혜를 다룬 헤르메스 철학(Hermetic Philosophy)은 기원전 수백 년경에 고대 이집트에 살았던 헤르메스 트리스메지스투스라는 이름의 한 그리스인에 의해 시작됐다고 설명했다. 헤르메스 철학은 헉슬리가 말하는 '영원한 철학'에 속한다.

"내가 헤르메스 철학의 기원에 대한 이 해석을 다스칼로스에게 말했더니 그는 고개를 저으면서 웃더군요. 그는 초의식적 자아인식 상태에 도달할 수 있는 인간이라면 누구나 헤르메스 트리스메지스투스라고 했습니다. 자신의 세 가지 신체 — 거친 육체, 심령체, 이지체 — 를 능숙히 부릴 수 있는 사람은 누구나 헤르메스 트리스메지스투스라는 겁니다. 날개 달린 신 헤르메스는 비상(飛翔), 즉 유체이탈, 또는 소위 '아스트랄 여행'에 통달했음을 상징한답니다."

"당신도 알다시피, 그리스어로 '트리스메지스투스'라는 단어는 문자 그대로 '세 배로 위대한 자'를 의미합니다. 즉, 자기의 세 가지 신체를 능숙히 부릴 수 있는 상태에 도달한 사람, 그래서 존재의 다른 차원들을 자유롭게 여행하면서 지식과 지혜를 쌓아서 낮은 의식 차원에서 헤매고 있는 우리 같은 사람들에게 그것을 전파하는 사람을 의미하는 것이지요."

내가 말했다. "그러니까 소피아, 결국은 당신과 나, 그리고 다른 모든 인간들도 헤르메스 트리스메지스투스가 될 수 있고 또 그렇게 될 겁니다. 그렇게 되면, 우리는 마치 훌륭한 영적 과학자처럼 고차원 세계에 대해 그들이 이야기한 것들을 경험적으로 증명할 수 있게 되는 겁니다."

"헤르메스 트리스메지스투스 상태가 테오시스를 표현하는 다른 말인가요?"

"아니에요. 테오시스는 훨씬 더 높은 차원의 의식입니다. 테오시스는 모든 영혼의 마지막 목적지이며, 의식 진화의 마지막 단계입니다. 초의식적 자아인식 단계는 테오시스에 다가가는 여러 단계 중의 하나입니다. 그들은 테오시스가 일방통행로라고 말합니다. 일단 거기에 들어가면, 보통 인간의 길 ― 탄생, 죽음, 재탄생 등등 ― 로는 다시 되돌아 올 수 없답니다. 사실 코스타스는 이렇게 말했어요. 테오시스의 문턱에 도달해서 자기가 원하기만 하면 언제라도 들어갈 수 있는 위대한 스승들은 아직도 영적인 길 위에 있는 다른 사람들을 도와주기 위해서 바로 들어가기를 피하고 뒤에 남아 있는 것이라고요. 그는 또 '높이 오르면 오를수록 타인에 대한 사랑과 자비심이 더욱 커지고, 기꺼이 봉사하고자 하는 마음도 더 커진다'고 하면서, 사실은 '맨 처음 된 자가 아마 가장 마지막에 들어갈 것'이라고 말했어요."

"그들 지식의 또다른 원천은 무엇이죠?" 내가 출발하려고 준비하고 있을 때 소피아가 물었다.

"이건 당신을 훨씬 더 놀라게 할 거예요. 그들은 가장 높은 지혜와 의식 차원에서 살고 있는 위대한 스승들의 의식과 완전히 동화된 상태에 들어갈 수 있다고 주장합니다. 이들은 절대자의 거룩한 독자성

〔Divine Autarchy〕 안에 계시는 스승들입니다. 그런 스승 중의 한 분이 요하난인데, 예수께서 가장 사랑하셨던 복음서의 저자 요한입니다. 그들은 자기들이 요하난의 직접적인 인도 아래에서 가르침을 편다고 주장합니다. 그러므로, 영적 수행체계인 에레브나는 일찍이 복음서의 저자 성 요한으로 지구에 살았던 이 대천사적 존재의 가르침을 따르는 진리탐구 모임입니다."

"다스칼로스와 코스타스는 일단 일정한 영적 수준, 즉 초의식적 자아인식에 다다른 사람들은 누구라도 우리 행성의 영적 진화를 두루 살피는 '초지성(超知性)'인 요하난의 도관(導管)이 될 수 있다고 주장합니다."

"이 사람들도 책을 읽나요?" 소피아가 물었다. 나는 이미 시동을 걸고 있었지만 요하난의 이름이 언급되자 그녀의 의심이 부쩍 커진 것이 표정에서 읽혔다.

"그들은 영적 지식을 얻기 위해서 책을 읽지는 않아요. 그들이 강조하는 것은 경험적인 것입니다. 하지만 다스칼로스나 코스타스 두 사람 모두 교육받은 사람들이에요. 코스타스는 영국에서 교육받은 엔지니어고, 다스칼로스는 라르나카에 있는 미국 아카데미를 졸업했고, 섬을 떠난 적은 없지만 나중에 통신을 통해서 영국의 교육기관으로부터 우수한 성적으로 몇 가지 학위를 땄습니다."

"저도 그 사람들을 만나보고 싶어요." 소피아가 말했다.

그 다음 몇 주 동안, 에밀리와 나는 코스타스와 다스칼로스의 여러 모임에 소피아를 데리고 갔다. 그녀가 캐나다로 떠날 즈음에는 그러한 만남들이 그녀의 세계관에 강한 영향을 미치기 시작했다는 것을 감지할 수 있었다. 실제로 우리의 마지막 만남 후에 다스칼로스는 나에게 눈짓을 보내면서, "그녀는 이제 준비가 됐어" 하고 속삭였다. 그녀는 깨달음을 위한 긴 여정의 출발점에 와 있었다. 소피아는 다스칼로스와 코스타스의 세계를 더 깊이 알 수 있는 기회를 갖기 위해 장기 체류를 준비해서 키프로스에 돌아오겠다고 약속했다. 나는 소피아의 반응을 너무나 잘 이해할 수 있었다. 그녀에게서 10년 전 다스칼로스와 코스타스의 비범한 세계를 처음 맞닥뜨렸을 때의 나 자신을 보았기 때문이다.

2
Hells and Paradises

지옥과 천국

"죽은 후에도 사람은 몸을 가지고 있어. 심령이지체를 가지고 사는 거야.
사람들의 성격이나 지각능력은
단순히 다른 차원으로 이동하는 것만으로는 바뀌지 않아.
그들은 욕망을 초월하지 못했기 때문에
자신에게 익숙한 지상의 세계를 다른 차원에다 그대로 복제해와서
거기서 심령이지체를 가지고 살지.
예컨대 자신이 좋아했던 음식을 요리하고,
좋아했던 와인을 마시고,
지구에서 그랬던 것처럼 축제를 즐기는 거야."

스테파노스와 나는 아침 9시 30분에 스트로볼로스에 있는 다스칼로스의 집에 도착했다. 현관문은 활짝 열려 있었고 한 여름의 강렬한 햇볕이 현관 입구의 홀을 가득 채우고 있었다. 다스칼로스는 그늘진 구석에 혼자 앉아 있었다. 그는 탈진한 것처럼 보였다. 마치 기운이 다 빠져나간 것 같았다.

"다스칼레, 무슨 일이 있었어요?" 내가 걱정스러운 목소리로 물었다.

그는 눈을 반쯤 뜬 상태로 오른손을 저으면서 물을 부탁했다. "나중에 얘기하겠네." 그가 작은 목소리로 말했다.

"방금 지옥에서 돌아왔네." 그가 물을 한 방울도 남기지 않고 다 마신 후, 안도의 한숨을 내쉬면서 말했다. "그런 곳을 방문하는 것은 정말 싫지만 해야 할 일이 하나 있었어." 그는 얼굴을 찌푸렸으나 우리의 호기심어린 표정을 보고는 자신의 경험을 차근차근 이야기하기 시작했다. 다스칼로스는 다시 기운을 차리고 있었다.

"지구에 살고 있는 동안에는 우리의 진동이 거친 물질 차원에 더 가깝기 때문에 낮은 심령이지 차원의 조건들에 의식을 동조시키는 것이 쉽다네. 내가 알고 있는 다른 곳에 사는 보이지 않는 구원자 한 사람이 가장 낮은 차원의 심령이지계에 살고 있는 그의 한 친구를 돕기 위해서 나의 협조를 구해왔네. 물론 자네들도 알겠지만, 내가 그 세계들을 심령이지계라고 합쳐 부르는 이유는 심령 차원과 이지 차원은 서로 침투되어 섞여 있기 때문이라네. 생각이 없을 때는 감정도 없는 것이지. 그래서 여기 거친 물질 차원에도 역시 심령계와 이지계가 있는 것이라네. 나는 빛나는 공간에서 그 보이지 않는 구원자와 만나서 이야기를 나눴어. 그곳은 아름다웠네."

"그가 말했네. '자, 우리 함께 가서 내 친구를 좀 도와줍시다. 나는 여러 차례 그를 방문했지만, 지금까지 조금도 그를 개선시키지 못했어요. 그는 자신의 감옥에서 스스로 빠져나오려고 하지 않기 때문에 그를 돕는 건 쉽지가 않아요.'

내가 말했네. '아무튼 그를 당신의 마음으로 데려오세요. 나도 갈 테니까.' 자네들도 알다시피, 심령이지계에서는 의식의 이동을 조절할 수 있다네. 번개처럼 순식간에 원하는 곳에 가 있을 수도 있고 천천히 움직일 수도 있지. 그건 우리의 선택에 달려 있어. 그곳은 소름 끼칠 정도로 지독하게 어두운 곳이었네. 나는 무엇이든 감지해보려고 주의를 집중했어. 그 세계는 언덕과 나무와 계곡이 있는 아름다운 풍경이더군. 나는 바다가 있는 것도 알아차렸는데, 그것은 고요한 침묵의 바다였다네. 나는 그 보이지 않는 구원자에게, 나는 그런 곳에는 좀처럼 내려오지 않는다고 말했어. 그곳은 보일 듯 말 듯한 반달이 떠 있는 깜깜한 밤과 같았다네.

내 친구가 설명했지. '이곳에는 더 밝은 빛을 채울 수가 없어요. 여기에 사는 존재들이 그 빛을 견디지 못하기 때문이지요. 거룩한 자비의 작용으로 이렇게 어두운 겁니다. 당신이 보는 이 어둠은 그들 자신의 내면으로부터 나오는 것이고, 그것이 주위 풍경에 영향을 준답니다.'

나는 투덜거렸어. '이곳의 분위기는 숨이 막혀요. 뭔가 썩은 냄새 비슷해요.'

그가 다시 설명했어. '이런 환경을 만들어낸 것은 그들입니다. 이것이 그들에게는 편하지요.'"

다스칼로스는 이야기를 계속했다. "우리는 우리 집보다 네 배나 큰 집 앞에 당도했네. 그가 커다란 철문을 두드렸지. 아무도 대답하지 않았어. 그 보이지 않는 구원자는 경험이 좀 모자라는 것 같더군. 내가 그에게 벽을 통과해가자고 재촉해야 했으니까 말일세. 노크할 필요가 없다는 것을 상기시켜주었지. 우리는 벽을 통과해서 들어갔어. 그리고 약간 어두운 거실에 앉아 있는 한 남자를 보았다네. 거룩한 자비가 그곳을 겨우 식별할 수 있을 정도의 어두침침한 불빛을 내려주고 있는 것 같았어. 그것은 기껏해야 20와트 전구 정도의 밝기였는데 커다란 방에서 그 빛은 아주 미약했지. 그는 검은색 벨벳 안락의자에 앉아 있더군. 그는 우리가 그의 방에 어떻게 들어왔는지를 계속 캐물었어.

'우리는 당신의 친구들입니다.' 내가 대답했네.

'알고 있소.' 그가 화를 내며 중얼거리더군. '당신들은 항상 나를 귀찮게 하는 그 말썽꾼들과 같은 사람들이요.'

'미안하지만 당신은 여기 사는 게 즐거우세요?' 하고 내가 물었지.

'즐겁지 않을 이유가 뭐 있소? 이곳은 내 집이요. 나한테서 뭔가를 훔쳐가려는 생각 따위는 집어치워요. 아무도 나한테서 무엇을 훔쳐갈 수 없소.'

나는 그를 안심시키려고 노력했어. '우리는 당신 것을 훔치려고 여기 온 게 아니에요. 우리는 다른 이유로 왔어요. 이 사람은 당신 친구예요.' 동행한 친구를 가리키면서 내가 말했네.

그 남자가 이빨을 드러내고 싱긋 웃더군. '그렇군, 나도 그가 어떤 친구인지는 알고 있소. 나를 혼자 내버려두시오. 나는 어떤 친구도 필요 없소.'

'왜요? 당신 혼자서 외톨이로 사는 게 더 좋아요?'

'그래요. 더 좋소.' 그가 퉁명스럽게 대답했다네.

나는 그 사람 몰래 내 친구에게 내 의견을 전했네. 즉 우리가 그를 돕기 위해서 할 수 있는 일은 아무것도 없고, 그 상황에서 할 수 있는 최선은 그의 눈에 띄지 않게 모습을 감춘 채 주위에 머물면서 무슨 일이 일어나는지를 관찰하는 것이라고 말이야. 우리는 즉시 그렇게 했네. 그러니까 진동을 바꾸어서 우리가 그곳에 있어도 그의 눈에는 보이지 않도록 한 거야. 내 친구는 이런 일에 경험이 없어서 그가 보이지 않도록 내가 도와줘야만 했네. 그게 말이야, 한 상태에서 다른 상태로 진동을 마음대로 바꾸기 위해서는 많은 연습이 필요하다네. 외형과 형태의 의미 너머로 올라갈 수 있는 방법과, 그것들에 영향받지 않고 자신을 보이지 않게 할 수 있는 방법을 배워야만 하기 때문이네. 하여간 우리는 그곳에 머물러서 그 사내를 관찰했어.

우리는 그가 '그자들이 지옥으로 가버렸으니 신에게 감사해야겠군. 그런데 도대체 그자들은 여길 어떻게 들어왔던 거야?' 하고 중얼거리는 걸 들었네. 그러더니 그는 소리를 지르기 시작했어. 그러자 검은 옷을 입은 사람이 방 안으로 들어왔어. 그는 하인처럼 보였네. 그 남자는 그 하인에게 계속 고함을 질러댔어.

'그자들이 어떻게 여기 들어왔어? 왜 문을 열어두었던 거야?' 그때 나는 상황을 알아차렸다네. 사실 그 하인은 그 남자의 의식에 들어와서 그를 도우려고 애쓰는 천사였었네. 그 사내와 같은 사람들은 자기에게 봉사하는 천사들에게조차도 편견을 갖고 있다네. 물론 그 천사는 보통 천사들처럼 빛나는 모습으로 그에게 나타날 수는 없네. 그는 그 사내가 자기 생각과 혐오감으로 지어낸 옷을 입혀놓은, 보통 하인처럼 보였지. 그는 갈라진 소리로 계속 고함을 질러댔어. '여기 앉아!' 그 남자는 천사 하인에게 명령했네."

다스칼로스가 이야기를 이어나갔다. "그러더니 그는 몇 개의 삐걱거리는 철문을 열고 녹슨 상자 하나를 꺼내더군. 그는 상자를 열면서 보물을 훔쳐간 자가 누군지 말하라고 계속 고함을 질러댔어. 그리고는 금화를 세기 시작했네. 나는 웃지 않을 수가 없었어. 그것이 그의 형벌이고 감옥이라는 생각이 들더군. 그는 한쪽 면에는 영국의 왕이 새겨져 있고 다른 쪽 면에는 성 조지가 새겨져 있는 금화를 세고 또 세었어. 그러다가 잊어버리고는 처음부터 다시 세기 시작했다네. 그러더니 그것을 섞어서 긁어모아서는 또다시 세고. 피곤해져서 그때까지 센 것을 잊어버리게 되면 또다시 세기 시작하고, 그러기를 자꾸 자꾸 되풀이했어. 그는 도둑이 훔쳐간다는 생각에 사로잡힌 채 자기의 금화 더미를 하염없이 지키고 있었다네.

나는 거기에 있던 하인에게 말했네. 그는 우리를 알아차릴 수 있었어. 그것이 그가 천사임에 틀림없다고 말한 이유일세. '이 짓을 얼마나 오랫동안 해왔습니까? 당신이 그를 위해 돈을 만들어줍니까?'

'예, 하지만 그는 그것을 계속 잃어버립니다. 그러면 나는 다시 만들어내고, 그러면 그는 또 그것을 잃어버려요. 그는 거기서 빠져나올 생각을 안 합니다. 그는 자기의 보물을 도둑이 훔쳐갈 거라고 끊임없이 걱정하고 있어요. 그 상황을 만들어내는 것은 그 자신인데, 금화를 잃어버릴 것 같이 느끼는 것이 원인이지요.' '당신은 그가 빠져나오도록 하기 위해 어떻게 하고 있습니까?' 내가 물었네. 그는 그 사내가 자신의 강박관념이 착각이라는 것을 이해하게끔 가능한 모든 방법을 동원하고 있지만 아무런 소용이 없다고 대답했네. 그래서 내가 제안했어. 내가 그로 하여금 자신은 죽었기 때문에 그 동전들은 아무 쓸모도 없으니, 이제 그 어두운 방에서 햇빛 속으로 나와 다른 사람들을 만나야 한다는 것을 깨닫도록 강력한 사념을 보내보겠다고 말이야.

'당신은 내가 그 방법을 시도해보지 않았다고 생각하세요?' 그 천사가 대답했네. '수백 번 그렇게 해봤는데 듣지 않았어요. 하지만 당신도 해보세요. 어떤 일이 일어날지.'

그래서 내가 시도해봤지. 하지만 그는 반발하면서 돌아서서 다시 금화를 세기 시작하더군. 그때 나는 그가 마지막 생에서 자살로 생을 마감한 돈 많은 구두쇠였다는 사실을 발견했어. 어쩌겠나, 이 친구는 자기가 스스로 만든 감옥에서 빠져나오겠다고 스스로 결심할 때까지 자신을 괴롭히고 있을 거야."

"이 경험을 언제 하셨습니까, 다스칼레?" 내가 끼어들었다.
"오늘 아침에."
"주무시는 동안에 말이에요?"
"아니, 깨어 있는 동안이었어. 작업을 위해서 잠들 필요는 없네."
그러면서 다스칼로스는 그 천사 하인과 만났던 일을 더 자세히 이야기했다. 이제 그는 다시 활기에 차 있었고, 좀 전에 우리가 보았던 피로의 흔적은 찾아볼 수 없었다.

"그 집에서 나온 후에 나는 그 천사의 내면으로 들어가서 그를 만나봤어. 그는 정말 빛으로 가득하더군. 나는 그에게 왜 모든 것이 그렇게도 어두웠냐고 물어보았네.

'생각해보세요. 당신이 아름다운 곳에 있는데, 어떤 사람들이 타이어를 태우기 시작해서 주위가 온통 코를 찌르는 연기로 꽉 찼어요. 이런 상황에서 유쾌할 수가 있겠어요?'

'물론 아니죠. 그런데 타이어 태우는 예를 드는 걸 보니 당신은 우리의 세계인 지구에 대해서 많은 걸 알고 있나 보군요.'

'당연히 잘 알지요.' 그가 대답했네. '이 공간에 사는 사람들의 마음은 불에 타서 대기 중에 독을 뿜어내는 타이어와도 같아요. 다름 아니라 그 사람들의 생각과 감정 때문에 풍경이 검게 변하는 거랍니다.'

'그러면 당신은 여기 있는 게 즐거우세요?' 내가 물었네.

'내가 여기에 있다고 누가 말했습니까? 나는 어디에나 있어요.'

'무슨 말씀인지 알겠습니다.' 내가 대꾸했지. '당신을 좀더 잘 알고 싶군요.'

'나는 당신을 아주 잘 아는데요. 걱정 마세요. 도움이 필요한 이 사람들을 위해서 앞으로 자주 내려오실 테니 당신도 언젠가는 나를 알게 될 거예요.'

내가 이 남자를 위해 어떤 도움도 줄 수 없어서 실망했다고 말했더니 다시 그가 대답했네.

'당신이 이곳으로 가지고 온 사랑이 큰 도움입니다. 그는 조금씩 성숙해져서 제정신으로 돌아올 겁니다. 그는 당신이 여기에 오는 마지막 순간까지도 여전히 금화를 세고 있을지 모르지만, 우리는 그에게 도움을 주기 위해 계속 함께 내려올 겁니다. 그가 자신의 고통에서 언제 빠져나올 것인가는 오직 신만이 아십니다.'"

다스칼로스가 말했다. "이 남자가 빠져 있는 지옥은 땅 밑의 어떤 곳이라는 느낌이 들었네. 물론 그가 살고 있는 그 환경은 자기의 생각과 감정에 몰두한 상태에서 스스로가 창조한 것이었네. 만일 그에게 자신이 처해 있는 상황이 좋으냐고 묻는다면, 십중팔구 그렇다고 대답할 걸세. 그는 그걸 포기하기를 원치 않아. 사실, 그가 지옥에서 빠져나오기 위해 해야 할 일은 오직 본인 스스로 그것을 원하는 것뿐이라네."

스테파노스가 여러 차원들 사이에 있는 경계의 성질에 대해서 물어보자 다스칼로스가 설명했다.

"심령이지계의 다양한 차원과 부차원(subplanes)들 사이의 경계는 진동에 관한 문제이고, 그 진동과 우리 의식의 동조에 관한 문제일세. 예를 들어, 나는 라디오로 BBC가 방송하는 심포니에 주파수를 맞출 수 있네. 나 자신이나 라디오를 움직이는 것이 아니라 단지 다이얼만 약간 더 돌리면 나는 또 전혀 다른 현실인 그리스의 부주키[24] 음악을 들을 수도 있지. 그러니까 지구의 시간으로 말하자면 눈 깜짝할 새에 지옥이든 천국이든 마음대로 들락거릴 수가 있는 거야. 말하자면, 지옥에서 빠져나오려면 그저 자신의 진동수를 높이기만 하면 진동하는 빛으로 가득한 공간 속으로 나올 수 있어. 위로 올라갈수록 더 많은 빛을 경험하고 실재를 더욱 선명하게 인식할 수 있게 되지."

다스칼로스가 잠시 쉰 후에 다시 말했다. "내 경험에 의하면, 심령이지계의 사다리를 더 높이 올라갈수록 사람들은 서로 더 가깝게 살고 더 결속된다는 것을 깨달았네. 이에 반해, 낮은 차원의 사람들은 여럿이 한데 있어도 대개 서로를 인식하지도, 느끼지도 못하고 혼자서 외롭게 지낸다네." 다스칼로스의 말은 나 자신의 경험에 비추어보나, 전통 사회학과 심리학의 관점에서 보나 완벽하게 이치에 맞는 말이었다.

---

24 만돌린 비슷한 그리스의 민속 현악기. (역주)

"그러니까, 의식의 수준을 높이면 이웃 사람들과의 단절감이 줄어들고 우리 자신의 소외감도 적어진다는 말씀이군요." 이렇게 대꾸하면서 나는 내 견해를 과감히 피력했다. "자신의 진동을 더 높이면 다른 인간들과의 일체성을 향해, 그리고 자신의 내면을 향해 더욱 깊이 들어가게 된다는 것이군요." 나는 흥분한 채 말을 계속했다. "의식의 눈금이 낮아질수록 사랑은 현재인격 속에 더 미약하게 표현되겠지요. 심령이지적 의식의 눈금이 높아지면 사랑의 표현도 더 강하고 분명해질 테고요. 우리가 사랑 그 자체가 되어서 완전한 일체성에 도달할 때까지 말입니다."

"아주 좋았어." 다스칼로스는 만족스럽게 고개를 끄덕였다. 그러면서 그는 계속 심령이지 차원의 다양한 성질에 대해 좀더 상세히 설명했다.

"사람들은 지구상에서 알고 있던 그대로 자신의 세계를 창조한다네. 즉 물질 차원에서 살던 것과 같은 종류의 삶을 사는 거지. 예컨대 자신이 좋아했던 음식을 요리하고, 좋아했던 와인을 마시고, 지구에서 그랬던 것처럼 축제를 즐기는 거야. 그리고 지구에서 늘 그랬던 것처럼 거기서도 똑같이 걸어 다닌다네."

스테파노스가 조심스럽게 물었다. "당신이 말씀하신 이 모든 것들은 육체의 물질적 욕구를 만족시키기 위한 것인데, 육체는 거기에 더 이상 없지 않습니까?"

"내가 수도 없이 말했듯이, 죽은 후에도 사람은 몸을 가지고 있어. 심령이지체를 가지고 사는 거야. 사람들의 성격이나 지각능력은 단순히 다른 차원으로 이동하는 것만으로는 바뀌지 않아. 그들은 욕망을 초월하지 못했기 때문에 자신에게 익숙한 지상의 세계를 다른 차원에다 그대로 복제해와서 거기서 심령이지체를 가지고 사는 것이네." 다스칼로스는 심령이지계에서는 생각과 욕망이 좀더 쉽게 염체로 응고되며, 사람은 그것을 창조해낸 사람의 의식과 주관적 환경 속에 존재한다고 설명했다.

"다스칼레, 물질 차원의 존재로 있을 동안 익숙해 있던 것과 같은 종류의 쾌락을 다른 차원에서도 경험할 수 있나요?" 내가 물었다.

"그럼, 물론이지."

"예를 들어 섹스 같은 것도요?"

"물론, 하지만 심령이지 차원을 더 높이 올라가면 자네는 성적 욕망을 점차 초월하게 될 걸세. 그러나 낮은 차원에 있을 때는 지구에서와 똑같이 성욕을 가지지."

"하지만 성적 쾌감을 느끼기 위해서는 육체를 가져야 하는 것 아닌가요?" 내가 다소 혼란스러워하며 물었다.

"어떻게 그렇게 단정할 수 있나?" 다스칼로스가 대답했다. "성적 쾌감의 근원이 거친 육체인가, 아니면 심령이지체인가? 성관계를 가능하게 만드는 것은 감정의 신체가 아닌가? 그래, 자네는 육체를 가지고 바로 여기에 있네." 그는 마룻바닥을 가리켰다. "하지만 심령이지적으로 문제가 있으면…… 그것은 움직이지도 않아." 그는 웃으면서 그의 집게손가락을 들어 보였다. "우리는 발기부전으로 고통받는 수많은 사람들을 계속 보고 있지 않은가?"

"그래서 심령이지계에서도 섹스, 폭력, 친절 등등을 포함해서 물질계에서 볼 수 있는 모든 것을 찾아볼 수 있는 것이라네. 부차원의 성격을 결정짓는 것은 거기에 거주하는 사람들의 기질이야."

"그들도 죽음에 의미를 부여하고 두려워하나요? 그리고 살인자들은 어떻게 되지요?" 내가 물었다.

"그럼, 그들도 그렇다네. 비록 한 가지 예외는 있지만 말일세. 어떤 난폭한 사람이 다른 사람을 공격해서 그를 죽였다고 가정해보게. 그 살인자는 자신에게 살해당한 사람이 잠시 후에 다시 살아 돌아온 것을 발견할 거야. 그러면 그는 다시 공격하고, 그 사이클은 반복되지. 심령이지체는 죽일 수가 없어. 무슨 뜻인지 이해가 되나? 여기서 전투에 참가했던 사람들이 다른 세계로 건너가면 그들은 그 심령이지계에서도 종종 그 싸움을 반복한다네."

"어떤 사람이 다른 사람을 공격하면 상대방의 몸에 고통이 가해지나요?"

"아닐세. 저쪽 세계에서는 육체적인 고통은 없어. 예를 들어, 어떤 사람이 폭탄이 터져 온몸이 산산조각 나는 경험을 한다면 그 경험은 그의 의식에는 각인되지만 육체적인 고통은 느끼지 않아. 그러면 그는 '어? 아무렇지도 않네?' 하고 깨닫게 되지. 나중에 그는 이 사건을 마음에 떠올려서 다시 그 경험을 할 수 있어. 그래도 육체적인 고통은 느끼지 않을 것이네. 결국 그는 자신이 계속 존재한다는 것을 깨달을 걸세. 그러면 그는 그 경험이 악몽이거나 가위눌림이었다고 생각할 거야. 자네들도 이해했겠지만, 이 모든 경험들은 낮은 차원의 심령이지계에서 발견되는 것들이라네. 지금 나는 내 개인적인 경험에 근거해서 말하고 있네. 나는 그런 경험들을 다 겪었어. 이란-이라크 전에서 죽은 사람들은 저쪽 세계로 옮겨가서 또 전쟁을 계속한다네. 사실 나는 전쟁은 심령이지 차원에서 먼저 시작해서 그 아래의 거친 물질 차원으로 투영된다고 생각하고 있네. 우리는 물질지구 위에서만 전쟁을 하는 것이 아니야. 상대방을 공격해서 싸움을 일으키고 싶은 욕망이 일어날 때마다 전쟁은 일어나고 있는 것이라네. 그리고 저쪽 세계로 가는 사람들은 물질계에서 그랬던 것처럼 죽이고 항복시키고 정복하고 싶은 욕망을 고스란히 가지고 간다네."

그러면서 다스칼로스는 보이지 않는 구원자로서 자신의 임무 중 하나는 전쟁터에 가서 고통받고 있는 자들을 돕는 것이라고 말했다. 예컨대, 그는 강한 시각적 심상으로써 위생병이 도착할 때까지 부상자의 출혈을 막아주려고 노력한다. 그리고 만일 그 사람의 카르마 때문에 죽음이 불가피한 경우에는, 그는 보이지 않는 구원자로서 다른 구원자들과 함께 그 사람이 다른 차원으로 순조롭게 옮겨가도록 도와준다.

"사람이 전쟁터에서 죽게 되면 매우 충격적이고 혼란스러운 상황 속에 처하게 된다네. '나한테 무슨 일이 일어난 거야? 난 지금 어디에 있는 거지?' 하는 것이 일반적인 반응이야. 그런데 그는 자기 몸을 살펴보고 아무런 부상도 없다는 것을 발견하게 되지. 심령이지체의 부상은 즉시 치유된다네. 보이지 않는 구원자들은 그와 같은 사람들을 돕기 위해서 항상 현장에 있어. 그들의 도움으로 그 사람들은 다시 태어날 때까지 지낼 심령이지계의 부차원으로 무난히 갈 수 있는 심리적 상태를 갖추게 될 걸세. 아무도 그를 거기에 데려다주진 않아. 보이지 않는 구원자라도 그 사람들이 갈 곳을 결정할 수는 없는 것이라네. 우리는 단지 그들이 다른 차원으로 옮겨지는 순간에 혼란에 빠지지 않도록 도와줄 수 있을 뿐이지. 그가 민족의 집단적 카르마를 대신 치르는 훌륭한 사람일 수도 있어. 우리로서는 사람들이 전쟁터에서 죽어야만 하는 이유를 알 수가 없다네. 오직 절대적 있음 [The Absolute Beingness], 카르마의 법칙 뒤에 있는 힘만이 알고 있지."

"보이지 않는 구원자들의 대다수는 대천사들이야. 인간들을 위해 항상 봉사하는 이 대천사들의 관용을 한번 생각해보게. 그들은 사람들의 마음을 차분히 가라앉혀서 각자에게 알맞은 심령이지계의 부차원으로 갈 수 있도록 도와주기 위해 끊임없이 일하고 있다네. 그러니까 전쟁터에서 3백 명의 사람이 죽는다고 해도 아무도 옆사람과 동일한 심령이지 상태로 들어가지 않는 경우가 생기는 것이지."

"내가 발견한 또다른 사실이 있다네." 다스칼로스가 말했다. "아르메니아인들이 자기네 언어로 말하면서 자기네 식의 예배를 올리고 있는 것을 보았어. 또 그리스 정교도들은 자기네 식으로 '주여 불쌍히 여기소서'로 시작하는 기도예배를 올리고 또 가톨릭교와 몰몬교도들도 저마다 자신의 언어와 전통에 따라 예배를 올리는 것을 보았지. 이것은 동일한 정서와 심리 상태를 가지고 저쪽 세계로 가는 사람들은 모두 다 비슷한 심령이지계의 부차원에 함께 모인다는 뜻이야. 그러니까 이 세상의 모든 종파와 종교들이 그곳에도 있다는 이야기지. 또 한 가지 발견한 게 있는데, 이쪽에서 우리가 올리는 종교적 찬양과 의식들은 우리와 거의 비슷하게 진동하는 저쪽 세계의 사람들에게 영향을 미친다는 사실이야. 그리고 낮은 차원에서는 광신도도 발견할 수 있다네. 나는 이런 공간들을 지옥이라고 부르지."

"달리 말하면, 우리가 살고 있는 지구도 일종의 지옥이지요." 내가 끼어들었다.

"그렇지." 다스칼로스가 말했다. "물론, 지리적 공간으로서는 지옥이 아니네. 명심하게. 그것을 지옥으로 바꾼 건 인간이 만들어낸 심령이지적 상태라는 걸 말이야. 하지만 차이가 있어. 3차원에서의 지옥은 심령이지 차원을 지배하는 법칙과는 달라. 그것은 자연의 법칙에 의해 지배되네. 이 3차원계의 지옥은 심령이지계를 지배하는 법칙과는 다른, 자연법칙의 지배를 받지. 예컨대, 지구상의 감옥에서는 빛과 어둠은 태양을 도는 지구 자전의 산물이야. 그러나 심령이지 차원 안에 살고 있는 존재들은 빛을 제공해줄 태양을 필요로 하지 않아. 그러나 비록 그들에게 태양이 필요하지 않을지라도, 그들은 지구에서의 경험을 가져와서 상상으로 태양을 만들어내지. 태양이 필요하지 않은데도 지구의 경험을 그대로 가지고 와서는 상상력으로써 태양을 만들어내는 거야. 심령이지계에서는 가장 어두운 지옥까지도 포함해서 모든 것이 그 나름의 빛을 발산하고 있다네."

"자 이제, 아름다운 집을 짓기를 열망하는 한 사람을 생각해보게. 그는 3차원 공간에서 살고 있는 동안에는 그것을 지을 돈이 없었어. 그러나 심령 차원에서는 그런 집을 지을 수 있는 기회를 갖게 될 거야. 그래 놓고 그는 '내가 언제 이런 집을 지었지?' 하고 의아해할 것이네. 그 집을 만들어낸 건 그의 욕망이지. 그 사람이 기본적으로 착한 사람이었다면 그렇게 집을 지을 수 있을 거야. 하지만 만일 그가 사악한 사람이었다면 카르마가 그를, 또는 그가 스스로를, 가장 낮은 심령이지 부차원에다 데려다놓을 걸세. 다른 한편으로 그가 만일 안락한 집을 가지고 싶어했던 사람이라면 저쪽 세계에 도착하면 그런 집을 가질 거야. 자기 생각으로 그것을 만들어내는 거지. 다시 말하지만 그럴 만한 자격이 있는 사람이라면 그는 그런 집을 짓고 거기서 살게 될 거야."

"그런데 이 거친 물질계에서도 관찰되는 사실을 하나 발견했네." 다스칼로스가 이야기를 이었다. "곧, 사람의 욕망이 충족되면 포화상태와 피로와 권태가 찾아온다는 점이야. 반면에 욕망이 충족되지 않으면 갈증이 더 커지지. 이와 비슷한 심리적 요소가 저쪽 세계에서도 작용한다네. 그 밖에도 인간들은 일반적으로 탐욕스러워서 만족할 줄 모르는 욕망을 가지고 있지. 내가 직접 경험한 예를 들어보겠네."

"내게는 안드레아스라는 친구가 있었네. 우리는 라르나카에 있는 고등학교인 아메리칸 아카데미의 동창생이었지. 그는 너무 가난해서 가진 것이 거의 아무것도 없었네. 그는 고함소리와 분노와 욕설 속에서 자랐고, 어머니는 그가 열두 살 때 돌아가셨어. 학교를 졸업한 후, 우리는 각자 다른 길을 갔었네. 몇 년 뒤에 나는 그를 만났지. 그는 '안식'을 취할 수 있는, 두 개의 방이 딸린 작은 집을 짓겠다는 큰 집념을 가지고 있었네. 그의 야망은 세일즈맨이 되는 것이었어. 그는 내 강의에도 참석했었고, 거기에서 심상화의 힘에 대해서 배우게 되었지. 그러다가 더이상 강의에 나오지 않았는데 몇 년이 지난 후 나를 찾아왔더군. 이런저런 이야기를 하다가, 그는 강한 심상화의 힘을 통해 아주 부자가 됐다고 말했네. 차를 두 대나 샀고 라르나카의 바닷가에 집도 지었다는 거였어. 그의 욕망은 끝이 없었네. 그런데 서른다섯 살의 나이에 그는 죽고 말았어. 카르마가 그에게 허용한 나이가 거기까지였던 거지. 어느 날 나는 그를 저쪽 세계에서 만났네. 거기서도 그는 자신이 매우 부자라고 생각하고 있었어. 나는 그가 환상을 극복하도록 도와줘야겠다고 생각했네. '이봐, 안드레아,' 내가 그에게 말했지. '넌 뭔가가 바뀐 사실을 알고 있어? 자신이 죽었다는 것을 깨닫고 있는 거야?'

'누구, 나?' 그는 자신이 죽었다는 사실을 도무지 믿을 수 없어하는 것 같았네. '내가 지독한 병을 앓긴 했지.' 그가 나에게 말했네.

'오줌을 싸고, 피똥을 싸고, 지독한 설사를 했던 것을 기억하고 있어.' (다스칼로스는 그가 아마도 발진티푸스에 걸렸던 것 같지만, 그 시절에는 발진티푸스에 대해 사람들이 잘 몰랐었다고 설명했다.) '나는 정말 무서운 병에 걸렸었지, 스피로. 하지만 이젠 완전히 나았어. 사실 지금은 몸이 더 좋아졌다고 느끼고 있는걸. 전에는 아침에 일어나서 걷지 못했거든. 그런데 이제는 깃털처럼 가뿐해. 게다가 시간이 가면서 늙는 대신 더 젊어지는 것 같아.' (이것이 저쪽 세계에서 일어나는 일이다. — 다스칼로스는 우리가 만일 젊은 외모를 갖기 원한다면 그렇게 된다고 설명했다.)

내가 그에게 말했네. '너는 항상 젊고 멋있을 거야, 안드레아.'

'야, 그렇게 추켜세우지 마. 라르나카에 있는 우리 집에 가자.'

내가 다시 말했네. '그러니까 넌 네가 아직 라르나카의 네 집에 살고 있다고 생각하는구나.'

'그러면, 도대체 우리가 있는 곳이 어디라고 생각하나, 런던?' 그가 비웃듯이 대답했네.

'오, 안드레아, 너는 죽었어. 지금 너는 네가 원했던 것과 비슷한 환경에서 살고 있어. 너는 이 모든 것을 상상으로 만들어낸 거야. 너는 지상에서의 경험으로부터 모든 것을 가져왔어.' 내가 이렇게 말하자 그가 말했네.

'스피로, 너 나를 미치게 하려는 거야? 내 머리는 그렇게 좋지 않아.'

'아니야, 안드레아, 네 머리는 아주 좋아. 지금 나는 너에게 재산이나 집 따위에 대한 모든 근심을 몰아내버려야 한다는 것을 알려주고 싶을 뿐이야. 너는 항상 네가 갖고 있는 것에 만족하지 못했고, 언제나 더 많은 것을 원했어, 안드레아. 너는 만족할 줄을 몰랐어. 이제 너는 아름다운 곳에 있어. 낙원이라고도 부를 수 있는 그런 곳이지. 그런데 친구야, 넌 사실은 네 자신이 만들어낸 일종의 지옥에서 살고 있는 거야. 너에게 몇 가지 물어보자. 넌 지금 음식을 먹니?' '난 더 이상 뭘 먹고 싶은 마음이 없어.' 그가 대답했네. 그는 살기 위해서 음식이 필요하지 않다는 걸 깨닫기 시작했지. '전에는 먹고 싶은 것을 뭐든 먹었지. 그런데 스피로, 어떻게 됐는지 알아? 이건 꼭 마술 같아. 내가 먹고 싶어하는 것은 무엇이든 부엌에 이미 만들어져 있는 것을 발견하게 돼. 그 모든 것을 누가 만들었을까?'

'이봐 안드레아. 그건 너야, 바로 네가 만들었어. 네가 그것을 원했잖아. 너는 꽤 많은 걸 배웠었는데, 여기서는 너의 욕망과 생각이 곧바로 물질화된다는 사실을 왜 깨닫지 못하니? 지상에서 살았을 때 너는 먼저 심령이지적으로 사물을 형상화하고 그런 다음엔 그것을 만들기 위해 진흙, 돌, 나무 같은 재료를 구해야만 했잖아. 그렇지만 지금 네가 살고 있는 이곳에서는 너의 생각에 의해 물질이 형상화되는 거야.'

'그러니까, 이 모든 것이 진짜가 아니란 말이야?'

'잘 들어. 썩어 없어질 것, 지진으로 몇 분 만에 파괴되어 버릴 것들은 진짜라고 생각하면서 파괴되지 않을 것들은 왜 진짜가 아니라고 생각하는 거야? 무엇보다도 네 마음으로 만들어낸 이것들은 그것보다 더 오래, 네가 원하는 만큼 남아 있을 거야. 그리고 네가 더이상 원하지 않으면 그것들은 너를 떠나고, 다른 사람들이 그것을 발견해서 사용할 거라구.'

'내 머리는 그렇게 좋지 않아.' 그가 말했네.

'아니야, 너는 충분히 좋은 머리를 가졌어. 너의 문제는 알고자 하는 의욕이 모자란다는 점이야. 너는 많은 집을 가졌어. 너는 그것을 꿈꿨고 그것을 만들어냈어. 너는 화려한 차를 타고 네 소유물들이 있는 곳으로 가서 그것들을 감상했지. 너는 그런 경험들을 해왔어. 그 모든 것은 네가 만들어낸 거야. 그런데 그게 왠지 알아? 지상에서 사는 동안 네가 도둑도 아니었고, 부정직한 사람도 아니었기 때문에 그럴 수 있었던 거야. 너는 마음을 사용해서 네가 그렇게도 갈망하던 이 모든 것들을 만들어낼 수 있는 아주 평균적인 사람이었어. 좋아. 그런데 너는 도대체 얼마나 오랫동안 네 환상 속에 사로잡혀서 살고 싶은 거야?'

'너 정말 나를 미치게 만들려고 하는구나, 스피로. 보라구! 내가 그 모든 것을 만들었다고 어떻게 얘기할 수 있어? 얼마 전엔 내 평생 결코 본 적이 없는 억수같은 비가 내렸어.'

'오 안드레아, 그건 바로 네가 네 생각으로 그런 비를 내리게 한 거야. 네가 지금 살고 있는 심령계에는 비가 내리지 않았어. 너는 살아 있을 동안 알았던 것과 똑같은 방식으로 네가 만들어낸 주관적인 심령세계 속에서 그 비를 내리게 한 거라구. 너의 현재 상태에서는 오직 네가 생각과 욕망으로써 창조한 것들만이 존재하는 거야.'

'이쪽 세계니, 저쪽 세계니 하고 네가 이야기하는 것은…… 그러니까 우리가 죽었다는 말이야?'

'아니야, 네가 죽었어.' 내가 말했네. '나는 아직 저쪽 세계에서 살고 있어. 하지만 나는 내가 원할 때는 언제나 네가 사는 이 세계로 올 수가 있지. 나는 해야 할 일이 있기 때문에 아직 거기에 있단다. 하지만 너는 이곳에서 살기 위해서 와 있는 거야. 너 지금 너의 생활이 만족스럽지 않니?' 내가 그에게 물었네.

'아니, 전적으로 만족하지.' 그의 대답에 내가 다시 물었네.

'하지만 안드레아, 네가 사는 이 세계에 작용하는 법칙을 이해하는 데 관심을 좀 기울여보는 게 어때?'

그가 한 움큼의 흙을 움켜쥐며 말했네. '스피로, 넌 이게 흙이 아니라고 말하려는 거야? 이거 흙이잖아, 제기랄. 이걸 봐.'"

다스칼로스는 이야기를 마무리하면서 이렇게 말했다. "자네들은 그런 친구에 대해 뭐라고 얘기하겠나? 그는 심령이지계에 작용하는 법칙을 제대로 이해할 만큼 에레브나 모임에 오래 나오질 않았다네. 나는 모든 것은 다양한 진동수준의 마음이라는 사실과 네 가지 원소가 모든 차원의 기초가 된다는 사실을 그에게 설명해주려고 애썼어. 하지만 그는 정말 이해하지 못했네. 자네들도 알겠지만, 가르침에 앞서가는 진리탐구자들의 가장 큰 이점은, 그들은 다른 차원으로 옮겨갔을 때 자신에게 무슨 일이 일어났는지를 잘 알고 있다는 점이라네. 이곳에서 얻는 지식은 없어지지 않아. 진리탐구자들은 지상에서 뿐만 아니라 심령이지 차원으로 옮겨간 후에도 더 의식적으로 살아간다는 점에서 보통 사람들보다 훨씬 더 유리하다네."

"안드레아스가 나에게 이렇게 말했네. '나의 이웃사람들은 다 그리스어로 말하는데 영국인들이 몇 명 있어. 그런데 불행히도 나의 영어는 신통치가 못해. 오랫동안 써먹질 않아서 학교에서 배웠던 것을 대부분 잊어버렸거든.'"

"우리는 지상에서 배운 것을 저쪽 세계로 모두 가지고 간다네. 예컨대, 우리가 배운 언어를 심령이지 차원에서도 사용할 수 있어. 그런데 만약 지상에서 사는 동안 외국어를 배울 수는 없었지만, 심령이지적 능력을 계발시켜놨다고 상상해보게. 그러면 심령이지계에서는 언어의 매개 없이도 상대방의 생각을 흡수할 수 있게 될 걸세. 이런 능력이 없다면 다른 나라 사람들과 소통하기 위해서는 거기서도 지상에서 배우는 것과 똑같은 방식으로 외국어를 배워야만 하는 거지. 또 덧붙여 말해둘 것은, 여기에서 배울 수 있는 것은 무엇이든 저쪽 세계에서도 배울 수 있다는 거야. 예를 들어, 피아노를 몹시 배우고 싶었지만 거친 물질계에 사는 동안 환경조건 때문에 그럴 수 없었던 사람이 있었다고 가정해보게. 그 사람은 지상의 삶에서 피아노를 배우려고 할 때와 마찬가지 방식으로 저쪽 세계에서도 피아노 교습을 받을 수 있다네. 그리고 환생할 때가 되면, 그는 심령이지계에서 사는 동안에 얻었던 지식과 능력을 고스란히 새로운 생으로 가져간다네."

"사람은 언제 새로운 생을 부여받나요?" 스테파노스가 물었다.

"똑같은 조건에서 생을 부여받는 사람은 단 한 사람도 없다네. 사람이 새로운 삶을 살 준비가 되었는지는 카르마라는 위대한 스승이 결정할 것이야. 그런데 솔직히 말하자면, 이 환생의 문제는 나를 혼란스럽게 한다네. 내 자신의 개인적 경험들과 연구의 결과로 많은 것을 알고 있기는 해도, 나는 아직도 그것이 어떻게 작용하는지를 안다고 말할 수가 없어."

스테파노스가 말했다. "저는 우리 세계에서의 삶처럼, 심령이지계에서 살고 있는 사람들도 환생을 위해 그 세계를 떠날 때까지 길든 짧든 일정한 수명을 가지는지 궁금합니다."

"아닐세. 그것은 순전히 개인적인 문제야." 다스칼로스가 대답했다. (코스타스는 전에 만났을 때, 심령 차원에서 사람이 체류하는 기간은 그 심령이지체가 얼마나 격렬히 진동하는가에 달려 있다고 설명했었다. 방금 살았던 생으로부터 개인이 가져온 혼란이 클수록 새로운 생을 대비하여 그 진동을 평온하게 가라앉히는 데 시간이 더 걸린다는 것이다.)

다스칼로스가 말을 이었다. "나는 안드레아스가 자신이 처한 상황을 이해하도록 돕고, 그가 더 큰 빛을 경험하고 집이나 재산 따위보다 더 고상한 것을 즐길 수 있는 더 높은 경지로 가게 하기 위해 아직도 열심히 노력하고 있다네. 우리는 높은 경지로 오르면 오를수록 물질에 대한 집착으로부터 점점 더 자유로워진다네. 물질적 집착은 우리를 속박하는 쇠사슬이야. 저쪽 세계에서는 염체로부터 자신을 보호하기 위한 집 같은 것은 필요하지 않아. 알겠나?"

"다시 내 개인적 경험을 바탕으로 이야기하지만, 지금 내가 도달해 있는 단계에서의 내 삶은 물질세계의 형상과 이미지의 한계에 속박되지 않는다네. 나는 개인적으로 몸이나 인격이 아닌 다른 것들에 내 자아의식을 동조시키며 시간을 보내는 걸 더 좋아하네. 하지만 내가 경험하는 일들을 설명하는 것은 정말 어려워. 내가 말하고 있는 이런 경험들은 저차원 이지계 너머의 것이야. 바꿔 말하면, 자연과 하나가 될 수 있는 경지에 도달해봐야 해. 예를 들면, 짠 바닷물로 변신하는 경험 같은 것일세. 그 안에 인간적인 무엇이 있을까? 그것이 어떻게든 자아의식과 관계된 것일까? 그렇다네! 어쩌면 너무 건방진 말처럼 들리겠지만, 우리는 작은 신이 될 수 있어. 신이 자신의 창조계 안에서 느끼는 것과 꼭 같이, 우리도 소우주 안에서 작은 신으로서 신과 같이 느낄 수 있다네. 우리는 한 송이 꽃이 될 수도 있고, 한 송이 꽃의 아름다움이 될 수도 있어. 또 사랑하는 사람과의 하나됨[oneness] 속에서 녹아버릴 수도 있네. 저차원 세계에서도 이러한 관념과 의미는 가질 수 있지만 그것을 과연 경험으로 바꿔놓을 수가 있을까?"

스테파노스가 덧붙였다. "다스칼레, 당신이 말씀하시는 그런 일체감을, 뜻밖에 잠시, 부지불식간에 저도 경험해본 적이 있습니다. 그건 마치 자기도 모르는 사이에 그런 상태로 투석기에 의해 쏘아올려진 것 같은, 신이 주신 은총의 선물 같은 것이었지요."

"자, 잠깐. 모든 사람이 부지불식간에 순간적으로 그것을 경험한다네. 예컨대, 마음이 사랑하는 사람 생각에 푹 빠져 있을 때, 자기 자신에게 마음을 쓸 수가 있겠나? 그때 우리는 상대방이 되어버리는 거야. 잠재의식 차원에서 이것은 일종의 동화, 하나됨〔oneness〕이라네. 그리고 누가 그렇게 하는가? 신 그 자신, 곧 사랑이야. 사랑의 이러한 속성이 곧 신이라네. 분리의 세계라는 한계 속에서 우리가 이해할 수 있는 만큼이지만 말이야. 나아가서 나는 거친 물질 속의 우리의 삶조차도 대상과의 일종의 동화라고 말해야겠네."

"당신의 말씀이 이해됩니다." 스테파노스가 말했다. "하지만 제 안에서는 이 동화와 하나됨의 경험이 우발적으로만 일어나거든요. 의식적으로 그것이 일어나게 하는 방법을 모르겠습니다."

"오직 수련을 통해서만 그것을 이룰 수 있을 걸세. 계속 노력하게."

"하지만 노력한다는 것은 반복할 수 없는 어떤 것을 인위적으로 만들어내는 것과 같을 텐데요."

"아닐세. 그 인위적인 것을 통해서 그 진짜 본질 속으로 들어갈 수 있는 입구를 만들 수가 있다네. 연습을 해야만 해. 자네는 이미지를 창조적으로 만들어내는 법을 통달해야 해. 알겠나? 내가 이미지를 만들어내는 연습을 하라고 할 때, 사실은 그 이미지와 부분적으로 동화

될 것을 요구하는 거야. 이 연습은 자기 자신의 이미지에 대한 애착을 극복하고 사랑 그 자체가 되도록 조금씩 도와줄 걸세. 그것은 어떤 사람을 개인적으로 꼭 알지 않고도 인간으로서의 그를 사랑할 수 있음을 의미하는 것이네. 록산드라라는 낯선 사람을 어떤 특정한 인물 록산드라가 아니라 필요한 경험을 얻기 위해 이번 생에 록산드라로 살고 있을 뿐인, 이 3차원 세계에서 해방될 때까지 거듭 거듭 환생해야 할 하나의 존재로서 이해하는 것을 뜻한다네."

나는 심령 차원으로 주제를 되돌렸다. "다스칼레, 사람들이 사고로 죽으면 지상에 있는 동안 겪은 일들에 대한 기억을 가지고 있을까요?"

"대부분의 사람들은 아무것도 기억하지 못하네, 기억을 할지 못할지는 그들의 카르마에 달려 있어."

내가 말했다. "제가 지금 죽는다고 가정하면, 저는 이만큼 오랫동안 당신의 가르침을 받아왔으니까 상황을 잘 파악할 수 있을까요? 저쪽 세계들 간의 차이를 구별할 수 있을까요?"

"무엇보다도, 자네는 죽지 않아. 그걸 몇 번이나 말해야 하나?" 이렇게 꾸짖었지만 다스칼로스의 부드러운 목소리는 그가 그것을 은근히 즐기고 있음을 드러내고 있었다. "하지만 원한다면 자네는 그것을 완전히 의식할 거야." 그리고 덧붙여서, 진리탐구자들이 받을 큰 보상은 의식의 계발이며, 거친 물질계에서 얻은 것은 환생할 때까지 머무르게 될 심령이지계로 그대로 지니고 간다고 설명했다. 다스칼로스는 우리가 의식 속에 각인시킨 것은 우리와 함께 늘 남아 있을 것이라고 누누이 이야기했다. 이어서 그는 자신이 만들어낸 지옥에서 살고 있는 오래된 지인(知人)에 관한 또다른 이야기를 해주었다.

"이 친구는 지금까지도 오랜 세월을, '왜? 그녀가 왜 내게 그런 말을 한 거야? 왜?' 하면서 자신을 괴롭히고 있다네.

'이 사람아, 그녀는 제발 좀 잊어버려.' 내가 이렇게 간청하고 있지. 그는 도서관의 사서였는데 자기 삶에 늘 불만이었네. 나는 젊었을 때 그 도서관에 자주 다니다가 그를 알게 됐어. 내가 도서관에 가는 이유는 그와 얘기하며 시간을 보내기 위해서가 아니라 공부를 하기 위해서라는 사실을 그에게 주지시키려고 무진 애를 썼던 기억이 나네. 당시에 나는 그리스 현대시에 푹 빠져 있었는데, 그도 마찬가지였기 때문에 그가 나를 가만 내버려두지 않았던 게야. 그러다가 그 친구는 약혼을 했어. 하지만 그는 자신의 시와 귀족주의적인 허식에 빠져서 문자 그대로 '구름 위를 걷고' 있었네. 그의 약혼녀는 그가 밤낮으로 암송해주는 시에 싫증이 나버렸다네. 그녀는 시 따위에 전혀 흥미가 없었거든. 하루는 그가 그녀에게 고상한 정감을 담은 시에 대해 일장 강의를 하고 있는데, 그녀는 발가락을 손질하다가 이렇게 말했다네.

'이보세요. 만일 당신이 이런 식으로 계속한다면, 그리고 이런 식으로 사는 것이 당신과 나의 생활이라면 차라리 지금 당장 그만두겠어요. 나는 당신 같은 얼빠진 몽상가가 아니라 땅에 발을 딛고 있는 남자를 원해요.'

그는 망연자실했지. 특히 얼빠진 몽상가라는 말에 말이야. 그래서 그는 생을 끝내기로 마음먹고 도서관 꼭대기에 올라가서 뛰어내렸다네. 나는 그가 지금은 물질계에 살고 있지 않다는 것을 이해하도록 만들려고 여러 해 동안 무척이나 애를 썼네. 또 그가 미치도록 사랑했던 그 아름다운 소녀도 이제는 늙은 할머니가 돼버렸다는 것을 말이야.

'그녀는 더이상 아름다운 소녀가, 자네가 우상처럼 숭배하는 그 사람이 아니야.'

'왜 그녀는 나를 얼빠진 몽상가라고 했을까? 그녀는 반드시 내게 그 이유를 해명하고 사과해야 해.'

'오, 제발 좀 진정하게.' 그러면서 나는 그가 저질렀던 일을 얘기해줬네. 그는 인정하더군.

'그래. 나는 뛰어내렸어. 하지만 아무 일도 일어나지 않았어. 다만 뼈에 약간의 통증을 느꼈을 뿐, 금방 좋아졌어.'

'그래서 자네는 나왔어. 그런데 보게나. 지금 자네가 하는 일은 뭔가?' 내가 말했네.

'지금? 흠, 지금 나는 쉬고 있지. 난 마땅히 그래야만 해.' 그가 말했네. 사실 그는 천성적으로 게으른 사람이었지. 그가 도서관 사서가 된 이유도 느긋하게 쉴 수 있었기 때문이라네. (다스칼로스는 장난스럽게 빈정댔다. 그 당시는 도서관을 찾는 사람이 매우 적었다.) 지금도 그는 자신이 가져 온 몇 권의 책을 읽으면서 여전히 그 '왜?'를 붙들고 있다네.

'자, 자네에게 보여줄 게 있어. 자네가 물질계에서 살고 있지 않다는 것을 깨닫게 해줄 테니 저 벽을 통과해보자구. 자네는 지금 사람들이 저급한 세계라고 부르는 곳에 살고 있는 거야.' 내가 이렇게 말했네.

'사람들이 자네를 마법사라고 부르는 것도 무리가 아니로군. 자네는 단지 나에게 최면을 걸어서 내 눈에 이 모든 것이 보이게 만들고 있어.'

'천만에, 자네는 떠났어.' 나는 그에게 '죽었다'는 말은 쓰지 않았네. '당신은 물질세계에서 살고 있는 게 아니야.'

'어떻게 그렇게 얘기할 수 있나? 나는 여기 있고 살아 있는데.' 그가 말했네.

'그래, 자네는 살아 있어. 그러나 이전과 같은 식으로 살고 있지는 않아.'

'어떻게 그렇게 말할 수 있지? 그러면 내가 아무개(자기 이름)가 아니란 말이야?' 그가 소리쳤네.

'물론 맞아. 자네는 아직도 자신이 만든 환상의 세계 속에서 살고 싶어하고, 생각 속의 그 사람이 자기라고 상상하고 싶어하니까. 자, 이리 와봐. 저 벽을 지나가 보자구.' 나는 그가 문을 열지 않고 벽을 통과해가게 했네. '자네는 자신의 밀도를 희박하게 할 수 있고 벽과 물체를 통과할 수 있으며 지구에서와 같이 한 걸음 한 걸음 움직일 필요가 없는, 다른 형태의 물질의 세계에서 살고 있다는 것을 이해하도록 노력해보게. 이곳에서는 자네가 알고 있는 것과 같은 중력의 법칙이 적용되지 않아. 여기에는 다른 법칙이 있어. 물질계에서 그곳에 작용하는 법칙을 공부했던 것처럼, 차분히 앉아서 이곳의 법칙을 공부해보게. 환상의 우물 속에서 살 필요가 없어.' 하지만 그는 다시 읊듯이 외쳤네. '왜 그녀는 나를 얼빠진 몽상가라고 한 거야? 왜? 나는 그녀를 사랑했고 흠모했어. 그녀는 당연히 나에게 사과하고 용서를 빌어야 해.'"

"그는 거기에 갇혀 있고 오늘날까지도 여전히 그 '왜'에 사로잡혀 있다네. 그것이 그의 지옥이자 징벌이야. 나는 그 여자의 염체를 만들어내려고 스승들의 허락을 청했어. 그의 잠재의식으로부터 그가 알고 있는 그 여자의 이미지를 뽑아낼 수 있거든. 그래서 그 염체를 그에게 보여주려고 했던 거지. 그것은 전혀 어려운 일이 아니야. 그러나 요하난께서 그렇게 하는 것을 허락하지 않으셨네. 그분은 내 계획이 속임수처럼 부당한 일이라는 것을 설명하셨네. '그러면 어떻게 해야 그가 자기의 환상으로부터 빠져나올 수 있을까요?' 내가 여쭤봤지."

"그 염체가 그에게로 와서 이렇게 애원하게 할 수 있었을 텐데 말이야. '내 사랑, 제가 잘못했어요. 당신이 바라시는 대로 용서를 빌게요.'" 다스칼로스가 짓궂게 웃으면서 흉내를 냈다.

"교부 요하난께서는 내가 그렇게 하지 못하도록 엄금하셨네. 사실 우리가 할 수 있는 일은 한정되어 있다네. 제 주제에 뭐든 옳다고 생각하는 대로 다 할 수는 없는 일이거든. 이 때문에 나는 개인적으로 높은 차원의 스승들의 지시를 결코 함부로 여기지 않는다네. 그러지 않았으면 가는 데마다 끔찍한 실수를 저지르고 다녔을 걸세. 이 경우에도 만일 내가 순전히 내 맘 내키는 대로 행동했다면, 나는 양심에 아무런 거리낌도 없이 염체를 만들어냈을 거야. 왜냐하면 나는 그 속임수가 그로 하여금 집착을 극복하고 한 단계 높은 곳으로 가도록 도와줄 수 있으리라고 생각했을 것이니까. 보이지 않는 구원자들의 힘은 넘어서는 안 되는 한계 안에서만 작용해야 한다는 것을 깨달아야만 하네. 이 점을 명심하게."

"그러니까, 이 남자가 자살을 했을 당시 나는 젊은이였지. 이제 나는 칠십대야. 그런데 그는 아직도 그 '왜?'에 빠져서 살고 있는 거야. 지상의 시간으로 말한다면 앞으로 또 80년이나 백 년 동안 그 상태 그대로 있을지도 모르지. 누가 알겠는가?"

"사람이 그런 상태에 살고 있을 때, 시간을 논할 수 있을까요?"

내가 물었다. "시간을 1년, 2년 이런 식으로 측정할 수가 있을까요?"

"자네 아주 중요한 문제를 제기했네. 왜냐하면, 그와 같은 상황에서는 시간과 공간이 그 의미를 잃어버리거든. 그 사람에게 '당신은 지금 어디에 있나요?' 하고 묻는다면 그는 십중팔구, '내 방에 있어요' 라고 대답하거나, 아니면 뭐든 물질계의 경험에서 가져온 것으로 대답할 거야."

"시간도 틀림없이 그와 마찬가지일 것 같아요. 그러니까 저쪽 세계에서는 1년 정도로 느껴지는 경험이 지상의 삶으로 치면 꼬박 한 세기가 될 수도 있다는 거죠." 내가 지적했다.

"맞았어. 나는 물질계에서는 서너 시간이 걸렸던 강의가 심령이지계에서는 3분밖에 안 걸렸던 경험을 통해서 그 사실을 깨달았다네. 다른 점은 저쪽 세계에서 시간이 움직이는 속도라네. 다음 사실을 유념하게. 공간이란 게 무엇이라고 생각하나? 우리는 지금 이 순간 우리가 있는 이 방의 크기를 알고 있고, 이것을 공간이라고 부르네. 그러나 지구는 끊임없이 움직이고 있기 때문에 눈 한번 깜박이기도 전에 이미 우리는 이 공간 너머 수천 마일 저쪽에 가 있다네. 게다가 지구는 태양과 함께 은하계 안에서 움직이고 있고, 은하계는 또 무한한 공간 속에서 상상할 수 없는 속도로 움직이고 있지. 그렇다면 '이 방 안의 공간'이라고 말할 때 우리는 어떤 공간에 대해 말하고 있는 걸까? 이처럼 끝까지 따져 들어가 보면 공간이란 한갓 우리 마음속에 있는, 공간에 대한 개념이라네. 그래서 이 집의 벽들이 어떤 공간의 인상을 주면서 남아 있는 한 우리는 이 특정한 공간에 대한 개념을 지니고 있게 될 걸세. 하지만 엄밀히 말하면, 공간이란 우리의 머릿속에 들어있는 하나의 관념이며 겉모습의 현실일 뿐이야."

시간과 공간에 대한 다스칼로스의 설명은 잘 알려진 유사한 주장을 떠올리게 했다. 18세기 독일의 철학자 임마누엘 칸트는 서양 사상사에서 최초로 이런 생각을 제기했다. 그는 시간과 공간이 '객관' 세계의 '저 밖에' 있는 것이 아니라 우리의 마음 안에 존재하는 것일 뿐이라고 주장하여 철학의 혁명을 일으켰던 것이다. 나는 다스칼로스가 칸트에 대해 듣거나 읽은 적이 있는지 의구심이 들었다. 그러나 그가 이야기해온 것은 주로 그의 의식이 그 신비한 우주 속을 여행하면서 얻은 경험이나 관찰에 바탕하고 있었다.

다스칼로스가 말을 이었다. "그래서, 그런 세계에서는 몇 년이고 그런 고통을 겪으면서 지낼 수 있지만 그에게, '이봐요, 그 일이 언제 일어났습니까?' 하고 짐짓 물어보면 그는, '어제' 아니면 '오늘'이라고 대답할 거야. 그는 그렇게 여러 해가 지났다는 것을 인식할 수 있는 위치에 있지 않기 때문이라네."

"그렇지 않으면 그는 견딜 수 없이 끔찍한 지옥 생활을 해야 했겠지요." 내가 말했다.

"그랬을 거야."

"이것이 당신이 신의 자비라고 부르는 그런 것이라는 생각이 드는데요."

"맞았어. 저쪽 세계에서 수많은 사람들을 만나지만, 그들은 예사로 '어제'라고 말하곤 해도 물질계의 시간으로 따져보면 지금은 그 '어제'로부터 60년이 훌쩍 지나가버렸을 수도 있거든." 다스칼로스는 이렇게 말하고 나서 몇 분 동안 말없이 앉아 있었다. 그러고 나서 그는 심령이지계에 사는 한 남자와의 또다른 만남을 떠올렸다.

"이 사람은 매우 높은 이지계의 대단한 지성인이었네. 그의 습관 중 하나는 낮은 차원으로 내려가는 것이었어. 왜 그렇게 하느냐고 물어봤더니 그의 대답은, 지상에서 살 때 하지 못했던 일을 하고 있다는 거였네. 그는 황혼녘 같은 어슴푸레한 공간 속으로 들어가곤 했는데, 그곳은 느릿느릿 흐르는 물 위에 아름다운 수련들이 덮여 있는 강과 같은 곳이었네. 그것은 야자수가 우거진 하와이 같은 섬의 밤풍경(야경)을 느낄 수 있게 해주는 곳으로서, 그가 다른 사람들과 함께 사념으로써 만들어낸 환경이었지. 나는 그와 함께 가서 모든 것을 둘러보았어.

'이곳은 아름답지요.' 그가 나에게 말했네. '깊은 평화와 고요가 있어요. 우리 앉아서 이야기나 나눕시다.'

'무슨 이야기요?' 내가 그에게 물었네.

'이 모든 아름다움에 대해서 말입니다. 음악이 들리지 않으세요?' 그는 자기 생각으로 음악을 만들고 있었네. 음악은 물론 존재하지 않아. 듣고 싶은 종류의 음악에 자신의 진동을 맞추는 것일 뿐이지. '당신에게 물어보고 싶은 것이 있는데요.' 그가 말했네. '우리는 꿈이 없는 깊은 잠에 들어갑니다.' 이건 이쪽에서 우리가 경험하는 것과 똑같은 현상이지. '나는 내 생에서 아주 견딜 수 없이 고통스러운 경험을 했어요. 아직도 그것을 기억하지만 이젠 고통스럽지는 않아요. 그것에 대한 기억은 그리 생생하지 않지만 그 기억이 내 마음에 떠오를 때는 몹시 졸려요. (다스칼로스에 따르면, 이것은 신의 자비가 작용하는 것이다.) 나는 의식이 없는 인사불성과 같은 어떤 상태 속으로 들어갑니다. 처음에 나는 두려웠지요.'

'당신이 그걸 왜 두려워합니까?' 내가 물었네. '지상에서 사는 동안에도 매일 밤 그러지 않았나요? 당신은 매일 밤 잠자리에 들어서 이런 깊은 잠을 경험하지 않았어요? 그래서 망각과 비슷한 상태 속으로 들어가지 않았나요? 그리고 다음날 잠을 깼을 때 당신은 여전히 같은 사람이었잖아요? 자아의식으로서의 당신은 외견상 비존재의 상태 속으로 들어갔어요. 하지만 실제로 당신은 없어지지 않았어요.'

'당신 말이 옳아요.' 그가 말했네. '하지만 내가 묻고 싶은 것은 다른 것입니다.'

'그게 뭔데요?'

'10분, 혹은 한 시간, 아니면 10세기 동안 외견상 비존재 상태로 들어갔다가 깨어난다고 합시다. 거기에 어떤 차이가 있죠? 어떻게 알 수 있겠어요?' 그가 말했네.

'당신이 그런 생각을 하시니, 매우 반갑습니다.' 내가 대답했네. '그래요. 말한 그대로예요. 당신이 10세기, 즉 천 년 동안 이러한 비존재 상태 속으로 들어갔다가 깨어나야 할 필요가 있다고 합시다. 실제로 당신이 들어가는 곳은 영원한 현재이기 때문에, 당신은 사실은 10세기라는 '의미' 속으로 들어갑니다. 그리고 다시 깨어나는 것은 영원한 현재 속입니다. 그러면 당신의 의식 안에서 당신은 벌써 10세기가 지나갔다는 사실을 인식하지 못할 것입니다.'"

내가 다스칼로스의 말을 자르고 끼어들었다. "아마 이 상태는 영혼이나 존재가 경험을 더 얻기 위해서 거친 물질계로 다시 들어가야 할 조건이 지상에서 무르익을 때까지, 시간을 의식하지 못하게끔 만들어 주는 신성한 자비와 카르마가 작용하는 메커니즘의 일부겠지요."

"바로 그거야. 그래서 내가 이 사람에게 말했다네. '그런데 당신은 왜 이런 현상적인 망각 상태와 무력 상태를 느끼고 싶어하죠?'

'잠깐만,' 그가 말했네. '당신이 말하는 무력 상태란 어떤 것이죠?' 내가 그의 머릿속에다 하나의 개념을 심어준 셈이야.

내가 대답했지. '당신은 그토록 많은 지식을 쌓아서 심령이지계의 아주 낮은 차원까지 내려갈 수 있으니 다른 보이지 않는 구원자들과 함께 봉사하는 일에 동참하시지 그러세요? 달빛 속에서 푸르스름한 수련이나 구경하고 있지 말고 당신 주변을 둘러보고 도움이 필요한 사람들을 돕는 것이 더 바람직하다고 생각하지 않으세요?'"

"이 친구는 틀림없이 2, 3세기 전에 살았을 걸세. 그가 사용하는 화법이 그 시대의 것이었어."

"그리스인이었나요?"

"아니야. 다른 민족이었어." 다스칼로스가 대답했다. "자네들은 이 친구의 문제가 뭐라고 생각하나? 그는 지적(知的)이었지만 자신이 아닌 다른 사람을 사랑하는 데는 무력했어. 그것이 큰 결점이었지. 그는 보이지 않는 구원자들과 함께 다른 인간들을 돕는 일에 참여할 뜻이 없었네. 내가 보는 한, 다른 사람을 사랑할 수 없는 것보다는 정도가 지나치더라도 사랑할 수 있는 사람이 천 배는 더 좋아. 나는 그저 무심한 사람보다는 독선적이고 공격적으로 사랑하는 사람이 오히려 더 좋다네. 왜냐하면, 자신의 이기적이고 독선적인 사랑 때문에 고통받는 사람은 그것을 통해 깨어날 수가 있거든. 예컨대, 나는 차라리 자기 아들에게 화가 나 있는 아버지를 보고 싶네. 그런 사람은 아들에 대해 '배은망덕하고 한심한 놈, 우리는 저를 기르고 교육시켜 줬는데 이제 와서 우리를 저버리다니' 하고 가혹한 비난을 퍼붓지만, 그것은 아들을 사랑하기 때문이라네. 나는 전혀 사랑이 없는 것보다

분노와 쓰라림이 가득한 이런 종류의 사랑을 더 좋아하네. 그처럼 격정적인 심리 상태 속에는 그 사람이 성숙하고 진화해가도록 도움을 줄 수 있는 자기징벌이 내재해 있거든. 내 말을 이해하겠나?"
　이때, 다스칼로스의 도움을 구하는 방문객들이 문을 두드리는 바람에 우리는 이야기를 중단해야만 했다.

　이틀 후 리마솔에서 코스타스를 만났을 때, 나는 그에게 다스칼로스를 만났던 일과 우리가 나눴던 대화 내용을 이야기했다. 그날은 토요일 아침이었는데, 코스타스는 그날 아침 자신의 일을 제쳐놓고 파마구스타 선원(船員) 클럽에서 나와 함께 두세 시간 정도를 보내기로 했다. 유칼립투스 나무 그늘 아래 앉아 맥주를 마시며 수영하는 사람들과 지나가는 보트를 바라보다가, 코스타스가 심령이지계에서 겪었던 최근의 경험을 이야기하기 시작했다.

　"우리 보이지 않는 구원자들은 시간이 정지된 상태 속에서 여행을 하고 있었어요. 우리는 바다 위를 떠다니다가 한 조그만 해안도시를 주목하게 됐지요. 그곳은 심령이지계의 어떤 차원이었습니다. 그곳은 우리가 지옥이라고 부르는 곳 — 진동수준이 낮은 심령이지계였지요."
　"그 도시는 거친 물질계에 있는 실제 도시의 심령적 상응물이었나요?" 내가 물었다.
　"계속 들어보면 알게 될 겁니다. 그래서 우리는 땅에 내려와 하얗게 회칠을 한 집들 사이의 좁은 골목길을 걷기 시작했어요. 그러다 문득 우리는 집 밖의 벤치에 나와 앉아 있는 늙수그레한 여자에게 마음이 끌렸어요. 그 여자는 우리의 존재를 알아차리고 놀라서 바라보았어요. 그녀는 호기심으로 우리를 안으로 초대했지요. 집에 들어가자 그녀는 자기 아들에 대해 걱정을 늘어놓기 시작했어요. 아들이 심리적 혼란으로 고통스러워한다고 말이지요. 그녀는 아들을 꼭 좀 도와달라고 우리에게 간청했어요. 그녀는 아들을 불러서 코스타스 파파다키스라는 이름을 가진 그를 우리에게 소개했어요. 그는 자신이 영어 교사이며 나이는 마흔다섯 살이라고 하더군요. 그는 자기 학생 중의 하나인 스물세 살의 여자와 사랑에 빠졌다고 했어요. 그런데 그는 그 여자가 그녀와 동갑내기이자 그의 또다른 학생이기도 한 어떤 청년과 정사를 가진 것 때문에 절망에 빠져 있었지요.

그가 말했어요. '그런데 최근에, 제가 자전거를 타고 가다가 무서운 사고를 당했어요. 사람들이 나를 간신히 병원으로 데려갔지요. 나의 뼈는 모두 부러졌어요. 그런데 내가 어떻게 그렇게 빨리 나왔는지, 그리고 어떻게 여기에 있는지 정말 이해할 수가 없어요.'

그러자 어떤 사람이 그에게 물었어요. '당신은 몇 살이라고 했지요?'

'마흔다섯 살이요.'

'그런데 당신은 스물다섯 살밖에 안 돼 보입니다.'

'에이, 놀리지 마세요. 나는 마흔다섯 살입니다. 왜 나를 스물다섯 살이라고 하는 겁니까?' 그가 말했지요.

'정말 그렇게 보이니까요. 그런데 당신은 그 사고 후에 죽지 않은 게 확실합니까?'

'무슨 얘기하고 있는 겁니까?' 그가 반박했어요. '내가 여기서 당신들과 이야기하고 있는데 어떻게 죽었을 수가 있겠소?'

그러더니 그는 좀 헷갈리는 일이 몇 가지 있긴 하다고 우리에게 털어놓았지요. '글쎄, 나는 여기 데살로니키에 있는 내 집에서 살고 있는데, 몇 년 전에 사람들이 이탈리아의 나폴리에 살고 있던 우리 어머니가 돌아가셨다고 나에게 알려왔었어요. 그들이 왜 나에게 거짓말을 했는지 이상한 생각이 들어요. 그리고 그 어머니가 어떻게 느닷없이 나타나서 여기 데살로니키에서 나와 함께 지내게 되었을까요?'

그래서 내가 말했지요. '한 가지 좀 물어봅시다. 당신은 지금 몇 년도에 살고 있다고 생각하세요?'

'아니 형씨, 나를 바보 취급하는 거요?' 그가 화를 내면서 대답했어요. '1923년이요.'

그러면서 그는 사고 이후로 두 밤을 자고 일어난 것을 기억한다고 하면서 그것을 근거로 날짜를 계산해냈지요.

'이보세요. 친구.' 내가 말했어요. '지금은 1987년입니다.'

그는 '이러지 말라구' 하면서 지금은 기억도 안 나지만 이탈리아어로 욕설을 퍼부었어요. 나중에 그가 묻더군요. '당신은 왜 흰 옷을 입고 있는 거야? 당신은 이 세상 사람이요, 아니면 외계에서 온 거요?'

내가 그에게 얘기했지요. '이봐요, 친구, 당신은 죽었고, 지금 당신은 심령계에서 살고 있는 거예요. 그리고 그것이 당신의 어머니와 만나게 된 이유랍니다. 지금 당신은 1923년에 당신이 알고 있던 데살로니키의 환경 속에서 존재하고 있어요. 그 후 많은 세월이 흘렀어요. 지금은 1987년이에요. 만일 지금까지 살아 있었다면 당신은 109살이 되었을 겁니다. 달리 말해서, 당신은 이미 늙어서 죽었을 것이고, 당신이 사랑했던 그 여학생은 지금 여든 일곱 살이 됐을 겁니다.'"

내가 맥주잔을 비웠을 때 코스타스가 말했다. "그러기 전에, 그 사람은 자기 애인을 데리고 간 학생에게 복수를 하고 싶다고 말했었어요. 1923년부터 1987년까지 이 사람은 두 번 자고 일어났다고 생각하면서 살아왔고, 자기는 여전히 거친 물질적 존재라는 환상 속에서 살면서 복수를 꿈꾸고 있었지요. 우리는 그에게 다시 방문하겠다고 약속했어요."

"그러니까 당신들은 그를 1923년의 데살로니키에 남겨두고 떠나왔군요." 내가 재미있어하며 말했다.

"맞아요. 그는 아직도 거기에 살고 있는 거죠. 그러니까 우리는 그 사람의 의식과 이해의 진동범위 속으로 들어갔던 겁니다. 그것은 그 사람이 창조해낸 환경이었지요."

"당신은 그 환경을 당신의 관점에서 지각했나요, 아니면 그 사람의 관점에서 지각했나요?"

"물론 그 사람의 입장에서죠. 우리는 그가 자신이 빠져 있는 지옥에서 나오도록 돕기 위해서 구원자라는 특별한 임무를 가지고 그 사람 개인의 의식 안으로 들어갔습니다. 그의 의식이 고정되어 있는 1923년 데살로니키의 환경 속으로 들어간 거죠."

"그 방문은 당신들이 스스로 계획한 일, 그러니까 순수하게 당신들 자신의 생각이었나요?" 내가 물었다.

"그래요. 봉사하는 것, 이것이 보이지 않는 구원자인 우리의 목적이지요."

내가 다시 캐물었다. "내 생각에는 그 사람에게는 당신들이 지구 밖의 우주인 같은 그런 존재로 보였을 것 같은데요."

"그에게 우리는 분명히 불가사의한 현상이었어요. 그래서 우리는 떠나기 전에 그에게 말했어요. 우리가 당신의 세계에 존재하지 않는다는 것을 깨닫게 해주기 위해서, 우리가 당신의 눈앞에서 바로 사라질 것이라고요. 그리고 우리는 그렇게 했지요."

"납득했을까요?"

"꼭 그랬다고는 할 수 없겠죠. 하지만 우리는 그의 마음속에다 의구심을 일으켜놓았어요. 그에게 어떤 영향을 주기 위해서는 앞으로 여러 차례 그를 방문할 필요가 있을 겁니다."

"그의 어머니는 어땠어요?"

"우리는 그의 어머니에 대해서는 관여하지 않았어요. 그녀는 같은 진동수준이 아니었어요. 사실을 말하자면, 그 사람이 대부분의 시간 접촉하고 있는 것은 사실은 그의 어머니의 염체였어요."

나는 심령이지 공간에서 그와 동행한 그 보이지 않는 구원자들이 다양한 국적의 구성원들인지, 아니면 단지 다스칼로스 내부 모임의 구성원들인지를 코스타스에게 물어보았다. 그는 그들이 여러 국적의 구성원들이라고 말했다. 그는 고차원 심령이지계에서는 언어나 인종의 장벽이 없으며 의사소통은 이심전심으로 즉시 이루어진다고 했다. 그리고 거기서는 각자 자신의 언어로 말을 할 수도 있지만 그 언어를 반드시 몰라도 그들이 무슨 말을 하는지를 이해할 수 있다고 했다. 그는 또 다스칼로스도 그 만남의 현장에 있었다면서, 거친 물질계로 돌아오면 그는 다스칼로스와 함께 자신의 경험을 점검하고 검증해본다고 했다. 이것은 심령이지계 경험의 객관적 진위를 증명하는 실습으로서, 코스타스의 일상적 연습이자 수행이었다.

"그 방문에 시간은 얼마나 걸렸나요?" 내가 물었다.

"지상의 시간으로 환산한다면 한 시간 넘게 걸렸을 겁니다. 그것은 매우 피곤한 일이에요. 왜냐면, 물질계에서는 나 자신을 반쯤 잠든 상태로 유지시키면서, 한편으로 그 공간 속에다 나를 투사해야 하기 때문이죠."

"그 말은 당신이 그런 경험을 하는 중에도 동시에 물질계의 상황을 인식한다는 뜻인가요?" 내가 물었다.

"그래요. 그런데 그것은 유체이탈 체험 가운데서도 가장 피곤한 방법이지요. 말이 난 김에 얘기지만, 이것이 우리가 심령이지계에 자신을 투사하는 일반적인 방법이에요."

코스타스의 이야기는 샤머니즘 현상과 샤먼들의 초월 상태에 대해서 연구한 몇몇 현대 인류학자들의 연구결과를 상기시켜주었다. 샤먼의 체험을 정신분열증이나 기타 병적인 상태로 치부해버렸던 이전의 연구가들과는 달리 피터즈(L. G. Peters)와 프라이스 윌리엄즈(D. Price-Williams) 같은 인류학자들은 샤먼의 의식 상태는 다른 형태의 의식(최면, 정신분열증, 보통의 황홀경, 잠 등등)으로는 설명할 수 없는 독특하고 독자적인 현실이라고 주장했다. 이 주장을 뒷받침하는 과학적 실험의 증거는 그야말로 기존의 관념을 압도한다. 이제 진정한 샤먼은 그러한 의식 상태를 마음대로 들락거리는, 특수한 초월 상태의 달인들임이 증명되었다. 이 독특한 초월 상태에 들어가 있는 동안 샤먼은 일상적인 의식 세계와 특수한 의식 세계 사이에 다리를 놓아주는 매개자가 된다. 이 주장에 의하면, 샤먼들은 이러한 초월 상태에서 영들의 세계를 방문하는 동안에도 참석자들과 끊임없이 대화를 나눈다. 즉, 그들은 양쪽 세계를 동시에 의식하는 것이다.

"육체를 완전한 초월 상태 속에 놓아두고, 거기서 의식이 빠져나올 때는 그렇게 힘들지는 않아요." 코스타스가 말을 이어나갔다. "그 상태에서는 육체가 시체 같은 모습으로 보이죠. 예컨대, 만약 의사가 검진을 한다면 그는 핏기 없는, 생명이 없어 보이는 육신을 발견할 것입니다. 실제로, 심장박동이 있는지 없는지를 알아내려면 특별한 도구를 써야만 할 겁니다. 특히 자아의식을 육체로부터 아주 멀리 이동시켰을 때 이런 일이 일어나지요. 자아의식이 멀리 떠나갈수록 육체는 불가피하게 혈류, 심장박동 등등의 기능이 점점 더 느려집니다. 몸이 거의 시체처럼 차디차게 느껴질 정도로 혈액순환이 느려질 수도 있습니다." 몸의 기능은 자아의식이 몸으로 되돌아오면 즉시 정상 상태로 돌아온다고 코스타스는 덧붙여 설명했다.

우리의 토론은 코스타스 모임의 회원 한 사람이 와서 테이블에 앉으면서 중단되었다. 코스타스는 그녀를 나에게 소개하고, 그 고장의 시원한 맥주 한 잔씩을 더 주문했다. 우리는 키프로스의 고질적인 문제와 그녀 남편의 민감한 정치적 처지에 관련된 재미없는 문제들로 화제를 바꾸게 됐다. 그러나 우리가 무슨 이야기를 나누던 중인지를 알고 나서, 그녀는 코스타스가 일주일 전에 강의했던 내용과 관련된 한 가지 문제를 확실하게 설명해줄 것을 진지하게 부탁했다.

"육체가 죽으면 인간의 지능은 어떻게 되나요?" 그녀가 물었다. "그것은 그대로 남아있을까요? 다시 말해서, 현재 대단한 천재인 사람은 육체가 죽은 후에도 그대로 천재로 남아 있을까요?"

코스타스가 대답했다. "내가 여러 차례 설명했듯이, 현재인격은 방금 살았던 생애에서 가졌던 지성과 지식과 인식을 그대로 지닌 현재인격으로서 남아 있을 것입니다. 존은 존으로 남을 것이고 마리아는 마리아로 남을 거란 말입니다. 그리고 그 현재인격이 저쪽 세계의 현실에 잘 적응하는 경우에는 영적인 길의 향상을 위해 더 많은 지식을 얻을 기회가 주어질 것입니다. 모든 인간의 잠재의식을 풍성하게 가꿀 기회가 거기서도 마찬가지로 주어질 겁니다."

"물질계의 3차원 현실 안에서 정상적으로 경험할 때와 비슷한 속도로 발전할까요?" 내가 물었다.

코스타스는 바닥을 가리키면서 대답했다. "이 존재 차원에서 탄탄한 기반을 구축해내기만 한다면, 심령이지계에서의 진보는 기하급수적으로 빨라질 것입니다."

"왜 그렇죠?" 내가 큰 소리로 의구심을 나타냈다.

"이 물질계에는 우리가 경험적으로 답할 수 없는 의문들이 많이 있습니다. 거친 물질의 제약이 의식의 발전을 방해하지요. 이에 반해, 심령이지계에는 그런 장애물이 없어요. 거기서는 의문을 일으켜 진리탐구자가 되기만 하면 우리는 무엇이 진실인지 아닌지를 스스로 탐구하고 밝혀내기에 훨씬 더 유리한 위치에 있게 됩니다. 예컨대, 이 심령이지계에서는 소위 초자연적인 현상들을 목격하려는 열망과 호기심으로 들뜨게 됩니다. 심령이지계에서는 그런 현상을 스스로 만들어낼 수 있기 때문에 누군가가 그것을 보여주기를 기다릴 필요가 없기 때문이지요. 거기서는 이 가르침들이 옳은 것인지를 더 쉽게 시험해볼 수 있습니다."

"그러면 심령이지계에서는 진리탐구자가 되는 것이 당연히 더 쉬워지겠군요." 내가 끼어들었다.

"그렇지요." 코스타스가 미소를 지으며 말했다. "하지만 그 첫걸음은 반드시 이 거친 물질계에서 시작돼야 한다는 조건이 붙어 있습니다."

"지금까지 우리가 걸어온 길은 그 목적을 위해 충분하다고 생각하세요?" 내가 장난스럽게 물었다.

"그럼요." 코스타스가 장담했다. "이 세계에서 진리탐구의 길을 멀리 나아갈수록 심령이지계에서의 진보도 더 빠르고 쉬워질 것입니다."

3
Illusions

환영

"오감은 너무도 쉽게 우리를 속일 수 있어요.
이런 이유 때문에 에레브나에서는 오직 치유 현상만을 허용하는 겁니다.
속임수로써 상처를 치료하거나 암 종양을 제거하거나
구부러진 척추를 바로 펼 수 있는 마술사는 없기 때문이지요.
뛰어난 스승이 진정한 힘으로 이루어낼 수 있는 것을
노련한 마술사라면 모두 똑같이 흉내 낼 수는 있어요.
문제는 많은 사람들이 사기꾼과 요술쟁이와
진정한 치유가를 전혀 구분하지 못한다는 점입니다."

에밀리와 나, 그리고 우리의 아이들인 콘스탄틴과 바샤, 이렇게 우리 가족 네 명은 코우리온 바닷가에서 일요일 아침을 보냈다. 코우리온 해변은 리마솔 서쪽에 1마일 정도 길게 펼쳐져 있는, 아직 개발되지 않은 자연 그대로의 해안이다. 이 해안은 근처 영국군 기지의 관할권 내에 있어서 개발을 면했다. 자신들의 기지에 대한 국제적 테러를 두려워하는 영국군이 도로 포장이나 견고한 시멘트 시설의 건축을 금지하였기 때문이다. 그 결과 이 해변은 조깅하는 사람들, 수영하는 사람들, 그리고 태양 숭배자들의 몫으로 남을 수 있었다. 해변은 코우리온 고대 극장이 있었던 깎아지른 듯한 언덕의 바로 밑에 펼쳐져 있는데, 그 언덕은 기가 막힌 낙조를 조용히 감상할 수 있는 곳이기도 하다.

고대 코우리온은 키프로스 섬에 있었던 열두 왕국 중 하나인데, 최근 발굴된 유적으로 미뤄볼 때 이곳은 폼페이의 멸망과 같은 운명이었다는 것을 알 수 있다. 서기 365년경, 기독교가 지중해 연안의 이쪽 지역을 장악하고 있을 때 파괴적인 엄청난 지진으로 인하여 코우리온 주민 수천 명 모두가 거의 전멸했고 도시는 멸망한 것이다.

이른 오후에 우리는 니코시아로 한 시간 동안 운전해 가기 전 휴식을 취하기 위해 리마솔에 있는 처갓집에 가기로 결정하였다. 도중에 우리는 KEO 포도주 양조장 근처에 있는 코스타스의 정비공장에 멈추었다. 내가 코스타스를 잠깐 만나는 동안, 에밀리와 아이들은 과일과 채소를 파는 근처의 노천시장에 장을 보러갔다.

블루진을 입고 있는 코스타스는(블루진은 가장 편한 복장이라고 그가 농담한 적이 있다) 낡은 지프차를 개조하느라고 아침 일찍부터 일하고 있었다. 자동차 수리는 그가 파마구스타를 떠나와 피난민으로 리마솔에 정착한 이래 그의 사업이 되었다. 그는 관광 및 면세점과 관련된 새로운 사업을 준비하면서도 여전히 정비공장을 계속 운영하고 있었다. 영국에서 교육받은 기계기술 엔지니어인 코스타스는, 자동차 수리를 일이라기보다는 치유 봉사와 에레브나의 심각한 일들로부터 느긋하게 기분전환을 할 수 있는 흥미로운 취미거리로 생각하고 있었다. 그런데 정비공장 건물의 주인이 그 자리에 아파트를 짓기 위해서 공장을 비워달라고 해서 몇 달 후면 이곳을 떠나야 하기 때문에 그는 일요일에도 일을 해야 한다고 말했다. 오래된 포도주 양조장과 코스타스의 정비공장이 위치해 있는 리마솔 서쪽 지역은 현대식 항구 건설과 관광사업의 성장 때문에 급속도로 개발되고 있었다.

"낡은 차를 수리하는 것은 정말 즐거운 일이에요." 코스타스가 골동품 자동차에 새롭게 장착한 엔진을 전자장비로 점검하면서 말했다.

"당신 같은 스승이 고물차를 수리하느라고 귀중한 시간을 낭비하고 있다니 정말 야릇한 일이네요!" 내가 농담을 했다.

"그렇지 않아요." 그는 엔진을 계속 테스트하면서 이를 드러내 싱긋 웃으며 대답했다. "나도 휴식이 필요하답니다. 어떤 하나의 의식 차원에서만 계속 진동하면 피곤해지거든요. 의식도 평상시에 작동하는 차원보다 더 낮은 차원의 활동에 몰두하게 함으로써 가끔씩 휴식을 취할 필요가 있어요." 전에 그는 영화를 보는 것, '심지어 시시한 영화나 만화영화를 보는 것조차도' 느긋하게 이완하는 또다른 방법이라고 말했었다. 도움을 구해 찾아오는 환자나 진리탐구자들의 방해를 받지 않고 정비공장에서 일요일 하루 온종일 혼자서 일하는 것이 그에게는 진정한 기쁨이었다. 거기에는 오로지 그와 작업 공구와 자동차만 있었다.

나는 열린 엔진 뚜껑 뒤에서 일하고 있는 코스타스를 바라보면서 탄복했다. 마른 체격에 수수한 외모를 지닌 겸손한 마흔일곱 살의 현자(賢者)가 여기 있었다. 그는 고등학교를 졸업한 이후로 영국 유학생 시절 교수가 읽게 했던 기술관련 교재를 제외하고는 단 한 권의 책도 제대로 읽은 적이 없다고 한다. 그러나 그의 지적인 통찰력과 높은 철학적 소양은 항상 나를 놀라게 한다. 그는 여러 차례 말했었다. "내가 알고 있는 것은, 독서를 통해 얻어진 것이 아니에요." 그의 지식은 모든 인간의 내면에 있는 지혜의 원천을 직접 접함으로써 얻어지는 것이다. 그는 현재인격이 초의식적 자아인식 상태로 들어가기 시작하면 누구나 책이 필요 없게 된다고 말했다. 그런 사람은 의식의 한 중심으로서, 모든 지식이 저장되어 있는 우주기억 속으로 간단히 들어갈 수 있게 된다는 것이다. "우리는 우리 내면에 우주의 모든 지식을 가지고 있습니다." 코스타스가 주장했다. "그러니까 존재와 실재에 관한 진정한 지식을 얻기 위해 찾아가야 할 곳은 우리의 내면입니다."

코스타스는 그와 나의 만남에 관한 내용이 담긴, 앞서 출판된 내 책 두 권을 읽어보지도 않았다고 했고, 나는 그의 말을 믿는다. 그는 그저 담담하게 말했다. "나는 그냥 그 책에 손을 올려보고 당신이 쓴 글의 핵심을 알았습니다."

처음에 나는 코스타스와 다스칼로스가 이런 식으로 말하는 것을 듣고 충격을 받았었다. 그러나 그 후에 나는 그들의 주장이 그들의 가르침 안에서는, 그들의 비범한 인식능력 안에서는 완벽하게 타당하다는 사실을 깨닫기 시작했다. 만약 우리 인간이 스스로 가한 기억상실증에 시달리고 있는 자각 없는 신이라면, 그리고 우리의 목적이 그 신성한 상태로 다시 깨어나는 것이라면, 우리가 그 궁지를 벗어나기 시작하기만 하면 책을 통한 배움은 무의미해진다. 결국, 인류의 위대한 스승들은 자신이 읽고 쓴 책을 통해서 가르친 것이 아니다. 어쩌면 읽고 쓰는 것은 인식의 낮은 차원에서만 필요하고 의미가 있을 것이다.

나는 겨우 20분 정도 코스타스의 공장에 머물렀다. 코스타스가 두 시간 후에 젊은 보석상인 크리산토스와 함께 늦은 오후에 열리는 어떤 마술사의 공연을 보러간다고 해서, 나도 꼭 함께 가고 싶다고 말했다. 코스타스가 헝겊에 손을 닦고 제자에게 전화를 걸었다. 크리산토스는, 공연 티켓은 이미 매진됐지만 누군지는 몰라도 다른 사람이 하나 합류하리라는 것을 '막연하게 느꼈기' 때문에 여분의 표를 한 장 미리 확보해뒀었다고 말했다. 나중에 크리산토스는 나에게, 자기가 표를 한 장 더 산 것은 '우연한' 일이 아니었다고 말했다.

금발의 마술사라 불리는 그 마술사는 마케도니아 출신으로 초인적인 능력을 지니고 있다고 소문이 나 있었다. 그는 지역의 텔레비전 방송에 나와서 자신의 특별한 능력은 티베트의 수도원에서 6년간 지내면서 개발한 것이라고 말했다. 그는 비범한 능력으로 다양한 마술 대회에서 국제적인 상을 여러 번 받은 바 있었다. 광고 포스터는 그를 지구상에서 으뜸가는 마술사 중의 한 명이라고 소개하고 있었다. 그는 신문 인터뷰에서 '나는 명상에 관한 모든 것과 내 몸을 조절하는 방법, 무엇을 하든 통증을 느끼지 않는 방법 등을 배웠다. 나는 치과의사에게 내 이빨을 뽑게 하고도 통증을 아예 느끼지 않을 수 있으며, 마음의 힘으로 심장을 멈추거나 출혈을 막을 수도 있다'고 호언장담했다. 그는 이런 비법들을 티베트에서 배웠다고 주장했다. 코스타스는 이 특별한 공연에 참석해서 그 마술의 진위를 밝혀달라는 요청을 받고 망설였으나 몇몇 제자들의 간청에 못 이겨 마지못해 응했다. '초자연적인' 온갖 현상들이 무대 위에서 펼쳐질 것이 분명했다. 들리기로 가장 충격적인 것은 마술사가 날카로운 꼬챙이, 칼, 강력한 드릴 등으로 자신의 몸을 째고 뚫는 고행자와도 같은 시연이었다. 에밀리는 그런 공연에 전혀 관심이 없었고 오히려 연로한 부모님과 시간을 보낼 기회를 갖게 된 것을 더 좋아했다.

코스타스는 샤워를 하기 위해 집으로 갔고, 거기서 나를 기다리기로 했다. 내가 다섯 시 반에 도착했을 때 무대 마술에 매우 조예가 깊어 보이는 크리산토스는 이미 와 있었다. 코스타스는 거실에 앉아서 파이프 담배를 다소 신경질적으로 뻐끔뻐끔 피웠다.

그가 진지하게 말했다. "만일 이 친구 말이 사실이라면, 그는 아마 십중팔구 악마의 도움으로 이 모든 묘기를 행할 겁니다. 흑마술사들만이 그런 능력으로 관중을 매혹시켜 돈을 벌지요."

파이프 담배를 두어 번 더 피운 후, 코스타스는 그 마술사가 모종의 악마를 부리고 있을 가능성이 있다고 중얼거리면서 그 악마의 부류를 말했는데, 그것은 전혀 들어본 적 없는 낯선 단어였다. "그들은 정말 위험합니다. 그들은 결국 그를 먹어치울 거예요. 그 악마들은 무서울 정도로 강력합니다. 몇 방울의 피만으로도 사람을 파멸시킬 수 있어요."

예전에도 코스타스는 그런 악마적인 힘을 대했던 경험이 있다고 얘기했었다. 그 지역의 한 여성 흑마술사가 앙숙 간인 집안을 파멸시키려 하는 한 남자에게 고용되어서 만들어낸 물건 하나를 어떤 사람이 코스타스에게 가져왔다는 것이다. 코스타스는 그 물건을 내게 보여줬는데, 그것은 여러 가지 마법의 상징이 그려져 있는 둥근 금속 조각이었다. 그는 또 그 흑마술사의 사진도 보여줬는데 사진 속에서 웃고 있는 그녀는 검정색 옷을 입은 수수한 모습의 할머니였다. "당신은 이 여자가 얼마나 참담한 상황을 만들어냈는지 상상도 할 수 없을 겁니다." 코스타스가 고개를 설레설레 흔들었다.

코스타스에 따르면, 그 흑마술사 할멈은 코스타스가 언급했던 부류의 악마를 둥근 금속조각 안에다 가두어넣었다. 그 사악한 염체는 너무나 강력해서 코스타스조차도 그것을 단독으로 다루기를 주저할 정도였다. 내가 붙잡고 조르자 코스타스는 좀더 자세한 내용을 얘기해주었다. 그는 다스칼로스에게 도움을 청했고, 그들 두 사람은 하얀 양초에 불을 켠 다음 아주 강력한 집중을 통해서 악마의 염체를 바늘귀 크기 정도로 축소시켜 촛불 속으로 밀어넣었다. "우리는 그 악마적 염체의 진동을 거친 물질적 불꽃의 진동 차원으로 실수 없이 끌어와야만 했어요." 그가 말했다. 이 장면을 목격했던 코스타스 모임의 한 부인은 자신의 육안으로 촛불 속에서 아주 작은 악마의 검은 그림자 이미지를 보았다고 내게 얘기했다. 다스칼로스와 코스타스는 불꽃 속에 그것을 밀어넣는 순간 서둘러서 촛불을 불어 껐다. 그렇게 하는 것이 그것으로부터 파괴적인 에너지를 해방시키는 방법이었고, 악마의 염체를 해체시키는 방법이었다. 그들이 그 작업에 성공한 순간 사악한 힘의 영향을 받던 사람들은 즉시 풀려난다. 코스타스가 설명했다. "이 같은 악마적 염체는, 그것을 믿는 사람들로부터 에너지를 빨아서 생명을 연장합니다."

코스타스는 자신과 다스칼로스가 그날 했던 작업은 지극히 위험한 것이기 때문에 아마추어가 함부로 덤벼들어서는 안 된다고 경고했다.

집중력이 아주 강력하지 않으면 악마가 불꽃에서 탈출한다는 것이다. 그리고 만일 그런 일이 일어난다면 뒤따르게 될 폭발로 인해 집이 파괴되고 그 안에 있던 모든 사람들이 죽을 수도 있다는 것이다.

이런 사실을 떠올리다 보니, 나는 오후의 공연에 대해 약간 불안한 느낌이 들었다. 소문에 의하면 앞선 공연에서 그 마술사는 깜짝 놀란 관객 앞에서 자신의 배를 갈랐다고 했다. 그는 사발에 자신의 내장을 계속 꺼내 담았고, 그런 다음 그것들을 뱃속에 도로 집어넣고 맨손으로 상처를 고쳤다고 한다. 또 객석에 앉아 있던 사람 한 명을 즉석에서 극장 밖에서 발견되도록 했다는 소문도 있었다. 비록 동서양의 신비적 문헌에서 그와 같은 현상이 전적으로 가능한 것으로 인정되고 있다 하더라도, 나의 인습적이고 회의적인 마음으로는 그런 범상치 않은 이야기들을 소화해내기가 어려웠다. 나는 미국을 방문중인 인도의 한 음악교수로부터 인도에서 어떤 신비가의 '염력 이동'을 직접 목격했다는 말을 들은 적이 있다. 다스칼로스 역시 그와 같은 현상이 가능하다고 주장하면서 그런 일들이 성경에도 기록되어 있다고 — 한 순간에 에티오피아 왕 곁에 홀연하여 나타나서 그리스도의 이름으로 세례를 주었다고 전해지는 성 빌립보의 경우처럼 — 말한 적이 있다.

하지만 다스칼로스와 코스타스는 심령능력은 오직 치유의 목적을 위해서만 사용되어야 하며, 어떤 이익이나 지위나 권력 등을 위해서 사용되어서는 절대 안 된다고 거듭거듭 경고했다. 에레브나에서, 심령적 힘은 그 사람의 의식 수준과 영적인 성숙도에 비례해서 단계적으로 계발되어야 함을 강조하는 것도 이런 이유에서다. 그렇지 않으면 흑마술사로 전락할 위험에 빠지게 되며, 그런 사람은 이기심으로 인해 자신과 다른 이들 모두에게 위협이 된다.

"내 말을 잘 들으세요." 잠시 깊이 생각한 뒤에 코스타스가 매우 심각한 표정으로 말했다. "극장에 들어간 후에는 희고 빛나는 오각별 안에 들어가세요. 그렇게 하면 혹시 모를 악마의 공격으로부터 당신들이 보호받을 수 있을 겁니다."

코스타스의 불길한 경고를 듣는 순간 나는 가슴이 철렁 내려앉았다. "왜 악마들이 우리를 습격하지요?" 내가 당혹스러워하며 물었다.

코스타스는, 우리는 백마술을 수행하는 사람들이기 때문에 어쩌면 그들은 우리의 출현을 위협으로 받아들여서 우리를 공격할 수도 있다고 설명했다. 하지만 일단 오각별 안에 들어가 있으면 그런 사악한 심령이지적 힘을 두려워할 필요가 없게 된다고 덧붙였다.

"또 그곳에서 목격하는 것에 대해 감정적으로 휩쓸리지 말고 초연한 관찰자가 되도록 하세요." 코스타스가 우리에게 주의를 주었다. "그리고 거기에 있는 동안에는 나에게 어떤 질문도 하지 마세요. 집으로 돌아와서 하면 되니까."

극장은 사람들로 꽉 차서 시끌벅적했다. 좌석에는 번호가 매겨져 있었고 우리는 마술사를 가까이에서 볼 수 있는 세번째 줄에 앉을 수 있었다. 금연 표시가 있음에도 불구하고 많은 관객들이 다른 사람들의 불편은 아랑곳하지 않고 담배를 뻐끔뻐끔 피워댔다. 내 뒤에 앉아 있는, 콧수염을 기르고 털북숭이 가슴이 드러나도록 셔츠를 반쯤 열어젖힌 건장한 남자 역시 연신 줄담배를 피워 대서 나를 불쾌하게 만들었다.

나는 관객 중에 어린이들이 많은 것을 보고 놀랐고, 아이들이 그 공연 내용을 보고 정신적 충격을 받게 되지나 않을까 싶어 염려됐다. 악마의 출현에 대한 코스타스의 경고 때문에 나는 마음이 편치 않았다. 그래서 나의 못 말리게 인습적인 마음에 그것이 얼마나 해괴한 것으로 비쳤던가 하는 것과는 별도로, 나는 심령이지계에 도사린 위험을 물리칠 수 있는 코스타스의 마법적 능력과 치유력에 큰 존경심을 품고 의지해야만 했다.

불이 꺼지고, 확성기를 통해 귀청이 터질 것 같은 부주키 음악의 불협화음이 흘러나오면서 소름끼치는 분위기가 연출됐다. 5분 후 음악이 잠잠해지고 키가 크고 마른 그리스인 코미디언이 무대 위에 등장했다. 무시무시한 마술이 펼쳐지기에 앞서 관객을 심리적으로 준비시키기 위한 것 같았다. 그는 내가 공공장소에서 들어본 중에 가장 외설적인 농담을 독백처럼 길게 늘어놓으면서 우리를 웃기려고 애썼다. 그는 허리에 5인치 정도 길이의 플라스틱 물건을 늘어뜨린 채 훌라후프 하듯 엉덩이를 요상하게 움직였다. 아마도 성적인 것을 강조하려는 목적이 담긴 상징적 행위인 듯했다. 나는 아이들을 의식하고 당혹스러워하면서 우리 애들이 그 자리에 없다는 사실에 안도했다.

우리는 15분이 넘도록 그의 입에서 쏟아져 나오는 오물 같은 천박한 외설을 들으며 앉아 있어야 했다. 만일 주위에 악마들이 있다면 그도 틀림없이 그 중 하나일 거라고 나는 혼자 생각했다. 그는 이 시대의 코미디언이라기보다는 꼬리와 뿔, 그리고 염소의 다리를 가진 고대의 사티로스[25]에 더 가까웠다. 게다가 그는 끝이 없을 것만 같던 20분간의 퇴폐적인 공연을 마치면서 자신의 공연 내용이 녹음된 카세트테이프를 출구에서 살 수 있을 거라고 자랑스럽게 홍보하기까지 했다.

마침내 마술사가 등장했다. 금발이 어깨까지 내려온 근육질의 키가

---

25 사티로스: 그리스 신화에 나오는 반인 반수(半人半獸)의 숲의 신. 술과 여자를 몹시 좋아하는 호색. 색마를 말할 때 그 이름이 빗대어 쓰인다. (역주)

큰 남자였다. 상반신을 거의 벌거벗은 그는 몇 개의 꼬챙이와 커다란 푸줏간 칼 두 자루, 그리고 전기 드릴을 가지고 무대 위에 나타났다. 음침한 표정으로 아무 말 없이 공연을 시작한 그가 꼬챙이로 자신의 팔다리를 찌르자 상처에서 피가 뚝뚝 떨어졌다. 그런 다음 그는 자기 학대적 취미를 가진 사람처럼 자신의 왼쪽 팔목을 칼로 자르기 시작했다. 그 칼날은 팔목의 중간 정도까지 들어갔지만 그는 고통을 느끼지 않는 것처럼 보였다. 그것은 마치 정육점 주인이 양의 다리를 다루는 것과도 같은 광경이었다. 내 앞에 앉아 있던 어린아이 두 명은 그 소름끼치는 광경을 보지 않으려는 듯 필사적으로 눈을 가리면서 허리를 굽혔다. 마술사가 전기 드릴로 자신의 복부를 뚫기 시작하자 관객들 사이에서 신음소리가 새나왔다. 이어서 그가 칼로 팔을 찌르자 칼끝이 반대쪽으로 삐져나왔다. 그는 관객들이 더 가까이서 볼 수 있도록 극장의 통로를 걸어 다니면서 팔을 위아래로 움직였다. 이 모습을 보고 전형적인 남성다움을 과시하던 내 뒤에 앉은 남자가 두 눈을 크게 뜨고 기절해버렸다. 그러자 네 사람이 달려와서 그를 밖으로 데리고 나갔다. 객석의 뒤쪽에 있던 한 여성도 그 남자처럼 까무러쳐 구조를 받아야 했다. 그러나 마술사는 이러한 소동에도 아랑곳하지 않고 칼과 꼬챙이, 전기 드릴 등으로 자신의 몸을 자르고 찌르는 잔인한 공연을 태연히 계속했다.

"당신은 이게 진짜라고 생각하세요?" 코스타스의 저쪽 편에 앉은 크리산토스가 흥분해서 속삭였다.

"지금은 아니야, 제발, 지금은 말하지 말아요." 코스타스가 그 마술사를 주시하면서 예민하게 반응했다. 나는 코스타스의 반응을 주목하면서 더 강력히 집중하여 빛나는 오각별을 한 번 더 심상화했다.

나는 그 오각별 안에 머무름으로써 내 물질적, 비물질적 존재의 세포 하나하나까지 모두 보호받도록 했다.

섬뜩하고 소름끼치는 그 공연은 15분 동안 계속됐다. 금발의 마술사는 근육질 팔 아래로 검붉은 피를 뚝뚝 떨어뜨리면서 무대 밖으로 걸어 나갔다. 그가 시야에서 사라지자마자 나는 코스타스가 조용히 웃고 있는 것을 알아차렸다. 나는 그가 다소 과민한 반응을 보였던 것을 생각하며 놀라서 쳐다보았다.

"어떻게 된 거예요?"

"저 사람은 정말 피의 마술사로군." 그는 웃으며 속삭이듯이 말하고 고개를 내둘렀다.

"그가 한 것이 진짜가 아니라는 건가요?" 크리산토스가 실망한 표정을 지으며 물었다.

"물론 아니에요." 코스타스가 손을 저었다. "저 사람은 단지 대단한 마술사고 일류 요술사예요. 그는 거리에서 시범을 보이는 인도의 파키르[26]들 같은 능력이 좀 있어. 이런 종류의 시연에 우리는 관심이 없어요."

"휴, 이제 안심이구나." 내가 말했다. "그럼 이 주위에 악마가 없다는 말인가요?"

"분명히 없어요." 코스타스가 싱글거리며 대답했다. 그는 그 금발의 마술사는 위험한 흑마술사가 아니라 고도의 기술을 가진 재주꾼에 불과하다고 우리를 안심시켰다.

"티베트에서 6년 동안 배웠다는 그의 주장에 대해서는 어떻게 생

---

26 파키르: 인도의 전통적인 마법사(역주)

각하세요?" 내가 물었다.

"티베트!" 코스타스가 비웃었다. "그가 정말 라마들과 6년을 지냈다면, 이런 비상식적인 공연에 자기 시간을 쓸 수 있었을 거라고 생각하세요? 더욱이 쇼를 하고 돈을 버는 데에 심령적 힘을 사용하는 것이 허용됐을까요?"

그때, 아까 마술사의 공연 전에 나왔던 그 사티로스가 또다른 음담패설을 퍼붓기 위해 의기양양하게 다시 등장했다. 아마도 우리가 방금 보았던 공연의 긴장과 흥분을 누그러뜨려 주기 위한 것 같았다. 20여 분에 걸친 또 한 차례의 외설적 공연이 끝난 후, 금발의 마술사가 돌아왔다. 그의 몸에는 몇 개의 자국이 있을 뿐 상처는 없었다. 앞서 보여줬던 끔찍한 마술쇼를 제외하면 그가 보여준 나머지 공연은 통상적인 것으로서 예컨대, 최면술 묘기, 공중부양, 여자 조수의 몸을 토막 내기 등 전형적인 것들이었다.

공연 막바지에 그 마술사는 관객들에게 오늘 자신이 선보인 묘기의 대부분은 속임수가 아니며 상식적으로는 설명될 수 없는 것이라고 말했다. 그러면서 자기가 그 마술을 어떻게 한 것인지를 알아내려고 시간을 낭비하는 것은 현명치 못한 일이라고 우리에게 충고했다.

그가 말했다. "나는 공연을 하기에 앞서 얼마동안 무대 뒤에서 명상을 합니다. 그런 뒤 나의 자력권 안에 관객들을 몰입시킵니다." 그는 이것이 티베트의 승려가 가르쳐준 비전의 기술이라고 말했다.

나는 시끄럽고 숨 막히는 분위기의 극장을 떠나면서 크게 안도감을 느꼈다. 우리는 부두를 향해 걷기로 했다. 코스타스도 똑같이 안도하는 듯이 보였다. 아스팔트 포장도로로 나오자 그는 팔을 펴서 몇 번 기지개를 켜며 심호흡을 하고는 만족스러운 한숨을 내쉬었다.

길 양편에 종려나무가 새로 심어진 1마일 정도의 긴 해변 산책로는 한가롭게 걸으면서 대화를 나누기에 아주 이상적이었다. 사지를 움직여주고 산들거리는 바닷바람에 실려 오는 소금 냄새를 맡으며 즐겁게 대화를 나누는 것, 그것이 바로 우리에게 필요했던 것이다.

우리는 지중해 위로 떠오르는 보름달을 감동적으로 바라보면서 몇 분 동안 묵묵히 발걸음을 옮겼다. 다스칼로스와 코스타스와 함께 해온 이래 그 달은 나에게 색다른 의미로 다가왔다. 그들은 아름다운 달이 모든 시대의 시인들과 연인들을 고무하고 그들에게 영감을 주기는 했지만, 달은 사실 지구를 위한 심령적 감옥이라고 말했다. 그곳은 지구의 진화를 지켜보는 임무를 가진 대천사급의 존재들이 극악무도한 인간들을 격리시키는 장소라는 것이다. 극악한 존재들은 거친 물질계의 달에 상응하는 심령계의 달 속에 오랜 기간 동안 갇혀 있게 된다. 이렇게 갇힌 그들은 지구로 돌아가고 싶은 간절한 마음에 연중 달과 지구의 심령체가 서로 접촉하는 특정한 기간에 탈출을 시도하지만 항상 실패한다. 그런데 코스타스는 이들이 탈출을 시도하면서 자신들의 영향을 받기 쉬운 사람이나 동물을 붙잡으려 하는데, 이때 이들에 의해 일시적으로 점령된 상태가 바로 간질이라고 주장했다. 간질 발작은 지구와 달의 심령체의 접촉이 끝나서 이들이 달에 끌려가면 비로소 끝이 난다. 코스타스는 또 간질 발작이 일어날 때 진리탐구자들이 그 환자들을 도와줄 수 있다고 가르쳤다. 환자의 간이 있는 부위에 손을 얹고 누르면서 하얀 빛으로 덮인 치유의 손을 심상화함으로써 환자를 도울 수 있다는 것이다. 그와 동시에 진리탐구자는 환자를 일시적으로 점령하고 있는 극악무도한 존재를 추방할 수 있는 강한 염원을 만들어야만 한다. 이렇게 하면 환자는 발작에서 풀려난다. 코스타스는 달의 거주자들이 자신들에게 영향받기 쉬운 환자의 간을 점령하고, 그것을 통해 감옥에서 탈출하려 한다고 주장했다. 그래도 이런 악질적 인간들은 카르마의 마스터들에 의해 정해진 기간이 지나기 전에는 탈출할 수 없다는 말을 들으니 안심이 되었다.

우리는 바위에 앉아서 고요한 물 위에 비치는 달을 응시했다. "다스칼로스가 전에 이렇게 얘기한 적이 있어요." 내가 침묵을 깨면서 말했다. "우리의 오감은 실재를 설명해주기에는 가장 믿을 수 없는 수단이라고요."

"맞아요, 정말 그래요." 코스타스가 파이프 담배를 피우며 고개를 끄덕였다. "오감은 너무도 쉽게 우리를 속일 수 있어요. 그것이 바로 방금 목격한 공연으로부터 사람들이 얻을 수 있는 교훈이지요. 이런 이유 때문에 에레브나에서는 오직 치유 현상만을 허용하는 겁니다. 속임수로써 상처를 치료하거나 암 종양을 제거하거나 구부러진 척추를 바로 펼 수 있는 마술사는 없기 때문이지요. 뛰어난 스승이 진정한 힘으로 이루어낼 수 있는 것을 노련한 마술사라면 모두 똑같이 흉내 낼 수는 있어요. 그러나 진정한 진리탐구자라면 구경꾼의 넋을 뺏는 묘기에 탐닉하지 않을 겁니다."

"많은 사람들이 사기꾼과 요술쟁이와 진정한 치유가를 전혀 구분하지 못해요." 내가 말했다. "그들은 이들을 모두 같은 부류로 뭉뚱그려 생각해버려요."

"그렇기 때문에 우리가 하는 일을 이해하지 못하는 사람들로부터 중상모략을 받지 않도록 특별히 조심해야 하는 겁니다." 코스타스가 덧붙였다. "에레브나를 보호하는 것은 중요합니다. 물론, 에레브나는 누구의 보호도 필요로 하지 않지만요."

우리는 계속 걸었고 내가 한 가지 얘기를 꺼냈다. 아이작 아시모프, 칼 세이건 등을 비롯해서 미국의 유명작가들이 유명한 마술사 제임스 랜디와 힘을 합해서 (그들의 말에 따르자면) 합리적인 서구문화의 기반을 위협하는 사기꾼이나 치유사들의 비리를 폭로하는 일에 나서서, 영성 관련 문제에 대한 사회적 관심이 확산되고 있는 현상에 경종을 울리고 있다는 얘기였다. 나는 코스타스와 크리산토스가 귀를 기울이고 있는 가운데 이야기했다. "문제는, 그들이 구별을 할 줄 모른다는 점입니다. 그들은 모든 치유사와 심령가를 타고난 협잡꾼이나 사기꾼으로 보고 있어요."

나는 이어서 나의 좋은 친구이자 동료인 인도 출신 수학교수 때문에 시달린 이야기를 털어놓았다. 과학적 합리주의로 무장한 완고한 보수주의자인 그는 나 같은 합리주의자가 인도의 영성이나 파탄잘리의 〈요가수트라〉, 다스칼로스 등에 관심을 가지는 이유를 이해하지 못했다. 이 인도 출신 교수는 합리주의를 훼손시키는 협잡꾼들의 치명적인 위험을 알려주기 위해서 우리 대학 캠퍼스에서 제임스 랜디의 강의를 주선하는 데 앞장섰다. 이 얘기를 들은 두 사람은 웃음을 터뜨렸다.

"오각별은 어떤 방법으로 우리를 보호해주나요?" 코스타스와 크리산토스가 웃음을 그친 후에 내가 물었다.

"어려운 상황에 처할 때면 언제든지 흰 빛으로 완전히 뒤덮인 자기 자신의 모습을 심상화하려고 노력하면서 마음으로 오각별을 만들어내세요." 한가로운 걸음으로 바닷가 산책길을 걸으면서 코스타스가 대답했다.

"어려운 상황이란 어떤 상황을 의미하나요?"

"일상생활 속에서 야기되는 심령이지적 위험에 직면했을 때를 의미하지요. 예컨대 자신의 생각이나 감정을 가지고 공격해오는 사람들이나, 다른 심령이지계로부터 오는 비슷한 침입에 맞닥뜨렸을 때를 말합니다."

"코스타, 오각별 만드는 방법을 좀더 자세하게 얘기해줄 수 있어요?" 크리산토스가 물었다. 코스타스는 잠깐 동안 생각에 잠긴 채 파이프 담배를 두어 모금 피운 후 설명을 시작했다.

"가장 위의 꼭짓점을 당신의 머리 위에 두세요." 코스타스가 주의사항을 얘기했다. "두 개의 수평 꼭지는 십자가의 수평면과 같이 당신의 쭉 뻗은 양팔과 겹쳐야 하고, 두 꼭짓점은 양 손끝과 만나야 합니다. 그다음 나머지 두 각의 폭에 맞춰 두 다리를 펴고 양 발끝과 두 꼭짓점이 겹치도록 해야 합니다."

"양팔을 수평자세로 쭉 펴고 두 다리는 레오나르도 다빈치의 인체비례도에서처럼 벌리고 서란 말인가요?" 내가 말했다.

"정확해요. 그 오각별은 심령 세계의 상징이에요. 그것은 또한 인간의 의식이 오감으로부터 다섯 가지 초감각으로 이동하는 것을 상징하기도 합니다."

"명상중에 달걀 모양의 하얀 빛이 우리를 둘러싸게 하는 심상화를 통한 보호와 오각별을 통한 보호는 어떤 점에서 다른가요?" 크리산토스가 물었다.

"오각별은 좀더 구체적입니다. 일단 당신이 오각별 안에 있으면 아무것도, 정말 아무것도 당신을 건드릴 수가 없어요. 오각별을 누를 수 있는 유일한 것은 육각별입니다. 하지만 육각별의 마스터는 그가 누구든지 오직 선을 행하고 사랑만을 표현할 것입니다. 아시겠어요?"

"그럼 오각별은 사악한 사람도 마스터할 수 있다는 말인가요?" 내가 물었다.

"그렇죠." 코스타스가 대답했다. "하지만 사악한 사람은 아래위가 뒤집힌 오각별을 사용하지요. 그것은 루시퍼(사탄)의 상징입니다. 하지만 진리탐구자가 스스로 오각별의 보호막 안에 들어가면 어떤 부정적인 생각이나 위력도 효과를 발휘할 수 없습니다."

"내가 그 말을 제대로 이해했는지 모르겠는데, 올바른 방법으로 오각별을 사용하는 사람은 누구나 보호의 힘을 불러낸다는 건가요?" 내가 말했다.

"아, 물론입니다. 오각별 그 자체는 하나의 기도예요."

"눈을 감고 오각별을 만들어야 하나요?" 내가 물었다.

"본인에게 맞는 방법에 따라 마음속으로 그것을 그리세요." 코스타스가 대답했다. 그러고 나서 그는 우리가 마음속으로 이 이지 차원의 부적을 몸 위에다 어떻게 그려야 하는지를 몸을 움직여가며 보여주었다.

먼저 그는 담배 파이프를 벤치 위에 내려놓고 산책길에 사람이 없는지 주위를 둘러보았다. 영적, 심령적 보호를 위한 정신적 테크닉을 배우기 위해 색다른 동작을 하는 우리를 지켜보는 사람이 없다는 것을 확인하려는 것이었다.

근처에는 아무도 없는 것 같았다. 코스타스는 바다와 떠오르는 달을 마주하고 조용히 섰다. 그런 다음 왼쪽 팔을 왼쪽으로 쭉 뻗고, 오른쪽 팔은 위를 향해 일직선으로 쭉 펴면서 두 다리를 쫙 벌렸다. 그는 자신의 동작을 우리가 따라할 수 있도록 잠시 그 자세를 유지했다.

"이제 오른팔 끝 지점에서부터 시작합니다. 그 지점이 오른쪽 발뒤꿈치와 일직선으로 연결되도록 선을 그으세요. 됐나요?"

우리는 서투르게 그의 지시를 따랐다. "이번엔 마음속으로 오른발 뒤꿈치로부터 왼쪽 손끝까지 일직선으로 선을 그으십시오. 그리고는 두 팔을 수평으로 쭉 펼친 상태에서 그 선을 다시 왼쪽 손끝으로부터 오른쪽 손끝까지 연결하세요."

"그다음 오른손 끝에서부터 왼쪽 발꿈치까지 선을 그으세요. 그런 다음 거기서부터 머리 위 맨 처음 시작했던 지점으로 선을 이어서 합해지도록 하세요."

"이제 우리는 오각별을 완성했습니다." 코스타스는 자세를 바로잡았다.

"한 번 더 해보세요." 그가 지시했다. 크리산토스와 나는 몇 번 더 연습한 끝에 오각별을 그려 그 속에 들어가는 방법을 완전히 익혔다는 자신감을 얻을 수 있었다. 코스타스는 오각별을 만들고자 할 때마다 방금 자신이 보여준 것처럼 일어서서 팔다리를 움직일 필요는 없다고 설명했다. 그러한 동작은 마음속으로만 해야 하며 그렇지 않으면 달갑지 않은 결과를 초래할 수도 있다는 것이다.

"마음속으로 선을 꼭 그어야만 하나요? 그냥 오각별 안에 있는 자신을 심상화하는 것으로 충분하지 않을까요?" 내가 물었다.

"아니에요. 오각별의 보호 능력은 그것을 그려나가는 과정에서 더 활성화됩니다. 자신이 그 안에 들어 있는 모습을 그리는 것만으로는 충분치 않아요. 사실 그것은 우리가 만들어내는 염체이기 때문에 이 보호염체를 반복적으로 그리는 작업을 통해 그것에 에너지를 주어 견고하고 내실 있게 만드는 겁니다. 하지만 일단 완성되고 나면 그저 거기에 마음을 보내기만 해도 그것은 즉시 우리를 보호해줄 것입니다."

나는 아까 공연을 보는 동안 선을 긋지도 않고 잘못된 방식으로 오각별을 만들었다는 것을 얘기했다. 코스타스는 내가 그와 함께 있었기 때문에 설사 악마 옆에 있었다 하더라도 사실상 아무 걱정도 없었을 것이라고 나를 안심시켰다. "게다가, 에레브나가 어찌됐든 당신을 보호해줍니다. 하지만 무슨 이유로든 아나포도스(anapodos, 뒤집힌 오각별)를 만나는 일이 생기면 바로 당신의 오각별 안으로 들어가세요. 그러면 아나포도스는 당신을 건드릴 수가 없어요."

"어떻게 그렇게 되죠?" 내가 물었다.

"아나포도스가 이렇게 오각별 안에 갇힙니다." 코스타스는 손가락을 깍지 끼면서 두 손을 앞으로 내밀었다. "당신의 오각별의 꼭지점이 아나포도스를 관통하여 '아나포도스'의 힘을 무력화시키지요."

나는 오각별이 어떤 종류의 위험으로부터 우리를 보호해주는지를 좀더 명확히 설명해달라고 부탁했다. 코스타스는 의식적으로 꾸는 꿈속에서 위험에 부딪히거나 어떤 이유로든 좋지 않은 파동을 느낄 때처럼 심령이지적 위협을 당할 때마다 오각별은 최선의 보호책이라고 설명했다. "아나포도스가 심상이나 상징물의 형태로 당신에게 다가오는 것을 의식하는 순간 즉시 당신의 오각별 안으로 들어가세요. 하지만 설령 그러지 못하더라도 당신은 에레브나 입문자이므로 어쨌든 보호를 받게 됩니다."

코스타스는 진리탐구자들에게는 이런 호신법들이 중요하다고 덧붙였다. 그는 우리가 심령이지적 중추, 곧 차크라를 열기 시작할 때 다른 차원들에서 오는 사악한 힘의 침입으로부터 자신을 보호할 수 있도록 준비해야 한다고 말했다.

코스타스는 차크라가 닫혀 있는 것은 보호의 한 형태라고 자주 말했다. '몸은 우리의 성(城)'이라고 그는 입버릇처럼 말해왔다. 생각과 감정을 다스릴 수 있게 되기도 전에 심령이지적 중추가 너무 빨리 열리면 정신적, 감정적 균형을 방해할 수 있는 부정적인 파동과 염체에 노출될 수 있다는 것이다.

우리는 마치 소요학파처럼 한가로이 걸으며 대화에 너무 빠져든 나머지 벌써 밤 아홉시가 넘었다는 사실을 깨닫지 못하고 있었다. 한 시간 넘게 해변 산책길을 오르락내리락한 것이다. 나는 코스타스와 크리산토스에게 작별인사를 하고 처갓집을 향해 바닷가 길을 따라 힘차게 걸었다.

다음날 아침, 나는 다스칼로스의 집으로 차를 몰고 가서 그에게 그 마케도니아인 마술사를 본 희한한 경험을 얘기했다. 이야기를 들으면서 다스칼로스는 왁자하게 웃음을 터뜨렸다.

"자네가 이야기한 내용으로 보아 그 친구는 모종의 능력을 가지고 있는 것 같네." 다스칼로스가 말했다. "하지만 그는 그 능력을 적절하게 사용하지 않고 있어." 그렇게 말하면서 다스칼로스는 기적을 행하는 사람이었던 수피 타람 베이에 관한 이야기를 해주었다.

"타람 베이가 키프로스에 왔을 때 나는 그가 모종의 힘을 가지고 있다는 것을 알았다네. 그는 자신이 원하는 것은 무엇이든 관객의 눈에 보이게 만들 수도 있지만 그런 속임수가 아닌 진짜를 보여 주겠노라고 했네. '하지만 주의하십시오.' 그는 우리에게 경고했었어. '어떤 일이 있어도 소란을 떨지 마세요. 내가 죽을 수도 있기 때문입니다.' 그러니까 그는 당시의 최면술사들에게는 알려지지 않았던 특별한 형태의 초월적〔trance〕 상태로 쉽게 들어갈 수 있었던 거지. 그 상태에서 그는 관객들에게 말하곤 했었다네. '여러분이 나를 칼로 찔러도 나에게는 아무 일도 일어나지 않을 것입니다. 여러분이 나를 총으로 쏜다 해도 그 총알은 나를 죽이지 않고 통과해버릴 것입니다.' 그는 실제로 시범을 보여 유럽의 많은 의사들에게 충격을 주었다네. 의사들은 칼로 그를 찔러댔지. 하지만 그들이 그 칼을 빼내는 순간 그 상처는 자동으로 나아버렸네."

"정말 믿을 수가 없는데요." 내가 말했다. 하지만, 존 풀러가 흠잡을 데 없이 치밀하게 기록해놓은 〈무딘 칼의 외과의사 아리고〉〔Arigo: Surgeon of the Rusty Knife〕에 나오는 브라질의 시골 사람 아리고의 경우와 같은 범상치 않은 사례를 읽어 본 나로서는, 과거에 보통 그랬던 것처럼 다스칼로스의 이야기를 단순한 넌센스라고 무시해버릴 수는 없었다.

"그런데 타람 베이는 어떻게 그렇게 할 수 있었죠?" 내가 물었다.
"그는 몸이 너무 단단하지 않도록 자신의 몸을 절반 정도 비물질화시키기 위해 에테르 복체를 희박하게 하는 방법을 배운 것이네. 그렇게 하면 칼이 살과 뼈에 손상을 주지 않고 통과하게 할 수 있지. 상처가 생기게 하는 거친 물질의 저항이 없어지는 거야. 그리고 일단 그 칼이 빠져 나오면 몸속 세포들의 응집력이 상처를 간단히 정상 상태로 되돌려놓는 거야." 다스칼로스는 그 점을 강조하기 위해 자신의 두 손바닥을 합쳤다. "타람 베이는 이런 일들을 익숙하게 했어. 그는 항상 자신이 하는 일은 극히 위험하기 때문에 절대 조용히 해야 한다고 관객들에게 경고했었네."

"당신도 그런 묘기를 하실 수 있나요?" 내가 가볍게 물었다.

"못하네, 난 할 수 없어. 나는 신비수행자처럼 그런 종류의 일에 몰두해본 적이 한 번도 없네. 하지만 나도 육체의 조직에 대해 공부를 했기 때문에 만일 그런 능력을 계발하려 들었다면 터득했을 걸세. 하지만 무슨 목적으로 그러겠나? 내 전문 분야는 달라. 내가 하는 일은 다르다네." 다스칼로스는 부드럽게 웃으며 결론지었다.

"타람 베이는 어떻게 됐나요?" 내가 물었다.

다스칼로스의 얼굴이 어두워졌다. "불행히도 그는 공연중에 죽었다네." 그가 말하며 한숨을 쉬었다. "그가 그 특별한 초월 상태에 있는 동안 칼에 찔렸는데 어떤 바보천치가 소음(消音) 장치도 없는 권총을 공중에 발사해버렸다네. 그 때문에 타람 베이의 초월적 상태가 흐트러졌고, 몸에 난 상처로 인해 즉시 다량의 출혈이 일어났지. 칼이 아직 그의 몸에 꽂혀 있는 상태에서 육체 조직이 정상 상태의 밀도와 응집력으로 돌아와 버린 것이라네."

"타람 베이는 그런 묘기를 부리기 위해 악마들의 도움을 이용했나요?" 내가 반 진담조로 물었다.

"아닐세, 아니야." 다스칼로스는 그런 의심을 떨쳐버리라는 듯이 손을 내저었다. "타람 베이는 좋은 사람이었네. 그는 개인적인 노력으로 그런 묘기를 터득했다네. 사람이 어떤 심령이지적 묘기나 기술을 보이기 위해 동원할 수 있는 방법은 많이 있어. 나는 두 번이나 그의 공연을 보았지. 그래서 나는 그를 높이 평가하게 됐고 좋아하게 됐었네. 그의 비극적인 사망 소식을 들었을 때 나는 정말 슬펐어. 그는 진짜 천사였다네. 그가 그런 공연을 했던 목적은 특별히 의사들의 마음에 강한 충격을 주어서 그들을 정신 차리게 하여 교육하기 위한 것이었네. 그의 목적은 인간의 지식과 의식의 증진이었지, 돈과 명예를 위한 것이 아니었다네."

다스칼로스가 장난기 섞인 말투로 말했다. "자네가 리마솔에서 보았던 그 공연의 마술사는, 우리가 알지 못했던 마술의 또 한 면을 깨닫게 해주었네."

"뭔데요?"

"지금까지 나는 백마술과 흑마술만이 있다고 생각했거든. 그런데 이제 그 친구가 우리에게 가르쳐줬어. 금발의 마술도 있다고 말일세." 다스칼로스는 웃음을 터뜨렸고 나도 크게 따라 웃었다. 웃음이 잦아들었을 때 나는 그 금발의 마술사가 자신은 무대 뒤에서 명상을 하여 관객을 자신의 자력권 안으로 데려온다고 주장했던 사실을 말했다.

"그것은 아마 실제로 일어나지 않은 일을 관객들이 보게 만드는 방법이었을 걸세." 다스칼로스가 말했다.

"어떻게요?"

"자신의 오라를 펼친 뒤 강력한 심상화를 통해 그 오라 안에 든 모든 사람들이 그가 마음으로 만들어낸 염체를 객관적인 사실처럼 인식하게끔 할 수가 있다네. 일종의 속임수라고 할 수도 있지만 말이야."

"하지만 거기엔 놀라운 심령적 능력이 개입돼 있잖아요!"

"물론이네. 그런 현상들은 마음의 본질에 대한 우리의 가르침이 진실임을 뒷받침해주지. 하지만 왜 이와 같은 능력을 그런 식으로 남용해야 하나? 관객에게 강한 인상을 주기 위해서 초질료인 마음을 그렇게 함부로 써야 하겠나? 사발에 자신의 내장을 아무렇게나 담아서 사람들에게 보여주는 대신 그런 능력을 치유를 위해 사용한다면 훨씬 현명할 텐데 말일세."

"어떻게요?"

"예를 들면, 그런 능력으로 여자들 가슴의 종양이 해체되도록 도와줄 수 있다네. 그가 그 종양을 해체시키는 광경을 심상화함으로써 환자의 의식 안에도 그 심상(心像)을 떠올려줄 수가 있어. 이렇게 하면 정말 종양이 해체된다네. 이런 자기 암시 방법을 통해서 실제로 기적을 일으킬 수도 있다네. 그 부인은 스스로 자신의 종양이 사라지는 것을 심상화할 수 있게 될 것이고, 그러면 그 종양은 쉽게 없어져 버린다네. 그런데 그 마술사는 사람들 앞에서 쇼를 벌여 돈 버는 것만 좋아하니, 이 무슨 시간과 에너지의 낭비인가 말이야."

다스칼로스가 생각에 잠긴 표정으로 말을 이었다. "물론, 이 자기암시법은 그다지 정통적인 것은 아닐세. 그래서 우리는 진리탐구자로서 그런 방법을 피하려고 한다네."

"어떤 점에서 정통이 아니죠?" 내가 물었다.

"치료를 위한 자기암시는 위험이 따를 수 있어. 이 방법은 힘든 처지에 있는 상대의 의지를 훼손할 수가 있다네. 상대를 반 최면혼수 상태에 들어가게 함으로써 그 사람의 의지가 있다 해도 역할을 하지 못하게 만드는 거지."

"하지만 그게 치료의 목적이라면 왜 안 되죠?"

"나는 암시보다는 차라리 설득을 통한 치유를 더 좋아하네. 우리도 물론 경우에 따라서는 암시를 사용한다네. 하지만 가능하다면 설득하는 방법을 이용하는 것이 더 바람직하지."

"치유에서 암시와 설득의 차이는 무엇인가요?"

"설득을 통해서는 상대방의 의지를 개입시킬 수 있지만 암시를 통해서는 그렇게 할 수가 없다네. 예컨대 환자가 나에게 오면 '여기에 문제가 있습니다. 보세요!'라고 한 다음 그 부위를 만져보고, 환자에게 지금 내가 이 종양을 녹여버릴 것이라고 말하네. 그렇게 하면 환자를 치료에 개입시키는 것이 된다네. 환자의 의지를 개입시켜서 자신의 치유에 적극적으로 참여하게끔 하지 않으면 내가 환자에게서 손을 뗀 후에 증상이 재발할 위험이 있네. 하지만 설득을 통해서 치유하면 환자는 자신의 치유를 믿게 된다네."

"그런데 이것도 일종의 암시나 자기암시가 아닌가요?" 내가 물었다.

"아니, 그건 설득이야. 상대방이 치유되었다고 믿도록 강요하는 것이 아니라네. 이해하겠나? 좀더 분명하게 설명해주지." 다스칼로스는 내가 혼란스러워하는 것을 눈치 채고 설명을 계속했다.

"아내를 학대하는 야만스러운 남편이 있다고 상상해보게. 그를 다루는 한 가지 방법은 염체를 만드는 것인데, 그 안에 '그대는 아내를 때리지 않을 것이다. 그건 못된 짐승 같은 짓이기 때문이다'와 같은 훈계를 집어넣는다네. 이것은 그가 인식 못하더라도 암시의 형태라네. 하지만 이것은 그 문제를 다루는 최선의 방법은 아닐세. 변화의 과정에 자신의 의지가 개입되어 있지 않기 때문이지. 예컨대 극단적인 경우에 이 방법은 그에게 자살을 생각하게 할 정도의 죄의식까지 일으켜놓을 수 있다네."

"그럼, 그런 상황에서 무엇이 더 좋은 방법일까요?"

"지금 말하려던 참이야. 보통의 상담을 통한 정상적인 설득이 불가능한 경우에, 나는 내 몸을 떠나서 염체를 투사하여 그 사람 속으로 들어갈 걸세. 그런 다음 하나됨[at onement]의 과정을 통해 나는 그 사람이 되고, 분리된 자아였던 내가 아닌 그 사람이 된 내가 '나는 이러저러하기 때문에 그런 짐승 같은 행동은 결코 하지 않을 것이다'라고 말할 것이네. 그런 다음 나는 그 사람 밖으로 나와버리는 거야. 이런 과정을 통하면, 그는 지금 자신의 생각이 원래는 자신의 생각이 아니었다는 사실을 깨닫지 못할 것이네. 그리고 그는 이제는 자신의 생각이 되어버린 그것에 저항하지 않을 것이야. 이 방법의 요점은 그가 보일 거부반응을 예방하는 데 있다네. 만약 우리의 의식이 상대의 자아와 하나됨 없이 그 과정이 진행된다면, 그는 달리 방법이 없기 때문에 우리의 암시를 일종의 강요로서 받아들일 것이네. 일이 어떻게 되는지 알겠나?"

"하지만 당신이 말씀하신 것은 좀더 교묘한 형식의 강요 아닌가요?"

"아닐세, 이 사람아, 아니야. 이것은 높은 수준의 보이지 않는 구원자들이 밤낮으로 하는 일이라네. 이 방법을 통해서 우리는 상대방의 의지를 개입시키는 거야. 외부에서 주어지는 명령은 없어. 지금 결정하는 자는 그 사람이야. 그 결정은 외부적인 강요의 결과가 아니네."

"이제 자네는 이렇게 물을 수 있어. 다른 사람 안으로 들어가는 것, 병적인 사람 안으로 들어가서 그 사람이 되는 것이 즐거우신가요? 그 사람과 하나 되는 동안에 그 사람처럼 느끼는 것이 유쾌하신가요? 대답은 '아니다' 일세." 다스칼로스는 단호하게 말하면서 내 무릎을 가볍게 쳤다. "하지만 그게 뭐 대순가? 누군가가 오물 구덩이에 빠져 있다면 더러우니까 거기 들어가지 말아야 할까, 내 몸이 더러워지더라도 도와줘야 할까? 물론 나는 들어갈 것이네. 그다음에 빠져나와서 목욕을 할 거야. 오물은 씻으면 되니까."

"이 방법에도 위험이 있나요?" 내가 물었다.

"그럼, 심각한 위험이 있지. 그런 일을 하는 사람은 강인해야 한다네. 그리고 자기가 하는 일에 대해서 알고 있어야 하네." 다스칼로스는 눈썹을 치켜올리면서 말했다. "그렇지 않으면, 자기 자신도 결국 상대방과 같이 되어버리는 수가 있네. 만약 자기가 바로잡으려고 했던 상대방 쪽으로 조금이라도 기운다면 바이러스보다도 더 나쁜, 내가 심령의 오염이라고 부르는 그런 위험이 항상 따라다니지. 만일 그런 일을 하는 사람이 의식이 깨이지 않았거나 자기가 무슨 일을 하는지 알지 못한다면 그 사람은 상대방의 진동에 자신을 동조시킨 그 상태에 머물러버릴 위험이 있다네."

다스칼로스는 안락의자에 등을 기대고 배 위에 두 손을 포갠 후, 잠시 멈췄다가 말을 이어나갔다. "게다가 이런 일은 세상에서 밤낮으로 일어나고 있지 않나? 그래서 우리가 이런 일을 다룰 때는 정말 조심해야 한다네."

"그러니까 당신은 이런 종류의 심령능력이나 금발의 마술사가 가지고 있다고 주장하는 그런 류의 능력은 딱히 영적으로 진화하지 않은 사람이라도 계발할 수 있다는 말씀이군요."

"그야 물론이네." 다스칼로스가 고개를 끄덕였다. "하지만 여기에 지식의 위험이 있다네. 에고를 제거하지 않은 사람들에게 지식은 위험하기 때문이야. 내가 생각과 감정에 대한 자기분석과 자기극복을 줄기차게 고집하는 것도 이 때문이네. 에고를 완전히 죽여야 해." 다스칼로스가 눈에 힘을 주고 주먹을 불끈 쥐면서 말했다. "돈도 영광도 필요로 하지 않는 자네의 영적 자아가 뜻대로 자신을 표현하여 이웃들에게 봉사하도록 허용하게."

다스칼로스는 잠시 쉬었다가 상체를 앞으로 굽히면서 진지하게 속삭였다. "커피 타임이라고 생각하지 않나?"

나는 혼자 싱긋이 웃으며 부엌으로 가서 터키식 커피 두 잔을 준비했다. 다스칼로스가 자기 것은 아주 약하게 타달라고 부탁했기 때문에 한 잔은 연하게 만들었다. 그는 의사로부터 카페인을 줄이라는 엄명을 받고 있었다. 정말 좋아하는 커피를 아끼듯 조금씩 마시면서 기분이 한결 좋아진 다스칼로스는 자신이 젊었을 때 섬에서 만났던 마술사 이야기를 꺼냈다.

"아버지가 그 최면술사를 저녁식사에 초대한 일이 있었다네. 그때 나는 십대 초반이었지. 그날 우리 집에 있던 몇 명의 손님들에게 자신의 기술을 보여주고 싶었던 그 마술사는 내게 최면에 걸릴 지원자가 되겠느냐고 물었네. 나는 좋다고 했지. 그는 펜듈럼을 사용하고 있었는데, 나는 최면을 당하는 척하면서 실제로는 오히려 그에게 최면적 염체를 몰래 투사했다네. 그러자 그는 곧 꾸벅꾸벅 졸기 시작했어. 그래서 나는 부엌에서 가져온 커다란 양파를 골든 딜리셔스(미국 원산의 노란사과)라고 하면서 그에게 주었다네. 그는 그것을 맛있게 먹었어. 의식이 돌아오자 그는 그동안 무슨 일이 일어났는지를 깨닫지도 못하고 내게 최면을 걸기 위해 펜듈럼을 계속 흔들었다네. 방 안에 있던 모든 사람들이 웃었지." 다스칼로스는 머리를 흔들면서 웃었다.

우리의 대화는 베란다에서 들려오는 발자국 소리와 노크 소리에 잠시 중단됐다. 나는 거실에 앉아 있는 다스칼로스를 두고 문 쪽으로 갔다. 문 앞에는 억양이 강한 영어를 쓰는 삼십대 후반의 매력적인 금발 여성이 서 있었다. 그녀는 다스칼로스가 집에 있냐고 물었고, 잠시 복도에 앉아 기다리는 동안 나에게 자신의 문제에 대해 간단히 얘기했다. 그녀는 파포스 출신 그리스계 키프로스인과 결혼한 노르웨이 화가였다. 약간 망설이던 그녀는 매우 어색해하는 표정으로, 잃어버린 개를 찾고 있는데 한 친구가 다스칼로스에게 도움을 받아보라고 하더라는 이야기를 했다. 나는 그 사실을 다스칼로스에게 알리기 위해 거실로 들어가면서 웃지 않으려고 애썼다.

"이보세요." 다스칼로스가 손바닥을 비비며 복도로 나오면서 말했다. "우리는 그런 종류의 일은 하지 않습니다. 그것은 우리의 전문 분야가 아니에요. 하지만 당신이 원한다면 당신 어깨의 문제를 도와드릴 수는 있습니다."

그러자 그 여성은 전혀 낯선 사람이 자신의 만성질환을 알아차렸다는 사실을 깨닫고는 눈이 휘둥그레지면서 일순간 몸이 경직됐다. 그녀는 다스칼로스를 잘 알지 못했고 그녀가 한 말이라고는 잃어버린 개에 대한 것뿐이었기 때문에 눈에 띄게 당황하면서 웅얼거렸다. 잠깐 침묵이 흐른 후 내가 그러라는 표정을 짓자 그녀는 마지못해 다스칼로스를 따라 거실로 들어갔다.

"블라우스를 벗으세요." 다스칼로스가 별 생각 없이 그의 손을 위쪽으로 올리며 지시했다. 그 여성은 깜짝 놀라 어쩔 줄 몰라 하며 나를 쳐다보았다. 그녀는 블라우스 속에 아무것도 입지 않았다고 조그만 소리로 얼른 말했다. 문제될 것 없다고 그녀를 안심시킨 후 나는 방을 나와 터지려는 웃음을 간신히 참으면서 문을 닫았다.

다스칼로스가 희색이 만면한 득의의 표정으로 거실에서 나온 것은

20분이 지난 뒤였다. "축복받은 순간이었어." 다스칼로스가 만면에 미소를 띠며 말했다. 그 노르웨이 여성은 자신에게 일어난 일에 대해 혼란스러워하는 표정으로 그를 따라나왔다. 그녀는 팔을 계속 빙글빙글 돌리면서 자신이 치유됐다는 사실을 믿기 힘들어했다. 그리고 그 동작은 자신이 수년 동안 해볼 수 없었던 동작이라고 말했다. 그녀는 다스칼로스에게 감사를 표하고 황급히 떠났다. 다스칼로스는 조용히 웃고 그 우발적 사건을 곰곰이 생각하면서 연신 고개를 저었다. "성령은 신비로운 방법으로 작용한다네. 어떤 때는 환자가 나를 완벽하게 신뢰하며 치유받겠다는 열망으로 찾아오지만 아무 성과도 거두지 못한다네. 그런데 개를 찾으려고 온 이 여성은 대신에 자기 자신이 치유받았어."

"그걸 어떻게 설명하시겠어요?" 내가 물었다.

"신께 물어보게." 다스칼로스는 모르겠다는 듯 어깨를 으쓱했다. "아마 그녀가 깨어날 시간이 됐는지도 모르지. 어쩌면 이 경험이 그녀에게 지식과 진리탐구의 길로 이끌어줄 의문부호를 만들어줄 수도 있다네."

"다스칼레, 저도 당신처럼 사람들을 치유할 수 있었으면 좋겠어요." 내가 한숨을 쉬면서 다소 심각하게 말했다.

다스칼로스는 나를 붙잡으면서 근엄하게 말했다. "키리아코, 인생에서 정말로 중요한 것은 손길을 뻗쳐서 사람들을 많이 치유하는 게 아니라 그들이 자신의 의식을 발전시키도록 돕는 것이네. 이것이 우리의 진정한 사명이야. 이 물질계에서의 치유는 그것이 허락된 것이라면 늦든 빠르든 일어날 걸세. 우리의 개입 없이는 아마 좀더 시간이 걸리겠지. 하지만 결국 치유를 하는 것은 우리가 아니라 성령이라네. 우리가 할 수 있는 것은 다른 사람들이 무지를 벗어나 의식적으로 자기발견의 여정에 오르도록 돕는 일이야. 그것이 애초에 우리 모든 인간들이 이 이원성의 세계로 내려온 이유라네. 그리고 무지와 무의식의 혼수 상태로부터 우리 자신과 다른 사람들이 깨어나도록 돕는 것, 이것이 진리탐구자인 우리에게 주어진 진정한 사명일세."

순간 나는 거의 참을 수 없을 정도로 눈물이 핑 도는 것을 느꼈다. 다스칼로스의 말은 나를 깊이 감동시켰다. 대학교수로서 이런 책을 쓰고 있지만, 나는 지고의 목적의식으로 가슴이 벅차오름을 느꼈다.

거실로 돌아와 앉아서 다스칼로스는 마술사들과 기적을 행하는 사람들에 관한 이야기를 다시 시작했다.

"내가 젊었을 때 마술궁전(구 니코시아에 있는 극장)에서 한센이라는 유명한 독일의 심령가가 공연을 한 적이 있다네. 내 기억이 틀리지 않다면 그는 나치에 협조하지 않는다는 이유로 히틀러에게 직접 살해당했다네. 어쨌든 나는 그의 공연을 보기 위해서 아버지와 함께 마술궁전에 갔었지. 우리는 두번째 줄에 앉아 있었어. 그는 나를 점 찍었는데, 그의 말에 의하면 그 이유는 내 오라 때문이라는 거였어. 그는 나에게 한 가지 실험에 참가할 의사가 있는지를 물었다네. 우리 아버지는 별로 좋아하지 않았지만 나는 동의했어. 그는 관객 가운데 한 여성이 착용하고 있던 보석 한 개를 내게 주었네. 그는 나에게 손으로 그것을 만져보라고 했어. 그러더니 그는 그것을 니코시아에서 5마일 떨어진 곳에 있는 올리브 나무 위에다 감췄다네. 그 올리브 나무는 크리소스필리오티사(동정녀 마리아를 위한 성전이 된 동굴의 황금빛 성모 마리아) 옆에 있었지. 나는 그가 그 보석을 숨겨둔 장소도 위치도 알지 못했었네. 그런데 그는 내 눈을 가리고 나를 택시로 데려갔다네. 한센과 관계가 없는 관객 한 명이 혹시 속임수가 있는지 확인하려고 택시 뒷좌석에 앉아 있었지."

"무슨 일이 일어났나요?"
"나는 눈이 가려진 상태로 보석이 숨겨진 정확한 지점으로 택시기사를 안내했지."
"사람들이 잃어버린 개를 찾기 위해 당신을 찾아오는 것도 무리는 아니로군요." 내가 농담조로 말했다.

다스칼로스는 어린 시절부터 겪었던 이러한 경험들 때문에 자신이 동년배의 다른 소년들과는 다르다는 사실을 깨닫게 되었다고 말했다.

나는 그가 방금 이야기한 경험이 미국의 물리학자인 러셀 타그와 헤럴드 푸쏘프가 저술한 《마음이 미치는 범위: 과학자가 바라본 심령능력》[Mind-Reach:Scientists Look at Psychic Ability]에 등장하는 과학적 실험을 연상시킨다고 말했다. 그들은 통제된 상황 하에서 몇몇 심령가들이 가지고 있는 범상치 않은 능력을 보여준 바 있다.

다스칼로스는 전에도 여러 번 말했지만 자신은 젊은 시절의 경험이나 또는 잃어버린 물건을 찾는 것과 같은 심령적 현상에는 더이상 관심이 없다는 점을 다시금 강조했다. 그는 자신의 심령능력을 오로지 이웃 인간의 치유라는 성스러운 목적을 위해서만 사용해야 한다는 명확한 방향을 요하난이 제시해주셨다고 말했다.

4
The Understandable and the Real

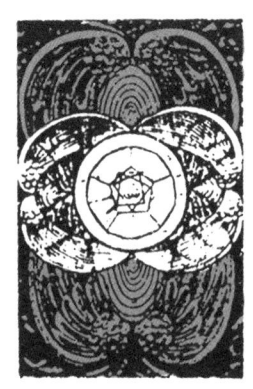

이해 가능한 세계와 궁극적 실재

"실재는 변하지 않는 영원한 절대이며,
그것이 표현된 것이 생명이라는 현상입니다.
우리는 절대자를 생명 자체와 동일시했습니다. 절대자는 생명입니다.
하지만 생명 현상의 배후에 있는 생명은
보통 인간의 의식으로는 도저히 이해할 수 없습니다.
생명 현상이 아닌 생명 그 자체는 의미를 만들어내거나
이지적 이미지를 통해서는 이해할 수가 없습니다.
오직 성원소 자체와 그것의 투영인 영혼 자아의식만이
그것을 이해할 수 있을 것입니다."

다스칼로스와의 대화는 현관의 노크소리로 중단됐다. 다스칼로스는 누구나 그의 도움을 구할 수 있도록 문을 항상 열어놓는 구시대적인 방식으로 일을 하고 있었다. 하지만 그의 명성이 널리 퍼지기 시작하면서 그 방법은 점점 비현실적인 것이 되어가고 있었다.

다스칼로스는 인도인 가족인 이 방문객들을 반갑게 맞이했다. 그는 환하게 웃으면서 전통적인 힌두식 예절로 그들을 거실로 안내했다. 인도인 가족과 다스칼로스가 서로를 대하는 태도로 볼 때 그들이 다스칼로스를 처음 방문한 것은 아닌 듯했다. 사실 코스타스가 전에, 영적인 인도를 구하는 한 인도인 가족이 다스칼로스를 찾아왔었다고 알려준 적이 있었다. 코스타스는 진화는 동물의 단계에서 인간의 단계로 진행되는 것이 아니며 그 반대도 역시 아니라는 것을 그 가족이 이해할 수 있도록 다스칼로스가 도와주었다고 말했다. 다스칼로스는 성원소의 빛이 일단 인간 이데아를 통과하면 그 존재는 자신에게 알맞은 진화의 궤도 위에 오르게 된다고 논리적으로 설명했다는 것이다. 그러므로 어떤 인간도 동물로부터 진화하지 않았으며, 어떤 인간도 동물의 상태, 곧 성령적 상태[27]로 퇴화한 적이 없다는 것을 이해시켰다고 한다.

나는 코스타스와 이 문제를 논한 적이 있었는데, 그때 나는 소크라테스가 이 문제를 달리 가르쳤다는 사실을 지적했다. 즉, 소크라테스의 대화편 중 하나에 보면 선한 자와 정의로운 자는 진화해서 다른 인간의 몸으로 다시 태어나는 반면, 정의롭지 못한 자는 퇴화해서 동물의 몸으로 다시 태어나며 이는 그들의 죄에 대한 신의 벌이라는 이

---

27 용어해설에서 로고스 참조. (405쪽)

야기가 나온다. 하지만 코스타스는 이러한 관점을 비웃으면서 소크라테스는 위대한 스승이긴 했어도 신비지식을 깊숙이 통찰할 수 없었기 때문에 자신의 견해에 잘못이 있음을 인식하지 못했을 뿐이라고 자신있게 말했다.

다스칼로스는 나에게 손님들을 소개했다. 가족들 중 아버지는 원기 왕성하고 말이 많은 오십대 초반의 남성으로, 인도 대사관의 직원이라고 했다. 인도 전통 의상인 사리를 입은 중년의 부인도 역시 사교적이었다. 남편과 마찬가지로 그녀도 보통보다 작은 키에 약간 살집이 있었다. 그들은 두 명의 자녀를 데리고 왔는데, 매력적이고 눈이 맑은 스무 살짜리 딸은 런던에서 학교를 다니고 있던 중에 마침 섬을 방문했다고 했다. 또 십대인 아들은 대학교육을 받기 위해 미국행을 준비중이었다. 반갑게 인사를 나눈 뒤 그 아버지는 그들이 방문한 이유를 설명했다.

"우리가 찾아온 이유는, 다스칼레, 심각한 가정사에 대한 당신의 조언을 듣기 위해서입니다." 그 남자가 진지하게 말했다.

"말씀해보시지요." 우리가 둘러앉았을 때 다스칼로스가 대답했다. (나는 합석할 것을 권유받았다.)

미국에서 경영학을 공부하고 있는 그들의 큰 딸은 곧 졸업을 앞두고 있는데, 미국 영주권자이자 성공한 부자 엔지니어로부터 청혼을 받았다는 것이었다. 그러나 부모의 희망과는 달리 그녀는 그 엔지니어와의 결혼에 전혀 관심을 보이지 않는다고 했다. 다스칼로스는 이야기를 듣자마자 딸의 의견이 존중되어야 한다고 대답해주었다.

"그와의 결혼을 강요하지 말라는 말씀인가요?" 다스칼로스의 즉각적인 대답에 놀라움을 표시하면서 그 아버지가 물었다.

"그렇습니다." 다스칼로스는 눈을 크게 뜨면서 힘주어 대꾸하자 그 부모들의 얼굴이 어두워졌다. 하지만 나는 둘째 딸의 얼굴 가득히 웃음이 번지는 것을 보았다.

"하지만, 다스칼레" 그 부인이 항변했다. "우리는 이미 그 청년과 저녁을 같이 했고 그에게 우리 딸과의 결혼을 약속했어요. 우리는 명예를 걸고 약속하고 그의 청혼을 받아들였어요. 그 청년은 우리 딸을 아주 좋아해요. 만일 우리가 마음을 바꿨다고 얘기하면 그가 자살하지나 않을까 걱정돼요. 어떻게 해야 할까요?"

잠깐 동안 침묵이 흐른 후 다스칼로스가 물었다. "그 사람 사진을 가지고 있나요?"

"네, 네, 여기 있어요." 지갑에서 서둘러 사진을 꺼내면서 그 어머니가 대답했다.

"오, 하느님! 맙소사!" 다스칼로스가 예비 신랑감의 사진을 쳐다보면서 말했다. 그가 연극을 하듯 우거지상을 짓는 바람에 나는 터지려는 웃음을 간신히 참아야 했다.

다스칼로스가 진지하게 말했다. "친애하는 부인, 제가 한 가지 묻겠습니다. 당신 같으면 이런 사람과 같이 잠자리에 들고, 아침마다 당신 옆에서 코를 고는 그의 모습을 지켜보고 싶겠어요?"

다스칼로스의 거침없는 질문에 당황한 기색이 분명한 인도 부인은 사리 안에서 불편한 몸짓으로 몇 번 움직였으나 아무 말도 하지 않았다. 다스칼로스는 그 사진을 나에게 건넸다. 나는 그 뜻을 알 수 있었다.

"다스칼레, 나는 당신이 뭔가 잘못 알고 있지 않나 하는 생각이 드는데요." 그 아버지가 이의를 제기했다. "우리 인도인들의 풍습은 다릅니다. 그리고 우리는 당신네 유럽인들처럼 잘 생기지 않았어요."

"무슨 소리예요! 당신의 딸과 부인을 보세요. 그리고 이 잘생긴 아들과 당신 자신을 보세요." 그러자 그 아버지는 미소를 지었다.

그 부인이 애원했다. "하지만 다스칼레, 이 청년은 잘생기지는 않았을지 몰라도 아주 착한 마음씨를 가지고 있어요."

"자 보세요." 다스칼로스가 심각한 표정으로 말했다. "만일 따님이 그의 외모에 상관없이 정말 그를 좋아한다면, 나는 이 결혼을 축복해주겠어요. 하지만 따님은 이 사람과의 결혼에 격렬하게 저항하고 있어요. 자녀의 행복과 안녕을 위해서 따님에게 그 사람과의 결혼을 강요하지 말라고 조언하는 것입니다." 다스칼로스는 개구쟁이처럼 일부러 얼굴을 찌푸리면서 말을 이었다. "만일 내가 따님이라면, 완벽하지는 않더라도 매력을 느끼는 사람과 결혼할 것입니다."

"알겠습니다." 남편이 선언했다. "이제 그 문제는 정리됐습니다. 딸아이에게 결혼을 강요하지 않겠습니다."

그의 아내는 매우 불만스러워 보였지만 남편의 결정에 따랐다. 하지만 딸과 아들은 희색이 만면했다. 나중에 다스칼로스는 불행한 결혼을 강요당하는 한 여성을 구할 수 있어 기뻤다고 말했다.

나는 이른 오후에 다스칼로스의 집을 나섰다. 나는 자료들을 정리하기 위해 집에 혼자 있는 시간을 확보하려고 노력했다. 하지만 프라이버시라는 것이 완전히 다른 나라 이야기로 간주되는 사회에서 그것은 쉬운 일이 아니었다. 지인들, 친척들 그리고 가까운 친구들은 우리 집을 아무 때나 들락거리면서 정치 얘기나 다스칼로스, 또는 뭐든 간에 핑곗거리를 놓고 얘기하며 소일하는 것을 당연한 일로 여겼다. 나 역시 그런 문화와 관습 속에서 자란 사람이라 금방 어울려버리기 때문에, 타자기 앞에 나 홀로 있는 시간을 내기 위해서는 일부러 의식적으로 노력을 해야만 했다. 나는 다음날 오후에 있을 리마솔 써클의 코스타스 강의에 참석할 계획이 있었기 때문에 새로운 자료가 쌓이기 전에 원고를 정리해둘 필요가 있었다.

　나는 밤늦게까지 일했다. 에밀리와 아이들은 이미 잠들어 있었다. 잠자리에 들기 전에 시원한 밤공기로 몸과 마음을 산뜻하게 하고 싶어 잠시 산책을 하기로 했다. 그런데 산책을 끝내고 집으로 들어서는 순간, 오른쪽 다리에 극심한 통증이 느껴졌다. 내 다리에는 한 번도 문제가 없었는데 왜 그런 통증이 오는지 이해할 수 없었다. 통증은 걸을 수 없을 정도로 더 심해졌고, 마치 누군가가 내 다리를 고문하는 것 같았다. 알코올로 다리를 문질러댔지만 아무 소용이 없었다. 통증이 너무도 심해서 눈물이 날 정도였다. 영원히 불구가 되는 게 아닌가 하는 생각마저 들어서 급히 병원에 가기 위해 에밀리를 깨우려 했지만 곧 마음을 바꿨다. 나는 아주 힘들게 침대까지 가서 간신히 누운 다음 눈을 감고 심호흡을 하기 시작했다. 이것이 어쩌면 다스칼로스의 가르침 가운데 뭔가를 실천해볼 수 있는 좋은 기회일지도 모른다고 혼자 생각했다. 그런 생각이 들자 절망적인 느낌이 사라지기 시작했다. 나는 통증을 하나의 도전으로 바라보기 시작했다. 나는 심상화(心像化)가 치유에 효과적일 수 있다는 것을 알고 있었다. 하지만 내가 거기에 필요한 집중력을 갖고 있는지는 확신하지 못했는데 이 사건이 그것을 시험해볼 기회라는 생각이 들었다. 나는 결정적인 불치병을 앓고 있는 상당수의 환자들이 적절한 심상화를 통해 스스로를 치유한 사실을 알고 있었다. 예를 들어, 암환자들이 통증이 있는 자신의 신체 부위에 특별한 색채의 심상화를 체계적으로 실천해서 스스로를 치유했다는 이야기를 들은 적이 있다. 한 소년은 팩맨(어린이용 컴퓨터 게임에 나오는 캐릭터)이 암세포를 먹어치우는 것을 심상화함으로써 자기 자신을 치유하였다.

    나는 통증 자체가 주의를 한 곳에 오롯이 집중시킬 수 있게 해준다는 사실에 놀랐다. 다리가 낫기를 바라는 열망이 너무나 강력해서 다른 생각이 끼어들 여지가 없었던 것이다. 나는 내 다리가 생생하게 고동치는 하얀 빛으로 덮이는 것을 마음속에 떠올렸다. 그러면서 내일 아침까지는 다리가 틀림없이 나을 것이며 통증의 흔적은 남지 않을 것이라는 강한 암시를 나 자신에게 주었다. 그 후에 실제로 무슨 일이 일어날 것인지에 대해서는 확신할 수 없었다. 나는 방사되는 하얀 빛 속에서 내 다리가 헤엄치는 모습을 심상화하는 동안 잠이 들었다. 하지만 내가 심호흡을 하고 마음으로 실습을 시작한 순간, 통증이 있던 부위에 마치 신비한 약을 바른 듯이 아픔이 일부 사라졌던 것을 기억한다. 그리고 다음날 아침에 일어났을 때, 고통스럽던 통증은 흔적도 없이 사라지고 없었다.

    그날 오후 나는 리마솔에서 코스타스를 만나 전날 밤의 일을 얘기했다. 그는 미소지었다. "그건 바로 당신의 영적 성장을 위한 공부였어요." 그는 어깨를 으쓱하고는 그것으로 그만이었다. 나는 내 다리에 무슨 문제가 있었는지 전혀 알지 못했고 왜 치유되었는지도 알아내지 못했다. 하지만 나는 자기 치유나 의료외적인 치유의 열쇠는 치유를 바라는 강력한 염원과 함께 흐트러지지 않은 마음으로 집중하는 것이라는 사실을 배웠다.

    코스타스와 함께 가벼운 저녁식사를 한 후에 우리는 일주일에 한 번씩 열리는 그의 강의 장소인 리마솔의 산업지구로 차를 몰았다. 소규모 생산업자인 그의 제자 하나가 에레브나의 리마솔 지부를 위해 자기 공장의 방 하나를 임시로 제공했다. 모임은 점점 커지고 있었고, 70여 명 정도의 참석자들을 더이상 가정집 거실에 수용할 수가 없었기 때문이다.

공장의 분위기는 영적인 모임을 갖기에는 별로 어울리지 않았지만, 코스타스에게만은 노동조합 집회에나 어울릴 장소라 할지라도 에레브나를 위해 고마운 일이었다. 심지어 코스타스는 산업 지구에서 모임을 갖는 것에도 이로운 점이 있다고 생각하고 있었다. 모임은 공장 문이 닫히고 시끄러운 소리가 사라진 후에야 시작됐다.

코스타스는 치유나 상담을 해주는 일로 다른 방에서 약 45분을 보냈다. 그것은 어떤 모임에서나 시작 전에 행해지는 관행적인 절차였다. 그를 따르는 사람들은 치유나 진단을 받기 위해 멀리 있는 친구나 친척들의 사진을 가져오기도 하고 자기 자신에 대한 치유나 조언을 구하기도 한다. 모임은 사람들이 모두 모인 후, 그리고 코스타스가 도움을 필요로 하는 사람들의 사사로운 요구를 다 들어주고 난 이후에야 비로소 시작되었다.

코스타스가 강의를 시작했다. "오늘 우리는 실재(the Real)와, 실재의 이해가능한 부분(the Understandable)과의 차이에 특별히 주목할 것입니다. 실재란 무엇입니까? 사람들은 이 말을 늘 사용하지만 그것이 가진 심오한 의미를 깊이 파고드는 경우는 매우 드뭅니다."

코스타스는 잠깐 멈췄다. "우리는 실재란 절대자(혹은 절대the Absolute)를 표현하는 또다른 단어임을 거듭 말해왔습니다. 그것은 생명 그 자체이고, 법칙과 원인, 이데아는 그것의 표현입니다. 실재는 성원소인 우리 내면의 자아, 즉 시공을 초월해 있는 우리 자신입니다. 그러나 인간의식이 그것을 이해하기 위해서는 그것이 투사되어 형상화한 것을 살펴보지 않으면 안 됩니다."

"우리는 이제 두 가지 상태, 즉 궁극적 실재〔the Real〕와 이해가 능한 것〔the understandable〕이 있다는 것을 압니다. 다시 말하면, 실재는 변하지 않는 영원한 절대이며, 그것이 표현된 것이 생명이라는 현상입니다."

"우리는 절대자를 생명 자체와 동일시했습니다. 절대자는 생명입니다. 하지만 생명 현상의 배후에 있는 생명은 보통 인간의 의식으로는 도저히 이해할 수 없습니다. 생명 현상이 아닌 생명 그 자체는 의미를 만들어내거나 이지적 이미지를 통해서는 이해할 수가 없습니다. 오직 성원소 자체와 그것의 투영인 영혼 자아의식〔the soul self consciousness〕만이 그것을 이해할 수 있을 것입니다. 그런 일은 어떤 자아의식이 이해 가능한 현상적 실재의 한계와 제약으로부터 풀려나 진정한 실재, 그 내면의 자아, 곧 프뉴마 속으로 뚫고 들어가는 순간 일어날 것입니다. 그리고 나는 여러분들에게 실재인 우리 자신은 성원소일 뿐만 아니라 자아를 실현한 영혼〔self-realized soul〕이란 사실을 일깨워줘야겠습니다."

"자아가 실현된 영혼이란, 분리와 이원성의 세계로 내려온 자아가 카르마의 법칙 아래 반복되는 생을 통해 경험을 축적하여 마침내 그 본향으로 돌아가는 우리의 부분을 뜻합니다. 그렇게 될 때 — 즉 테오시스의 경지에 이를 때 — 모든 자아의식은 신과 자신의 신성〔its own godliness〕에 대한 앎을 갖게 될 것입니다. 즉 실재에 대한 지식을 얻게 될 것입니다."

코스타스는 잠시 멈추어 제자들이 자신이 설명한 개념을 파악했는지를 살피기 위해 특유의 강렬한 눈빛으로 청중을 둘러보았다. 몇 가지 질문에 답변한 후 그는 강의를 이어나갔다.

"자, 결국 실재에 대한 앎을 얻기 위해서는 현상적 실재, 즉 실재의 이해가능한 표현물 속으로 철저히 탐사해 들어가야만 합니다. 우리는 실재가 투사해낸 것과 그 결과를 면밀히 살피고 들여다봐야 합니다. 궁극적 실재를 법칙, 원인, 이데아라고 한다면, 실재의 이해가능한 부분이란 곧 그것이 투사해내는 마음[Mind]입니다. 그리고 우리는 마음이란 실재가 자신을 드러내기 위해 사용하는 초질료라고 여러 차례 말해왔습니다. 거친 물질을 포함해서 온 우주는 마음이 형상화된 것임을 잊지 마십시오."

누군가가 끼어들었다. "코스타, 방금 말씀해주신 내용을 제가 이해하기로는, 현상적 실재는 이해가능한 실재이고, 모든 현상적 실재의 배후에는 실재 그 자체가 있으며, 그것은 보통의 평범한 의식이 이해할 수 있는 수준 너머에 있다는 것이지요?"

"잘 말했습니다. 그러나 궁극적 실재인 절대자는 그것의 현현(顯現)인 원인과 법칙, 이데아마저도 넘어서 있다는 것을 명심하세요. 절대자는 영원한 현재 속에서 끝없이 묵상하면서 원인, 법칙, 이데아로서 자신을 드러냅니다. 그 거룩한 상태는 정말 말로 표현할 수가 없습니다."

"그 상태를 신이 일종의 꿈속으로 들어가는 상태에 해당한다고 생각할 수 있을까요?" 삼십대 후반의 건축가인 안드로스가 불쑥 끼어들었다.

"아닙니다. 진정한 실재의 관점에서 본다면 그것은 신성모독이에요." 코스타스가 시대에 뒤떨어진 용어를 불쑥 입 밖에 내고는 살짝 웃었다. "동양의 어떤 전통에서는 신이 자신 안에서, 자신의 명상 속에서 꿈을 꾸면서 우주를 역동적으로 펼쳐낸다고 가르칩니다. 꿈꾸는 신?" 코스타스는 신랄한 목소리로 말하며 눈썹을 치켜올렸다.

"에레브나의 관점에서 꿈이란 잠재의식 또는 우주기억까지를 포함하는 기억으로부터 이미 존재하는 조건들을 끄집어내어 그것을 특정한 방식으로 경험하는 것입니다. 꿈꾼다는 것에 대해 우리가 이해하는 것은 이것입니다. 그러나 우리 자신이 주의를 집중하여 의식적으로 명상에 들어가 마음을 사용해서 의도적으로 이지적 이미지를 형상화할 때는 상황이 다릅니다. 이것은 더이상 꿈이 아니라 의식적이고 적극적이고 목적이 있는 작업입니다."

"근본적으로 다른 이 두 가지 상태를 잘 살펴보면, 우리는 스스로 자족한 절대자는 꿈을 꾸지 않는다는 것을 깨달을 수 있습니다. 오히려 절대자는 의도적이고 초의식적인 명상을 통해 자신을 투사하여 우주를 창조해냅니다. 원한다면 그것을 신의 사색(思索, divine reasoning)이라고 부를 수 있겠지요."

"신의 본질과 관련해서 많은 사람이 범하는 또다른 잘못이 있습니다." 사람들이 귀 기울여 듣고 있는 가운데 코스타스가 강의를 계속했다. "그들은 하나의 정적인(靜的, static) 신이 모든 것의 원인이라고 생각합니다. 그러나 신은 모든 원인들의 배후에 있습니다. 다시 말해서, 신의 성스러운 의지가 원인이 됩니다. 신은 원인이 아닙니다."

"이 대목에서 조언을 좀 해야겠습니다. 당분간, 절대자가 진정 무엇인지를 이해하려고 여러분의 육적인 두뇌로써 의미를 만들어내거나 논리를 세워보려고 애쓰지 마십시오. 또한 성원소인 우리의 내면자아가 정확히 무엇인지를 알려고 이지적 이미지를 만들거나 심지어는 명상을 하려는 것조차 똑같이 헛된 일입니다."

"그렇다면 절대자와 성원소라는 말에 대해 우리가 이해해야만 하는 것은 무엇인가요?" 누군가가 헷갈리는 듯 약간 흥분된 어조로 물었다.

"의미와 해석이 따라붙도록 부추기는 그런 단어를 사용하지 말고, 그저 절대자와 하나의 성원소[Holy Monad]인 당신, 양쪽이 다 실재[The Reality]라고 생각하십시오."

"전에 여러 차례 설명했던 바와 같이, 절대자는 신성한 사색[divine reasoning]과 명상을 통해 자신 속에 마음[Mind]을 만들어내는 능력을 가지고 있습니다. 마음은 그것으로써, 그리고 그것을 통해서 우주가 지어지는 초질료입니다. 절대자는 창조합니다. 이 말에 주목하세요. 꿈을 통해서 창조가 가능할까요? 아니면 창조는 절대의지[Will]와 절대권능[Power]과 절대지혜[Wisdom]를 통한 신성한 사색과 명상의 산물일까요?"

"우리는 인간이라 불리는 이 지구상의 존재들이 한정된 사고력[reasoning]을 가지고도 놀랄 만한 일을 해내는 것을 봅니다. 물론 인간의 지성은 결코 절대자의 창조적 지성에 비견될 수 없습니다. 그럼에도 불구하고 인간들은 자신들의 마음을 이용해서 놀랄 만한 창조를 해냅니다. 그러면 이제 내가 묻겠습니다. 결과가 원인보다 더 위대해지는 것이 가능할까요? 우리가 인간이라고 부르는 이 피조물이 일종의 자아의식의 사고력[self-conscious reasoning]을 통해 온갖 상황과 놀라운 것들을 창조해내는데, 이런 인간이 자신보다 못한 원인의 산물일까요?"

코스타스는 자신이 설명한 개념을 청중들이 소화할 수 있도록 잠깐 멈춘 후에 다시 말했다. "자 생각해보세요. 원인이 결과보다 더 약하거나 더 작은 경우는 절대 있을 수 없다는 사실은 자명합니다."

"우리 현실적으로 봅시다. 인간이 동굴에서 곤봉과 나무막대기를 들고 살았던 상황에서 벗어난 것은 우주적 시간으로 단 하루만의 일입니다. 하지만 오늘날 인간들의 영적 진화는 여전히 유아적 단계에 있습니다. 그러나 영혼으로서, 현재인격에 매몰되지 않은 사람들은 필연적으로 성년이 될 것이며, 마침내는 모든 창조의 영역 ― 거친 물질계, 심령계, 이지계 ― 안에서 자신의 신성한 자아의식을 표현할 것입니다."

"앞으로 수세기 후에 인간은 어떻게 될까요?" 누군가가 물었다. 코스타스는 인간이 신성을 구현하여 완전한 의식 상태에 이를 때까지 깨달음의 범위를 더욱더 넓히면서 자신을 표현해나갈 것이라고 대답했다. 그런 다음 이어서 그는 궁극적 실재와 이해가능한 현상의 관계에 대해 좀더 자세히 설명했다.

"대부분의 과학자들을 포함해서 현대의 인간은 그들이 우연의 산물로 간주하는 현상들을 연구합니다. 이건 놀라운 일입니다. 그들은 사실은 깊은 실재의 표현인 이러한 현상들을 연구하면서 그 실재 속으로 뚫고 들어가 보고자 하는 욕구나 충동은 조금도 없습니다. 모든 인간들이 언젠가는 실재를 인식하게 될 것입니다. 그러나 아직은 우리 모두가, 이해가능한 세계 속에 존재합니다. 우리는 이 지구의 표면에서, 거친 물질계에서 삽니다. 모든 시대에 걸쳐 진지한 신비가들은 이러한 상황을 깊이 연구한 후에 다음과 같은 결론에 도달했습니다."

'이해가능한 현상은 궁극적 실재에는 존재하지 않는 시간과 공간이라는 조건의 산물이다. 하지만 시간과 공간은 우리가 영원한 현재라고 부르는 한 실재의 표현물이다. 그러므로 시간과 공간 속에서 줄지어 사건과 현상을 표현해내는 과거, 현재, 미래는 실재의 이해가능한 투사물에 속한다.'

"지금은 매우 소수의 과학자들만이 이러한 진실에 접근하기 시작하고 있습니다." 코스타스는 자신이 주장하는 바, '주관적 조건'인 시간과 공간의 의미를 설명했다. 모든 인간은 시간과 공간을 각자 다르게 지각한다.

앞줄에 앉아 있던 내가, 사실 이 개념은 새로운 것이 아니며 인간이 문화권에 따라 저마다 고유한 방식으로 시간과 공간을 인식하도록 조건화된다는 사실이 인류학 연구를 통해 밝혀졌음을 지적했다.

"아, 그렇군요." 코스타스가 대답했다. "아무튼, 이해가능한 것의 배후에는 실재가 있으며, 이 실재는 우리가 이해하고자 애쓰는 시간과 공간의 다양한 인상을 제공하는 근원입니다."

"우리가 알고자 하는 것은 무엇입니까? 여러분이 구도의 길에서 성장하여 심령 차원에서 좀더 의식적으로 살기 시작하면, 궁극적 실재와 이해가능한 현상적 세계의 구별에 관한 문제는 우리가 거친 물질계에서 직면하는 문제들과 다소간 동일하다는 사실을 발견할 것입니다. 심령세계 역시 이해가능한 세계입니다. 이지계뿐만 아니라 심령계도 개념적 이해를 초월해 있는 궁극적 실재의 산물입니다. 거친 물질세계 속에 이해가능한 현상적 실재를 제공하는 것도 동일한 궁극적 실재입니다. 사실상 두 개, 세 개, 네 개의 세계가 있는 게 아니기 때문입니다. 실제로는 저 깊숙한 곳에 동일한 중심을 가지고 다양한 방식으로 표현되는 오직 하나의 세계가 있을 뿐입니다. 그래요, 예수께서 말씀하셨듯이, 그것이 거할 곳이 많은 아버지의 집입니다. 이것을 유념하세요."

누군가가 물었다. "심령이지 차원의 세계 역시 실재가 아닌 이해가 능한 세계라면, 거친 물질계에서 이해가능한 것과 심령이지 차원에서 이해가능한 것의 차이는 무엇인가요?"

"좋은 질문입니다." 코스타스가 대답했다. "물론 차이가 있습니다. 여기, 거친 물질계에서 이해가능한 것 ― 즉, 이지적 이미지나 의미 ― 은 우리가 거친 육체의 외부로부터 오감을 통해 받아들이는 느낌, 즉 인상〔impression〕을 통해서 만들어집니다. 그런 다음 우리는 밖으로부터 오는 이 인상들을 심령이지적 빛을 통해 이해합니다. 바꾸어 말하면, 물질계의 빛을 통하여 우리 몸에 들어오는 외부의 인상들은 우리의 심령이지체에 진동을 일으킵니다."

"심령계와 이지계의 빛은 둘 다 거친 물질계의 빛보다 훨씬 더 강렬하고 표현력이 훨씬 더 완벽합니다. 자아를 의식하는 인격인 우리가 지식을 얻을 때, 예컨대 거친 물질계의 빛을 통해 물체나 풍경에 대한 지식을 얻을 때, 시간과 공간은 가장 중요합니다. 이미 말했듯이, 시간과 공간은 거친 물질우주에서 인상을 얻는 데 있어 정말 핵심적인 역할을 합니다. 거친 물질계에서는 인상이 밖으로부터 안으로 들어와서 우리 안에서 의미와 심령이지적 이미지를 만들어냅니다. 하지만 심령계에 들어가면 우리는 더이상 이런 방식으로 ― 즉, 밖으로부터 안으로 ― 인상을 얻지 않습니다. 오히려 안으로부터 인상을 얻어냅니다."

"대부분의 사람들이 이런 역학을 모르고 있지요." 내가 지적했다.

"맞아요. 대부분의 사람들은 거친 물질 차원의 환영(幻影)을 그대로 심령계로 가지고 가서 삽니다." 코스타스가 말했다. "하지만 실상은 아주 달라요. 거친 물질계에서는 어떤 사물에 대해서 알려면 거기에 가까이 다가가야 합니다. 하지만 심령계에서는 모든 것이 우리에게로 옵니다. 전에 여러 차례 얘기했듯이, 심령이지계의 빛으로는 시간과 공간이라는 현상 너머의 모든 것을 볼 수 있습니다. 4차원에서는 공간의 의미가 초월된다고 말했었지요? 4차원계에서 할 일은 우리 자신 안에 있는 뭔가에 초점을 맞추는 것뿐입니다. 그러면 우리는 거기에 있게 됩니다. 모든 것이 우리들 안에 있어요. 4차원계에서는 거친 물질계에서 했던 것처럼 어디에 가기 위해서 몸을 움직일 필요가 없습니다. 심령이지계에서는 단지 의식의 초점을 맞추는 것만으로 모든 것이 우리에게 옵니다."

내가 물었다. "그렇다면, 심령이지계의 경험이 거친 물질계의 경험보다 실재에 더 가깝다고 볼 수 있을까요?"

"그렇고말고요. 심령이지계에서는 높이 올라갈수록 궁극적 실재에 더 가까이 있게 됩니다. 하지만 이 모든 세계들은 이해가능한 세계일 뿐 궁극적 실재는 아니라는 사실을 잊지 마세요. 하지만, 심령계와 이지계의 빛 속에서는 우리는 무엇이든 인식에 들어오는 그것 자체가 됩니다. 그러므로 이들 차원계에서는 이해가능한 모든 것 너머에 있는 실재를 더욱 생생하게 의식하고 탐사할 수 있습니다. 실재를 인식하는 것을 몹시 어렵게 만들었던 거친 물질우주의 장애물과 한계가 여기에는 없습니다. 거친 물질계에서 우리는 4대 원소의 유혹에 훨씬 더 쉽게 빠져듭니다. 우리는 오감이 해석해주는 — 더 정확히 말해서 잘못 해석해주는 — 것에 마음이 빼앗겨 눈이 멉니다. 우리는 거친 물질세계를 보고 느끼고 감촉하면서 이것이야말로 유일한 실재라고 생각합니다. 하지만 사실은 그렇지 않습니다. 그들이 실재라고 오해하고 있는 것은 단지 궁극적 실재가 드러낸 겉모습, 끝없이 변하다가 결국은 소멸되고 마는 이해가능한 현상적 실재일 뿐입니다."

코스타스는 잠시 말을 멈추고 청중을 응시했다. 그는 몇 가지 질문에 답한 후에 강의를 계속했다.

"한 인간이 이해가능한 세계로부터 궁극적 실재 속으로 꿰뚫고 들어가면 그는 이해가능한 세계를 다룰 수 있는 힘을 가지게 됩니다. 고대로부터 높은 경지의 많은 신비가들이 보여준 현상들과 물현[28]이나 환원[29] 등의 '기적' 현상들은 그들이 실재의 영역 속으로 뚫고 들어갔기 때문에 보여줄 수 있었던 것입니다. 그와 같은 현상은 오직 우리가 가장 깊은 내면의 자아로부터 나오는 '의지[Will]'의 힘을 가로막고 있는 현상적 실재를 초월할 때만 일어날 수 있습니다. 우리가 진화하여 궁극적 실재의 세계로 들어가면 무엇이든 가능해집니다. 그렇게 되면, 진정한 속 알맹이인 프뉴마가 항상 궁극적 실재 속에 발을 딛고 있는, 신성한 존재인 우리는 본래의 힘을 통해 더 풍부하고 완벽하게 우리 자신을 표현할 수 있을 것입니다."

"뛰어난 신비가나 앞서 가는 진리탐구자는 실재의 영역 속으로 뚫고 들어감으로써 보통사람들의 상상을 초월하는 심령이지적 능력을 가지게 됩니다. 예컨대, 그런 신비가는 거친 물질세계에서 일어나는 경험에 대한 인식의 문을 닫지 않고도 초의식적 자아인식을 통해 원

---

28 물현[materialization] : 강력하고 구체적인 생각의 에너지를 응결시킴으로써 그것이 물질로 나타나는 현상. 〈지중해의 성자 다스칼로스 1〉 기적의 실체 부분 참조. (역주)

29 환원[dematerialization] : 물질이 원래의 에너지 상태로 돌아가는 현상. 기적의 실체 부분 참조. (역주)

할 땐 언제든 심령세계 안으로 들어갈 수 있습니다. 그 밖에도 신비가들은 실재 속으로 들어감으로써 시공을 초월하여 움직이므로, 한꺼번에 삶의 모든 차원 — 거친 물질계, 심령계, 이지계, 그리고 그 너머 — 으로부터 경험과 인상을 얻을 수 있습니다."

코스타스는 질문에 대한 답으로서 시간과 공간에 대해 부연해서 설명했다. "시간과 공간은 심령 차원과 이지 차원에서와 마찬가지로 거친 물질우주에서도 이해가능한 실재입니다. 우리는 이 관점으로부터 탐구를 시작해야 합니다. 시간과 공간의 의미는 고정적인 것이 아니라 상대적이고 가변적인 것입니다." 이렇게 말한 다음 그는 좀더 구체적인 예를 들면서 이것을 설명했다.

"하나의 사건이 일어났다고 합시다. 우리는 어떤 특정한 방식으로 그것을 인식할 것이고 시간과 공간은 거친 물질 차원에서 통용되는 의미로 단장됩니다. 나중에 우리가 동일한 사건을 기억 속에서 끄집어낸다면, 그것은 그 사건과 관련된 시간과 공간의 의미를 가질 것입니다. 그렇지만 이 의미는 앞서 그 사건을 경험했던 당시에 형성됐던 의미와는 현저하게 다를 겁니다."

"좀더 자세히 설명해보지요. 우리가 어제 소풍을 가서 산에도 올라가고 바다에도 내려갔다고 합시다. 그 소풍을 하는 동안 우리는 어떤 것에 주의가 끌려서 뭔가 경험을 하게 됩니다. 전에 얘기했듯이, 보통 사람들은 가능한 경험 중의 아주 작은 조각만을 흡수할 수 있습니다. 왜냐하면, 그들은 온전하게 깨어 있는 의식으로써 주위 환경과 교감하지 못하기 때문입니다. 그들은 의식적으로 주의를 집중하는 방법을 모르기 때문에 단조로운 일상을 기계적으로 반복하면서 나날을 살아갑니다. 그래도 이런 소풍을 가면 사람들은 모두 뭔가 경험을 얻곤 하지요."

"어제 그런 경험을 했던 어떤 사람이 오늘 그 소풍의 경험을 기억에서 끄집어낼 수 있습니다. 그는 버스를 내려서 앞을 향해 한참 걷는 등의 자기 모습을 떠올릴 수 있습니다. 그는 의식 속에서 자신의 경험 속의 공간의 의미를 다시 체험합니다. 하지만 이제는 시간의 성질이 매우 달라져 있습니다. 왜 그런가 하면, 그는 그 경험에 몰두하기를 멈추고 전혀 다른 것으로 주의를 옮겼다가 다시 마음 내키면 처음의 소풍 경험으로 돌아올 수도 있기 때문입니다. 그러므로 심령이지 차원에서는 시간 속의 움직임이 거친 물질계에서와는 다르게 경험됩니다. 거친 물질계에서는 일어났던 사건으로 되돌아갈 수가 없습니다. 하지만 기억을 통해서는 이전에 겪었던 감정들 ― 이 경우, 소풍과 관련된 느낌과 생각들 ― 을 되살려서 다시 경험할 수 있습니다."

"거친 물질세계에서는 같은 사건이 한 번밖에 일어나지 않습니다. 그러나 시간 속에서는 우리의 기억 속에 온갖 의미로 조합되어 있는 동일한 사건을 반복해서 일어나게 할 수 있습니다. 그리고 심지어는 물질계에서 했던 경험을 마음대로 바꾸고 왜곡시킬 수도 있습니다."

"나중에 우리는 시공간의 의미가 우리의 자아의식에 미칠 수 있는 영향력을 이해하는 힘을 키워줄 심령이지적 훈련을 할 것입니다. (여기서 자아의식이란 현재인격으로서의 우리의 자아의식을 뜻한다) 우리는 현재인격이 내면 자아[inner-self]와 동화되어 그것의 영혼 자아의식[soul-self-consciousness]을 발할 수 있게끔 하기 위해 우리 현재인격의 한정된 의식을 넓히려는 것입니다. 그리고 마침내 완전한 자아의식으로서, 시공간과 관련된 이해가능한 현상적 실재의 의미를 깨우친 자로서 궁극적 실재 안으로 들어가면 우리는 일찍이 예수께서 제자들에게 말씀하신, 죽음을 겪지 않는 자들 중의 하나가 될 것입니다. 죽음은 하나의 의미입니다. 그것은 인상과 경험을 흡수하는 변치 않는 불멸의 중심으로부터의 총체적인 변신을 의미합니다. 죽음은 이러한 인상과 경험들을 흡수하고 해석하는 궁극적 주체인 내면 자아의 종말이 아닙니다. 그런 상태에 도달했을 때 비로소 우리는 '썩을 몸이 불멸의 옷을 입고 죽을 몸이 불사의 옷을 입을 것'이라는 사도 바울의 말을 이해하게 될 것입니다."

이 말과 함께 코스타스는 눈에 빛을 발하며 이해가능한 현상과 궁극적 실재에 대한 강의를 마쳤다. 그는 마무리로서, 늘 하듯이 그리스 정교회의 성찬식에서 읊조리는 기도문과 비슷한 문구를 읊었다. '우리는 순수한 가슴으로 주님 곁에 항상 서 있나이다.'

"자, 이제 명상 실습을 합시다." 코스타스가 잠시 후 말했다. "우리 몸에 에너지를 재충전하기 위한 연습부터 시작하겠습니다."

우리는 눈을 감고 가능한 한 편안하게 앉았다. 명상에 쉽게 들어가게 하기 위해 누군가가 대부분의 불을 껐다.

"고요하고 평온한 마음을 가지십시오. 자신의 현재인격을 점령하고 있는 모든 것을 마음에서 제거하십시오." 코스타스는 느리지만 확고한 어조로 시작했다. "잠시 동안 '사랑'이라는 단어를 되풀이하는 것으로 시작하십시오. 자신에게 가장 알맞은 템포로 여러 번 반복하십시오. 사랑[Love]…, 사랑… 사랑…" 사랑이라는 단어를 중얼거리는 동안 코스타스는 목소리를 더 낮췄다. "몸속의 낱낱의 근육을 느껴보고, 그것을 느슨하게 풀어놓으십시오. 마음속에 다른 어떤 생각도 들어오지 못하게 하십시오. 사랑이라는 단어를 되풀이함으로써 당신은 절대자의 사랑과 완전한 동조를 불러일으키는 것입니다. 이제 당신은 완전한 평화와 평온의 상태에 도달했습니다. 더이상 어떤 것도 당신의 생각을 점령하지 못합니다. 당신은 이제 진정한 평화와 고요의 상태에 도달했습니다."

"이제 순백의 광휘 속에서 빛나는 자신의 모습을 심상화하고, 거친 육체의 모든 세포와 입자 속에 자신이 존재함을 느끼십시오. 그러면 자신이 형상의 한계 속에 있음을 여실히 느끼게 될 것입니다."

"이제 깊고 편안하게 호흡하십시오. 깊고 편안하게…… 당신은 이제 거친 육체의 모든 세포와 입자로 호흡하는 자신을 느낍니다. 당신은 모든 입자와 모든 세포로 호흡하고 있습니다. 이 특별한 형태의 호흡으로 당신 육체의 모든 세포와 입자에 생동하는 에테르 에너지를 채우십시오."

"호흡할 때마다 당신은 하얗게, 더 하얗게 됩니다. 그것을 심상화하십시오. 당신은 순백으로, 더 순백으로 되어가고 있습니다. 그것을 느끼십시오. 숨을 내쉴 때마다 당신은 순백을 더럽힐 수 있는 불순한 것들을 내보냅니다."

우리는 눈을 감은 채로 명상을 계속했다.

"당신의 물질육체를 형성하고 지탱해주는 성령에게 감사하십시오." 코스타스가 지시했다. "당신의 육체에 건강이 자리 잡기를 염원하십시오. 당신의 현재인격이 고요하고 평온하기를 염원하십시오. 훌륭하게 판단하고 지혜롭기를 소망하고, 생각이라는 신성한 선물을 올바르게 사용할 수 있기를 소망하십시오."

"이것으로 마칩니다. 기운이 빠진 것을 느낄 때마다 이 연습을 하면 에너지를 재충전할 수 있습니다." 코스타스가 말했다. 실습은 대략 10분 정도 걸렸다.

잠시 기지개로 몸을 푼 다음에 코스타스는 또다른 명상 수련법을 가르쳐주었다. 그가 말하기를 이 연습은 에테르 생명력의 다양한 성질을 숙달하는 데 필요하며 세 가지 신체가 조화롭게 발달하고 신유가 될 수 있도록 도와주는 연습이라고 했다.

다스칼로스와 코스타스는 에테르 생명력의 주요 기능을 네 가지로 분류할 수 있다고 가르쳐왔다. 의식이 깨어 있는 치유사가 되길 원하거나 자아인식의 초의식적 차원에 입문하려면 이것에 반드시 숙달해야 한다는 것이었다. 에테르 생명력의 기능에는 첫째로 움직임과 진동을 가능하게 해주는 운동성, 둘째로 느낌과 감정, 감각 경험을 가능케 하는 감지성, 셋째로 염체와 이지적 이미지의 형상화를 가능케 하는 복제성, 넷째로 생명 자체를 만들고 물현과 환원의 현상을 가능케 하는 창조성이 있다. 진리탐구자들의 목적은 명상수련을 통하여 첫번째에서 세번째까지의 성질을 통달하는 것이다. 그러면 네번째 능력은 다른 성질들을 통달한 결과로서 자연스럽게 계발될 것이다. 에테르 생명력의 창조성은 치유 그 자체를 가능하게 만드는 성령의 영역 안에 있다.

우리는 눈을 감았고, 코스타스는 우리가 완벽한 이완 상태 속에 자신을 맡길 수 있도록 안내말을 되풀이해주었다.

"당신은 지금 진정으로 고요하고 평온한 상태에 있습니다. 에테르 생명력의 감지성을 이용해서 당신의 두 발바닥을 느끼십시오. 이제 에테르의 운동성을 이용해서 발을 통과하여 발목 위쪽으로 움직임을 느끼십시오. 에테르의 운동성과 감지성은 서로 결합해서 마치 두 발에 양말을 신은 것처럼 느껴지게 만들 것입니다. 무릎을 통과해서 위쪽으로 계속 움직여 가십시오. 허벅지를 통과해 위쪽으로, 그리고 다리와 골반이 만나는 지점에 도달합니다. 에테르의 감지성을 이용하여 다리에서 엉덩이에 이르는 부위를 느끼십시오. 그것은 마치 꽉 끼는 타이츠를 입은 것 같은 느낌입니다. 자, 이제 에테르 에너지의 복제성을 이용해 순백의 광채 속에 있는 당신의 두 다리를 심상화하십시오. 그것은 순백의 광채입니다. 온통 하얀 두 다리. 하지만 주의하십시오. 당신이 심상화한 하얀 광채는 매끄럽거나 대리석같이 반들거리는 것이 아니라 흰 눈이나 깨끗한 순면의 색깔입니다. 그것은 빛의 광휘입니다. 당신의 다리가 건강하기를 강력하게 염원하십시오."

"다시 에테르의 운동성을 이용해서 골반을 통과한 뒤 위쪽으로 움직입니다. 이제 뱃속에서 위쪽으로 움직이기 시작합니다. 천천히 위쪽으로 올라가십시오. 흉곽에 다다를 때까지 올라가십시오. 이제, 에테르 생명력의 감지성을 이용해서 갈빗대 전체 부위를 느끼십시오. 에테르 생명력의 복제성을 이용하여 복부와 주위를 담청색(淡靑色, white blue)의 자욱한 빛이 공처럼 둥글게 감싸고 있는 것을 심상화하십시오. 복부의 표면에서부터 2-3인치 정도의 여유를 두고 둥글게 넉넉히 감싸는 담청색 빛의 광휘를 보십시오. 깊이 호흡할 때마다 그 빛은 더 선명하고 강해집니다. 이곳이 바로 거친 육체의 생명의 중추인 태양신경총이 있는 곳입니다. 당신의 거친 육체가 아주 건강하기를 소망하십시오."

"다시 에테르 에너지의 운동성을 이용해서 위쪽으로 움직여 가슴속을 통과하기 시작합니다. 가슴속에서 위쪽으로 천천히, 천천히 나아가십시오. 그리고 이제 에테르 생명력의 감지성을 이용해서 가슴 전체의 내부와 그 주변 전부를 느끼십시오. 에테르 생명력의 복제성을 이용해서 가슴 안과 밖을 공처럼 둥글게 감싸는 담홍색(淡紅色,

white rose) 빛의 광휘를 심상화하십시오. 당신 가슴의 표면으로부터 2~3인치 정도의 여유를 두고 둥글게 감싸는 담홍색의 광휘를 보십시오. 담청색의 둥근 빛과 담홍색의 둥근 빛이 섞이지 않도록 주의하십시오. 깊이 숨쉴 때마다 빛은 더 밝고 강해질 것입니다. 당신의 심령체가 안정되고 건강하기를 소망하십시오. 당신의 현재인격에 고요함과 평온함이 완전히 깃들기를 염원하십시오."

"다시 에테르 생명력의 운동성을 이용해서 위로 올라와서 어깨를 통과한 다음 두 팔의 내부를 타고 두 손으로 내려오세요. 팔의 내부를 타고 내려오세요. 방향은 아래쪽입니다. 천천히 두 팔의 내부를 타고 팔꿈치, 손목, 손바닥, 손가락을 거쳐 당신은 이제 손가락 끝에 도달했습니다. 에테르의 감지성을 이용해서 두 팔과 팔꿈치 내부를 느끼고, 팔목, 손바닥, 손가락까지 느끼십시오. 당신은 이제 손가락 끝에 이르렀습니다. 에테르의 감지성을 이용해서 손가락 끝까지 두 팔의 내부를 느끼고, 복제성을 이용해서 순백의 광채 속에 있는 당신의 두 팔을 심상화하십시오. 당신의 두 팔 안에 건강이 자리잡기를 염원하십시오. 당신의 두 손이 이웃 인간들의 고통을 치유하는 대행자가 되기를 염원하십시오. 두 손의 어루만짐이 그들에게 절대자의 축복이 되기를 염원하십시오."

"에테르 에너지의 운동성을 이용해서 갑상선 쪽으로 진행하십시오. 에테르 생명력의 복제성을 이용해서 아련하고 밝은 오렌지 빛이 둥글게 갑상선을 에워싸고 있는 것을 심상화하십시오. 갑상선을 둘러싸고 있는 오렌지 크기만한 빛의 덩어리가 당신의 혈관 속에 있는 모든 세균을 박멸할 것입니다. 깊이 호흡하십시오. 이곳은 세 가지 신체 내부의 에너지를 순환시키는 중추입니다. 당신의 세 가지 신체가 건강하기를 염원하십시오."

"다시 에테르 에너지의 운동성을 이용해서 위쪽으로 움직이십시오. 당신은 이제 머릿속으로 들어가기 시작합니다. 머릿속에서 천천히 위쪽으로. 에테르 생명력의 감지성을 이용해서 당신의 머리를 느끼십시오. 이제 복제성을 이용해서 머리 내부와 주변에 공처럼 둥근 모양으로 자욱하게 덮여있는 담황색(淡黃色, white gold) 광휘를 심상화하십시오. 그 빛은 머리 안팎으로부터 12인치 정도의 범위로 당신 머리를 둥글게 감싸고 있습니다. 머리에 너무 집중하면 두통이 생길 수 있습니다. 머리가 둥근 담황색 광채 속에 떠 있는 것처럼 느끼십시오. 깊이 호흡하면서 자신의 이지체가 건강하기를 소망하십시오. 이제 내가 하는 다음 말을 유념하십시오. 신성한 선물인 생각을 올바르게 사용할 것을 염원하고, 올바른 사고와 올바른 판단을 염원하십시오."

"에테르 에너지의 감지성을 이용해서 이제 당신의 물질적 존재의 모든 입자와 모든 세포 속에 있는 자신을 발견하십시오." 코스타스는 계속했다. "에테르 생명력의 복제성을 이용해서 머릿속과 주변에 담황색 빛, 갑상선 주변에 오렌지 빛, 가슴 주변에 담홍색 빛, 복부주변에 담청색 빛, 그리고 순백색 빛의 두 팔과 두 다리를 심상화하십시오. 서로 다른 색깔의 둥근 빛이 겹치지 않도록 주의하십시오. 이 위에 더하여 완전히 하얀 광휘로 둘러싸인 당신의 전체 모습을 심상화합니다. 온통 하얗고 자욱한 이 광휘가 당신을 해치려는 모든 것으로부터 당신을 보호해주기를 염원하십시오. 온통 하얀 이 달걀 모양의 광휘로 당신의 현재인격을 감싸십시오. 그것은 당신을 보호해줄 것이고, 당신을 해치고자 하는 자들이 만들어내는 해로운 생각이나 염체를 용해시킬 것입니다. 하지만 이 염체들이 그 근원으로 돌아가도록 놔둬서는 안 됩니다. 만일 돌아가면 그것은 원래보다 일곱 배나 커진 힘으로 상대방을 칩니다. 그렇게 되기를 바라서는 안 됩니다. 이 염체들이 당신의 오라를 덮치는 순간 그것들을 용해시킴으로써 자신을 보호한다는 점에 유념하십시오. 악으로부터, 무지의 오염으로부터 깨끗해지도록 우리의 행성을 청소하는 데 기여하십시오. 당신의 현재인격 전체가 아주 건전하기를 기원하십시오. 다 됐습니다."

우리는 거의 20분이나 계속된 명상에서 서서히 빠져나왔다. 코스타스는 이 명상을 매일 연습하는 것이 필수적이라고 말했다. 그는 그것이 우리의 세 가지 신체의 전반적인 안녕과 건강, 그리고 우리의 생각과 감정의 세계에 기여하는 것은 물론, 에테르 생명력의 다양한 성질을 능숙히 다루는 데 도움이 될 것이라고 말했다.

모임이 끝난 후, 코스타스를 포함한 우리 그룹은 먹고 이야기하면서 저녁 시간을 보내기 위해 관광객들의 발길이 닿지 않는 바닷가의 해산물 식당으로 갔다. 우리는 키프로스의 어떤 모임에서도 피해갈 수 없는 주제인 정치 토론으로 그날의 모임을 마무리했다.

5
Artist of the Heart

영성의 예술가

"만약 이 모든 사물들이 정말 마야일 뿐이라면,
신도 몽상에 빠져 꿈꾸고 있는 거라네.
하지만 절대자는 꿈을 꾸고 있는 것이 아니라 명상하고 있다네.
그리고 우리는 그의 영원한 명상 속에 존재하는 것일세.
그래서, 우리는 마야라는 단어를 조심스럽게 사용해야 하네.
일어난 일은 하나의 사건으로서는 끝나지만
염체로는 남아 있기 때문일세.
그리고 수도 없이 얘기했지만,
염체의 세계는 허망한 것이 아니야."

나는 거실에서 의자를 가져와서 다스칼로스 옆에 앉았다. 그리고 그가 약 일주일 동안 틈틈이 작업해온 그림을 마무리하는 모습을 바라보았다. 그는 작은 침실을 개조하여 만든 화실에서 아침 여섯시부터 그림을 그리고 있었다. 내가 그를 만난 시간은 아홉시였다.

"나는 '백조의 호수' 발레 공연을 관람하고 나서 이 그림을 그려야겠다는 영감을 받았다네." 내가 고전음악이 크게 울리고 있는 테이프레코더의 볼륨을 낮추자 다스칼로스가 말했다. "절을 하고 있는 발레리나는 그녀의 춤, 곧 삶의 주기를 끝마친 자아영혼(ego soul)을 상징한다네." 캔버스에 작업을 계속하면서 그가 말했다. "그녀는 이 세상을 떠날 준비가 됐어. 발레리나가 분장한 백조는 반드시 죽게 되어 있는 물질육체야. 그리고 그 배경의 언덕과 삼나무는 거친 물질존재인 발레리나가 이 삶을 떠나서 들어가야 할 심령계라네."

"저는 이 그림이 마음에 들어요." 내가 큰 소리로 말했다. 다스칼로스가 그림을 그리는 동안 우리는 예술에 대해 얘기했다. 나는 그의 작품을 여러 번 심하게 비평했었기 때문에 그는 나의 반응에 기뻐하는 것 같았다. 전에 나는 그의 그림은 실재와 인간의 본질에 대한 심오하고도 외경스러운 그의 통찰력을 결코 따라갈 수 없다고 비평했었다. 나는 그의 깊은 자기 확신을 알고 있었기 때문에, 자신의 작품에 대한 내 불손한 평가에 그가 마음 상하지 않을까 하는 걱정은 하지 않았다. 내 생각이지만, 젊은 시절 그는 주로 심령이지계의 풍경을 (그의 주장에 따르면) 주제로 한 주목할 만한 작품을 그려냈다. 그 가운데 어떤 작품은 정말 인상적이었다. 하지만 나는 다스칼로스의 작품이 후기에 와서는 좀 거칠고 성급하게 완성됐다는 느낌을 받았다. 이는 분명 미술관의 소장품 후보는 될 수 없는 수준이었다.

이전에 다스칼로스는 자신의 전생중에 레오나르도 다빈치 시대의 직업 화가였던 적이 있다고 말했었다.

"이번 생애에선 나는 내 주의를 다른 곳에다 쏟기로 했다네." 그가 웃으면서 왼쪽 팔꿈치로 나를 슬쩍 건드렸다. "이봐 키리아코, 이번 생에서 난 사람들의 영혼에다 물감을 칠하기를 더 좋아한다네. 사람들이 자신의 진정한 본성을 깨닫고, 사랑과 자비의 능력을 계발하도록 그들의 가슴에 불을 지피기 위해서지. 백 명의 화가 중에서 오직 두세 명만이 진정한 화가라네. 나머지는 그저 환쟁이일 뿐이지. 나도 그 중의 한 명이야." 그는 삼나무 한 그루에 녹색물감을 진하게 칠했다.

사실 다스칼로스는 별로 많지 않은 연금 생활비를 보충하기 위해서, 그리고 자선기금을 조성하고 가난한 친척들을 도와주기 위해서 그림을 그렸다. 그에게 있어서는 그런 일들이 작품의 예술성보다 더 중요한 관심사였다. 제자들은 그의 그림 중 상당수를 복권 판매대에서 판매했고, 그 수익금은 다양한 자선활동에 사용되었다.

"우리가 사는 이 세상에는 정말 수많은 고통이 있어. 우리는 진리 탐구자로서 언제든지 돕고 봉사할 각오가 되어있어야만 하네." 다스칼로스가 안타까워하며 말했다.

몇 주 전에 나는 그가 레바논에서 온 한 난민가족을 위해 구입한 군용담요를 손으로 열심히 빨고 있는 것을 발견했다. 그 난민들은 독일과 프랑스에서 추방당해 보트에 태워진 뒤 결국 키프로스에 버려졌다. 그들은 집도 없이 야외의 올리브 나무 아래에서 살고 있었다.

결국 그 가족의 어머니가 스트로볼로스의 교회에 들어가서 도와달라고 절규한 사연이 다스칼로스의 귀에 들어갔다. 그녀는 자신들 역시 기독교 신자라면서, 음식도 몸을 가릴 지붕도 없으니 제발 도와달라고 하소연했다. 레바논에서 그들은 부유한 기독교 가정이었으나 전쟁이 모든 것을 앗아갔고, 결국 이 나라 저 나라를 유랑하는 난민 신세가 되었다는 것이다. 그 여인은 자기 가족이 동방정교회의 세례를 받을 의향도 있다고 선언하기까지 했다. 그럼에도 불구하고 지역의 이민국 관리들은 독일과 프랑스의 선례를 따라 그들을 추방하려 했지만, 다스칼로스의 강력한 개입 덕분에 그 가족은 체류허가를 받을 수 있었다. 다스칼로스는 그 가족의 아버지에게 자동차를 도색하는 일자리를 구해주었고, 10대인 세 아들에게는 정기적으로 그리스어를 가르쳐주었다.

"이따금 나는 신이 왜 그렇게 많은 고통과 괴로움을 주시는지 정말 이해할 수가 없네." 다스칼로스가 그림을 그리면서 한숨을 쉬었다. "중동 지역에서 일어나는 일들을 보게. 너무 많은 유혈 참사, 학살, 파괴가 일어나고 있네. 보이지 않는 구원자들조차도 그 많은 만행들에 대처하기는 어려운 일이라네."

지난주 내부 모임을 시작할 때 다스칼로스는 흰 수도복을 벗어버리고 좀체 볼 수 없는 흥분 상태로 이란-이라크 전쟁의 참상에 대해 분통을 터뜨리기 시작했다. 그는 유체이탈 상태에서 천 명도 넘는 젊은 군인들이 숨지고 피가 '강물처럼 흐르는' 전쟁터를 목격했다고 주장했다. 그러면서 그는 말했다. "나는 그 참상을 보고 에테르체인 상태로 멍하니 거기에 서 있었어요. 나는 두 손을 쳐들고 '신이여, 왜, 왜 이래야 합니까?' 하고 큰 소리로 외쳤지요. 그런데 바로 그 순간 내 뒤에 성부 요한난이 계시는 것을 느꼈습니다. 그분은 손으로 내 입을 막고 조용히 하라고 작게 말씀하셨습니다. 나는 나 자신에게 물었습니다. 도대체 어떤 부류의 인간들이 저 아이들을 전쟁터에 보내 불구가 되게 하고 천국으로 간다는 미명으로 자폭하게 만드는가 하고 말이에요. 여러분 나에게 대답 좀 해주시겠어요?" 우리들은 침묵을 지키고 있었다.

다스칼로스는 원래 자신의 감정을 격렬하게 드러내는 성격이 아니었다. 다음날 아침 이란-이라크 국경지대의 전쟁에 관한 뉴스에서, 아나운서는 신기하게도 다스칼로스가 얘기했던 것과 거의 똑같이 피가 '강물처럼' 흘렀다고 보도했다.

"가끔 나는 스스로 묻는다네." 내가 그림을 그리는 다스칼로스를 지켜보고 있는 가운데 그가 말을 이었다. "이웃 인간들에게 엄청난 고통을 주게 하는 그런 자유의지를, 왜 신은 인간에게 그렇게도 많이 주셨을까 하고 말이네."

"그렇다면 당신은 그 점을 설명할 수 없는 건가요?"

"아닐세, 이론적으로는 설명할 수 있어. 하지만 나는 인간이야. 그래서 그것을 감정적으로 받아들이기가 어려운 걸세. 어쨌든 인간은 신이며, 어느 누구도 인간으로부터 자유라는 신성한 권리를 빼앗을 수 없다네."

"하지만 당신이 회의하는 것은, 왜 인간이 그렇게도 많은 고통과 죄악을 저지를 수 있는 능력을 가져야만 하는가 하는 점 아닌가요?"

"그래. 왜 인간들은 그런 권리를 가져야만 했을까? 그리고 영겁을 통해 끝도 없이 그런 짓을 벌이고 있으니 말이야. 나는 너를 죽이고, 너는 나를 죽이고⋯⋯ 한도 끝도 없이 이어지고 있네. 물론 나는 카르마의 법칙을 받아들인다네. 어떤 사람도 이유 없이 고통을 겪지는 않아. 하지만 고통 뒤에 숨어 있는 이유를 사람들은 알지 못해. 그들은 영적인 진화의 어떤 단계에 이르러서 실재의 진리 속으로 뚫고 들어갔을 때에야, 비로소 그 이유를 알게 될 걸세. 카르마의 법칙은 절대적으로 공정하지만, 그것은 언제나 고통스럽다네." 다스칼로스는 내 쪽을 돌아보면서 잠시 붓질을 멈췄다.

"이제 여기서 의문이 생길 수 있네. '그러면 신은 고통을 잠재울 수 있는 순간에 왜 개입하지 않는가?' 물론 그는 뭔가 특별한 조처를 했네. 인간이 고통을 기억하지 못하도록 창조한 거야. 이 점이 바로 매우 의미심장한 것이라네. 이것이 신성한 자비야. 나는 개개인의 기억에서 고통의 기억이 삭제되는 것을 신이 개입한 신성한 자비로 이해하고 있다네. 신은 각 개인들이 경험하는 모든 사건에 대한 기억력을 주었지만 그 과정에서 겪은 고통에 대한 기억은 빼버렸네. 이것은 심령체와 이지체는 물론 거친 육체에서 겪는 모든 고통에도 해당한다네. 이게 바로 신성한 자비의 위대한 면모일세." 다스칼로스가 이렇게 말을 맺었을 때, 그의 얼굴에는 외경심이 서려 있었다.

"하지만 고통은 영적 성장을 위한 교훈을 주지요."

"물론 그렇지." 다스칼로스는 붓으로 백조의 하얀 목에 조심스럽게 마무리 터치를 했다. "자네에게 한 가지 묻겠네. 수술한 적 있나?"

"아니요."

"자네에게 많은 고통을 준 어떤 질병이나 그 밖에 뭔가를 겪은 적이 없나?"

"10대 초반에 우산을 들고 나무에서 뛰어내리다가 오른쪽 팔이 부러졌어요. 아주 고통스러웠지요."

"자네는 지금 팔이 부러졌던 일을 기억해냈어. 하지만 자네가 아무리 노력한다 해도 당시 경험했던 통증은 결코 기억해낼 수 없을 걸세."

"만일 그것을 기억할 수 있다면 그 통증을 느끼겠죠."

"바로 그거야. 그것이 신의 자비라네. 신은 자네가 통증을 기억하도록 내버려두지 않아. 그리고 통증이 강할수록 그걸 더 쉽게 잊을 수 있다네. 인간은 수많은 것들을 기억할 수 있고, 자신의 마음과 생각으로 수없이 많은 것들을 만들어낼 수가 있지. 하지만 통증만은 결코 그렇게 할 수 없네. 자, 이제 또 질문하겠네. 우리가 통증을 느낄 때마다 신도 통증을 느낄까? 어떻게 생각하나?" 다스칼로스는 잠깐 붓질을 멈추고 나를 돌아보았다.

"제 생각으로는 신도 틀림없이 통증을 느끼리라고 봅니다. 모든 것이 그 안에 있기 때문에요."

"물론이야. 하지만 그의 통증은 우리의 통증과 같지 않다네. 그것은 어린아이를 바늘로 찌르는 것과 비슷해. 어린아이들은 몹시 아파서 몸부림치며 울지만, 어른에게는 그 바늘이 별로 아프게 느껴지지 않는다네. 이것이 창조계의 위대한 법칙이라네."

"이것은 전에 당신이 말씀하셨던 내용이라고 생각되는데요. 그리스도 로고스는 인간의 고통스러운 짐을 받아들여서 없앨 수 있다고요. 그리고 인간이 사랑을 통해서 서로의 짐을 덜어줄 수 있게 하는 것도 바로 그것이라고요. 그러면 카르마의 대부분은 사라지고 실제 고통의 작은 일부만을 경험하게 된다고 하셨지요."

"맞았어."

"다스칼레, 그런데 고통은 기쁨, 웃음, 행복과 어떤 관계가 있나요?" 여전히 그림을 그리고 있는 다스칼로스에게 내가 물었다.

"음, 고통이 지나가면 우리는 그것을 단순히 하나의 사건으로서만 기억하네. 물론, 우리는 자신에게 고통을 주었던 그런 사건들을 우선

피하고는 안도감을 느낀다네. 그것이 우리 경험의 일부야.······"

"왜 많은 성화상(聖畵像)에서 그리스도는 기쁨이나 웃음, 또는 슬픔 같은 감정을 갖지 않은 분처럼 표현되어 있을까요?"

다스칼로스가 갑자기 캔버스에서 붓을 들어올렸다. "누가 그리스도는 기쁨과 웃음이 없었다고 말하던가?"

"많은 성화상에 그렇게 묘사되어 있지요."

"그것은 그리스도를 그린 사람들이 그분을 만나본 적이 없고, 그분의 인품에 대해 아무것도 모르기 때문이라네. 만일 그리스도가 살아 있을 동안 그분을 겪어본 이에게 물어본다면, 그는 이렇게 말할 걸세. 그분은 정말 잘 웃고 유머 감각이 뛰어나며, 인간이 지닐 수 있는 가장 다정한 미소를 지녔던 분이라고 말이야."

언젠가 다스칼로스는 예수 시대에 살았던 자신의 과거 생에 대해 아주 자세히 얘기했었다. 그는 그 생에서 요하난, 즉 예수께서 가장 사랑하던 제자 요한에 이끌려 다른 아이들과 함께 예수님을 자주 만났기 때문에 예수님의 인품을 알게 됐다고 주장했다.

"만일 예수님이 웃을 줄도 모르고 기뻐할 줄도 모른다면, 결혼잔치나 갖가지 경사에 왜 그렇게 자주 참석하셨겠나. 물론 그분은 그 모든 것이 필요하지 않으셨지만 그래도 참석하셨고, 이웃 인간들의 행복과 기쁨을 함께 나누셨네. 그리고 그분의 첫번째 기적이 바로 결혼식 피로연에 온 손님들이 축하하고 즐길 수 있도록 물을 포도주로 바꾸신 일이라는 걸 기억하게. 그분은 뭘 모르는 수도사들이 성화상에 묘사한 것 같은 근엄한 청교도가 아니셨다네."

다스칼로스가 다시 그림에 붓을 대기 시작했을 때 내가 말했다. "그리스도교에서는 고난이라는 개념을 무척이나 강조하는데, 이에 반해 동양의 종교에는 고통이나 그 밖의 모든 것이 하나의 환영이라고 보는 마야(maya)30라는 개념이 있습니다."

"그리스도교 전통 속에도 그런 개념이 있다네." 다스칼로스가 대꾸했다. "예컨대, 우리는 거친 물질세계를 과거와 현재와 미래의 의미, 곧 일종의 마야를 제공하는 세계라고 말하지. 그리고 그것이 마야임을 입증하려면 어제나 그저께 자네를 기쁘게 하거나 화나게 했던 일을 기억에 떠올려보게. 어제 경험했고 기억 속에 남아 있는 것은 일종의 마야가 아닌가? 어제가 자네에게 기억 말고 무엇을 주던가? 경험의 세계를 인도인들은 마야라고 하고 고대 히브리인들은 환영이라고 한 것은 바로 이런 관찰에 근거한 것일세."

다스칼로스가 캔버스 위의 세밀한 부분에 집중하면서 이야기를 이었다. "하지만 사실은 꼭 그런 것만도 아닐세. 거친 물질세계는 공상도 아니고 환영도 아니야. 그것은 우리에게 교훈과 경험을 제공해주기 때문이네. 예컨대, 거친 물질세계는 우리의 영적 성장을 위해 적절한 교훈을 얻을 수 있는 온갖 경험을 우리에게 제공해주지."

"그럼 또 묻겠네. 만일 마야가 환영이나 실체 없는 것을 의미한다면, 기억으로서 의식에 다시 가져올 수 있는 내 과거의 경험들은 대체 어디에 저장되어 있었을까? 차분히 앉아서 이 문제를 신중히 따져본다면, 우리가 마야라고 부르는 것은 일반적 인식처럼 그렇게 허망한 것이 아니란 사실을 깨달을 수 있네. 왜냐하면 마야나 환영이라고 불리는 것은 잠재의식 안에 기억으로 남아 있기 때문이네. 그리고 그 경험의 세계가 정말 마야나 환영이라고 한다면, 높은 경지의 스승들

---

30 마야(Maya) : 환영(幻影)을 의미하는 힌두교 개념. 존재의 세계는 실재하지 않는 끊임없이 변화하는 세계이며 브라만, 혹은 신으로서의 실재는 마야의 세계 너머에 있다고 본다.

이 언제 어느 순간이라도 꺼내어 재생시킬 수 있도록 그것이 우주의 기억 속에 어떻게 각인될 수가 있겠는가?"

"결국 마야의 세계란 모든 인간들이 끊임없이 만들어내는 염체의 세계라네. 그리고 그 염체는 우리가 반드시 책임을 져야 하는 것이기 때문에 현실적인 힘을 가지지. 우리는 잠재의식 어딘가에서 그것들을 잊어버릴 수는 있지만, 우리 자신이 그 염체를 만들어냈기 때문에 조만간 그것들을 대면해야만 할 것이네. 그러니까 마야라는 것은 사물을 지각하는 하나의 방식일세." 다스칼로스는 방 안에 있는 여러 가지 물건들을 손으로 일일이 가리켰다. "만약 이 모든 사물들이 정말 마야일 뿐이라면, 신도 몽상에 빠져 꿈꾸고 있는 거라네. 하지만 절대자는 꿈을 꾸고 있는 것이 아니라 명상하고 있다네. 그리고 우리는 그의 영원한 명상 속에 존재하는 것일세. 모든 일이 그 안에서 펼쳐지고 일어난다네."

다스칼로스는 그림 쪽으로 몸을 돌리면서 말을 이었다. "그래서, 우리는 마야라는 단어를 조심스럽게 사용해야 하네. 일어난 일은 하나의 사건으로서는 끝나지만 염체로는 남아 있기 때문일세. 그리고 수도 없이 얘기했지만, 염체의 세계는 허망한 것이 아니야. 우리는 염체에 대해 끝까지 책임을 져야 하기 때문이지. 그리스도는 우리에게 마야나 환영에 대한 말씀은 안 하셨어. 반면, 사람들이 스스로 무슨 일을 하고 있는가를 바라보도록 부추기는 데 역점을 두셨네. 그분은 '심은 대로 거두리라' 고 말씀하셨어. 그분은 환영에 대해서는 언급하지 않으셨다네."

다스칼로스는 붓을 내려놓고 자기의 그림을 바라보았다. "다 됐어." 그는 만족스럽게 말했다.

"다스칼레, 언젠가 코스타스가 당신이 젊은 시절 아주 아름다운 작품을 그렸는데 그것을 태워버렸다고 하더군요." 내가 말했다.

"그 사람이 자네에게 그 일을 말하던가?" 다스칼로스는 그림에서 시선을 떼고 약간 동요된 표정으로 나를 쳐다보았다.

"왜 그러셨어요?"

다스칼로스는 미소 지으며 고개를 저었다. 그리고는 다소 괴상했던 자신의 행동을 해명하기 시작했다.

"50년 전, 내가 스물다섯 살쯤 됐을 때, 어떤 사람이 내게 아브라함이 하나님에게 제물을 바치는 장면의 그림을 그려달라고 부탁했었네. 사실 그는 대수도원장이 보낸 사람이었지. 그때 나는 돈이 많이 필요했고, 그는 나에게 당시로서는 큰돈이었던 200파운드 정도를 주었다네. 그 그림은 정말 뛰어난 그림이었어. 내가 그렸던 것 가운데 가장 잘 그린 작품 중 하나였지. 어떤 사람은 그것을 '걸작'이라고 말했다네. 나는 아브라함이 아들 이삭을 제물로 바치려고 준비하는 모습을 그렸었네."

다스칼로스는 붓을 빼고 물감을 치우기 시작했다. "하지만, 그 그림을 배달할 때가 됐을 때 나는 마음이 불편해졌네. 반감이 생겼어. 하나님이 아버지에게 아들을 제물로 바치라고 요구했다는 사실을 정말 참을 수가 없었다네. 신께서 그처럼 비합리적인 명령을 내릴 리가 없다고 혼자 생각했지. 아브라함의 이야기는 완전한 사랑인 신에 대한 모독이었네. 나는 이 문제로 고민하다가 결국 그 그림을 조각조각 찢어서 태워버렸지."

"다스칼레, 아브라함의 의도를 어떻게 설명하시겠어요? 무엇이 그의 마음을 움직였기에 아들을 제물로 바치려고 했을까요?"

"분명히 아브라함은 자신의 공상과 상상으로 하나님의 염체를 하나 만들어냈을 것일세. 그의 하나님은 자신의 백성들에게 장난을 치는 변덕스러운 신이었네. 늙은 아브라함은 단지 제정신을 잃어버렸던 거야. 오늘날의 정신분석학자들이라면 그의 경우를 일시적 정신착란이라고 했겠지. 다행스럽게도, 마지막 순간에 그의 가장 깊은 내면의 자아가 개입했어. 아브라함은 제정신을 찾았고, 지혜가 이겨서 불쌍한 이삭은 구출됐지. 하지만 아브라함의 손을 붙잡은 날개 달린 천사는 존재하지 않았다네." 다스칼로스는 약간 조롱하듯이 말했다.

"지금 당신은 아브라함의 희생(犧牲)에 대한 키에르케고르의 유명한 명제를 일격에 무색해지게 만들어버린 겁니다." 내가 놀라듯이 말했다. "키에르케고르는 이삭을 제물로 바치려고 준비하는 아브라함의 행동을 극치의 신앙심을 드러내는 행동이자 신에 대한 순종으로서 찬양할 만한 것이라고 보았는데 말이죠."

다스칼로스가 고개를 젓다가 주춤했다. 나는 19세기 덴마크의 철학자 죄렌 키에르케고르는 철학적 유신론자와 무신론자 모두가 존경한, 서구의 가장 영향력 있는 기독교 실존주의 사상가 중의 한 명이라고 설명하였다.

"그리스도의 가르침 안에서는 그따위 넌센스는 결코 발견할 수 없을 걸세." 다스칼로스가 말했다. "신은 자기 백성들에게 속임수를 쓰는, 저 높은 곳에 있는 독단적인 지배자가 아니야. 그리스도의 가르침 안에 비합리적인 것은 아무것도 없다네."

"사회학자들이라면 이렇게 주장할 겁니다." 내가 말했다. "아브라함이 바친 산 제물은 권위적인 가부장 문화의 상징이며 그 문화를 강화하는 것이라고요. 그 행위는 권위주의가 합리적인지 아닌지를 떠나서, 최고 선(善)으로서의 권위에 대한 복종을 찬양합니다. 권위적 문화가 자체 보전을 위해 그에 딱 맞는 신화를 지어낸 것이지요. 이 경우 사회학의 관점은 우리 진리탐구 모임과 상당히 일치된 견해를 보여주고 있어요."

다스칼로스가 말했다. "사실을 말하자면, 그 그림 사건 이후로 나는 아브라함과 이삭, 그리고 교회가 그 정신나간 행위를 대하는 방식에 대해서는 말하는 것조차 기분이 내키지 않는다네."

"아브라함의 그림 같은 처지가 된 작품이 또 있었나요?"

"있었지. 그 비슷한 시기에 또다른 사람이 흑백으로 인쇄된 밀턴의 실낙원 복사본 그림 한 장을 내게 가져왔었네. 거기에는 대천사 미카엘이 커다란 칼을 들고 아담과 이브를 낙원에서 쫓아내는 모습이 그려져 있었어. 그 사람은 그 테마를 바탕으로 그림을 그려달라고 부탁했고, 나는 아주 인상적인 그림을 그려냈다네. 그 그림은 맨발의 아담과 이브가 에덴을 떠나면서 공포에 질려 서로 손을 붙잡고 있고, 그들 위에서는 위엄 있는 모습의 대천사 미카엘이 불타는 칼을 들고 그들을 쫓아내고 있었네. 그리고 나는 자신의 왕국에서 배신자들을 추방하는 격노한 우주 지배자와 같은 모습으로 아담과 이브를 내려다보고 있는 신을 그려 넣었네. 그런데 그 그림이 완성되자마자 나는 다시 심기가 불편해졌다네."

"그래서 그것을 또 찢어버리셨군요." 내가 한숨을 쉬었다.

"맞았어. 그런 다음 그것을 태워버렸지. 그 모든 것이 내게는 불경스럽게 느껴졌어. 대천사 미카엘은 아무도 낙원에서 쫓아내지 않아. 그는 불의 원소의 마스터야. 그는 우리 안에 있으면서 우리 몸에 온기를 주기 위해 끊임없이 일한다네. 그리고 신은 노기등등해서 질투하는 지배자가 아니라네. 내가 왜 반발했는지 이제 이해되나? 나는 그 그림은 물론, 카인과 아벨에 관한 또다른 그림도 태워버렸었네. 그 그림들은 내 양심과 내면자아, 그리고 내 개인적 경험과 모순됐기 때문이야."

"코스타스가 언젠가 저에게 얘기했어요." 다스칼로스가 손을 씻기 시작했을 때 내가 말했다. "아담과 이브의 상태는 분리의 세계, 거친 물질의 세계로 떨어지기 직전의 인간 영혼의 상태를 나타내는 하나의 원형(原型)이라고요. 그리고 그 상태는 시공을 초월해 있고, 전체 창조계 속에서 무한히 반복될 것이므로 아담(Adams)과 이브(Eves)를 단수가 아니라 복수로 말해야 한다고 말이죠. 그는 또 그들이 살았고 지금도 여전히 살고 있는 그 낙원은 영혼이 최초로 거친 물질우주로 내려오기 직전에 있었던 심령이지계라고 했어요."

"정확하네."

"코스타스는 또 이렇게 말하더군요. 아담에게 준 이브의 사과는 거친 물질행성을 상징하며, 그들이 물질우주로 내려온 것은 에덴동산에서 추방되었기 때문이 아니라 거친 물질 존재의 경험을 얻고자 하는 인간 영혼의 강한 욕구 때문이라고 말입니다."

"그것이 바로 우리 진리탐구 모임에서 아담과 이브의 신화를 해석하는 방법이라네. 신은 벌을 주지 않으며 자신의 왕국에서 그들을 쫓아내지도 않았네. 신은 거친 물질 존재의 경험을 얻고자 하는 영혼들의 소망을 도와주신다네. 그리고 구약성경에 따르면, 신은 아담과 이브에게 '동물가죽으로 만든 겉옷', 즉 거친 육체를 제공하셨네."

"그런데 코스타스는 뱀의 역할에 대해서는 설명하지 않았어요. 그것에 대해서는 대충 넘어가면서 다음에 얘기하겠다고 했습니다. 뱀이 무엇을 상징하는지 말씀해주실 수 있나요?"

"자네는 어떻게 생각하나?" 자신이 밝히려는 내용이 약간 충격적일 수 있음을 암시하듯 다스칼로스의 얼굴에는 묘한 미소가 떠올랐다.

"뱀은 머리 한 개와 꼬리 한 개를 가지고 있어, 맞지? 그리고 그것은 이렇게 움직이네." 그는 오른손으로 바닥에서 뱀이 움직이는 모습을 흉내 냈다. "이것은 머리와 꼬리를 가진 정자가 난자를 수태시키기 위해 여성의 질을 타고 올라가는 방식이라네. 이제 이해가 되나? 뱀은 악마가 아니며, 마왕의 힘을 상징하는 것도 아니야. 그리스도께서도 비둘기처럼 순결하고 뱀처럼 현명해야 한다고 이르셨네. 뱀은 유혹하는 악마가 아니라 생명의 본질을 상징하고 있어. 그리고 한 가지 더 있지. 이브의 사과는 물질 지구를 상징할 뿐만 아니라, 미시우주의 차원에서는 여성의 난자를 상징하는 것이라네."

"창세기 신화는 영혼이 지상에서의 경험을 얻겠다는 일념으로 기꺼이 낙원을 떠나 물질우주로 들어가서, 종국에는 사랑하는 아버지의 궁전으로 돌아가는 탕자의 비유와 비슷하다네. 이제 내가 왜 반감을 갖고 그 그림들을 태웠는지 알겠나? 그것들은 생명의 본질과 존재, 그리고 인간과 신의 관계에 대한 잘못된 생각을 대변하고 그것을 영속화시키고 있었네."

"그러니까 당신은 예술이란 단지 심미적 감수성에만 주력할 게 아니라 사람들의 인식이 높은 차원으로 올라갈 수 있도록 돕는 역할을 해야 한다고 생각하시는군요."

"바로 그거야!"

나는 다스칼로스와 만난 적이 있고, 그의 그림을 검토한 적도 있는 메인대학의 동료 마이클 루이스 미학 교수와 다스칼로스의 그림에 대해 토론을 했었다. 그때 마이클은 다스칼로스의 작품은 심미적인 매력이나 기교적 정밀도를 기준으로 평가할 수 없는 것임을 지적했다. 마이클은 그 작품들은 오히려 높은 영적 경지에 있는 사람이 그것을 캔버스 위에다 표현하려 한 것이기 때문에 그 점을 높이 평가하고 소중히 여겨야 한다면서 이렇게 말했다.

'내가 겨우 단순한 문장이나 쓸 정도로 그리스어가 서툴다고 가정해보세요. 하지만 내가 다스칼로스나 들어갈 수 있는 초의식의 경지에 동조될 수 있다고 한다면, 나는 서툴고 부족한 어휘로 그것을 당신에게 이야기해줄 겁니다. 그것이 비록 제한적이고 서툰 설명이더라도 그 이면에는 깊은 경험과 내용이 있을 거예요. 반면, 특별한 영적 의식은 없지만 그리스어가 유창한 어떤 사람이 그런 경지를 표면상 보이는 대로 설명했다고 상상해보세요. 그것은 서툰 그리스어 설명에 비하면 아주 멋진 표현일 것입니다. 하지만 그런 달변으로도 전자의 설명과 같은 깊이 있는 내용을 담을 수는 없습니다. 이와 마찬가지로, 내게는 다스칼로스의 그림이 능숙한 표현은 아니더라도 통찰력 있는 영적 강렬함과 감수성을 담고 있는 것으로 보입니다.'

나는 다스칼로스를 만난 적도 없고, 내 사무실에 있는 커다란 그림이 다스칼로스가 그린 것이라는 사실도 알지 못하는 영국인 의학자이자 투시가인 페트로브나가 경이에 찬 눈으로 그 그림을 바라보던 모습을 결코 잊을 수 없다. 그녀는 그 그림이 백색의 광휘를 발산하고 있으며, 그녀에게 '다른 세계'로 들어가게끔 하는 자극을 준다고 주장했다. 나는 이를 다른 두 심령가의 반응과 비교해보았는데, 그들도 비슷한 반응을 보였다. 키프로스를 방문했을 때 나는 코스타스에게 이 사실을 말했다. 그는 다스칼로스의 그림에는 그의 진동과 염체가 들어 있기 때문에 가끔 부적의 기능도 한다고 설명했다.

"커피를 마실 시간이군." 다스칼로스가 말했다. 그는 붓을 빨고 손을 씻은 다음 물감이 많이 튄 작업복을 벗었다. "그런데 우리가 먼저 해야 할 중요한 일이 있네."

나는 그가 뭘 의미하는지 감이 안 잡혔다. 다스칼로스는 그림이 마르도록 현관 쪽에 내다 놓은 다음 무심한 말투로 몇 권의 책을 태우려는데 자기를 도와달라고 부탁했다.

"책을 태워요?" 나는 마치 코브라에게 물린 것처럼 펄쩍 뛰었다. 어쩌면 자신이 그렸던 그림들에 대한 이야기가 그의 마음속 깊이 잠자고 있었던 어떤 욕구를 표면에 드러나게 하는 신호탄이 된 건 아닌가 하는 생각이 스쳐 지나갔다. 정말 그는 그런 말도 안 되는 행동을 나에게 맡기려는 것일까? 신성한 금기를 위반하라고? 문득 나치의 책 태우는 장면이 떠올라 약간 오싹했다.

"그래요. 책. 교수님!" 내가 놀란 것을 알아차린 다스칼로스는 비꼬듯이 마지막 단어에 힘을 주었다.

"자네 여기 이 책들을 보게." 그는 피아노 위에 놓여 있는 두꺼운 표지의 낡고 칙칙한 책 몇 권을 가리키면서 말했다. "그것들이 사악한 문제를 얼마나 많이 일으켰는지 자네는 상상할 수 없을 걸세. 그게 이 책들을 태워야만 하는 이유야."

나는 그 책들을 집어들었다. 그것들은 손으로 정성들여 쓴 아랍어로 된 책이었다. 책 낱장은 오랜 세월을 반영하듯 누렇게 변색되어 있었다. 그것은 특정 주제에 관한 논문으로, 분량이 7백여 페이지에

달했다.
"이것은 흑마술에 관한 책들이라네." 다스칼로스가 심각하게 말했다. "그래서 이 책이 나쁜 사람들의 손에 들어가지 않도록 태워야만 하는 것일세. 이 책들을 이용해서 많은 사람들에게 수없는 고통을 주었던 이집트인 회교도가 며칠 전에 내게 가져온 것이라네."

다스칼로스는 유체이탈중에 이 이집트인 회교율법학자가 하는 짓을 보았다고 말했다. 그래서 다스칼로스는 강력한 심상화와 집중으로 그가 그 마법서를 가지고 자기 집으로 오게 만들었다. "이 친구는 키프로스에 와서 마법과 흑마술로 생계를 해결했다네. 나는 그에게 지금까지 벌어 모은 것들을 몽땅 싸들고 즉시 이집트로 돌아가라고 명령했네. 그는 내게 이 책들을 남기고 갔어. 자, 뜰에 나가서 이 책들을 태워버리세."

"이렇게 하는 것이 현명한 생각이라고 확신하세요, 다스칼레?" 나는 달필로 꼼꼼하게 쓰인 책장을 재빨리 넘기면서 약간 신경질적으로 물었다. 나는 그 책들이 출판되지 않은, 무슬림 문화 속의 마법에 관한 비밀스러운 정보로 꽉 차 있다는 것을 알았다. 어쩌면 거기에는 값을 매길 수 없을 만큼 귀중한 인류학적 자료가 담겨 있을 수도 있었다. 나는 그 책을 쓴 사람이 마법 수련과 필사(筆寫)에 수십 년까지는 아니더라도 최소 수년은 공을 들였을 거라고 확신했다. 나는 다스칼로스에게 그 책을 태우려는 결정을 다시 생각해보라고 간청했다.

"내가 자네에게 얘기했지, 키리아코" 다스칼로스가 참지 못하고 말했다. "이 자료들은 소크라테스의 대화편 같은 것이 아니라 태워버려야만 하는 사악하고 하찮은 것들이란 말일세. 많은 사람들이 이 책에 담긴 내용 때문에 고통받았어." 다스칼로스는 그것은 악마와 악령을 불러오는 방법에 관한 마법이며, 그래서 그것을 없애버리기로 결정했다고 설명했다.

다스칼로스는 나에게 자기가 휘발유와 성냥을 찾을 동안 네 권의 책 중 세 권을 뜰에 내다놓게 했다. 그는 그 가운데 맨 아래 놓인 책은 태우지 말라고 지시했다. 그것은 코란이었다.

"어떤 사람들은 이런 책들을 손에 넣기 위해 수천수만 파운드의 엄청난 돈을 내놓는다는 걸 상상할 수 있겠나?" 다스칼로스는 성냥으로 불을 붙여 휘발유에 적셔진 책들이 타오르게 했다. 그런 다음 그는 일어서서 기도를 중얼거리며 타고 있는 책들을 바라보았다. 그리고 손으로 내가 이해할 수 없는 상징적 동작을 취했다. 나중에 그는 일종의 퇴마 의식을 치렀다고 설명해주었다. 그 불과 기도는 마법서에 붙어 있는 사악한 염체를 태우는 방법이었다. 내가 목격한 광경이 다스칼로스의 관점에서는 책을 태우는 것이 아니라 치유를 위한 정화 의식이었던 것이다.

다스칼로스는 '학문적' 정보라면 결과와 상관없이 끌어 모으고 출판하기를 업으로 삼는 그런 학자가 아니었다. 그는 무엇보다도 이웃 인간들의 육체적, 심리적, 영적 건강과 행복에 관심을 기울이는 신유가였다. 다스칼로스가 봤을 때 그 책들은 이기적이고 독선적인 목적을 위해 흑마술을 행할 수 있는 마법을 담고 있기 때문에 사악한 것이었다. 그와 같은 지식이 유포되어서는 안 되는 것도 그 때문이었다. 반면, 결과적으로 인간이 치르게 될 대가와는 상관없이 지식을 위한 지식을 숭상하는 전통 속에서 교육받은 나는 손으로 촘촘하게 정성들여 쓴 책들이 불길에 휩싸여 있는 것을 바라보면서 마음이 심히 불편했다.

다스칼로스의 주관이 뚜렷한 단호한 행동은 나로 하여금 지식의 목적과 축적, 보급 등에 관한 내 오랜 신념을 다시 생각해보게 했다. 다스칼로스의 가치관에서 보면 지식의 축적이나 자연의 비밀을 밝히는 일은 그 지식이 파괴적인 목적에 사용되는 일이 없도록, 그 지식을 소유한 자의 영적 성숙과 병행되어야만 하는 것이다.

하지만 오늘날의 지식추구 과정에서 이런 문제는 대개 무시된다. 대학에서 우리는 지식 관리자의 영적 성숙을 확보하려는 노력은 없이 자연의 비밀만을 집요하게 캐내려 하고 있다. 지구의 과학자들은 아무런 생각 없이 경력과 돈과 명성만을 좇아 원자를 쪼개고, 치명적인 유독 물질로 상상하기도 힘든 변종을 만들어내고 5만 개도 넘는 핵탄두를 제조해서, 말세적 전쟁이 발발한다면 지구가 불타 없어질 지경으로 만들어놓았다.

어쩌면 대학에서도 아쉬람이나 라마교 사원, 영적 수행처 등에서 전통적으로 중시해온 인간적 자질이나 수행법 같은 것을 교육 과정에 포함시켜야 하지 않을까? 미래의 지식인들은 외부세계에 관한 지식을 축적할 기회를 얻음과 동시에 내면세계를 탐구하고 계발하도록 해야만 하지 않을까? 자연의 비밀을 접하는 과학자들은 적절한 명상 수련과 영적 수행을 통해 사랑과 자비와 초연한 마음을 키우도록 해야만 하지 않을까? 그리고 마지막으로, 지금과 같은 추세로 과학기술의 발달과 과학지식의 축적이 계속될 때 과연 인류는 살아남을 수 있을까? 이집트인 회교도의 마법서를 태운 재 앞에서 다스칼로스가 기도와 주문을 중얼거리는 것을 바라보면서, 내 마음속에서는 이런 생각과 의문들이 교차했다.

다스칼로스가 뜨거운 재 위에 한 양동이의 물을 부었다. "이제 커피 마실 시간이군." 그가 손을 비비면서 말했다. 우리는 거실로 들어갔고 다스칼로스는 아주 엷게 탄 커피를 천천히 음미했다. 홀에는 이미 그와의 상담을 원하는 사람들 몇 명이 차례를 기다리고 있었다.

6
Universal Memory

우주의 기억

"나는 염체가 작용해서 사고가 자주 일어나는 장소들을 알고 있네.
우리의 의무 중 하나는 그런 장소에 가서
이런 부정적인 염체들을 해체시키는 것이라네.
그 염체의 에너지와 상반되는 에너지를 만들어내면
염체 자체의 에너지는 중화되고,
그 형상은 우주의식 또는 우주의 기억이라고 부르는,
또는 사람들이 아카샤의 기록이라고 부르는 것 속으로 물러난다네.
그 염체의 형상은 비록 활동하지는 않지만
우주의 기억 속에 항상 남아 있을 것이네."

"사악한 행동이, 제멋대로 떠다니면서 악의 없는 사람들을 괴롭히는 악의 존재〔evil entity〕를 만들어낼 수 있나요?" 나는 미국에 있는 동료 하나가 다스칼로스에게 물어봐 달라고 부탁한 몇 가지 질문 중 하나를 읽었다. 나는 그녀의 질문이 이틀 전에 있었던 회교도의 마법서 소각 사건의 뒷마무리로서 알맞다고 생각했다.

"절대 아닐세." 다스칼로스가 단언하듯 말했다. "물론 사악한 성향을 가진 사람들에게는 그것이 영향을 미칠 수 있네. 하지만 순진한 사람들에게는 절대 아니야. 이제 자네는 무엇이 사악한 행동인지 묻고 싶겠지. 사악한 행동을 하기 위해서는 사악한 생각과 거기에 상응하는 감정을 가져야만 하네. 그것은 악한 행동을 실행에 옮기기 전에 이미 악을 만들어낸다는 것을 의미하네. 즉, 이미 사악한 행동을 끌어낼 수 있는 진동을 만들어낸 거야. 사악한 생각과 감정을 가질 때, 그에 상응하는 진동과 악의 형체가 만들어진다네. 그러니까 발산되는 사악한 에너지와 그 형체, 이 두 가지 조건을 만드는 것이지. 그 형체는 염체이고, 그것에 투사된 강도만큼의 에너지가 실리게 된다네. 흑마술사들은 특별한 형상의 염체를 만들고 그것을 에너지로 채우는 이런 일들을 하고 있어. 물론 증오와 원한을 가진 인간들도 끊임없이 그런 부정적인 염체를 만들어내고 있지. 그러니까 그들은 자신이 알든 모르든 그렇게 하고 있는 거라네. 대다수 사람들이 자신이 무엇을 창조하는지도 모르는 채로 이런 생각의 형상〔thought forms〕들을 만들어내는 것일세. 만일 자네가 투시가라면 사람들로부터 나오는 온갖 형상의 염체들을 볼 수 있을 걸세. 그 염체들은 다양한 크기와 갖가지 색깔의 뱀 및 영장류들과 곰 비슷한 동물, 그리고 심령이지계에는 여전히 존재하지만 거친 물질계에는 더이상 존재하지 않는 여러 가지 동물의 형상을 하고 있다네. 이 염체들은 같은 주파수로 진동하는 인간들에게는 해로워. 하지만 악이 악을 끌어당기는 것처럼 선은 선을 끌어당기는 것이라네. 악의 없는 순진한 사람들은 아무것도 두려워할 필요가 없어. 그런 사람들의 진동은 자네 친구가 '제멋대로 떠다니는 악의 존재'라고 불렀던 것의 진동과는 다르기 때문일세. 인간은 잠을 자거나 꿈을 꿀 때조차도 그런 염체들을 만들어낸다는 사실을 명심하게."

"어떻게 그럴 수 있지요?" 내가 물었다.

"잠자는 동안에는 욕망이 훨씬 강력해진다네. 일상사에 마음을 뺏기는 낮 시간보다 더 강한 힘을 갖게 되지. 밤에 잠이 들면 욕망이 표면 위로 떠오르고 현재인격은 고약한 꿈을 꾸면서 사악한 염체를 만들어낼 수가 있다네. 예컨대 어린 아이들의 악몽이나 가위눌림 같은 것도 이 때문이라고 볼 수 있지."

"제 책의 표지를 디자인했던 마이클이라는 친구는 책이나 영화, 그리고 예술작품들도 대개 이런 종류의 염체를 생성시킨다고 생각하던데요."

"머릿속에 생각으로 스쳐 지나가는 것은 무엇이든지, 어떤 심상(心像)이든 욕구든 모두가 염체를 만들어내고 있는 거라네. 내 지적해두겠는데, 염체는 심지어 책을 다 쓰기도 전에, 영화나 예술작품이 완성되기도 전에 만들어진다네. 이런 염체를 만들어내는 것은 인간의 생각과 감정이야. 예술품이나 보석이나 사진, 그림, 그리고 기타 물질적인 것들은 알게 모르게 이런 염체들에 의해 자화(磁化)될 수 있어. 우리가 사람들에게 도움을 줄 수 있는 부적을 만들어내는 것도 사실 이런 방법을 통해서라네. 좋은 생각의 에너지를 불어넣는 거지. 그렇게 해서 좋은 기운을 뿜어내는 부적을 만들 수 있는 거라네. 마찬가지로 어떤 물건의 소유와 관련하여 일으키는 질투나 증오 같은 부정적 감정은, 그 소유자에게 불행한 일들이 일어나게 할 수 있는 강력한 파괴적 염체를 그 물건에 스며들게 한다네. 알겠나? 물건들이 제 안에 염체를 가지고 있단 말일세."

"이것이 사이코메트리[31] 현상을 가능케 하는 건가요?"

"맞았어. 경험이 많은 스승들은 그 물건에 담긴 소유자의 의식에 주파수를 맞출 수 있고, 그 물건에 붙어 있는 모든 염체들과 접촉할 수 있네. 도서관이나 실험실에서 연구하는 학자들이 수십 년 동안 밝혀낼 수 없었던, 예컨대 고대의 조각상과 관련된 비밀 같은 것을 뛰어난 신비가가 조각상에 마음을 집중해서 밝혀낼 수 있는 것도 이 때문일세."

내가 덧붙였다. "같은 원리로 긍정적이거나 부정적인 염체의 에너지로 충전된 어떤 장소나 지역도 있을 수 있겠군요."

"그렇지. 예를 들자면 나는 염체가 작용해서 사고가 자주 일어나는 장소들을 알고 있네. 진리탐구자인 우리의 의무 중 하나는 그런 장소에 가서 이런 부정적인 염체들을 해체시키는 것이라네. 그것을 어떻게 하느냐고 묻겠지? 그 염체의 에너지와 상반되는 에너지를 만들어 냄으로써 그렇게 할 수 있어. 그러면 염체 자체의 에너지는 중화되고, 그 형상은 우주의식 또는 우주의 기억[32]이라고 부르는, 또는 사람들이 아카샤의 기록이라고 부르는 것 속으로 물러난다네. 전에도 말했듯이, 일단 창조된 염체는 결코 파괴될 수가 없네. 우리가 실제로 그런

---

31 사이코메트리(psychometry) : 투시능력의 일종. 어떤 물건에 닿거나 다가감으로써 그 소유자에 대한 사정을 꿰뚫을 수 있는 초능력. 미국의 J.R. 버캐넌이 제창한 용어. 한 실험 결과에 의하면 남자의 경우 10명 중 1명, 여자는 4명 중 1명이 이 능력을 보유하고 있다고 한다. (역주)

염체를 해체했을 때도 사실은 그것의 에너지를 해체한 것뿐이야. 그 염체의 형상은 비록 활동하지는 않지만 우주의 기억 속에 항상 남아 있을 것이네."

"이런 염체들의 에너지를 해체하기 위해서 그런 장소를 방문할 때 공격당할 위험은 없나요?" 내가 물었다.

"물론 있지. 하지만 그것들이 내게 해를 끼칠 수 있을까? 아닐세. 절대 끼칠 수 없어. 물론 이런 일은 유쾌하지는 않아. 이 염체들은 내가 누군가를 증오하거나 나쁜 감정을 갖거나 불평불만을 가질 때만 내게 해를 끼칠 수 있다네. 그러므로 진리탐구자들은 자신의 잠재의식에 있을 수 있는 부정적인 감정이나 생각을 깨끗이 순화하는 일에 매우 신경을 써야만 하네. 그렇지 않으면 그들 안에 있는 부정적인 에너지가 자신이 해체하려 하는 외부의 사악한 염체들을 끌어당길 것이네. 그래서 나는 그런 일을 하기 전에 항상 나 자신을 포함해서 같이 일하는 사람들 안에 부정적 감정의 기미가 없는지를 확실하게 점검한다네. 다시 말하자면, 가슴이 순수한 사람은 흑마술이나 사악한 주문, 악한 세력 등을 걱정할 필요가 없는 걸세."

"하지만 범죄나 역사적 원인에 의해 생겨난 사악한 염체로부터 완벽하게 보호될 수 있을 만큼 순수한 사람이 사실 얼마나 되겠어요? 그러한 염체들이 사악하지는 않지만 그다지 순수하지도 않은 보통 사람들을 공격할 수 있을까요? 예를 들어 우리는 사람들이 흉가라고 부르는 집에 살게 될 수도 있는데, 그곳에 쌓인 모종의 부정적인 에너

---

32 우주의 기억〔Universal Memory〕: 모든 차원에 있는 물질의 모든 입자에는 창조에 관한 모든 지식이 들어 있다. 어떤 하나의 동작이나 움직임, 생각, 느낌이라도 모조리 우주의 기억 안에 기록된다. 비전(秘傳) 문헌에서는 흔히 아카샤 기록이라고 부른다.

지 때문에 고생할 수도 있겠지요."

"옳은 얘기야. 하지만 어떤 고통을 겪든 간에, 그것은 우리가 내면에 쌓아놓은 부정적 에너지의 양과 강도에 비례하게 될 걸세. 한 가지 예를 들어보지. 나는 오랫동안 서로 싸워온 양치기들을 알고 있네. 그들은 서로 저주를 퍼부으면서 자신들의 생각과 행동으로, 자네 친구의 표현을 빌리자면 '제멋대로 떠다니는 악의 존재'를 만들어냈네. 그들이 싸움을 벌였던 그 지역의 자장은 하루 중 어떤 시간대가 되면 그런 염체들이 용이하게 표출되고 활성화되게 만드는 상태가 된다네. 이제 누군가에 대해 부정적인 감정을 가지고 있는 어떤 사람이 그 지역을 지나간다고 상상해보게. 그러면 양치기들이 만들어낸 염체가 그를 공격해서 고통을 줄 수도 있다네. 어느 정도로 고통을 줄까? 그 사람은 육체적인 통증이나 쇠약증, 신경증, 두통 등을 겪을 거야. 따라서 진리탐구자들과 보이지 않는 구원자들의 의무는 그런 염체들이 있는 곳을 찾아가 그것들을 해체하는 것, 즉 그 염체들의 에너지를 분해하고 현장에서 추방해버리는 일이야. 그래서 우리는 유체이탈을 통해 심령이지체로 그런 곳을 여행하며 늘 그런 일을 하고 있지. 그렇게 일하면 쉽게 많은 일을 할 수 있다네." 다스칼로스는 싱긋이 웃으며 말했다. "저쪽 세계에서 작업하는 것이 역시 더 효과적이야."

"왜 그게 더 쉬울까요?" 의아해하며 내가 물었다.

"왜냐하면, 몸 밖에서 일을 하고 있을 때는 이런 염체들을 해체할 수 있는 힘과 에너지를 더 강력하게 불러일으킬 수가 있거든."

"다음 질문은 뭔가?" 내가 질문 목록을 살피는 것을 기다렸다가 다스칼로스가 말했다.

"이번 질문은 예언에 관한 것입니다." 내가 말했다. "제 친구는 미래를 예언하는 것이 가능한지, 그리고 만일 그렇다면 인간의 자유는 가능한지 묻고 있어요."

다스칼로스는 미소 지으며 대답하기 시작했다. "진리탐구자로서 개인적인 경험을 근거로 말한다면, 미리 결정되는 것은 아무것도 없다네. 우리는 이 점을 여러 차례 얘기해왔어. 미래를 예언한다는 것은 개연성을 예견하는 것에 불과해. 어떤 일은 일어날 수도, 일어나지 않을 수도 있어. 그것은 과학자들이 현재의 사실과 경향에 근거해서 미래에 대한 합리적 예측을 하는 것과 동일한 방식으로 도출되는 것일세." 그러면서 그는 내가 여러 번 들었던 내용을 다시 말했다. 즉, 인간은 매 순간마다 미래의 역사를 다시 쓴다. 미래는 열려 있는 의문이다. 그 이유는 인간은 자유롭게 염체를 만들어낼 수 있고, 그것이 미래의 성질을 결정할 것이기 때문이다. 그러므로 누군가가 미래에 무슨 일이 일어날지를 예언할 때, 실제로 그 사람은 지금까지 생겨난 염체의 현재 상황을 근거로 향후 전개될 사건들을 '보는' 것이다. 하지만 인간에게는 예언을 파기시킬 수 있는 새로운 염체를 만들어낼 자유가 있다.

"나는 개인적으로 카르마가 정확히 예견될 수 있다는 것을 믿지 않네. 길어야 2~3일 정도의 아주 짧은 기간이라면 몰라도 말일세."

"그건 왜 그렇죠?" 내가 물었다.

"그렇게 짧은 기간인 경우에는 카르마의 힘이 충분히 성숙되어 있기 때문에 어떤 것도 사건의 전개를 바꿀 수가 없다네."

"좀더 구체적으로 설명해주실 수 있나요?" 내가 요청했다. "개인적인 경험에서 나온 특별한 사례를 말씀해주시면 좋겠는데요."

다스칼로스는 잠깐 동안 깊이 생각한 뒤 이야기를 시작했다.

"여러 해 전 어느 날, 나는 일어나서 출근 준비를 하고 있었네. 아침 6시 30분경이었는데, 난 양말을 신고 잠시 침대에 앉아 있었어. 물론 완전히 깨어 있었지. 그런데 갑자기 어떤 장면이 보이는 것이었네. 나는 정부 인쇄소의 식자기술자로 일하고 있었는데, 내가 사무실 근처에 서 있더군. 나는 시청 시계탑 오른편에서 자전거에서 내린 뒤 정부청사 근처의 유칼립투스 나무숲을 지나서 걸어가려던 참이었지. 그 순간 간이수레를 밀고 가는 한 남자가 똑똑히 보였네. 그의 얼굴에 있는 흉터까지 알아차릴 수 있었지. 그가 밀고 있던 수레에는 유리 덮개가 있었어. 그는 코울로리아(막대모양 비스킷 같은 빵과자)와 치즈를 파는 사람이었는데, 시계탑 밑에 다다르자 큰 소리로 손님을 부르기 시작했네.

'신선하고 따뜻한 코울로리아가 있습니다……' 그때 나는 반대 방향에서 또다른 남자가 자전거를 타고 오고 있는 걸 보았네. 그는 코울로리아를 팔고 있는 남자에게 다가가더니 자전거에서 내려 고함을 지르기 시작했어.

'드디어 찾았구나. 이 개자식!'

'너야말로 개자식이야.' 그 남자도 맞고함을 질렀고, 이내 소란한 싸움이 시작됐다네. 자전거를 탄 사람이 수레를 걷어차자 수레가 옆으로 엎어지면서 유리는 산산조각이 났고 코울로리아와 치즈도 모두 아스팔트 위에 나뒹굴었네. 분노한 행상인은 커다란 식칼을 움켜쥐고 상대를 덮치려고 했네. 그러자 현장 가까이에 있던 정부청사 직원이 뛰어가서 '오 하느님! 당신 미쳤어? 사람 죽이려는 거야?' 하고 고함을 지르면서 그 행상의 팔을 꽉 붙잡았네.

'저 개자식을 죽여야겠소.'

그러자 상대가 소리쳤네. '저놈이 내게 하는 짓 좀 보시오.' 그러면서 그 남자는 자전거를 타고 황급히 도망가버렸네. 환시는 거기서 멈췄고 나는 고개를 설레설레 흔들면서 웃었어. 아침 6시 반에 옷을 입고 있는데 왜 그런 광경이 보였는지 난 정말 이해할 수가 없었다네.

약 20분 후 나는 자전거를 타고 출근했어. 환시에 보였던 그 지점에 이르러 자전거에서 내렸는데, 눈앞에는 30분 전에 봤던 것과 똑같은 상황이 실제로 펼쳐지고 있었네. 얼굴에 흉터가 있는 그 행상을 보았고, 따뜻한 코울로리아를 사라고 외치고 있는 목 쉰 소리도 들었어. 그다음 자전거를 타고 온 남자가 환시로 보았던 것과 똑같은 옷을 입고 똑같은 행동을 하는 것도 보았지. 나는 그 광경을 바라보면서 다음에 무슨 일이 일어날지를 정확히 알았네. 상황을 바꾸기는 사실상 불가능할 정도로 카르마의 힘이 무르익었기 때문에 그걸 정확히 알 수 있었던 걸세. 나는 그 장면을 바라보면서 싸움에 끼어들어서 행상의 손을 붙잡은 사람이 누군지 궁금했네. 환시 속에서는 그것을 자세히 못 봤거든. 그런데 그것이 내가 아는 사람이라는 것을 발견했다네. 그래서 '아, 그 사람이 콘스탄티니데스였구나' 하고 혼자 중얼거렸지. 물론, 내가 그 환시 속에서 자세한 부분까지 눈여겨 살폈더라면 나는 그 사람을 알아봤을 거야. 그때 경찰이 왔고 나는 내 사무실로 갔다네."

"그 광경을 환시했을 때 당신은 완전한 의식 상태였나요?" 내가 물었다.

"물론이지." 다스칼로스가 대답했다. "아까 말했듯이 나는 양말을 신고 있던 중이었다네."

"인간이 한두 시간 안에 일어날 사건들을 예견할 수 있는 능력을 가지고 있다면, 이를테면 한 세기 뒤에 무슨 일이 일어날지는 예측할 수 없을까요?" 내가 물었다.

"예측할 수 없어." 다스칼로스가 단언했다.

"그렇다면, 많은 책에 실려 있는 노스트라다무스의 예언과 같은 것들을 말 그대로 받아들여서는 안 되겠군요."

"앞서 말한 것처럼, 내 개인적 경험에 근거해볼 때 사흘을 넘는 앞날의 예언은 개연성 이상의 아무것도 아닐세."

"요한계시록은 어떤가요?"

"그것도 모두 개연성이야." 다스칼로스가 다시 강조했다. "어떤 일들이 일어날 수도 있는…… 즉 일어날 법한 개연성이 그 안에 있는 것이네. 하지만 인간들은 자유의지를 갖고 있어. 카르마를 만들어내는 자유의지 말일세. 그리고 어떤 순간이든 이 자유의지가 개입해서 카르마의 방향을 바꿀 수 있네. 그래서 소위 예언이라는 것은 이루어질 수도 있고, 안 이루어질 수도 있는 것일세."

"이 원리가 개인에게는 유효하지만, 전체 사회나 역사적 상황에는 해당되지 않겠지요?" 내가 더 캐물었다. "인간은 자유의지를 가지고 있어서 그렇지만, 역사적 상황 구조는 좀 다를 것 같은데요."

"다수의 개인들이 의식을 바꾸면, 그들의 국가적 또는 집단적 카르마 역시 바뀔 수가 있다네." 다스칼로스가 대답했다.

"물론, 개연성에도 정도의 차이가 있겠지요. 만일 한 예언가가 현재의 카르마적 상황을 바탕으로, 90퍼센트 일어날 가능성이 있는 미래의 사건을 예견할 수 있다면, 그것은 개연성이 오직 10퍼센트밖에 안 되는 경우와는 큰 차이가 날 거라고 보는데요."

"맞는 얘기야." 다스칼로스가 동의했다.

"예언된 사건이 일어날 수 있는 개연성의 정도를 결정하는 것은 무엇인가요?"

"그 사건과 연관돼 있는 염체의 강도와 에너지, 그리고 힘이라네. 염체의 에너지가 크면 클수록 사건이 일어날 수 있는 개연성도 더 커지는 것일세. 나는 개인적으로 어떠한 예언도 반대하고 있는데, 특히 어쩌면 일어날 수도 있는 무서운 사건들에 대한 예언은 더욱 반대한다네." 다스칼로스는 길흉판단을 하는 점(占)에 대한 반대의사를 강조하기 위해 오른손을 들어올리면서 말했다.

"왜요?"

"예언을 하면 그 염체에 에너지를 불어넣어 사건이 일어날 가능성을 높여놓기 때문이라네. 심지어는 엉터리 예언도 그 일을 일으킬 수 있을 정도의 힘과 에너지를 지닌 새로운 염체를 만들어낼 수도 있다네."

"바꿔 말하면, 예언이 스스로 이루어지는 거로군요."

"맞았어. 사람들이 그 예언을 믿고 그 예언의 염체를 잠재의식에 새기기 시작하면 이런 일이 일어나는 거라네."

"이런 현상은 사회학에서도 인정되고 있어요." 내가 지적했다. "하지만 사회학자들은 그것을 염체의 작용이라고 말하지는 않지요. 예컨대, 미국의 사회학자인 토마스(W.I. Thomas)는 현실에 대한 그릇된 정의가 결과적으로는 사실이 된다고 지적했어요."

다스칼로스가 고개를 끄덕였다. "맞아. 사람들이 일단 믿음을 가지면 에너지를 얻는 것이 염체일세. 그런 염체에 에너지가 많이 주입될수록 그것이 이루어질 가능성이 높아지지. 그런데 명심해두게. 우리가 얘기할 수 있는 것은 확실성이 아닌 개연성이고, 개인과 집단의 카르마는 어떤 순간에도 바뀔 수 있다는 걸 말일세. 이것이 인간의 자유의 본질이야."

다스칼로스는 그렇게 말하면서, 일찍이 그가 지적했던 구약성서의 한 부분을 다시 상기시켰다. 예언자 요나는 주민들이 쌓아올린 죄악 때문에 니네베가 신에 의해 멸망할 것이라고 예언했다. 하지만 니네베 주민들은 뉘우쳤고 도시는 재앙을 면할 수 있었다. 주민들은 마지막 순간에 의식을 바꾸었고 도시는 멸망하지 않은 것이다. "신의 마음을 바꾸었던 건 신이 아니라 의식을 전환시켜 자신들의 카르마를 바꾼 주민들 자신이었네. 그것이 니네베가 멸망하지 않은 이유였어."

"하지만 요나의 계시는 진실이었겠죠."

"물론 그럴 거야."

"그러니까, 만일 그들이 집단의식을 바꾸지 않았다면 니네베는 멸망했겠지요."

"당연히 그랬겠지." 다스칼로스가 대답했다. "하지만 그들은 바꾸고자 하는 자유의지를 가졌고, 그것을 실천에 옮겼어. 새로운 원인으로 새로운 결과를 얻은 것이라네."

"다스칼레, 당신이 30분 후 일어날 일을 미리 보았던 그 환시와 연관시켜볼 때, 적어도 이론적으로는 카르마가 마지막 순간에라도 바뀔 수 있다고 볼 수는 없을까요?"

다스칼로스가 웃으면서 대꾸했다. "하지만 내가 그 장면을 환시했을 때는 그 첫번째 사람은 이미 수레를 밀고 가기 시작했고, 또다른 사람은 이미 자전거를 타고 있었네. 그 상황을 바꿀 수 있는 것은 아무것도 없다고 믿을 정도로 카르마의 힘이 무르익어 있었던 걸세."

"당신은 무엇 때문에 그 환시를 경험하게 됐을까요?"

"글쎄, 누가 그 이유를 알 수 있겠나? 내가 이 차원에서 잠시 후 그것을 경험할 것이기 때문에 미리 본 것일까? 아니면 더 높은 힘이 내게 준 교훈이었을까?"

"당신이 하신 그 경험은 유체이탈 형식으로 이루어졌나요?"

"아닐세. 나는 몸 밖에 있지 않았어. 내 의식은 내 침대, 바로 거기에 있었지. 나는 양말을 신고 있었고 일하러 나갈 준비를 하고 있었다네. 그보다 그것은 일종의 투사[33]였어. 그 환시가 진행되는 동안 내 의식은 침대와 시청 시계탑 근처 양쪽에 다 있었네. 투시력이 생기면 이런 종류의 경험을 수시로 하게 된다네."

잠시 말을 멈췄다가 다스칼로스는 미래사건의 예견과 관련된 또다른 경험을 이야기했다.

"아주 여러 해 전, 그러니까 2차 세계대전 초기 무렵의 어느 날, 내 삼촌이 라디오로 베르디의 〈아이다〉를 들으며 저녁 시간을 함께 보내자고 우리 가족을 초대했었네. 삼촌은 내게 특별한 메시지를 보내셨어. '스피로, 네가 이 프로그램에 관심이 많다는 걸 알고 있다. 꼭 오도록 해라.' 나는 정말 그 오페라를 듣고 싶어서 기대가 컸었네. 그 전에 한 번 베르디의 〈아이다〉를 듣고 그것에 완전히 매료됐었거든.

내 기억에 그날은 크리스마스 다음다음 날이었고 비가 내리고 있었어. 우리 삼촌 집은 도시 성벽 바깥쪽의 베이락타레스 근처에 있었다네. 우리가 그 프로그램을 듣기 위해 자리를 잡으려고 하는 순간, 나

---

33 투사(projection): 심령이지체는 움직이지 않고 의식의 일부만 다른 장소로 뻗쳐가는 현상. (역주)

는 내 안에서 이런 소리를 들었네.
'일어나서 가라!'
'하지만 어디로?' 내가 물었지.
'가라!' 그 목소리가 다시 들렸네. 나는 일어나서 레인코트를 입고 떠날 준비를 했지.
'이 빗속에 어디를 가려고 그래?' 내 숙모가 깜짝 놀라서 물었어. 나는 그 목소리를 또다시 들었네. '가라!'
방의 저쪽 편에 계시던 삼촌이 물으셨네. '너 〈아이다〉를 들으려고 오지 않았니? 그런데 왜 가려고 해?'
'저도 모르겠어요. 삼촌, 느낌이 안 좋아요.'
실제로 나는 느낌이 아주 좋지 않았다네. 그래서 바로 빗속을 뚫고 집을 향해 걸어가기 시작했네. 그때 우리는 판테온 거리에 살고 있었어. 하지만 그 목소리는 1마일 넘게 돌아가는 길을 따라가라고 나를 재촉하고 있었다네. 나는 해자 쪽으로 걸어내려 갔어. 그다음 구시가지 안쪽의 성벽 반대편으로 가기 위해 걸어올라갔네. 객관적으로 봤을 때, 비까지 오고 있는데 집으로 가기 위해 그 길을 따라가는 것은 말이 안 되는 일이었지.
'주여, 불쌍히 여기소서.' 내가 혼자 중얼거렸어. '저는 이 상황을 이해하지 못하겠습니다.' 나는 그때 젊었었고 상대적으로 경험도 적었네. 하지만 나는 그 지시가 아무런 느낌을 자아내지 못함에도 불구하고 그대로 따랐어.
그렇게 걸어가다가 나는 시청에서 멀지 않은 곳의 아스팔트 길 위 물웅덩이에 엎어져 있는 술 취한 영국 군인을 발견했네."
다스칼로스는 그 술 취한 군인이 냈던 소리를 흉내 냈다.

"'그를 보도로 끌어내라.' 나는 이렇게 지시하는 내면의 소리를 들었고, 몸을 굽혀서 온 힘을 다해 그를 끌어내리고 했지.

'이 바보 같은 놈' 술 취한 군인은 투덜대면서 주먹으로 나를 한 방 먹이려고 하다가 오히려 젖은 아스팔트 위에 얼굴이 처박혀버렸어. 그는 몸을 가누지 못할 정도로 취해 있어서 혼자 걷게 할 수가 없었네. 그때 그를 빨리 보도로 끌어내라고 재촉하는 소리가 다시 들렸어. 나는 죽을힘을 다해서 그를 도로에서 떨어진 인도로 끌어다 놓았다네. 여전히 비가 내리고 있었지. 그 군인은 비에 흠뻑 젖어 있었고 나도 레인코트에 비가 스며들면서 몸이 젖는 것을 느꼈네. 내가 그 군인을 길에서 끌어낸 순간, 트럭이 붕 소리를 내면서 우리 옆을 지나갔다네. 그제야 나는 '이제 알겠군' 하고 혼잣말을 했어. 만일 그가 길 위에 그대로 누워 있었다면 틀림없이 트럭에 치여 죽었을 것이네. 그곳은 급커브 길이었기 때문에, 12월의 비 오는 밤에 운전수가 아스팔트 길 위에 누워 있는 남자를 알아보기는 힘들었거든.

운전수는 지나가다가 우리를 알아차리고 급정거하더니 트럭을 후진시켜 우리 옆에 세웠다네. 운전수는 내려서 우리에게 다가왔어. 그는 술 취한 사람이 누구인지를 알아보았고, 그에게 소리를 지르면서 스스로 걷게 하려고 무척 애를 썼지만 허사였네. 그는 내가 누구며 어떻게 된 일인지를 물어보았어. 운전수는 매우 슬퍼보였네. '선생님, 연락처를 좀 알려주십시오.' 그는 영어로 물어보았고 나는 주소를 알려줬지. 트럭에서 다른 두 사람이 내려서 그 술 취한 사람을 차에 싣는 걸 도왔어. '안됐군, 가엾은 친구.' 나는 혼자 중얼거리면서 그가 군법회의에 회부될 게 확실하다고 생각했네.

나흘 후 밤중에, 누군가가 우리 집 현관문을 두드렸어. 문을 열었더니 그 운전수가 서 있었지. 그는 내가 길 바깥으로 끌어냈던 그 군인을 데리고 왔더군. 내가 구해주었던 그 친구는 초췌한 모습으로 머리를 숙이고 있었어. 그는 우울하고 불행해보였네.

'선생님' 운전수가 말했어. '이 사람의 생명을 구해주셔서 감사합니다. 이 사람은 제 친구입니다. 런던에 폭탄이 떨어져서 그의 부모님과 아내가 죽었습니다. 그래서 그날 밤 술을 마시고 그렇게 된 것입니다. 하지만 그의 아이는 여동생과 함께 다른 도시에 있어서 무사했습니다.'

만일 내가 내면에서 들리는 목소리에 귀 기울이지 않고 베르디의 〈아이다〉를 감상하고 있었다면, 그 영국 군인은 친구가 모는 차에 치여 죽었겠지. 신의 보살핌은 신비로운 방법으로 작용한다네."

다스칼로스는 잠시 침묵했다가 다시 입을 열었다. "나는 평생 그와 같은 경험을 많이 했네. 내가 봉사를 할 수 있도록 어떤 목소리가 나를 특정한 장소로 인도하곤 한다네." 그러면서 그는 또다른 사례를 얘기했다.

그가 판테온가의 자기 집에 있을 때, 그는 판사이프라이언 김나지움과 대교구가 있는 지역으로 가라고 명령하는 목소리를 들었다. "이번에도 말이 안 된다는 생각이 들었네. 서재에 편안히 앉아 있다가 무엇 때문에 뚜렷한 이유도 없이 김나지움을 향해 걸어가야만 하겠나?"

당시는 1950년대, 반식민주의 소요가 절정에 달해 있을 때였다. 김나지움의 학생들은 폭동을 일으켰고 영국 군인들과 충돌했다. 그 목소리는 다스칼로스를 김나지움 옆 골목길로 이끌었고, 그곳에서 그는 길바닥에 피를 흘리며 의식을 잃고 쓰러져 있는 10대 소년을 발견했다. 지나가던 사람의 도움을 받아 다스칼로스는 그를 충돌 현장에서 떨어진 곳으로 데려갔고, 응급처치를 통해 의식을 회복하게 했다. 훗날 그 소년은 영국에서 교육을 받고 키프로스의 가장 탁월한 법률가 중 한 사람이 되었다.

"그런 장소에 가서 봉사하도록 지시하는 자가 누구라고 생각하세요?"

"나도 모르네. 하지만 알아두게, 앞으로 일어날 일을 다른 차원에서 미리 볼 수 있는 존재들이 있다네. 그러니까 카르마가 허용한다면, 그들은 자신들과 소통할 수 있고 특별한 메시지를 전할 수 있는, 비슷한 진동과 빛을 가진 사람을 찾으려고 할 것이네. 이런 일이 방금 얘기했던 경우에 내게 일어났던 게야."

다스칼로스의 집에서 나온 후, 나는 베네치아식 담벼락 안쪽의 구시가를 향해 먼 길을 걸어갔다. 작은 가게들과 중세 교회들, 그리고 역사적 유적이 있는 구 니코시아의 좁은 거리를 따라 걷는 것은 즐거운 일이었다.

개발이 무질서하게 진행되고 있는 도시의 다른 지역과 달리 구 니코시아는 산업화 이전의 상태를 보존하고 있었는데, 이는 즉각적인 단속이 이루어진 데다 그리스-터키 간의 민족분쟁으로 인해 개발자들이 그린라인을 기피했기 때문에 가능했던 일이다. 얄궂게도 두 민족 간의 비극적 상황 덕분에 옛 도시의 분위기와 진면목이 보존될 수 있었던 것이다.

자동차가 다니지 않아 상대적으로 한적한 좁은 길을 따라 걷는 동안 금속세공인과 목수들의 작은 가게에서 흘러나오는 소리를 들으면서 나는 시간과 예언, 그리고 카르마의 본질에 대해 다스칼로스와 나눴던 대화를 곰곰이 되씹어보았다. 다스칼로스는 자신의 경험적 탐구에 근거하여, 과학적 연구자들이 예지(豫知)라고 부르는 것의 본질에 대해 설명했다.

실제로 몇몇 심령가들이 미래의 사건을 사실상 '예견'하는 능력을 지니고 있음을 입증한 연구들이 있다. 예컨대, 물리학자인 러셀 타그(Russel Targ)와 헤럴드 푸쏘프(Harald Puthoff)는 그들이 연구한 심령가들이, 실험자 한 사람이 마을 안을 제멋대로 운전해 다니다가 맘 내키는 대로 차를 세우게 될 장소를 예견할 수 있다는 사실을 입증했다. 이들을 비롯해 많은 연구자들이 파헤치고자 하는 중요한 문제는 인간의 자유의지에 관한 것이다. 만일 미래가 예언될 수 있다면, 어떻게 인간이 자신의 선택에 책임을 져야 한다고 할 수 있겠는가? 미래가 이미 다 결정되어 있는 것이라면 인간의 자유를 어찌 논할 수가 있겠는가?

다스칼로스는 자기 세계관의 틀 안에서, 그리고 자신의 경험에서 우러나온 지식을 바탕으로 이 문제에 대한 합리적인 해답을 갖고 있었다. 즉 아주 짧은 기간 안에 벌어질 일은 카르마가 성숙되었기 때문에 예측될 수 있다. 하지만 장기에 걸친 예언은 불가능하다. 인간은 시간이 주어지면 예측된 사건의 전개를 바꿔놓을 염체를 만들어낼 수 있기 때문이다. 즉, 인간은 궁극적으로 자신의 운명을 자유롭게 만들어낼 수 있는 것이다. 사실상 예지에 대한 모든 실험적 연구는 몇 분 내지는 몇 시간 내에 일어날 사건의 예지에 국한되어 있다. 몇 세기는 말할 것도 없고, 몇 달, 또는 몇 년을 넘어가는 예지를 다룬 그런 연구는 결코 없다.

요하난의 가르침 속에 나오는 계시나 미래 예언에 있어서 헷갈리는 마지막 부분은, 코스타스의 리마솔 모임에서 그가 주관한 토론을 통해 풀렸다.

다스칼로스를 만난 지 이틀 뒤인 월요일 오후에 나는 코스타스의 학생 및 추종자들이 매주 함께하는 모임에 참석하기 위해 리마솔로 차를 몰았다. 나는 보통 담소를 나누고 싶으면 코스타스의 집을 먼저 찾았다. 하지만, 그날 그는 심각한 심리적 문제를 겪고 있는 한 남자로 인해 매우 바빴다. 그 남자는 에레브나의 회원은 아니었는데, 어떤 다른 그룹에 참여했다가 코스타스가 위험시하는 명상 연습을 적절한 안내자도 없이 해버렸다는 것이었다. 그 결과 태양신경총에 있는 차크라가 본인이 그 상황을 주체하지 못하는 가운데 '열려버렸다'는 것이 코스타스의 설명이었다. 즉 그의 쿤달리니 에너지가 걷잡을 수 없이 척추 위아래로 움직이기 시작했다는 것이다. 이에 따라 그전까지 평범하고 정상적인 공무원이었던 이 남성은 환각에 빠지기 시작하고 집중력을 잃게 됐으며, 결국 직업을 잃고 정신병원에 들어가야 할 상황에 처한 것이다.

코스타스는 낮은 차원의 악마적 염체가 그의 태양신경총 차크라가 열린 것을 발견하고 그것을 공격해서 점령해버렸다고 설명했다.

바로 이 같은 경우 때문에 코스타스는 경험이 없는 회원들에게 심령능력을 얻기 위해 잠재의식을 가지고 실험을 하지 말라고 누차 경고했었다. 코스타스는 그런 실험보다는 잠재의식 속에 있는 부정적 염체의 정화와 영적 의식 계발이 더 중요하다고 말하면서, 심령능력은 의식의 각성과 병행해서 계발되어야만 한다고 재차 강조했다. 심령능력은 진리탐구자가 그 힘을 통제할 수 있고 그것을 오직 치유 목적으로 사용할 수 있는 위치에 섰을 때만 계발되어야 한다는 것이다.

이번 주 월요일 코스타스 강의의 주제는 우주의 기억〔Universal Memory〕이었다. 그는 우리가 생각할 수 있고 행할 수 있는 것은 무엇이나 이 우주기억 또는 우주 잠재의식에 기록되며, 우리가 자신의 잠재의식이라고 여기는 것도 사실은 이 우주기억 결합체의 한 부분이라고 말했다. 그러므로 무엇을 발견한다는 것은 사실은 영원 속에서 이미 '발견되어 있는' 지식을 사람들 앞에 가져오는 것이라는 설명이었다.

약 20분 정도의 공식적인 강의를 끝내고, 몇 가지 정신집중 연습을 마친 후, 코스타스는 토론 마당을 열었다.

코스타스는 한 질문에 대한 답변으로서, 사람의 잠재의식으로부터 나오는 상상에 그의 의식이 끼어들지 않을 수만 있다면 그 상상이야말로 하나의 실재〔a reality〕를 낱낱이 세밀하게 표현한 것이 되리라고 말했다.

"우리는 아주 어려운 문제를 다루려고 합니다." 그 자리에 참석한 쉰 명쯤 되는 제자들의 호기심어린 눈을 의식하면서 그는 미소 지었다.

"사람의 현재 의식 상태가 잠재의식으로부터 나오는 공상이나 상상에 끼어들어서 그것을 왜곡시키지만 않는다면 그는 있는 그대로의 실재를 표현해낼 수 있을 것입니다. 여기서 내가 '실재'라고 말할 때, 그것은 낱낱의 세세한 내용을 다 포함합니다."

"한 가지 예를 들어주실 수 있나요?" 삼십대로 보이는 한 여성이 물었다.

"공상과학소설을 쓰는 작가의 경우를 생각해봅시다. 일반적으로 말하면, 그들이 쓰는 공상소설은 감추어진 실재의 산물입니다. 그것은 작가의 잠재의식에서 나옵니다. 하지만 그것은 그 작가의 의식과 각성의 상태를 통해 걸러집니다."

"작가의 의식 상태가 본인의 잠재의식에서 나오는 진정한 실재를 왜곡하는 거울이지요." 내가 자진해서 말했다.

"정확합니다." 코스타스가 대답했다. "그 사실을 알고 있는 사람은 이러한 방해 작용을 간파할 수 있습니다. 하지만 기억해두세요. 이러한 방해 작용의 뒤에는 실재(the real)에 바탕을 둔 원인이 있다는 것을요. 어떤 것도 무(無)에서 창조될 수 없다는 것을 명심하세요."

코스타스는 우리가 자신의 잠재의식 속으로 뚫고 들어갈 수 있는 만큼 실재의 정보에 더 가깝게 근접해간다고 했다. 그런데 우리의 잠재의식은 또 그 자체가 우주의 잠재의식 속에 뿌리를 두고 있다는 것이다. "사실은 '나의 잠재의식', '너의 잠재의식'이 따로 있는 것이 아닙니다. 왜냐하면 우주의 보편적 잠재의식은 모든 우주와 세계, 그리고 창조의 모든 차원에 있는 물질의 모든 원자와 세포와 입자 안에 깃들어 있기 때문입니다. 따라서 시공간 속의 어떤 움직임이나 행위가 특정한 행성에 살고 있는 사람의 잠재의식에서 나오도록 하기 위해서 꼭 그 행성에서 그 움직임이나 행위가 일어나야 할 필요는 없습니다."

"좀더 구체적으로 설명해보겠습니다." 코스타스가 청중 가운데 몇몇이 이 추상적인 말을 이해하는 데 어려움을 느끼고 있다는 것을 감지한 듯 설명을 계속했다.

"지난 세기 프랑스의 공상과학소설 작가인 쥘 베른(Jules Verne)은 달에 착륙한 인간과 잠수함을 타고 바다 속 심연으로 여행하는 인간에 대한 소설을 썼습니다. 그 당시 사람들은 그 이야기를 판타지

소설이나 동화 정도로만 생각했겠지요. 하지만 사실 쥘 베른은 우주 기억 속으로부터 하나의 실재를 표면으로 부각시킨 것입니다."

"하지만 쥘 베른은 앉아서 자기가 쓰고자 한 것을 썼어요. 그의 작품은 저절로 나온 게 아니에요. 그는 그 작품을 쓰기 전에 그런 일들을 생각했어요." 누군가가 지적했다.

"당연하지요. 그의 잠재의식에서 나오는 것을 여과한 것은 그의 의식 상태지요. 어린아이들을 포함한 모든 인간이 공상이나 상상으로 표현하는 것은 무엇이든 그 배후의 실재로부터 나옵니다. 이 실재가 표현될 때 왜곡되는 정도는 모든 것이 기록되어 있는 우주의 기억 창고를 두드리는 사람의 의식 상태와 각성의 수준에 달려 있습니다."

"코스타, 우주의 기억이 실제로 무엇을 의미하는지를 좀더 명확히 설명해줄 수 있겠어요?" 한 나이 든 부인이 물었다.

"우주기억이란 모든 것이 그 위에 기록되는 바탕입니다. 그것은 우주 속의 낱낱의 움직임이 모두 각인되는 우주 창고입니다."

"그러면, 쥘 베른은 예컨대 어떤 우주기억으로부터 과학 판타지를 꺼냈나요?" 그녀가 다시 물었다.

"'어떤 우주기억'이 따로 있는 건 아니에요." 코스타스가 그녀의 말을 정정했다. "오직 하나의 우주기억이 있을 뿐입니다."

"그러면 그 사람은 자신의 전생으로부터 그 지식을 꺼냈나요?" 그녀가 다시 한 번 물었다.

"아니에요. 그럴 필요가 없어요. 시공간 속에서 어떤 하나의 움직임이 일어나는 바로 그 순간부터 그것은 전체 창조계 안에 있는 모든 입자와 모든 세포와 모든 원자의 마음에 새겨집니다. 이것이 우주기억이에요." 그리고 코스타스는 다음과 같이 설명했다. "우주 안에서 수백만 번, 수억 번, 또는 무한히 일어났던 일들이 모조리 우주기억 속에 기록됩니다. 그것들은 항상 거기에 있어요."

"'영원한 현재'라는 말의 뜻이 여기서 나온 것이로군요." 내가 말했다.

다른 사람이 덧붙였다. "바꾸어 말해서 코스타, 예를 들어 레이저와 같은 모든 발명품은 항상 존재해왔고, 우주기억 속에 이미 발견되어 있었던 거네요. 그러니까, 발견이나 발명을 할 때 사실은 누군가가 우주의 기억을 두드려서 영원 속에 이미 존재하고 있는 어떤 것을 발견하는 것이군요."

"그래요! 우주 안에서 이미 발견되어 있지 않은 것은 아무것도 없습니다. 영원한 우주의 정적(靜的) 상태〔static condition〕속에서는 모든 것이 언제나 완벽합니다. 바꾸어 말해서, 절대자나 신이 자기 내면에서 명상하고 있지 않았던 적은 단 한 순간도 없었기 때문에, 불완전한 시작이란 애초에 없었습니다."

"우리는 지구라는 행성에 등장한 그리스도 로고스를 이러한 맥락에서 이해해야만 합니다." 이렇게 말하면서 코스타스는 그리스도 로고스가 지구행성에 모습을 드러낸 것은 언제라고 생각하느냐는 수사적인 질문을 던진 다음, 스스로 답변을 이어나갔다. "우주 속의 로고스[34]의 표현은 절대자의 정적 상태 속에 존재합니다. 로고스는 어떤 문명이나

---

34 로고스(Logos) : 자아의식과 자유의지를 가능케 하는 절대자의 부분. 절대자의 또다른 부분인 성령은 창조 자체를 가능하게 하는 절대자의 역동적 힘을 나타낸다. 영원한 존재인 인간은 로고스적이며 성령적이기 때문에 자아의식을 가지고 있다. 반면, 동물은 단지 성령적일 뿐이어서 자아의식이 없다. 그리스도 로고스인 예수는 절대자의 로고스적 속성을 가장 완벽하게 드러낸 존재로 대표된다. 인간이 영적으로 높이 진화할수록 자신의 로고스적인 부분도 더욱 두드러진다.

행성에서 인간의 의식이 로고스의 현현을 가능하게 하고 의미 있게 만들 만한 수준에 도달하는 시점에 비로소 자신을 드러냅니다."

코스타스는 예수 그리스도가 과거 짐승 같았던 우리의 무의식 상태와 테오시스 같은 초의식 상태 사이의 중간 지점에 지구에 나타났다고 말했다. 그리고 신성이 실현되는 테오시스 상태는 인간 이데아를 통과하여 윤회의 수레바퀴에 올라탄 모든 신령한 자아, 프뉴마가 필연적으로 다다르는 마지막 단계이자 숙명이라고 말했다.

"예수 탄생 수세기 전에 우주기억 안의 정적 상태 속으로 뚫고 들어갈 수 있었던 어떤 사람이 있었다면 그 사람은 지구의 중요한 역사적 시점에 그리스도가 나타날 것을 예견할 수 있었을 겁니다." 코스타스가 덧붙였다.

"그런 사람이 정말 있었나요?" 내가 의아한 생각이 들어 큰소리로 물었다.

"물론이죠." 코스타스가 대답했다. "바로 붓다예요. 비록 그는 자신이 실재를 완벽하게 표현할 수 있을 정도로 테오시스의 최고 경지에 도달하지는 못했지만, 대단히 높은 수준에 다다랐기 때문에 이러한 진리를 천명할 수 있는 위치에 있었습니다."

나는 코스타스에게 붓다가 실제로 그와 같은 예언을 했다는 사실을 어떻게 알았는지 물어보았다. 내가 불교 전문가는 아니지만, 그런 주장은 금시초문이었기 때문이다. 코스타스는 이 정보의 원천은 어떤 기록이 아니라 이런 사실을 그와 다스칼로스에게 전해준 높은 경지의 스승들이라고 대답했다.

"붓다는 약 5백 년 안에 로고스가 내려와 인간의 몸으로 화신할 것이라고 예언했습니다." 코스타스가 권위 있는 목소리로 말했다. "바꿔 말하면, 붓다는 우리 행성의 평균 의식 상태가 로고스의 출현을 불가피하게 하는 시점에 도달했다는 사실을 인식한 것입니다. 붓다는 자신의 인간적 모습을 초월하기 시작하는 '셋째 하늘〔Third Heaven〕'[35]의 경지에 도달한 분으로 흔히 볼 수 있는 자아의식이 아니었습니다. 그런 경지에 들어간 후 그는 앞일을 내다볼 수 있었고, 그 일에 관해 제자들에게 알려주었습니다. 그리고 태어난 아기 예수를 경배하기 위해 세 명의 동방박사가 베들레헴까지 먼 길을 여행했던 것도 바로 이 예언 때문이었습니다."

"그리스도 로고스는 절대자의 정적 상태 속에 영원히 태어나 있고, 십자가에 못 박혀 있습니다. 그리고 이 정적 상태가, 인간 이데아를 통과한 존재들이 도달한 의식 수준에 걸맞은 시간과 공간 속에 자신을 드러내는 것입니다. 내 말을 이해하시겠습니까?"

코스타스가 웃으며 묻고 나서 꿰뚫을 듯한 눈초리로 참석한 제자들을 쭉 훑어봤다.

코스타스가 온 방을 향하여 손바닥을 좍 펼쳤다. "이 모든 현실들이, 우주의 잠재의식 속에 기록되어 있습니다. 그것은 정적 상태 속에 존재합니다. 그리고 그것은 특정 행성에 사는 인간들의 집단적 각성의 수준이 정적 상태 속의 이런 특정한 움직임의 발현, 아니, 재발현을 허용하는 시점에 도달했을 때 표면으로 올라옵니다."

코스타스가 앞에 있는 테이블의 한쪽 모서리에서 다른 쪽 모서리로 펜을 이동시키면서 말했다. "이런 동작처럼, 지금 이 순간 우리가 하

---

[35] 셋째 하늘〔Third Heaven〕: 기독교 성경에서 볼 수 있는 개념으로 신이 존재하는 초월적 영역을 말한다. 우주의 모든 물질적 공간을 의미하는 첫째 하늘과 영적인 공간을 의미하는 둘째 하늘을 초월하여 어디든지 존재하는 절대 초월적 영역을 의미한다. (역주)

고 있는 일은 무엇이든지 우주기억의 정적 상태 속에 새겨집니다."

"코스타, 사람들이 자주하는 질문 중에 이런 것이 있는데요." 내가 말했다. "모든 것이 미리 계획된다는 것이 가능합니까? 예컨대 정적 상태 속으로 들어가기만 하면 붓다처럼 몇 세기 앞에 일어날 일을 미리 볼 수 있나요? 이것이 예언 아닌가요? 그리고 붓다의 예언과, 일어날 법한 개연성으로만 고려될 수 있다고 하는 여타의 예언들은 어떻게 다른 겁니까?"

"붓다가 얘기한 것은 시공간 속에서 일어나려 하는 사건들을 예견한다는 의미의 예언은 아니에요. 그는 인류 진화 과정상의 구조적인 전환점을 미리 본 겁니다. 높은 경지의 뛰어난 스승은 인류가 완성을 향한 진화 과정에서 거쳐야 할 단계가 무엇인지를 수학적으로 정확하게 밝힐 수 있습니다. 이미 결정되어 있는 것은 그와 같은 단계들입니다. 그것은 하나의 청사진이고, 그 속에서 사건들이 시공간 속에 펼쳐지는 것입니다."

"다른 행성에서도 마찬가지인가요?" 방의 뒤편에 있던 누군가가 물었다.

"아, 물론입니다. 인간들의 사는 수준이 우리와는 다른 행성들도 있습니다. 예컨대 어떤 행성의 인간들은 당나귀를 타고 여행하며, 기술은 아직 원시적이고 집단적 각성수준도 우리만큼 발달하지 않았습니다. 수레바퀴를 발명해야만 할 인간들도 있고, 진화의 길에서 우리보다 훨씬 앞서 있는 행성의 인간들도 있습니다. 행성의 미래 단계를, 예컨대 발달된 기술을 미리 누설하는 것은 때로는 그리 현명한 일이 아닐 수 있습니다. 인간이 현재 처한 의식의 단계에 비해 너무 빠른 기술상의 발전은 그들을 파멸시킬 수 있기 때문입니다. 물론 우리는 거룩한 자비의 표현인 신성한 가호가 있음을 잊지 말아야 합니다."

"인간의식 발달 과정의 이런 단계들이 정적 상태 안에서 발견되는 진화의 원형적 뼈대를 형성하는군요. 이것은 어디에서나 똑같네요." 누군가가 지적했다.

"맞습니다. 그것이 바로 신의 뜻인 신성한 계획[Divine Plan]이에요." 코스타스가 대답했다.

나는 궁금했던 점을 분명히 하기 위해 더 캐물었다. "높은 경지의 뛰어난 스승은 테오시스를 향한 여정에서 인간 진화의 단계를 수학적으로 정밀하게 예언할 수 있지만, 한 단계에서 다음 단계 사이에 펼쳐질 역사상의 자잘한 사건들은 예견할 수 없는데, 이 부분이 바로 인간의 자유가 펼쳐질 수 있는 영역이란 말인가요?"

"정확합니다."

"그리고 나사렛 예수의 몸으로 온 그리스도 로고스의 화신은 이 행성의 제한된 시공간 안에서 일어난 단순한 역사적 사건이 아니라, 여기 이 지구상의 인간의식 진화 과정에서 하나의 구조적 전환점이라고 당신은 얘기했습니다." 내가 말을 이었다. "또 이 행성에 사는 인류의 집단의식이 일정 수준으로 성숙했기 때문에 그리스도가 불가피하게 인간의 모습으로 태어나야만 했다고 말했지요."

"맞습니다. 그리스도가 인간의 모습으로 하강한 것은 역사적 현상의 전개 과정중에 일어난 자잘한 사건들 중의 하나가 아닙니다. 그것은 인간의 진화가 펼쳐지는 어떤 행성에서든 필연적으로 다다르게 되는 단계입니다. 전에 말한 바와 같이, 그것은 절대자의 정적 상태 속에 영원히 있습니다. 신, 즉 로고스[God-Logos]의 화신은 인류 집단의 영적 발전의 바로 이 단계에서, 인류가 자신의 숙명은 스스로

신이 되는 것임을 깨닫도록 도와주기 위해서 오는 것입니다."

정중은 이 주제에 대해 더 많은 질문을 제기했고, 활발히 진행된 토론은 밤 11시가 되어서야 끝났다.

나는 차에 올라 클래식 음악을 들을 수 있도록 라디오 채널을 맞춘 다음 니코시아로 돌아가기 위해 장거리 운전을 시작했다. 늦은 시간이라 차량은 거의 없었다. 나는 편안한 마음으로 이틀 전 다스칼로스와 주고받았던 대화의 내용과 방금 들었던 강의에 대해서 곰곰이 생각했다.

그리스도 화신(化身)의 의미에 대한 코스타스의 주장은 독일의 과학자이며 투시가인 루돌프 슈타이너가 그의 저서 《신비적 사실로서의 그리스도교》[Christianity as a Mystical Fact]에서 주장했던 바를 떠올리게 했다. 나는 코스타스나 다스칼로스가 슈타이너에 대해 읽은 적도 없고 알지도 못한다고 확신했다. 그러므로 최소한 나로서는, 인간의식의 진화를 위한 그리스도 등장의 '구조적' 의미에 대한 그들의 논의가 독서의 산물은 아니라는 것을 알았다.

오늘의 토론에서 가장 의미 있는 것은, 그와 같은 주장이 이 두 스승을 통해 전해지는 요한난의 가르침의 전반적 우주론과 논리적으로 맞아들어 간다는 점이다. 그리고 특히, 한편에서는 미래란 단지 개연성일 뿐이라고 주장하는데, 다른 한편에서는 세례 요한이나 붓다가 권위와 정확성으로써 로고스 현현이 필연이라고 예언하는, 이 명백한 모순에 대한 내 의문이 깨끗이 풀렸다.

이 패러독스의 해결은, 일어날 사건 전개의 개연성에 불과한 예언과 우주기억의 정적 상태 속으로 들어갈 수 있는 스승이 밝혀내는 예언의 차이에서 찾아야 할 것이다. 그 정적 상태 속에서 인간은 진화의 길 앞에 펼쳐져 있는 원형적 단계들에 대한 정확한 지식을 얻을 수 있다. 그리고 그런 하나의 단계가 그리스도 로고스〔Christ-Logos〕가 인간의 모습으로 오신 사건이었던 것이다.

7
Awakening of a Master

깨어나는 스승

"모든 새로운 생은 과거의 다른 어떤 생보다도 더 나은 거예요.
시간을 거슬러 가면, 의식 수준이 낮은 상태로 되돌아가게 돼요.
그래서 그런 심령능력을 계발하기 전에 먼저 차크라를 각성시켜야만 합니다.
심령능력의 중추를 성급하게 활성화하는 것은
현재 인격을 파괴시킬 수 있어요.
절대자가 창조한 법칙은 전생을 기억하지 못하게 함으로써
우리를 보호합니다.
그리고 그것이 우리에게 유익하구요."

1987년 여름이 끝나갈 즈음 나는 다시 학기를 시작하기 위해 메인대학으로 돌아가 여름동안 모았던 현장 자료들에 대한 작업을 시작했다. 그런 다음 메인대학으로부터 1988년 봄학기 동안의 휴가를 얻어, 장기체류를 위해 크리스마스 시즌에 키프로스로 돌아왔다. 이런 일정 덕분에 나는 가족들과 함께 8개월 동안 만족스러운 섬 생활을 즐길 수 있게 되었다. 그 기간은 다스칼로스와 코스타스의 세계를 깊이 파고들 수 있는 소중한 기회였다.

우리는 굉장한 격변의 시기에 섬으로 돌아왔다. 1988년 1월 이곳은 몇 주 앞으로 다가온 대통령 선거로 정치적 열기가 최고조에 달해 있었다. 크리스마스 장식 대신 정치 구호가 적힌 현수막과 포스터가 걸려 있었고, 각 후보를 선전하는 슬로건들이 여기저기 도배되어 있었다. 그 지역의 스승들조차 주위의 정치적 소동과 흥분으로부터 자유롭지 못했다. 따라서 그 시기에 이뤄졌던 대화의 대부분은 절대자의 속성보다는 후보자의 자질이나 악의적인 선거운동 분위기에 초점이 맞춰졌다.

2월의 어느 날 아침, 나는 5시에 일어나 맑은 공기를 쐬기 위해 현관문을 열고 북쪽의 펜다닥틸로스 산맥을 응시하며 태양이 떠오르는 것을 바라보았다. 나는 심호흡을 하다가 현관 앞에 놓여 있는 광고전단 하나를 발견했다. "우리는 몇 년이나 더 다모클레스의 검[36] 아래 살려고 하는가?"라는 제목이 눈에 띄었다. 나는 계속 읽어 내려갔다.

「오늘날 키프로스인으로 산다는 것은 비극이며 쓰라린 경험이다.

---

36 다모클레스의 검: 그리스 전설에 나오는 디오니시우스왕이 친구 다모클레스에게 왕위와 권력의 위험을 보여주기 위해 머리 위에 머리카락 하나로 매달아 놓았던 검. 위협적인 사물이나 상황을 빗대어 말하기도 한다. (역주)

우리들의 머리 위에는 다모클레스의 검이 가느다란 실에 매달려 있다. 그리고 매일 아침 우리는 '만약 그 실이 오늘 끊기면 어떻게 하나?' 하는 걱정을 하며 일어난다.

동포들이여, 우리는 덤으로 사는 인생을 살고 있다. 바로 이 순간 다른 문명국의 사람들은 안정된 미래로 통하는 탄탄대로를 개척하고 있는데, 우리 키프로스인들은 항상 불안하고 불확실한 상태에서 살고 있다. 우리의 영토 안에는 소리 없이 잠복해 때를 기다리는 터키 침입자가 있다. 시간은 그의 편이고, 우리는 그가 무슨 짓을 하려고 하는지 알지 못한다.……

키프로스 동포들이여, 우리는 이 무시무시한 위협을 얼마나 더 견뎌야 하는가? 이 질식할 것 같은 난국에서 헤어나오지 못하고 얼마나 더 허덕여야 하는가? 표면상의 평온, 태풍 직전의 고요함 속에서 얼마나 더 허위의 삶을 살아야 하는가? 우리의 열망이 말살되고, 우리의 계획과 미래의 포부가 파괴되고, 미래를 향한 우리의 노력과 희망이 부질없는 것이라는 이 좌절감, 이 참을 수 없는 상황을 얼마나 더 감내하면서 살아야 하는가?」

그 선언서는 현 정부를 몰아내기 위해 경쟁하고 있는 야당 지도층의 한 인사가 발행한 것이었다. 그들은 지난 10년 동안 키프리아노 대통령 정권이 '국가적인 문제'를 다루는 데 지독하게 무능했고, 키프로스 문제에 대한 평화적이고도 신속한 해결책을 찾는 데 관심을 두지 않았다는 점을 부각시켜 공격적인 선거운동을 펼쳤다. 모든 그리스계 키프로스인들은 자신들에게 시간이 얼마 남지 않았고, 섬의 점령지역에 터키군이 대규모 군사력 증강을 통해 가하고 있는 위협이

날로 증가하고 있다는 사실을 느끼고 있었다. 그들은 터키의 궁극적인 복표가 섬 전체의 정복이라는 사실에 두려움을 느끼고 있었다.

미래에 대한 불안은 82년 동안 섬을 지배해왔던 영국 식민지 정부에 항거한 지하운동을 통해 독립을 쟁취하여 1960년 키프로스 공화국이 건설되던 때부터 비롯되었다. 5년여 동안 피로 얼룩졌던 지하운동의 목적은 키프로스 섬과 그리스의 통합이었기 때문에, 독립은 하나의 타협이었다. 50만이 약간 넘는 키프로스 인구의 다수를 차지하는 그리스계 키프로스인들의 민족주의적 희망은 전체 인구의 약 18퍼센트에 불과한 터키인들의 극렬한 반대 때문에 좌절되었다.

두 민족 집단 간의 불신과 증오는 너무나 깊어 그것을 조정하기 위한 여러 가지 헌법상의 장치가 있었지만 모두 소용없었고, 지역 자치 단체들의 분쟁은 1963년 크리스마스 기간에 다시 폭발했다. 그리고 1974년, 키프로스 북쪽 해안에서 겨우 40마일 떨어져 있는 터키는 소수의 터키계 키프로스인들을 보호한다는 핑계로 섬을 침략했다. 그리스계 키프로스인들에게 큰 충격을 안겨줬던 이 침략은 당시 그리스를 지배하던 군사정권이 키프로스의 마카리오스 3세 정권을 몰아내기 위해 유혈 쿠데타를 일으킨 지 불과 며칠 만에 단행된 것이었다. 내가 다스칼로스와 코스타스를 처음 만나 연구와 견습을 시작한 것은, 섬의 약 40퍼센트가 터키에게 점령당하고 피난민이 20만 명 가까이 발생했던 치명적이고도 격변적인 사건 이후였다.

신비가나 비술가, 철학자들의 모임을 비롯해 어떤 모임에서건 정치는 대화의 핵심주제였다. 터키인들은 기회를 놓칠세라 자신들의 힘을 과시했고 이는 그리스인들 사이에 심한 공포심을 일으켜놓았다. 터키계 키프로스인들은 그리스에서 바라다 보이는 펜다닥틸로스 산비탈에 그들이 일방적으로 선언한 국가(그리스인들의 말로는 사이비 국가)의 거대한 깃발을 새겨놓았다. 그리고 그 위에는 10마일 정도 떨어진 곳에서도 선명하게 보이는 거대한 글자로 "터키족은 위대하다"(NE MUTLU TURKUM DIYENE: It is great to be Turkish)는 도전적이고 자극적인 터키어 경구가 쓰여 있다.

다스칼로스는 터키계 키프로스인들을 사랑했고 기회가 있을 때마다 그들에 대한 호의적 감정을 표현했다. 그는 터키의 침공은 '우연한 일'이 아니라고 주장했다. 그의 관점에서 볼 때, 그것은 국가적인 카르마를 갚는 것이었다. 그는 "사실 적(敵)은 터키인이나 터키계 키프로스인이 아니라 우리 자신이며, 바로 그것이 문제의 본질이고 거기에 우리가 노력해야 할 부분이 있다"고 여러 차례 말했다.

터키계 키프로스인들은 다스칼로스의 애정에 보답했으며, 놀랍게도 나는 이런 사실을 여러 차례 확인할 수 있었다. 가장 최근에는 수년간 키프로스에서 봉사했던 한 유엔외교관 친구에게서 다음과 같은 이야기를 들었다.

이 외교관은 터키 측의 한 친목 모임에서 터키 정치가 중 한 사람에게 '다스칼로스라는 사람'에 대해서 들어봤는지 물어본 적이 있다면서 이렇게 말했다.

"그는 잠자코 있었어요. 그래서 다시 물었지요. '당신은 아마도 그 사람이 하는 일에 반대하시는가 보죠?'

그가 대답했어요. '아, 아닙니다. 오히려 그 반대죠. 그 사람은 내 친척의 생명을 구해주었어요. 30년 전 내 친척은 말기암으로 불과 몇 주밖에 안 남았다는 시한부 인생을 선고받았는데 다스칼로스를 찾아가서 치료를 받았어요. 그 친척은 아직도 살아 있답니다. 정말 범상치 않은 사람이지요!'"

사실상 그리스인들에게는 불구대천의 원수 중 하나인 그 터키계 키프로스인 정치가는 대화의 말미에 이렇게 말했다고 한다. "다스칼로스는 이 섬에서 진정한 자비심을 가진 몇 안 되는 사람 가운데 하나입니다."

자신을 향한 터키인들의 애정에 대한 다스칼로스의 설명은 간단하다. "순수하게 사람을 사랑할 때, 상대로부터도 사랑을 받는 것은 당연한 일이라네." 그는 가끔 그리스계 키프로스인들이 같은 나라 국민이었던 터키계 키프로스인들을 진정으로 사랑하는 법을 배워야만 그들 사이의 문제를 풀 수 있을 것이라고 말하곤 했다. 그리고 그것은 터키계 키프로스인들에게도 해당되는 얘기라고 덧붙였다. 만약 그렇지 않으면 카르마는, 무지 때문에 불구대천의 원수가 된 서로를 사랑하는 법을 배울 수 있도록, 다시 특정한 시기의 유사한 상황 속으로 그들을 데려간다는 것이다. 이것이 카르마가 작용하는 방식이다. 카르마는 격렬한 증오의 감정을 지닌 사람들이 과거의 원수를 사랑하는 친구로 여기게 될 때까지 유사한 역사적 상황으로 그들을 되풀이해서 데려갈 것이다. 그들의 의식 안에서 심리적 전환이 일어날 때에만 비로소 그러한 상황을 진정으로 벗어날 수 있는 것이다. 그러므로 터키의 침공은 비극과 참화를 초래하긴 했지만, 동시에 현재 그리스계 키프로스인과 터키계 키프로스인의 모습으로 살고 있는 인간 존재들이 영적인 성장과 전환을 할 수 있는 중요한 기회를 만들어주고 있다는 것이 다스칼로스의 가르침이었다.

아침 6시에 나는 코스타스를 만나기 위해 리마솔로 가고 있었다.

하루 일정으로 코키노초리아 지방을 방문하는 그의 나들이에 합류하기 위해서였다. 그는 정기적으로 하는 사업상 거래의 정산을 위해 섬 안의 감자 재배지역에 있는 마을 몇 군데를 방문할 계획이었다. 나는 이 나들이가 그와 온종일 같이 있으면서 에레브나와 관련된 주제에 관해 대화를 나눌 수 있는 아주 좋은 기회라고 생각했다. 코스타스가 주관하는 리마솔 내부 모임의 새로운 회원인 안토니스도 같은 이유로 우리와 동행했다. 예리하고 진지한 지식인이자 40대의 성공한 건축가인 안토니스는 철학과 과학에 관한 책을 열심히 읽는 사람이었다. 또 그는 코스타스처럼 영국에서 교육받았고, 파마구스타에서 피난온 난민이었다. 안토니스는 코스타스의 오래된 제자인 자신의 여동생으로부터 에레브나의 철학을 소개받은 후 코스타스와 다스칼로스의 가르침에 흥미를 가지게 되었다.

안토니스는 우리와 동행하며 장시간의 유쾌한 대화를 즐기기 위해 바쁜 스케줄 가운데 하루를 비웠다. 우리는 아침 7시 30분경에 리마솔을 떠났다. 운전을 자청한 안토니스의 옆에 코스타스가 앉았고, 나는 뒷좌석에 앉아 눈부신 아침 햇살과 지중해의 진한 푸른빛을 즐겼다. 전날 비가 왔기 때문에 대지는 더없이 상쾌한 싱그러움을 내뿜고 있었다.

우리는 잠깐 동안 이곳에서 전개되고 있는 정치상황에 관해 잡담을 나누고 다가올 선거에서 누가 이길 것인지에 대한 각자의 전망을 얘기했다. 그런 다음 느슨하고 격식 없는 분위기가 통찰력 있는 토론을 용이하게 하리라는 생각으로, 나는 코스타스에게 개인적인 질문을 몇 가지 던졌다.

"어떻게 해서 다스칼로스 서클의 회원이 되었나요, 코스타? 그리고 치유 능력과 심령이지 능력은 어떻게 개발했나요?" 나는 차가 리마솔을 벗어나 다른 도시들과 연결되는 고속도로에 오르자마자 물었다. 어쩐지 나는 코스타스가 내 질문을 예상했을 것이라고 느꼈고, 코스타스는 놀라거나 사리는 기색도 없이 내가 그를 알아온 10년 가량의 세월중 그 어느 때보다도 진솔하게 자신에 대한 이야기를 털어놓기 시작했다.

"키리아코, 나는 어렸을 때부터 늘 이런 문제에 흥미가 있었어요. 초등학생 때도 많은 책들 가운데 최면을 다룬 책들만 손에 잡혔지요. 그 책의 내용을 거의 이해하지 못하면서도 마음이 끌렸어요. 그래서 책에 제시된 몇 가지 연습과 실험을 기를 쓰고 따라 해봤지요. 예컨대 그 책에서 특별한 물체에 집중하라고 하면 나는 규칙적으로 몇 시간씩 그대로 했어요."

"어린아이가 그렇게 했었단 말이에요?" 안토니스가 놀라서 물었다.

"그래요, 안토니. 그때 나는 초등학생이었어요. 하루는 우리 어머니가 방에 들어오다가 내가 침대 위에서 벽의 구석을 응시하면서 앉아 있는 걸 봤어요. 어머니는 나를 몇 번이나 유심히 바라보다가 가까이 오셨지요. 어머니는 내 앞에 책 한 권이 있는 것을 발견하고는 내 등짝을 때리면서 다시는 그런 책에 손도 대지 말라고 경고했어요." 코스타스는 싱글거리며 말했다.

언젠가 다스칼로스는 코스타스의 양친이 과거에 파마구스타 모임의 회원이었으며, 어린 코스타스를 자신의 무릎 위에 앉혀놓곤 했다고 얘기한 적이 있다. 코스타스의 어머니가, 책을 보고 걱정돼서 아들을 때려줬다는 얘기를 털어놓자 다스칼로스는 "당신은 스승을 때리고 있다는 사실을 모르시겠어요?"라고 눈썹을 치켜올리며 말했다고 한다.

안토니스와 내가 흥미진진하게 듣고 있는 가운데 코스타스가 이야기를 계속했다. "어쨌든, 나에게 꿈은 제2의 삶 같은 것이었어요. 나는 내게 일어나는 일이 지극히 자연스러운 것이고 모든 사람이 다 같은 경험을 하고 있다고 생각했지요."

"초등학교 시절 나는 내가 오직 생각만으로 여러 가지 물건을 움직일 수 있다는 사실을 알게 됐어요. 실에 매달려 있는 물체를 내 생각만으로 펜듈럼(추)처럼 좌우로 흔들리게 만들곤 했는데, 그렇게 할 수 있는 게 아주 자연스러운 일이라고 생각했었지요. 나는 손끝에 정신을 집중하는 것만으로 빈 성냥갑들을 움직이기도 했어요. 내 손이 성냥갑을 끌어당기는 자석같이 된 거지요. 물론 이제 그런 장난은 하지 않아요."

"왜 안 하죠?" 안토니스가 물었다.

"그런 일들은 이상한 소문을 만들어내고 사람들을 자극하기 때문이죠."

"개인적으로 혼자서 해보는 건 상관없겠지요?" 안토니스가 물었다.

"하지만 내가 그런 걸 할 수 있다는 사실을 이미 알고 있는데 굳이 뭣 하러 하겠어요? 그리고 치유의 목적으로 사용되어야 할 귀중한 에너지를 왜 낭비하겠어요? 게다가 치유는 실에 매달린 물건들을 움직이는 것보다 훨씬 더 많은 능력이 요구되는 일입니다. 철없던 젊은 시절 한때 그런 일을 하긴 했지만요."

코스타스는 자신의 생애에 대해 짧게 얘기했다. 그는 파마구스타에서 자랐는데, 당시 그곳은 섬의 중요한 항구였다. 그의 집안은 당시 키프로스의 최대 관광지역이었던 그곳에 많은 토지를 소유하고 있었기 때문에, 터키의 침공만 없었다면 지금쯤 자신은 억만장사가 됐을 것이라고 했다. 그는 부유하게 자랐으며, 영국에서 했던 공학공부도 운송과 관련된 아버지의 사업을 물려받기 위한 준비였다. 하지만 그의 카르마는 그를 경쟁이 치열한 레반트 지역(키프로스 동부의 지중해연안)에서 경제적으로 살아남기 위해 고군분투해야 하는 무일푼의 피난민으로 바꿔놓았다. 코스타스는 다른 수천 명의 피난민들처럼 언젠가는 고향으로 돌아가기를 소망하고 있었다.

"나는 어렸을 때부터 다스칼로스를 알고 있었어요." 코스타스가 말했다. "우리 부모님이 그와 매우 가까웠고 진리탐구 모임에 속해 있었기 때문이지요. 부모님은 우리 가정에 일어나는 일은 질병을 포함해서 무엇이든지 맨 먼저 다스칼로스와 의논했어요. 하지만 나는 고등학교를 마치고 영국에 있는 대학에 들어간 뒤로부터 이런 일에는 더이상 관심이 없어졌어요. 내가 다시 영적인 문제에 관심을 갖고 다스칼로스 모임에 처음 나갔던 것은 영국에서 돌아온 지 몇 년 후인 1972년이었지요. 그해는 다스칼로스가 7년 동안 중단했던 활동을 재개하고 다시 모임을 열었던 해였어요. 요하난이 몇 가지 문제 때문에 그 7년 동안 모임을 닫으라고 다스칼로스에게 지시하셨던 거지요."

"당시 나는 처음으로 그의 모임에 나갔다가 집에 돌아와 거실의 안락의자에 앉아 있었어요. 아내와 아들은 자고 있었고요. 나는 잠깐 동안 텔레비전을 봤지만 전혀 흥미를 느낄 수가 없어서 꺼버리고, 다스칼로스의 강의를 곰곰이 되새기며 앉아 있었지요. 그런데 갑자기 나는 의식이 또렷하게 깨 있는 채로 존재의 다른 차원으로 들어갔어요. 내 앞에 있던 텔레비전도 사라져버렸고 벽도 없어졌고, 나는 광채로 반짝반짝 빛나는 눈부신 빛 속으로 들어갔어요. 아, 그 빛! 그것은 이 세상의 것이 아니었어요. 이 차원에서는 그런 빛을 경험할 수 없어요. 내가 느낀 그 황홀감은 모든 것 너머에 있는, 상상을 초월하는 것이었지요. 그때의 느낌을 말로는 표현할 수 없어요."

"그 황홀한 상태에 얼마나 오랫동안 머물렀나요?" 내가 물었다.

"정확히 기억할 수는 없어요. 하지만 틀림없이 그 상태에 한동안 머물러 있었을 겁니다. 그런 다음 천천히, 갑작스럽지 않게 서서히 이 차원으로 내려오기 시작했어요. 나는 물질이 세 차원의 서로 다른 진동 속에서 굳어져가는 것을 보았어요. 벽이 형체를 띠고 구체화되어 가는 걸 보았지요. 방 안에 있는 가구도 텔레비전도, 그 밖에 다른 것도 마찬가지였어요. 나는 천천히 내 몸에 안착했어요. 하지만, 나라는 자아의식은 다른 어디로도 이동하지 않았어요. 모든 일이 같은 곳에서 일어난 거지요. 다스칼로스 모임에 나갔던 첫날, 그가 주었던 가르침을 곰곰이 생각하면서 묵상하다가 이런 경험을 한 겁니다."

"당신이 그런 황홀경 속으로 마음대로 들어갈 수 있는 경지에 이른 것은 언제였어요?" 내가 물었다.

"이런 능력은 몇 달에 걸쳐 서서히 개발됐습니다." 코스타스가 대답했다. "하지만 그 당시에는 마음만 먹으면 언제라도 그런 진동 속으로 들어갈 수 있었어요. 그런데 나는 바로 그 다음 날부터 그것을 실험해볼 수 있었지요. 나는 가족들이 잠들기를 기다린 다음, 거실에 나가서 전날 앉았던 안락의자에 앉았어요. 그런 다음 그 황홀경 속으로 들어가려고 노력했는데, 또 성공했어요!" 코스타스가 의기양양하게 말했다.

"어떻게 그럴 수 있었어요?" 내가 물었다.

"정말 설명할 방법이 없군요." 코스타스가 미소지었다.

"다스칼로스가 혹시 그런 황홀경 속으로 들어갈 수 있는 비밀 명상 수련법을 가르쳐 줬나요?"

"아니요, 초기 단계에는 그런 것이 전혀 없어요. 저절로 일어났다고 하는 게 정확할 거예요."

"그 초기 단계에서 그 밖에 또 무슨 일이 일어났나요?" 안토니스가 호기심에 차서 물었다.

"내게는 꿈속의 삶이 점점 더 멋지고 실질적인 현실이 되어가고 있었습니다. 물론, 아까 말했듯이 나는 평소에도 늘 꿈이나 다른 특이한 현상들을 생생하게 경험했어요. 하지만 과거에는 그런 것들에 대해 설명을 못했지요. 내게는 그것이 그저 일상적인 일이어서 크게 관심을 두지 않았던 거예요. 예컨대, 내 꿈은 너무나 생생해서 마치 내가 현실의 나와 대등한 또 하나의 존재로 살고 있는 것 같았어요. 가끔 꿈에서 일어난 일과 대낮에 일어난 일을 구별할 수 없을 때도 있었고요. 하지만 나는 그것이 사람마다 겪는 평범한 일이라고 생각했어요. 나중에 에레브나의 회원이 되고 나서 그 가르침을 통해 꿈속에서 경험했던 것들의 의미를 알게 됐지요."

"당신은 꿈속에서도 살았다고 말했는데, 실제로 어떻게 살았나요?" 내가 물었다.

"나는 꿈속에서 또렷한 의식을 가지고 있었고, 원하는 것은 무엇이나 할 수 있었어요. 달리 말하면, 꿈속에서 나는 온전한 이성을 갖춘 하나의 존재였어요. 어딘가를 가고자 하면 갈 수가 있었어요. 그러면서도 내 꿈에는 연속성과 일관성이 있어서 대다수 사람들의 꿈처럼 이 사건에서 전혀 상관없는 저 사건으로 건너뛰지 않았어요. 나는 대다수 사람들이 꿈속에서 앞뒤가 맞지 않게 이 얘기에서 저 얘기로 건

너뛴다는 것을, 사람들과 인간의 본성에 대해 공부하면서야 비로소 알게 됐어요. 그들은 꿈속에서 우리가 '심령이지적 바람'이라고 부르는 것에 휩쓸려버린 겁니다."

"왜 그렇죠?" 안토니스가 한 떼의 양이 도로를 지나가도록 차를 멈추면서 물었다.

"그런 진동 차원에서의 변화는 생각의 산물이기 때문이죠. 생각을 통제하지 못할 때는, 생각이 우리를 그야말로 제멋대로 휘두릅니다."

"다스칼로스가 과제로 준 연습 덕분에 또렷한 의식을 지닌 채 꿈속의 삶을 살게 된 것인가요?"

코스타스가 단호하게 말했다. "아녜요. 이런 경험은 내가 늘 해왔던 거예요."

"그럼 그 능력을 전생에서 가져왔겠군요." 안토니스가 말했다.

"물론이죠. 이런 경험들은 내 안으로부터 나온 거예요. 그것들은 이번 생에서 받은 훈련의 결과가 아닙니다. 사실, 지식이 내 안에서 나오고 있을 때 다스칼로스는 나를 억제시키려고 애썼어요. 그에게 물어보면 알 수 있을 겁니다." 코스타스가 웃으며 내 쪽을 돌아다보았다.

"그가 당신을 억제시키려고 한 이유가 뭔가요?" 나는 다소 이해가 안 됐다.

"처음에 그는 내가 쏟아져 나오는 지식과 기억들에 대처하지 못할까봐 염려가 되었던 거지요. 예컨대 내가 그에게 '저기요, 제가 아무 아무개 — 이 세상에 살고 있지 않은 어떤 사람 — 를 만났어요' 하고 말하면, 그는 놀라워하며 '그 사람을 어디서 만났어?' 하고 물어봤어요."

"다스칼로스는 어떻게 그 사람을 알았죠?" 내가 물었다.

"다스칼로스도 우연히 그 사람을 알게 됐지요." 코스타스가 대답하면서 싱글싱글 웃었다. "하루는 내가 '저는 아무개라는 사람의 삶을 살고 있어요' 하고 말하니까, 그가 '맙소사!' 하고 말했어요. 나는 내 전생에 들어가기 시작한 겁니다. 이 일에 관한 한 다스칼로스가 전혀 도와주지 않았는데도 저절로 그렇게 되고 있었어요."

"다스칼로스가 당신의 발전을 도와주지 않았다고요?" 내가 물었다.

"물론 도와줬지요. 다스칼로스의 가르침은, 이미 내 안에 있던 지식이 바깥으로 나오도록 해주었어요."

"그러니까 다스칼로스의 가르침은 당신에게 촉매와 같은 것이었군요." 내가 말했다.

"맞습니다. 지식이 한층 더 쉽게 나왔지요. 하지만 경험적인 지식은 이미 내 잠재의식 안에 있었어요. 지금 단계에서는 단지 스위치만 누르면 지식은 급류처럼 흘러나올 겁니다."

"어떻게 그럴 수 있죠?" 내가 물었다.

코스타스가 내 쪽으로 얼굴을 돌리면서 말했다. "왜냐하면 키리아코, 내가 전생에서 흡수하고 표현했던 지식이 아직 현생에서 표현되지는 않았지만 그것은 내 잠재의식 속, 여기에 들어 있거든요." 코스타스가 자신의 가슴을 가리켰다.

"그럼 그 스위치를 누르지 그래요?"

"그러고 싶지 않아요." 코스타스가 대답하면서 웃었다.

"왜 그러고 싶지 않죠?" 내가 집요하게 물었다.

"왜냐하면 그것은 이번 생의 내 아내와 아이들, 가정에 대한 나의 사회적 책임을 방해할 것이기 때문이죠. 나는 그들을 배려해야만 합니다. 이해하시겠어요?"

(다스칼로스는 이에 대해 보충설명을 했었다. 코스타스는 가끔 '자신의 능력을 억제'하곤 했는데, 그것은 다스칼로스가 이 세상을 떠나는 것을 원치 않기 때문이라는 것이다. "그는 나를 죄수처럼 이 자루 속에다 붙잡아두려고 한다네." 다스칼로스가 자신의 나이든 육체를 가리키며 말했다. "그는 내가 근처에 머물러주기만을 바라고 있어.")

코스타스가 이야기를 이어나갔다. "예를 들면, 페루에서 살았던 여러 번의 생애에서 우리는 굉장한 힘을 발휘했어요. 지금 나는 안데스 산맥에 피라미드를 포함해 아직 발견되지 않은 거대한 구조물들이 있다는 얘기를 하고 있는 겁니다." 그는 확신을 갖고 이야기했다. "그것들은 오늘날의 정교한 기술과 힘으로도 재현할 수 없는 방식으로 화강암을 조각한 것입니다. 그런데 그 조각은 어떤 물질적인 도구나 기술을 이용한 것이 아니에요." 코스타스는 약간 비꼬는 듯한 어조로 말했다. 그러고 나서 그는 현재의 페루 지역과 문화에 대해 이야기하고, 그곳은 지구상의 다른 어떤 지역들보다도 자신이 많은 생을 겪었던 지역이라고 말했다. "페루 문명에 관한 그 지식이 지금은 키프로스에 와 있는 겁니다." 그가 활짝 웃으면서 반농담조로 말했다. "내 현생과 페루에서의 생들 사이의 유일한 차이점은, 현생에서는 내 지식이 그리스도교라는 렌즈를 통해 표현된다는 점입니다. 이 점이 이번 생에 추가된 것이지요. 하지만 전반적인 지식이나 능력 면에서 보자면 우리는 그때 더 많은 것을 알고 있었어요. 아니, 더 정확히 말하자면, 지금보다는 그때 더 많이 발휘됐던 것이지요."

"그러니까 이번 생에서 당신의 사명은 그 지식을 그리스도교를 통해 전달하는 것이로군요." 안토니스가 말했다.

"맞아요. 이것이 다스칼로스가 해오고 있는 일이고, 내가 짊어진 책임이기도 해요."

내가 덧붙였다. "코스타, 내가 느끼기에는 당신과 다스칼로스가 페루에서의 생애 동안 했던 일보다 오늘날 더 큰 지혜와 지식을 드러내고 있다는 이야기로 들립니다."

"아, 정말 그래요. 그렇고 말구요." 내 쪽을 돌아보면서 코스타스가 대답했다. "지금 우리는 그때만큼 마음으로 다루는 기술적 지식을 발휘하고 있지는 않지만 더 높은 경지의 영적 기반과 각성 상태에서 일하고 있지요. 그래요. 모든 생은 그 이전 생보다 더 나아요. 우리가 이번 생에서 전하는 지식은 무엇이든 그리스도교라는 렌즈와 필터를 통과합니다. 이것이 중요한 차이지요."

"이 필터가 능력은 오직 봉사와 치유에만 사용돼야 한다고 지시하고 있는 것 같은데요." 내가 말했다.

"그렇지요. 그것이 커다란 차이랍니다." 코스타스는 자신이 가르치는 지식은 이번 생에서 배운 것이 아니라는 점을 거듭 강조했다. "더 정확히 말하자면, 그것은 지식의 원천에서 저절로 나옵니다." 그는 덧붙여, 자신과 다스칼로스는 완전히 동조되어 있어서 한쪽이 가르치거나 아는 것은 다른 쪽 역시 알고 있다고 말했다.

"코스타, 당신이 강의를 할 때, 말하고 있는 내용에 대해 완전히 자각하고 있나요? 아니면 자신도 모르게 그 지식이 그냥 입 밖으로 나오는 건가요?" 안토니스가 물었다.

"지금의 생에서 내 입에서 나오는 얘기들 가운데는 나 자신도 처음 듣고 배우는 것들이 꽤 많다는 사실을 말해야겠네요. 그런 일이 여러 번 있었어요. 그것은 보통 내가 관심을 두지 않고 있던 문제에 대해 누가 질문을 할 때 일어납니다. 그러면 그냥 대답이 술술 나오지요."

우리는 차창 밖으로 스쳐 지나가는 도로와 올리브 나무로 덮인 언덕을 바라보았다. 잠시 침묵이 흐른 후 내가 물었다. "당신은 현재의 의식 상태에 도달하기까지 어떤 단계들을 거쳤나요?"

"마음대로 몸을 떠날 수 있는 단계에 이르러야지요." 코스타스가 대답했다.

"처음에 어떤 특별한 경험, 이를테면, 당신을 놀라게 할 만한 독특한 경험을 했었나요?" 내가 다시 물었다.

"가장 초기의 경험 중 하나는 시간 속을 뚫고 들어가 화염에 뒤덮인 상태의 행성 지구를 경험한 것입니다."

"그 일을 겪었을 때 당신은 의식이 완전히 깨어 있었나요?" 안토니스가 물었다.

"그 상태를 설명할 길이 없어요. 그것은 의식이 깨어 있는 것을 뛰어넘어 훨씬 더 높은 경지의 무엇이었지요. 나는 초의식 상태에 있었어요."

"당신은 진짜로 시간을 거슬러 올라갔어요? 그것은 기억이었나요, 아니면 환영이었나요?" 안토니스가 다소 혼란스러운 듯 특유의 회의적 기질을 드러내며 물었다. "그것은 10억 년 전이었는데······" 안토니스가 덧붙였다.

"잠재의식 속으로 뚫고 들어가기만 하면, 거기에 도달하게 됩니다." 코스타스가 천천히 힘주어 말했다.

"당신은 자신이 지구가 화염에 덮여 있던 시기나 그 이전에 존재했다고 말하는 겁니까?" 안토니스가 다시 물었다.

"그건 내가 실제로 그 당시에 존재했는가 안 했는가의 문제가 아니에요. 나중에 그 당시에도 내가 실제로 살았었다는 것을 스스로 확인해보기도 했지만요. 하지만 시간을 거슬러 뚫고 들어가기 위해 꼭 그 시기에 존재했어야 할 필요는 없어요."

"그렇다면, 어떻게 그런 경험을 했나요?" 코스타스의 주장을 어떻게 받아들여야 할지 모르겠다는 듯 안토니스가 물었다.

"행성의 잠재의식 속으로 바로 뚫고 들어가는 것입니다." 코스타스가 환하게 웃으면서 대답했다. "모든 것은 우리 안에 있고, 우리는 모든 것 안에 있어요."

"그런데 당신은 지구가 화염에 싸여 있는 동안 어떻게 존재할 수가 있었죠?" 안토니스는 이렇게 물은 다음, 믿을 수 없다는 듯한 미소를 지으며 고개를 가로저었다.

코스타스가 앞뒤가 맞지 않아 보이는 자신의 말을 부연 설명했다. "이봐요, 안토니, 지난 시간 강의에서 말했듯이, 당시의 행성 지구는 오늘날의 지구보다 훨씬 더 컸어요. 원래의 행성은 마르툭(Maartouk)이라고 불렸어요."

"어떤 언어로요?" 안토니스가 약간 빈정대는 투로 물었다.

"이 이름은 그 행성의 진동이 내는 자연적인 소리에요. 그것은 언어가 아니라 진동하는 소리지요."

"그렇군요."

"앞서 말했듯이, 마르툭에 살았던 인간 존재들은 자연의 비밀을 풀어내어 능력을 얻었어요. 그들은 영적 각성을 위한 노력은 하지 않고 엄청난 심령능력을 계발했어요. 결과적으로 그들은 행성을 폭발시켰고, 지구는 작아져 불타는 천체가 된 것이지요."

"마르툭의 나머지는 어떻게 됐나요?" 안토니스가 물었다.

"태양계를 돌고 있는 소행성들이 되었지요."

코스타스는 오늘날 지구에 살고 있는 사람들 가운데 상당수는 마르툭의 경험을 지니고 환생한 존재라고 말했다. 우리의 과거에 대해 과학이 설명하는 모든 사실과는 반대로, 마르툭의 폭발 이후에도 지구에 조직적인 인간의 삶이 존재했다는 것이 코스타스의 주장이었다. 행성 전체에 불타는 용암이 흐르고 있었지만, 어떤 시점 이후로 인간의 생활은 발전했다. 당시 인간들은 지반이 단단한 오아시스에서 삶을 영위했다. 그는 일단 과거생의 기억이 의식 속으로 밀려들어 오면, 행성의 이런 상태를 기억할 수 있다고, 아니 더 정확하게는 생생하게 다시 체험할 수 있다고 주장했다. 그는 웃으면서 가볍게 말했다. "사실, 우리는 모두 마르툭 사람들이에요."

"당신의 전생 이야기를 좀 해주실 수 있나요?" 안토니스가 물었다.

코스타스는 미소 지었다. "그런 질문은 하지 않았으면 좋겠어요." 사실 예전에 코스타스는 자신이 생생하게 기억하는 과거 생의 내용을 자신이 실제로 누구였는가는 자세히 밝히지 않으며 내게 얘기한 적이 있었다. 예컨대, 그는 자신이 다스칼로스처럼 르네상스 시대 이탈리아의 화가였다고 말했다. 하지만 그는 현생에서는 줄긋기조차 서툴다면서, 현재 자신의 사명은 그때와 다르고, 자신 속에 있는 그 화가를 다시 깨우고 싶지 않기 때문에 지금은 붓을 잡지도 않는다고 말했다.

"코스타, 당신은 사람들이 전생의 기억을 되찾도록 도와주는 것을 왜 그렇게 반대하는 거죠?" 안토니스가 민감한 질문을 꺼냈다. 이는 코스타스가 매우 중요하게 생각하면서 분명한 입장을 갖고 있는 문제였다. 사실 그는 다스칼로스가 사람들에게 전생에 대해 힌트를 주는 것에 대해 여러 차례 날카롭게 비판했었다. "그건 안 되는 일이에요." 그는 자기 스승에게 딱 부러지게 말하곤 했다. 다스칼로스는 그것이 실수일 수 있다는 점을 인정하면서 이의를 달지 않았다. 하지만 어쩌겠는가. 다스칼로스는 마치 카페인에 빠져 있듯이 이 습관에 빠져 있었다. 그는 다른 생이나 다른 나라, 다른 시대에 그와 가까웠다고 확신하는 사람을 만날 때면 감격을 억누르지 못했다. 하지만 코스타스는 과거 생들에 대한 이야기는 에고만 키워줄 뿐이라고 말했다.

안토니스는 유럽에서 어떤 인디안 전시회를 방문했을 때 경험했던 '묘한' 느낌을 얘기하면서, 그것이 전생과 연관된 느낌이 아니었는지 궁금해했다. 그는 코스타스가 그것에 대해서 어떤 단서를 줄 수 있는지 물었다.

"안 돼요. 그럴 수 없어요." 충분히 예상했던 답변이었다. "만일 내가 그런 문제를 이야기해준다면, 과거의 기억들이 당신의 잠재의식 표면으로 나올 거고, 그러면 당신은 전생에서의 의식 상태와 관련된 모든 감정을 받아들여 버릴 수도 있어요."

코스타스는 안토니스의 어깨를 부드럽게 어루만지며 말했다. "이거 봐요, 안토니. 사람은 오직 준비가 됐을 때만 시간을 거슬러 가야 해요. 그것은 자연스럽게 일어날 겁니다. 서두르지 마세요."

"그러지 말고, 코스타, 좀 말해주세요." 안토니스가 장난스럽게 말했다. "나는 왜 그런 느낌을 받았는지 정말 알고 싶어요."

"이봐요, 안토니. 모든 새로운 생은 과거의 다른 어떤 생보다도 더 나은 거예요. 시간을 거슬러 가면, 의식 수준이 낮은 상태로 되돌아가게 돼요. 그래서 그런 심령능력을 계발하기 전에 먼저 차크라를 각성시켜야만 합니다. 심령능력의 중추를 성급하게 활성화하는 것은 현재 인격을 파괴시킬 수 있어요."

"왜요?"

"절대자가 창조한 법칙은 전생을 기억하지 못하게 함으로써 우리를 보호합니다. 그리고 그것이 우리에게 유익하구요." 코스타스는 과거의 괴로운 기억들로 인해 영적 성장이 방해받지 않도록 신성한 자비가 전생에 대한 인식의 문을 닫은 것이라고 설명했다. 따라서 인위적으로 이런 기억들을 끄집어내는 것은 망각의 법칙을 함부로 깨려는 것이나 마찬가지라는 것이다. 활동이 정지되어 있던 과거생의 염체들이 더 큰 에너지를 받아 다시 소생하면 현생에 출몰하여 당사자를 괴롭힐 수도 있다. 하지만 영적 진화가 일정 수준에 도달하면, 과거 기억을 회복하더라도 현재 삶에 전혀 부정적인 영향을 끼치지 않는다. 과거의 염체는 더이상 어떤 잠재적 위협도 될 수 없는 것이다. 그 염체의 당사자가 카르마를 갚아버림으로써 그것들의 에너지를 차단해버렸기 때문이다.

"전생퇴행은 유럽과 미국에서 유행이에요." 내가 지적했다.

"그건 위험할 텐데요." 코스타스가 사려 깊게 말했다. "사람들에게 일어날 나쁜 일들을 차단하고 방어해주는 보이지 않는 구원자들이 있다는 사실을 신께 감사해야죠. 나는 당신이 과거 생에 누구였는지를 절대 얘기 안 할 겁니다. 만약 그렇게 하면 나는 법칙을 깨는 거예요. 그리고 그 법칙을 깨려는 나는 누군가요? 그 법칙 앞에서 나는 아무것도 아니에요. 만일 자신의 영적 투쟁과 성장을 통해 과거의 기억을 회복한다면 그건 좋아요. 하지만 내가 당신에게 특정 생에서 당신은 이러이러한 사람이었다는 얘기를 해줬다고 생각해보세요. 무슨 일이 일어날 것 같아요? 당신은 십중팔구 그 인물의 습성과 행동을 받아들일 겁니다. 가령 당신이 과거 생에서 어떤 유명 인물이었다는 사실을 알게 되었다고 합시다. 그러면 아마 당신은 그 사람에 관한 책을 몇 권 구해다 읽을 거예요. 그리고는 충분히 알기도 전에 마치 그 사람인 것처럼 행동할 겁니다." 코스타스는 잠시 깊은 생각에 잠겼다가 말을 이어나갔다. "전생의 인격은 지금 존재하는 인격보다 의식 수준이 더 높을 수 없다는 사실을 잊지 마세요."

"우리가 사는 모든 생의 이면에는 목적이 있어요. 그렇죠?" 안토니스가 곁눈질로 코스타스를 보며 말했다.

"그래요."

"만일 어떤 이유로 인해 우리가 배우려고 했던 교훈을 얻는 데 실패했다면, 그때는 아마 어디서부터 잘못됐는지를 알기 위해 전생퇴행을 이용할 수 있지 않을까요." 안토니스가 지적했다.

코스타스가 웃었다. "내 말을 믿으세요. 만일 당신이 배우려고 했던 교훈을 얻는 데 실패했다 하더라도 그 고통과 카르마의 빚에서 도망갈 방법은 없어요. 그것을 위해 과거 생으로 되돌아가서는 안 돼요! 당신은 그 대가를 미래에 지불할 겁니다. 물론, 당신의 의식을 전환하지 않는 한 그렇게 된다는 거예요. 당신이 의식의 진동을 바꾸면 당신을 속박하고 있던 과거의 염체나 카르마도 더이상 영향을 줄 수 없어요. 이것이 카르마가 작용하는 방식이에요. 의식의 진동을 바꾸는 일은 진리탐구자로서 우리가 노력하고 있는 점이기도 하지요. 일단 의식의 진동을 높이면, 과거생의 기억들은 현생에 영향을 주지 않을 거예요. 그러면 당신은 다양한 경험 속에서 당신을 붙들고 있던 법칙으로부터 자유로워질 겁니다."

대화에 너무 열중한 나머지 우리는 어느새 라르나카 변두리에 있는 로마식 수로의 유적지를 지나 달리고 있다는 사실을 뒤늦게야 알았다. 코스타스는 마을에 볼일이 있어서 내렸고, 안토니스와 나는 바닷가 카페에서 그를 기다렸다.

(1974년 터키가 섬을 침공하기 전, 코스타스는 파마구스타 지역의 쉘 정유회사 판매대리인으로 일하고 있었다. 그러나 터키 군대가 파마구스타를 장악한 뒤 코스타스는 그 지역의 쉘 주유소에 대한 연료 공급 수익을 포함해 모든 수입과 재산을 잃었다. 파마구스타 지역의 몇몇 마을만이 침략을 면했는데, 코스타스는 점령지 외곽의 몇 안 되는 주유소에 대한 정유회사의 대리인 역할을 유지했다. 그런데 그는 이 주유소들에 기름을 배급하는 일이 경제적으로 부담이 된다고 했다. 거기서 아무런 이익도 얻지 못할뿐더러 오히려 종종 적자를 본다는 것이다. 그럼에도 불구하고 그는 파마구스타가 결국 예전 주민들의 손으로 돌아올 것이라는 희망을 갖고 이 주유소들에 대한 기름배급 독점권을 유지하고 있었던 것이다. 내가 터키의 침공이 어쩌면 그의 영적 발전을 촉진시켰을 수도 있을 거라고 말했을 때, 코스타스는 동의하지 않았다. 그는 자신의 점진적 각성은 터키 침공 이전에 시작되었고, 만약 자신이 경제적으로 안정되어 있었다면 에레브나에 대부분의 재산과 모든 시간을 바쳤을 것이라고 말했다. 씁쓸한 미소를 띤 채 그가 한숨을 쉬며 말했다. "하지만 그렇게 될 수 없었죠. 나는 이러한 카르마의 경험을 겪어야만 했던 겁니다.")

약 한 시간 동안 코스타스를 기다리면서, 안토니스와 나는 유쾌한 형이상학적 담소를 나눴다. 코스타스가 도착한 뒤, 우리는 다시 비옥

한 적색 토양의 이름을 따 코키노초리아(붉은 마을들)라고 불리는, 터키에 점령되지 않은 파마구스타 지역의 몇몇 연안 마을을 향해 떠났다.

우리는 오른쪽에 바다를 끼고 라르나카 북쪽으로 차를 몰았다. 차는 데켈리아의 영국 기지를 횡단해서 터키가 관리하는 지역과 섬의 여타 지역을 가르는 도로를 따라 달렸다. 우리는 바로 그린라인 위를 달리고 있었다. 도로 왼편에는 터키 국기와 감시초소 군인들이 보였고, 오른편에는 그리스와 키프로스 국기, 그리고 전방 초소를 점검하는 그리스계 키프로스 군인들이 보였다. 그 길을 달리는 동안 우리는 우울한 상황을 초래했던 1974년의 비극적 사건을 떠올리면서 아무 얘기도 하지 않았다. 마침내 차는 바리케이드에서 좀 떨어진 리오페트리의 마을 쪽으로 우회전했다.

코스타스가 한 사람의 스승으로 깨어났던 과정에 관한 이야기를 다시 계속하려는 생각으로, 나는 그에게 에레브나 및 다스칼로스와 함께 했던 초창기에 그의 영적 발전 과정에 전환점이라고 부를 만한 다른 경험들이 있었느냐고 물어보았다. 잠시 말이 없던 코스타스는, 또렷하게 깨어 있는 의식 상태로 침대에 누워 있던 어느 날 자신에게 일어났던 일을 얘기했다.

"갑자기 내 자신의 한 부분이 내 몸 바로 위에 떠 있었고, 다른 부분은 천장 가까이에 떠 있었어요. 그것들은 모두 다 거친 육체와 똑같은 모습의 온전한 몸이었지요. 그런데 천장 가까이 떠 있는 몸의 절반은 지붕 밑에 있었고, 나머지 절반은 지붕 위에 있었어요. 그래서 실제로 우리 집 위의 경치를 볼 수 있었지요. 내 자신의 일부는 여전히 집 안에 있었고요. 나는 내 거친 육체를 포함해서 이 모든 몸들을 가지고 동시에 보고 관찰하고 있었던 거예요."

내가 가볍게 말했다. "전통적인 심리학자들은, 만일 그런 경험을 이야기하면 당신에게 온갖 종류의 정신병 딱지를 붙일 겁니다."

"쓸데없는 소리죠." 전통 심리학적 사고를 비웃으면서 코스타스가 말했다. "이것은 초의식적 자아각성의 경험들이에요. 초의식에는 많은 형태가 있는데, 이것도 그 중 하나지요."

"코스타, 당신이 얘기했던 황홀경이나 전생에 대한 기억, 지구의 잠재의식으로 들어가 그 화염 상태를 목격하는 것, 유체이탈은 물론 동시에 여러 지점에 존재하는 것 등등의 모든 경험들이 심령능력으로 당신에게 남게 된 거로군요. 그렇죠?" 내가 말했다.

"그래요. 하지만 이런 경험들도 처음에는 내가 그것들을 의식적으로 조절하지 못하는 상황에서 일어난 겁니다. 하지만 경험이 점차 쌓여가면서 이런 경험들뿐만 아니라 다양한 심령이지적 의식 상태도 잘 다룰 수 있게 됐지요. 예컨대, 처음에 나는 유체이탈을 통제하지 못했어요. 단지 몸을 벗어나 천장에서 내 육체를 내려다보고 있을 뿐이었죠. 초보자일 때는 육체에서 멀리 떨어져 있기가 매우 어려워요."

"다스칼로스가 내부 모임의 한 신입 회원에게 처음에는 자신의 육체에서 멀리 가지 말라고 지시하는 것을 들었어요. 왜죠?" 내가 물었다.

"위험하기 때문이죠." 코스타스가 대답하며 내 쪽을 돌아보고 싱긋 웃었다. "경험이 없는 풋내기일 때는 자신과 타인의 안녕이나 안전에 필요한 것을 제대로 알고 있지 못하거든요. 진동이 다를 때 작용하는 법칙, 근본적으로 다른 그 법칙에 익숙하지 않은 거지요."

"물론 그것은 다양한 심령이지 차원의 법칙들을 말하는 거겠죠?" 내가 말했다.

"맞아요. 하지만 심령이지 차원 가운데서도 주로 거친 물질 차원에 아주 가까이 있는 진동 차원을 말하는 겁니다. 내 개인적 경험을 얘기할게요. 내가 의식적인 유체이탈을 처음 경험했을 때는 다소 어려움에 부딪혔어요. 나는 심령이지체가 거친 물질 법칙에 묶여 있다고 순간 잘못 판단했어요. 물론 그게 아니었지요. 심령이지체는 밀도가 낮아서 거친 물질을 통과할 수 있어요. 어느 날 저녁 나는 육체를 벗어나 옆에서 자고 있는 아내를 바라보았지요. 문은 닫혀 있었지만 나는 방을 나가기로 작정했어요. 그 순간 나는 내가 벽을 통과할 수 있다는 사실을 잊고 문을 열려고 했어요. 그래서 순전히 의지의 힘으로 심령이지체의 진동을 실제로 문을 열 수 있을 정도로 낮추었어요. 그 순간 방 안에 누군가가 깨어 있었다면 문이 저절로 열리는 것을 보았을 거고, 정말 깜짝 놀랐을 겁니다. 마침내 나는 잘못 판단했다는 걸 깨닫고 문을 닫았어요. 그러자 문은 아내를 깨울 만큼 탕하고 큰 소리를 내며 닫혔지요."

"만일 리니아가 그 순간 당신을 깨우려고 했다면 무슨 일이 생겼을까요, 코스타?" 안토니스가 물었다.

"나는 바로 총알처럼 내 몸으로 돌아왔을 겁니다. 그 외엔 아무 일도 일어나지 않는 거죠."

"그리고 그녀는 당신의 유체이탈에 대해서 아무것도 눈치 채지 못하겠지요."

"맞아요. 아내는 알지 못하지요."

"그러면 육체에서 멀리 떨어져 움직일 때 마주치는 위험에는 어떤 게 있죠?" 안토니스가 또 물었다.

코스타스는 웃으며 잠시 멈췄다. "우리가 봉사의 임무를 수행하기 위해 육체 밖으로 나올 때에는 우리와는 달리 선(善)의 반대편에 속한 다른 인간들에게 공격당할 위험에 부딪칩니다. 늘 몸 안에 머물던 한 자아의식이 그 몸을 떠난 것을 그들이 알아차리면 우리를 공격하려 들 수 있는 거죠."

"당신은 정말 내 머릿속에 두려운 생각을 심어놓는군요." 안토니스가 투덜거렸다.

"아, 아니에요. 두려워할 것 없어요. 나도 늘 겪지만 겁낼 일이 아니에요. 어떻게 해야 할지만 알면 돼요." 코스타스는 유체이탈중에 스스로를 보호할 수 있는 방법을 설명했다. "우리는 몸을 떠나기 전에 거친 육체를 보호하기 위한 염체를 만드는 것을 잊지 말아야 합니다. '내가 없는 동안 내 몸에 아무런 일도 일어나지 않을 것이다'와 같은 강한 자기 암시를 통해 그 염체를 만드는 겁니다."

또 중요한 봉사를 위해 긴 여행을 떠날 때는, 최소한 한 명 이상의 다른 사람과 함께 가는 것이 현명합니다. 나는 보통 다스칼로스와 함께 가죠. 물론 그 다른 사람이 이 세상 사람이어야 할 필요는 없어요. 유체이탈시 자신이 다룰 수 없을 정도의 위협적인 염체와 맞닥뜨리는 상황에서, 마지막으로 의지할 수 있는 피난처는 우리 육체예요. 총알처럼 육체로 되돌아오기만 하면 안전합니다."

"내가 뭘 깨달았는지 아세요, 안토니?" 내가 뒷좌석에서 앞쪽으로 몸을 기울이면서 불쑥 말했다. "이런 가르침에 익숙해질수록, 보통 때 같으면 굉장히 무서워했을 만한 상황에 처해도 덜 놀라게 된답니다." 그러면서 나는 전에 여러 차례 꾸었던 자각몽(自覺夢)을 얘기했다. "나는 내가 꿈속에 있으며, 꿈속의 상황에 영향을 미칠 수 있다는 사실을 의식했어요. 유사한 다른 경험에서 그랬듯이 내가 몸 밖에 있다는 사실을 또렷이 의식했지요. 그 꿈은 의도적인 것이 아니었지만 매우 만족스러웠어요." 나는 내 의식 속에서는 그런 종류의 체험이 3차원적 현실보다도 훨씬 더 생생하게 나타난다고 말해줬다. "그런데 갑자기 아주 추악하게 생긴 위협적인 염체가 내 앞에 나타났어요. 그것은 우리가 보통 악마와 연관짓는 모든 특징을 다 가지고 있었지요. 그전 같으면, 그런 염체와 맞닥뜨렸을 때 ― 나는 이런 일을 몇 번 넘겼다 ― 나는 공포에 떨었을 겁니다. 심장은 쿵쿵 빠르게 뛰고 땀이 비 오듯 흐르면서 갖고 있는 모든 아드레날린을 뿜어냈을 겁니다. 하지만 이제 나는 웃으면서 그 악마에게 '너는 더이상 나를 놀라게 할 수 없어. 다스칼로스가 너 같은 것들을 다루는 방법을 가르쳐줬어'라고 말했지요. 그런 다음 악마에게 삿대질을 하면서 나 스스로도 놀랄 정도로 위엄을 갖춰 냉정하게 말했어요. '예수 그리스도의 이름으로 너의 부정적인 에너지를 긍정적인 에너지로 바꿀 것을 명령한다.'"

"그랬더니, 어떻게 됐나요?" 안토니스가 코스타스와 함께 킥킥대면서 물었다.

"악마가 서서히 사라지면서 그 자리에는 아주 아름다운 꽃이 피어났어요." 내가 대답했다.

얼마 동안 각자의 꿈속 체험에 관한 이야기가 이어진 후, 안토니스는 코스타스에게 심령이지적 능력을 계발할 수 있는 방법이 무엇인지 물었다.

"방법은 우리 내면으로부터 나오는 지식 그 자체에 있어요." 코스타스가 애매하게 대답하면서 웃었다. "물론 나는 다스칼로스뿐만 아니라 이 세상에 살지 않는 스승들로부터도 도움을 받았지요."

"그 스승들은 누군데요? 우리에게 얘기해줄 수 있어요?" 안토니스가 물었다. 그는 호기심으로 달아오르고 있었다.

"그들 중의 한 분은, 알다시피, 요하난이에요. 그분은 에레브나를 지켜보시고, 진리탐구 모임을 주재하시는 분입니다. 항상 우리를 인도하며 우리 곁에 계시는 분이지요."

(코스타스는 자신에게서 나오는 지식은 물론 다스칼로스가 쏟아내는 지식도 예수의 사랑하는 제자 요한, 즉 요하난이 주는 것이라고 거듭 주장했다. 다스칼로스와 마찬가지로, 코스타스도 요하난의 신비적 지식을 세계에 전파하는 통로가 될 만한 영적 진화 상태에 도달해 있었다. 이러한 이유로 코스타스도 다스칼로스와 대등한 자격으로 그의 뒤를 이어서 에레브나의 스승으로 지명된 것이다.)

"물론, 요하난은 인간이 아니에요." 코스타스가 말했다.

"그럼 무엇인데요?" 안토니스가 못 믿겠다는 듯 눈썹을 치켜올리며 물었다.

"사실 그는 우리 행성에 로고스의 현현을 돕기 위해 인간의 모습을 하고 있는 대천사였어요." 코스타스는, 요하난은 다른 인간들처럼 영적 완성을 이루기 위해서 윤회의 여정에 오르지 않았다는 점에서, 평범한 보통 인간이 아니라고 설명했다. 요하난은 물질세계로 내려올 때부터 이미 완벽한 존재였다는 것이다. 안토니스가 그 점에 대해 부연설명을 해달라고 부탁하자, 코스타스는 그것은 앞으로 우리가 좀더 깊이 탐구해야 할 문제라고 대답했다. 대신 그는 자신의 차크라가 열리기 시작하고, 그 결과 다른 차원에서 온전히 깨어 있는 의식으로 존재할 수 있게 되면서 만났던 다른 인간 스승들과 보이지 않는 구원자들에 대해서 이야기를 이어갔다.

"내가 저쪽 세계에서 만난 최초의 스승들 가운데 한 분은 수사(修士) 임마누엘이었어요. 내가 처음 그를 만났을 때, 그는 정확히 이렇게 자신을 소개했어요. '나는 마스터 임마누엘이오.' 나중에 나는 이분과 전에 인연이 있었다는 걸 알았지요. 이분은 16세기 베네치아 시대에 파마구스타에서 가톨릭 사제로 살았어요. 그 시기 그리스 사람들은 그를 마노스라고 불렀지요. 그때 이후 그는 한 번도 환생하지 않고 저쪽 세상에서 이쪽 인간들에게 봉사해왔어요."

"그는 지금 어떤 모습이죠?" 안토니스가 물었다.

"가톨릭 사제였던 자신의 마지막 생의 모습과 똑같은 모습이에요. 그는 여전히 갈색 사제복을 입고 있는데, 그것이 내가 처음 그를 보았을 때의 모습이고, 우리가 만날 때마다 그 모습으로 나타나요. 지금 그에게 직업이 뭐냐고 묻는다면, '나는 가톨릭 사제요'라고 대답할 겁니다."

"그는 누구에게 봉사하나요? 한 사람인가요, 아니면 많은 사람인가요?" 안토니스가 물었다.

"아니에요, 안토니. 그는 전 지구를 위해 봉사하고 있어요. 인류의 영적 발전을 위해서 봉사하고 있지요."

"그는 지금 어디에 있나요?"

"어디에나 있지요. 당신이 그를 생각하고 말할 때마다 당신 곁에 있어요."

그러면서 코스타스는 인류에게 봉사하고 있고, 그리고 구도의 길에서 자신을 지도하고 있는 다른 스승들에 대해 이야기했다. 그는 자신이 정기적으로 만나고 있으며, 다스칼로스의 영적 안내자 가운데 한 분이기도 한, 또다른 가톨릭 사제인 교부 도미니코의 이름을 언급했다.

우리의 대화는 리오페트리 마을에 도착했을 때 중단되었다. 코스타스는 그곳에 볼 일이 있었다. 리오페트리를 방문한 뒤 우리는 아이야 나파와 파랄림니 관광지를 포함해 다른 코키노초리아 마을 몇 군데를 들렀다. 나는 수년 동안 그 지역에 와본 적이 없었는데 그림 같은 어촌 마을을 콘크리트와 소음, 그리고 디스코 음악으로 변질시켜놓은 무절제한 개발상을 보고 경악했다. 키프로스 섬과 중동 지역의 정치적 긴장 상태에도 불구하고, 북유럽의 관광객들은 점령되지 않은 섬 남쪽 지역의 모래사장과 햇볕을 즐기기 위해 이곳을 계속 찾고 있었다. 그 지역은 경제 발전에 대한 성급한 요구와 터키군 주둔으로 인한 강박관념으로 인해 생태적 생존이나 섬의 성장가능성과 관련된 장기적인 문제는 돌아볼 겨를조차 없는 의식의 진공 상태에 빠져있었고, 해안 지역은 빠짐없이 개발의 주요 표적이 되고 있었다.

우리는 파랄림니 마을 근처의 조용한 장소를 찾아 그곳에서 점심을 먹었다. 2월인데다 관광 시즌이 이제 막 시작되어서인지 해안에는 파라솔이나 플라스틱 매트리스가 그다지 많지 않았다. 점심식사 후 우리는 피그 트리만 근처의 해안을 잠시 산책했다.

라르나카로 돌아오는 길에 코스타스가 아이야 나파에서 또다른 볼일을 마치고 차에 오르자, 안토니스는 유체이탈에 관한 코스타스의 경험으로 화제를 돌렸다.

코스타스가 말했다. "예컨대, 자신의 육체를 떠날 수 있다면, 지구의 다른 지역을 방문해서 거기서 무슨 일이 일어나는지를 볼 수 있고, 또 거친 물질 차원인 지구보다 더 높은 주파수로 진동하고 있는 저쪽 세계들도 방문할 수 있어요."

"당신이 경험한 것이 상상이나 환상, 또는 순전한 환각이 아니라 진짜로 존재하는 세계라는 걸 어떻게 증명할 수 있나요?" 안토니스가 물었다.

코스타스는 그런 진동 속으로 제대로 들어가 보면 그냥 알 수 있다고 대답했다. "그것은 당신과 나와 키리아코스가 바로 이 순간 이 장소에서 서로 이야기를 나누고 있는 '진짜' 사람들인지를 묻는 거나 마찬가지예요. 때가 되면 저절로 알게 됩니다. 게다가 나는 내 경험의 확실성에 대한 의혹을 조금도 남기지 않기 위해 다스칼로스와 나의 경험을 끊임없이 교차검증 해왔어요."

"그 중에서 최근에 겪은 경험을 얘기해줄 수 있나요?" 멀리 라르나카를 바라보면서 내가 물었다.

코스타스가 내 쪽을 돌아보며 말했다. "그런데, 내가 나 자신에 대해서 이렇게 많이 얘기한 것은 이번이 처음이에요."

"놀랍군요!" 나는 감탄하며 그의 어깨를 가볍게 두드렸다. 안토니스는 내게 맞장구라도 치듯이, 코스타스에게 그가 살았던 색다른 세계에 대해 더 얘기해달라고 졸랐다. 잠깐 쉰 후에, 코스타스는 웃으면서 자신이 다스칼로스와 함께 육체를 떠나 터키에 있는 한 마을을 방문했을 때의 경험을 얘기하기 시작했다.

"우리는 실종된 그리스계 키프로스인의 행방을 찾고 있었어요. 그는 터키 침공 이후 실종되었는데, 터키 어딘가에 아직도 살아 있을 것이라는 의심이 있었지요. 그의 아버지가 아들의 사진을 우리에게 가져왔을 때, 우리는 그의 오라를 감지하여 그가 실제로 살아 있다는 사실을 알아냈어요. 우리는 어느 날 밤 육체를 떠나 그에 관한 정보를 더 수집해보기로 했어요. 놀랍게도 우리는 그가 침공에 참가했던 한 터키 장교의 여동생과 터키에서 결혼했다는 사실을 발견했어요."

"그걸 확신하세요? 코스타?" 나는 쉽게 믿어지지 않아서 물었다.

(대략 2천 명에 달하는 실종자는 그리스계 키프로스인들에게 가장 중요한 문제이다. 사실 내 가까운 친척 가운데에도 실종자가 한 명 있다. 그에 대해 우리가 갖고 있는 마지막 정보는 키레니아 마을에서 터키군에 체포되었다는 사실이다. 모든 정황으로 보아 행방불명된 사람은 십중팔구 죽었다고 생각할 수밖에 없다. 그들은 침공 초기에 죽었거나 체포된 뒤 처형당한 것이다. 터키 정부는 자국 감옥에 그리스계 키프로스인 수감자는 없으며, 실종자들은 터키 정부가 '평화 작전'이라고 명명했던 전쟁에서 사망한 것뿐이라고 주장해왔다. 그러나 키프로스 공화국 정부는 문서기록에서 얻을 수 있는 단서에 근거해 최소한 실종자들 중 일부는 전쟁포로로 배에 실려간 후, 터키 어딘가에서 아직도 살아 있을 것이라고 주장했다. 코스타스는 자신이 얘기한 내용은 매우 드문 경우라고 말했다.)

코스타스가 자신 있게 말했다. "그럼요. 내 두 눈으로 그 사실을 확인했어요. 그 사람은 말 그대로 터키인이 되었더군요. 그는 자신의 삶에 만족하고 있었고, 고향에 돌아가서 아버지와 함께 살고 싶어하지도 않았어요."

"우리가 방문한 것은 여름철이었는데, 그들은 옥외의 넓은 베란다에서 식사를 하고 있었어요. 아주 넓은 집이었지요. 사실 그것은 큰 저택이었어요. 그의 아내는 아주 부유한 가문 출신이었어요."

"당신은 그 경험이 자신의 잠재의식에서 나온 것일 수도 있으리라고는 조금도 의심하지 않는군요?" 내가 의문을 표시했다.

"물론이죠. 전혀 의심하지 않아요. 그들은 베란다에서 식사하고 있었어요." 코스타스는 강한 어조로 힘주어 말했다. 그런 다음 그는 가벼운 어조로 밤중에 터키를 여행하던 동안 다스칼로스에게 일어났던 일을 얘기했다.

"그 집 앞에서 다스칼로스는 꽃이 활짝 핀 아름다운 장미넝쿨을 보았어요. 다스칼로스가 꽃에 정말 약하다는 건 당신들도 알 거예요. 내 만류에도 불구하고 그는 장미꽃 앞으로 다가갔고, 결국 장미넝쿨에 얽혀들었어요." 코스타스가 웃었다. "유체이탈 중이라도 그는 못 말려요. 장미 향기를 즐기기 위해서 어리석게도 자신의 진동을 낮춰 장미의 진동에 다가갔던 거예요. 그런데 그때 육체로 돌아오게 됐어요. 그는 먼저 자신의 진동을 높이고 나서 넝쿨에서 빠져 나왔어야 하는데, 거의 반물질화된 상태에서 급하게 빠져나와 버렸어요."

"그래서 어떻게 됐나요?" 안토니스가 순간 고개를 돌려 코스타스를 보며 믿을 수 없다는 표정으로 물었다.

"육체로 돌아왔을 때 그의 온몸에는 긁힌 상처가 나 있었지요." 코스타스가 웃으면서 말했다.

"그날 밤 당신은 다스칼로스와 함께 있었나요? 아니면 당신은 리마솔에 있고, 그는 니코시아에 있었나요?" 내가 물었다.

"그날 밤은 함께 니코시아에 있었지요."

"그러면 당신의 경험과 그의 경험을 비교해서 그것이 일치한다는 사실을 확인했겠네요?" 내가 덧붙였다.

"아, 물론이죠."

"그리고 육안으로 다스칼로스의 몸에 난 상처를 보았단 말이죠?"

안토니스가 물었다.

"내가 방금 한 말이 그 말이에요." 코스타스는 그런 식으로 다스칼로스와 함께 교차검증을 지속적으로 해왔으며, 그럼으로 해서 마음속에 그 비범한 경험의 진실성에 대한 의혹이 전혀 남지 않게 된다고 말했다. 코스타스는 이제 자신에게는 그와 같은 경험이 일상적인 일이며, 자신은 육체를 떠나 다른 행성이나 진동이 다른 공간을 마음대로 방문할 수 있다고 덧붙였다.

"내가 당신들에게 말하고 있는 지금, 바로 이 순간에도 나는 온전한 의식 상태로 다른 곳에 있을 수 있어요." 그가 주장했다.

"바로 이 순간 아포스톨로스 안드레아스를 방문해서 그곳에 무슨 일이 일어나고 있는지 볼 수 있단 말이에요?" 안토니스가 물었다.

(카르파시아 반도의 동쪽 끝에 위치한 아포스톨로스 안드레아스 수도원은 키프로스인들에게 대단한 상징적 의미를 가지고 있다. 그 지역에는 성인의 성상(聖像)이 일으킨다는 기적과 치유 현상에 관한 많은 이야기가 전승되고 있다. 그리스계와 터키계 키프로스인들은 이 섬에 살았던 성인의 놀랄 만한 힘이 그러한 치유 현상을 일으킨다고 믿어왔다. 중요한 것은, 아포스톨로스 안드레아스는 그리스계 키프로스인들에게 하나로 통일되어 온전하게 보존된 키프로스를 상징한다. 그리고 더 중요한 것은 그것이 터키군의 철수와 아울러 피난민들이 조상대대로 살아왔던 집과 마을로 돌아갈 수 있는 자유의 약속을 상징한다는 점이다. 그러나 그 수도원과 장엄한 카르파시아 반도의 모든 것은 황폐해지고, 그곳에 살던 그리스계 키프로스인들 대부분은 전쟁을 피해 섬의 남쪽으로 떠났다. 나의 가장 달콤했던 추억들이 그

지역과 얽혀 있기 때문에 나에게 카르파시아는 큰 상실이었다. 망가지지 않고 개발되지 않은, 비길 데 없는 자연의 아름다움을 간직한 카르파시아 반도는 스노클링과 작살 낚시, 하이킹을 할 수 있어서 내가 가장 좋아하던 지역이었다. 무엇보다도 그곳은 내 가까운 친구 몇몇을 포함해서, 콜린 턴불의 〈숲 사람들〉[The forest people]처럼 더불어 웃고 즐기며 살았던 주민들의 고장이었다.)

코스타스가 싱글거렸다. "이봐요, 안토니, 나는 이 지구상에서 원하는 곳은 어디나 갈 수 있어요."

"당신은 2분 안에 아포스톨로스 안드레아스에 가 있을 수 있단 말이에요?" 안토니스가 다시 물었다. 철저한 합리주의자이며 아직 에레브나의 신입회원에 불과한 그가 코스타스의 이야기를 소화하기는 어려웠을 것이다.

"2분씩이나?" 코스타스가 안토니스를 놀렸다. "당신이 방법을 알게 되면, 일순간에 그곳에 가 있을 거예요. 그렇게 하는 데 시간은 필요 없어요."

"당신은 파마구스타의 고향집에 가 보고 싶은 호기심은 들지 않았나요?" 내가 그에게 물었다.

"유감스럽게도, 가봤어요."

"왜 유감스럽다는 거죠?" 내가 파고들었다.

"그러면 안 되는 거였죠. 봉사를 하기 위해 갈 수는 있지만, 개인적인 이유와 호기심으로 가서는 안 되지요."

"그것은 그냥 거친 물질적 존재로서 파마구스타의 고향집을 방문하는 것과 어떻게 다르죠?" 내가 다시 물었다.

코스타스가 웃음을 띠고 대답했다. "이봐요, 키리아코, 사람들은 주로 3차원인 이 세상 안에서 자신을 표현하고 사는데, 진리탐구자로서 우리는, 남을 돕든 봉사를 하든 자신이 발을 딛고 있는 차원계의 법칙에 따라 일해야만 합니다. 우리가 높은 차원에 통달하여 거기서 얻어낸 힘을 정당하게 쓸 수 있는 것은 오직 치유와 봉사의 목적을 위해서 쓸 때뿐이에요. 그렇지 않다면 그건 힘의 남용이지요."

"하지만 당신의 경우에는, 유체이탈 여행이 제2의 본성이 돼서 별다른 노력 없이도 자동적으로 일어나잖아요. 그런 경우에 정상적인 방법으로는 가보지 못하는 고향집에 무슨 일이 일어나고 있는지 알고 싶은 열망을 풀기 위해 파마구스타를 방문하는 것이 누구에게 해가 되는 것인지…… 좋아요, 그것은 단순히 개인적 궁금증을 만족시키는 것일 수 있어요. 하지만 나는 이런 식의 궁금증이 누구에게 해를 끼치는지 모르겠네요."

"그래요. 그런 행동이 누군가를 괴롭히지는 않지요. 하지만, 우리는 사실상 우리의 것이 아닌 에테르 에너지를 사용하고 있어요." 코스타스가 대답했다. "이 에테르 생명력은 로고스에 속해 있고, 로고스는 '세상의 죄악을 짊어진 짐꾼' 입니다. 그런데 내 궁금증을 만족시키기 위해 로고스로부터 그 에테르 생명력을 빌려와야겠어요? 나는 내가 그런 짓을 했던 것을 인정하고, 후회합니다. 그것이 내 인간적 약점이었어요. 그러나 좀더 많은 깨달음을 얻은 지금은 그런 짓을 하지 않아요. 나는 자석처럼 파마구스타에 이끌렸었고, 점령지역 전체를 돌아다니곤 했지요. 초기 몇 년 동안 내가 저질렀던 또다른 잘못을 당신들에게 고백해야겠군요. 나는 파마구스타 상공에서 매우 열심히 일을 했답니다."

"무슨 의미죠?"

"나는 유체이탈 상태에서 여러 차례 그 도시 위로 가서, 내 마음으로 강력한 방어 우산을 만들었어요. 그 도시에 아무도 정착하지 않게 하기 위해 에너지로 염체를 투사했어요."

"아, 확실히 큰일을 하셨네요." 내가 그를 놀렸다.

(터키 점령지역 중에서 파마구스타의 일부 지역은 비교적 원상태를 보존하고 있다. 터키 정부는 다른 모든 도시와 마을들에는 터키계 키프로스인이나 아나톨리아 터키인들을 버려진 그리스인들의 집에 마구 정착시킨 반면, 파마구스타는 유령의 도시로 남겨놓았다. 그곳에는 거주민은 없고, 터키군 정찰병과 키프로스에 주둔하고 있는 유엔군 파견단을 가끔씩 볼 수 있을 뿐이다. 외교가에서는 만일 키프로스 문제가 해결되면 파마구스타는 그리스계 키프로스인 주민들에게 반환되어야만 한다고 본다. 터키 정부가 한편으로는 계속적인 위협을 가하면서도 이 빈 도시에 이주민을 정착시키는 정책을 밀고 나가지 못하고 있는 이유도 국제사회의 이러한 이목 때문이다. 이러한 이유로 코스타스를 비롯하여 모든 파마구스타 피난민들은 언젠가는 고향으로 돌아갈 수 있다는 큰 희망을 간직하고 있다.)

코스타스는 자신을 둘러싸고 있는 정치적 혼란에 관심이 없거나 영향을 받지 않는 신비가가 아니었다. 코스타스나 다스칼로스나 모두 소시민들의 관심사나 열망 같은 것으로부터 초연한 그런 류의 은둔 수도자는 아니었다. 오히려 그 반대로, 그들은 둘 다 민족주의의 격랑 속에 뛰어들어 자신들의 입장에서, 그리고 자신들의 위치와 의식의 수준에 맞게 일하고 있었다. 사실 1960년에 섬이 독립한 후, 영국에서 공학 공부를 막 끝마치고 돌아온 코스타스는 국민군이 없는 상태에서 일상적으로 터키군의 공격 위협을 받고 있던 시기에 카르파시아 반도 내 마을들의 민방위 조직에서 지도적인 역할을 했었다. 그리고 터키군 침공 시에 탱크가 도시로 밀고 들어올 때 코스타스는 마지막으로 그곳을 떠난 무리에 끼어 있었다. 그 비극적인 시간 동안 코스타스는 자신에게 아직도 수수께끼로 남아 있는 한 가지 경험을 했다. 그것은 터키군 비행기가 이 도시를 폭격하여 해변에 있는 호텔 몇 군데를 폭파시키던 때의 일이었다.

"나는 해변가의 장벽 옆에 있었어요. 비행기 한 대가 탄환을 빗발처럼 쏘아대면서 바다 저쪽으로부터 날아오고 있었지요. 만일 그대로 있었다면 나는 확실히 죽었을 거예요. 하지만 장벽의 뒤쪽을 제외하고는 숨을 곳이 어디에도 없었어요. 그런데 그 장벽은 너무 높아서 그걸 뛰어넘는 것은 물리적으로 불가능했어요. 나는 절망 상태에서 그것을 뛰어넘으려는 시도를 해봤지요. 그런데 놀라운 일이 일어났어요!" 코스타스는 이 사건을 얘기하면서 탄성을 질렀다. "어떤 힘이 나를 밀어서 넘겨주었고, 나는 총알이 도처에 빗발처럼 쏟아지는 그 순간 장벽 뒤편에 안전하게 몸을 피할 수 있었어요." 그는 자신이 한 사람의 스승으로 깨어나기 몇 년 전에 있었던 경험이었기 때문에 그 기적적인 구출에 대해 당시에는 전혀 이해할 수가 없었다고 말했다. "돌이켜보면, 나는 그날 높은 힘에 의해 구조된 게 틀림없어요." 그러면서 코스타스는 생애 내내 자신과 함께 해온 여러 스승들과 안내자들의 이름을 언급했다.

집으로 돌아오는 길에 코스타스는 자신이 스승으로서 깨어나던 초기 시절에, 자신에게 열린 새로운 세계와 가르침들의 진위를 스스로 검증해보기 위해서 다양한 심령이지적 실험을 했던 이야기를 들려주었다. "그 기간 동안 나는 거의 아무것도 먹지 않았어요. 빛의 에너지로 직접 내 몸에 영양을 공급했지요."

코스타스는 파마구스타에서 피난 나온 직후에 이런 실험을 행했다고 주장했다. "그 기간 동안 의사인 장인어른이 우리와 함께 살았어요. 장인은 내가 음식을 먹지 않으면서도 계속 살아 있다는 사실을 정말 믿지 않았지요. 나는 거의 먹지 않았고 이따금 수박을 약간 먹었어요. 장인어른의 의학적 견해에 따르면, 나는 오래전에 죽었어야 했답니다."

"당신이 하고 있는 일을 장인에게 말했나요?" 내가 물었다.

"아니요. 나는 다스칼로스와 에레브나에 소속되어 있다는 사실을 비밀로 하고 있었어요. 오직 아내만이 그걸 알고 있었지요. 장인어른은 내가 아무것도 먹지 않는다는 것에 대해 단지 어깨를 으쓱할 뿐이었고, 내가 어떤 어리석은 단체에 가입해서 그런 행동을 하고 있으며, 집에서든 식당에서든 몰래 뭔가를 먹을 거라고 생각하고 있었어요."

코스타스는 천연덕스럽게, 인간이 특별한 명상으로 자신의 에테르 복체에 에너지를 주는 방법을 알기만 하면 음식을 거의 먹지 않고도 살 수 있다고 했다. "덧붙이자면, 오랫동안 음식을 거의 먹지 않았던 그 기간 동안 1그램의 몸무게도 빠지지 않았어요. 그때는 지금보다 체중이 더 많이 나갔지요." 코스타스는 오랜 세월에 걸쳐 요기나 그리스도교 수도자, 신비가들이 그런 행동을 해왔으며, 이는 심령이지적 훈련과 수양, 그리고 물질을 극복하는 의지의 문제라고 말했다.

코스타스의 이야기는 인류 진화의 흐름이 결국 채식으로 귀결될 것인가에 관해 내가 일전에 다스칼로스에게 제기했던 의문을 떠오르게 했다. "아닐세." 다스칼로스가 대답했었다. "우리의 진화적 운명은 '빛을 먹는 존재'가 되는 거야. 채소나, 그보다 더 우회해서 동물의 고기라는 매개물을 통해서 빛을 흡수하는 대신, 인간은 결국 생명력을 주는 에테르 에너지를 직접 흡수해서 육체를 지탱하게 될 걸세."

"무엇 때문에 금식을 중단했나요?" 안토니스가 물었다.

"나는 금식이 옳은 일이 아니라는 걸 알게 됐어요." 코스타스가 대답했다. "첫째로, 그런 행동은 함께 사는 내 장인 같은 사람을 당황스럽게 만들고 불필요한 문제와 의심을 일으켜요. 그리고 그 사이 나는 에레브나를 통해서 심령능력은 반드시 치유를 위해서만 사용해야 한다는 것을 알게 됐고요. 호기심이나 타인에게 강한 인상을 주기 위한 것이어서는 결코 안 되는 거죠. 둘째로, 일상생활을 하는 내 존재에 심각한 문제가 생기기 시작했어요. 육체 안에 머물기가 어려워진 거죠."

"무슨 뜻이죠?" 안토니스가 물었다.

"나는 정말 너무나 자주 육체를 벗어나 버렸기 때문에 심각한 위기에 직면했어요. 예컨대, 하루는 니코시아에서 리마솔로 향하는 도로 위에서 운전을 하고 있었어요. 그런데 느닷없이 내가 차 위에 떠 있는 거예요. 내 육체는 여전히 로봇처럼 차 안에서 운전을 하고 있었지요. 나는 그 상황을 통제할 수가 없었고, 결국 사고를 냈지요. 그 일이 있고 나서 나는 그 실험을 중단해야만 한다는 생각이 들었어요. 이런 식의 삶의 방식이나 경험들은 외딴 은둔처에 사는 수행자와 요기들이나 할 수 있는 것이죠. 그들은 차를 운전하고 강력한 도구들을 다루어야 하는 현대적인 세계에 살고 있지 않으니까요. 나는 그날부터 규칙적으로 음식을 먹기 시작했어요. 나는 속으로 '이 정도면 됐어. 그만 끝내자'고 말했지요."

그러면서 코스타스는, 그때부터는 정기적으로 먹었을 뿐만 아니라 가끔씩 문제를 일으켰던 몸의 과잉 에너지를 좀 태워주기 위해 주기적으로 파이프 담배를 피웠노라고 넌지시 농담조로 말했다. 어떤 수준에 도달한 후로 과잉된 에테르 에너지가 그가 원했던 것보다 더 오랫동안 그를 몸 밖에 머물게 했던 것이다. "흡연은 사람의 생명 에너지를 태워버리기 때문에 나쁜 습관이에요. 하지만 내 경우에는 그것이 나 자신을 육체에 안착시키는 하나의 방법이었어요. 나는 스스로 유체이탈을 완전히 통제할 수 있다고 느낄 때까지 주기적으로 파이프 담배를 피웠지요."

하지만 다스칼로스는 이것을 다르게 설명했다. 그는 코스타스가 주기적으로 파이프 담배를 피우는 것은 아메리카 원주민이었던 코스타스의 전생에서 비롯된 습관이라고 자신 있게 말했었다. "저 사람 얼굴 좀 보게." 그는 언젠가 코스타스 앞에서 쾌활하게 말했다. "아파치족처럼 보이지 않나?"

나는 코스타스가 한두 달 동안은 파이프를 노상 피워대다가 또 한두 해 동안은 딱 끊고는 파이프에 손도 대지 않곤 하는 것을 보았다. 그 뒤에도 그는 다시 짧은 기간 동안 담배를 피우다가 다시 이전처럼 쉽게 끊어버렸다. 그는 그것은 중독이 아니라 이 물질계에 잘 안착하기 위한 의도적인 행동이라고 우리를 안심시켰다. 물론 그는 흡연을 누구에게도 권하지 않았고, 자신의 학생들에게는 만일 에테르 생명력의 달인이 되고자 한다면 담배는 피해야만 한다고 강조했다.

언젠가 내부 모임이 시작되기 전, 코스타스가 아침 일찍 니코시아에 있는 우리 집에 온 적이 있다. 그는 전날, 그의 표현을 빌리면, 자신을 뒤흔들 만한 한 가지 경험을 했다고 털어놓았다. "나는 부엌에 있었는데, 갑자기 다른 차원으로 가버렸어요. 내가 자발적으로 들어간 것이 아니었는데, 거기에 문제가 있었어요. 육체로 돌아오는 데 무척 고생을 했거든요. 나는 아내와 딸이 텔레비전을 보고 있는 옆방으로 로봇처럼 움직여 가서 텔레비전을 보는 척하면서 앉았지요. 사실 나는 몸으로 돌아오기 위해 혼자서 필사적으로 몸부림쳤고, 결국 성공했어요." 본의 아니게 일어난 유체이탈이 코스타스를 몹시 괴롭힌 것이었다. 내가 그 경험의 원인이 무엇이라고 생각하는지 물어보자, 그는 아마도 자신의 세 가지 몸이 피곤하고 과로해서 서로 정합되지 않은 것 같으며 육체적, 정신적, 감정적 휴식이 필요한 것 같다고 대답했다. 그날 코스타스는 만일 이런 일이 비전 수행이나 비전 철학에 대한 탐구를 하지 않았고 훈련도 받지 않은 사람에게 일어났다면, 그 사람은 정신분열증 환자가 되었을 거라고 말했다.

"아, 가엾은 우리 장인어른." 코스타스는 자신이 초기에 수행을 할 때 해봤던 실험들 중의 하나를 회상하면서 싱글거렸다. "한번은 우리 장인이 환자들의 심장박동을 측정하는 고가의 장비를 샀어요. 장인은 내게 그 기계로 맨 처음 검사받을 의향이 있는지 물었어요. 나는 좋다고 했지요. 장인은 내 몸에 전선을 연결하고 그 기계를 작동시켰어요. 그때 나는 장난기를 발동시켜서 심장이 불규칙적으로 뛰게 만들었어요. 한 순간 심장 박동을 완전히 멈췄다가, 다시 아주 빨리 뛰게 하고, 그 다음엔 느리게 뛰게 했어요. 가엾은 우리 장인은 판매자가 결함 제품을 보낸 것이 아닌가 매우 걱정하며 여기저기 살펴보았어요." 코스타스가 웃으면서 말했다. "장인은 기계를 두드려보기도 하고, 기계 속의 모든 전선들이 제자리에 연결되어 있는지 살펴보기도 한 다음 고민스러운 듯 고개를 갸웃거리며 한숨을 쉬었어요. 그 순간 나는 내가 너무 지나쳤다는 것을 깨닫고 장난을 그만두기로 했지요. 나는 심장을 정상적으로 뛰게 해서 장인을 안심시켰어요. 기계는 아주 잘 작동했고 장인은 안도의 한숨을 쉬었어요. 물론 나는 그게 내 장난이었다는 사실을 절대로 밝히지 않았지요."

코스타스는 연습 삼아 하는 이런 식의 장난이나 심령이지적 실험 등은 모두 옛날 얘기이며, 자신의 의식이 깨어난 이후부터는 심령적 능력은 오직 치유를 위해서만 사용해왔다고 다짐하듯 말했다.

우리가 다스칼로스 내부 모임의 회원 두 사람을 방문하기 위해 라르나카에 잠시 들렀을 때 시간은 오후 4시 30분이 다 되어 있었다. 그 회원들은 오랫동안 다스칼로스와 가깝게 지내온 마로 수녀와 내부 모임에 새로 합류한 차리클리아 수녀였다. 우리는 성 라자로스(나사로) 교회 가까이에 있는 차리클리아의 집에서 융숭한 다과 대접을 받고, 리마솔로 떠나기 전에 교회에 들러 촛불을 켰다. 저녁 기도가 막 시작되고 있었다. 나이 든 사람 몇 명이 예배를 보고 있었고, 이곳을 찾은 관광객들은 19세기경 러시아 공작이 라자로스에게 경의를 표하기 위해 세웠다는 이 성당의 건축적, 예술적 장엄함을 찬탄의 눈으로 바라보고 있었다. 예수가 죽은 자 가운데서 살려냈다는 라자로스는 예수의 기적적 힘의 증거를 모두 파괴하려 했던 바리새인들에게 박해를 당했다고 전해진다. 그는 키프로스로 도망쳤고, 그곳에서 여생을 보냈다. 라자로스는 키프로스에 사는 동안 매우 진지하고 엄숙한 생활을 했다고 알려졌는데, 이는 그가 한 번 죽었다가 다시 살아난 자신의 운명을 깊이 인식하고 있었음을 보여준다. 전해지는 바에 따르면, 라자로스는 항아리를 훔치는 한 남자를 보았을 때 딱 한 번 웃었다. 왜 웃는가 물었더니, 그는 흙을 훔치는 흙을 보니 웃지 않을 수가 없다고 대답했다고 한다. 라자로스는 두번째이자 마지막으로 라르나카에 묻혔고, 이 러시아 귀족은 그 지점 위에 그를 기리기 위한 교회를 세운 것이다.

우리가 나들이의 마지막 일정을 위해 차로 돌아왔을 때는 이미 해가 지고 있었다. 고전음악 애호가인 안토니스는 우리가 잠시 잡담을 나누는 사이 비발디와 모차르트의 곡들을 틀었다. 우리는 음악과 해질녘의 아름다운 노을에 빠져들면서 곧 잠잠해졌다. 나는 음악을 들으며 등 뒤 시트에 편안하게 기댔다. 하지만 마음은 한가롭지 않았다. 스승으로 깨어나던 풋내기 시절의 코스타스의 경험들이 머릿속에서 떠나지 않고 있었기 때문이다.

나는 코스타스의 개인적 경험에 관한 이야기가 진실이라는 것을 의심하지 않았다. 나는 오랜 세월 그를 알고 지내왔기에 그의 진실성을 믿었다. 나는 또 그의 에너지가 지닌 힘과, 그것을 다른 사람들을 치유하기 위해 사용하는 그의 능력을 여러 해 동안 지켜봐 왔다. 나를 포함해 많은 사람들은 코스타스가 우리 머리를 가볍게 만질 때마다 온몸에 믿을 수 없을 정도로 충만한 에너지가 흐르는 것을 느꼈다. 그리고 판에 박힌 심리학적, 정신분석학적 논의로는 그러한 경험과 다른 많은 현상들을 설명할 수 없다는 것을 알고 있었다. 나는 코스타스가 자기도 모르게 초이성적 의식 상태를 얼핏 엿봄으로써 자신만의 영적 여정에 오르게 된 것이라고 유추했다. 나는 그의 초기 경험이 에이브러햄 매슬로우가 극치 체험[peak experience]이라고 불렀던 것과 유사하다고 느꼈다. 하지만 코스타스는, 스스로 주장하듯이 다스칼로스와 보이지 않는 안내자들의 도움으로 이 높은 경지에 도달할 수 있었고, 이제는 그 경지에 마음대로 들어갈 수 있게 됐다. 이것이 바로 그가 스승이 될 수 있고 다스칼로스의 후계자로 지명된 이유이다.

초이성적 영역의 지식이라는 개념은 매우 오래된 것이다. 역사를 통틀어 현자들, 특히 인도인들과 티베트인들은 아주 정확하고도 구체적으로 자신들이 명상 수련을 통해 발견한 각성의 여러 단계들을 구분했다. 이런 각성 상태는 비전의 가르침을 실천하는 사람들에게서 나타나는데, 그들의 실재에 대한 지식의 자각 폭은 이성적 상태에서의 자각보다 훨씬 월등하고 방대하다. 같은 논리로, 이성적인 자각 상태는 몰이성적인 자각보다 훨씬 뛰어나다. 캐나다 출신 의사 리처드 모리스 버크(R. Maurice Bucke)는, 과학적 유물론이 휩쓸던 시기인 1901년 《우주의식》[Cosmic Consciousness]이라는 대담한 책을 펴내 혁명적이면서도 매우 오래된 이 개념을 서구의 지적 전통의 주류에 편입시켰다. 하지만 주류 심리학과 일반 사회과학, 그리고 특히 내가 전공한 사회학에서는 실재에 대한 기계론적 관념에 빠져서 버크와 같은 사상가의 통찰을 무시하고 비하해버렸다. 위대한 사회학자들 가운데 오직 하버드 대학 사회학과의 설립자인 피티림 소로킨(Pitirim A. Sorokin)만이 그가 '초의식 수준[supra-conscious levels]'의 인식이라고 불렀던 것에 대해 관심을 기울였다. 창조성에 대해 깊이 고찰하면서, 소로킨은 이렇게 쓰고 있다.

「인격의 잠재의식적(혹은 무의식적) 수준과 의식적 수준과 병행하여 제3의 의식층 – 초의식적 수준 –이 점점 더 널리 인정받고 있다.

과학, 철학, 법, 윤리, 미술, 기술, 정치, 경제 등 모든 문화 분야에서 인간이 이루어낸 위대한 창조와 발견의 진정한 원천으로 간주되기 시작하고 있는 것은 잠재의식이나 무의식이 아니라 초의식의 에너지이다.

위대한 신비가들의 초의식적 종교적 체험이나 예지, 또는 이른바 '수학적 천재', 요기의 삼매경, 선불교의 깨달음, 인식적, 창조적 직관, 초감각적 지각(ESP)이나 염력 현상들 역시 잠재의식도 무의식도 아닌 초의식이다. 그러한 현상들을 단순히 낮은 형태의 생명 에너지나 정신 에너지라고 치부해버릴 수 없다.」

― 하먼과 라인골드의 《고도의 창조성》[Higher Creativity]에서

버크나 소로킨, 테야르 드 샤르댕(Tielhard de chardin), 그리고 켄 윌버 같은 현대사상가들은, 모든 인간은 결국 신비가들이나 아바타〔化身〕들이 수세기에 걸쳐 가르쳐온 고도의 인식이나 깨달음의 수준에 도달할 것이라고 말했다. 윌버가 그의 저서 《친근한 신》〔A Sociable God〕에서 말했듯이, 처음에 사람들은 코스타스처럼 고도의 초의식적 상태를 살짝 경험하게 될 것이다. 이 같은 경험은 높은 의식 수준의 깨달음을 위해 자신의 능력을 사용하도록 인간을 다그치기 위한 '천국 맛보기' 같은 것이다. 만약 이러한 논의가 타당하다면, 나는 코스타스와 다스칼로스는 앞서 말한 극치 체험이 일상적 의식의 한 부분이 되어버린 상태에 이미 확실하게 도달해 있다고 생각한다. 그리고 실제로 그들 역시 그렇다고 주장하고 있다.

나는 이런 생각에 너무 열중한 나머지, 우리가 리마솔 교외의 해안 도로에 이미 도착했다는 것을 뒤늦게 깨닫고 깜짝 놀랐다. 나는 등을

펴고 좌석에 꼿꼿이 앉아서 창문을 반쯤 열고 바다에서 불어오는 미풍으로 가슴을 가득 채웠다. 그런 다음 나는 내가 생각하고 있었던 것을 코스타스에게 이야기했다. 그는 미소 지으며 동의의 표시로 고개를 끄덕였다. 그래서 나는 이러한 초이성적 상태에 무지한 많은 사람들은 그가 우리에게 얘기해준 초이성적 경험을 정신병이나 '비이성적인 것'과 혼동한다고 말했다.

"우리가 그러한 초이성적 의식 상태에 도달해도, 이성을 버리게 되지는 않아요. 오히려 그 반대로, 이성적 능력의 확장을 경험하게 됩니다. 하지만 이성을 넘어서기 전에 먼저 이성을 발전시켜야만 합니다. 그러지 않으면 심각한 위험이 따르게 되지요."

이것이 코스타스가 비전 지식을 노출시키는 것을 극히 조심해온 이유 중 하나다. 한번은 그에게 열여덟 살 난 아들에게도 에레브나의 지혜를 가르쳤는지 물어봤는데, 그는 그러기에는 너무 이르다고 대답했다. "우선 그 애가 살아가야 하는 이 3차원 세계에 제대로 자리 잡게 해야지요. 그렇게 되면 그 애는 자신의 현재 인격에 장애를 일으키지 않고도 고도의 지식에 접근할 수 있게 될 겁니다."

같은 논리로, 코스타스는 약간의 투시력과 다소의 초월적 능력을 보이는 열두 살짜리 아이를 가진 서클의 한 회원에게 아이로 하여금 그런 능력을 재미삼아 연습하도록 부추기지 말라면서, 그 아이는 먼저 이 세상에서 탄탄한 기반을 다져야 한다고 충고했다. 그렇게 하지 않고 만약 심령 문제에 너무 일찍 몰두하면 아이의 성장에 문제가 생길 수 있다는 것이었다. 내부 모임의 회원 가운데 한 사람이 말했듯이, 신비주의와 비전의 지식 추구가 정신이상의 자격증이 되어서는 절대로 안 되는 것이다.

8
Discoveries

발견

"높은 차원을 향해 가려 하는 인간영혼의 통로를 막는 자는 아무도 없어요.
하지만 그들 스스로가 그것을 원해야 하고,
높은 진동에 자신을 맞추어야 합니다.
가장 끔찍한 지옥에 있는 자들에게도
가장 높고 신성한 천국으로 올라갈 수 있는
자유와 선택권이 주어져 있어요.
그들도 언젠가는 거기에 다다르게 될 겁니다.
아무도 길을 잃지 않으며, 아무도 길을 잃은 적이 없고,
자아영혼인 누구도 결코 길을 잃지 않을 것입니다."

스토아에서 오후 강의가 끝난 뒤, 다스칼로스와 가깝게 지내는 회원들 몇몇이 여느 때처럼 담소를 나누기 위해 모였다. 내부 모임의 회원인 아스파시아와 챠리클리아가 커피와 과자를 준비하는 동안 코스타스는 다스칼로스의 머리 위에 두 손을 올렸다. 눈을 감고 강력하게 집중한 코스타스는 심호흡을 하며 소진된 다스칼로스의 기억을 보충해주기 위해 에테르 생명력을 '넘치도록' 흘려보냈다. 10분 정도 에테르를 넣은 후, 코스타스는 "강의를 너무 열심히 하셨어요"라고 말했다.

나는 코스타스와 아스파시아가 이따금 그렇게 하는 모습을 보았다. 그러면 다스칼로스는 긴장을 풀고 스스로 몇 번 심호흡을 하고는 이내 기운을 되찾았다. 그의 얼굴에는 더이상 피로의 기색을 찾아볼 수가 없었다.

다스칼로스는 45분 동안 농담을 하면서, 모임의 다른 회원인 리자의 커피잔에 남아 있는 마른 흔적을 '해독(解讀)'하고, 지역과 국제 정세를 흥미진진하게 분석했다. 그런 다음, 갑자기 그는 전날 겪었던 일을 흥분조로 이야기했다. 그의 어조는 진지했고, 우리는 그 이야기에 빠져들었다.

"우리는 심령계가 일곱 개의 주차원과 각 차원에 딸린 일곱 개의 부차원으로 이루어져 있다고 가르쳐왔네. 그 일곱 개 중 세 개의 가장 낮은 차원은 보통 '지옥'이라고 불리지. 그 바로 위에 있는 차원은 가톨릭에서 연옥이라고 부르는, 즉 문제 있는 영혼의 회복을 위한 심령 공간이야. 그리고 이 연옥 위에는 상대적으로 볼 때 천국이라고 할 수 있는 곳이 있지. 이것이 우리가 가르쳐왔던 내용이야." 다스칼로스가 이야기를 이어나갔다.

"일전에, 나는 우리 모임이 아닌 다른 모임에 속해 있는 보이지 않는 구원자들과 일하고 있었어. 그런데 갑자기 한동안 내가 어디에 있는지를 알 수가 없었네. 우리가 일하고 있는 그 부차원이 어딘지 분간을 못했던 거야. 인접해 있는 부차원들의 특징을 살펴볼 수는 있었지만, 그래도 내가 있는 곳이 어딘지는 정확히 알 수가 없었네. 나는 인간이 아니라고 여겨지는 어떤 보이지 않는 구원자(틀림없이 대천사급 출신의 자비의 종으로 보였다)에게 물었어.

'우리가 지금 있는 곳이 어느 부차원인지 말씀해주시겠어요?'

'글쎄요, 당신은 어떤 곳이라는 생각이 드세요?' 그가 되물었네. 물론 대화는 정신적으로 이루어졌지.

'틀림없이 연옥 다음의 부차원들 중 하나라고 생각되는데요.'

'맞아요.' 그가 대답했어. '하지만 이 부차원들 중 어떤 곳에 있나요? 당신은 지금까지 알아차리지 못했던 것을 오늘 배울 겁니다. 당신은 이런 부차원들 안에서 일하고 있지만, 그것들의 미세한 차이는 깨닫지 못했어요.'

'무슨 차이요?' 내가 당황해서 물었네.

'당신이 지금 일하고 있는 이 모든 부차원들은, 그 차이가 아주 근소하기 때문에 무척 비슷합니다. 그래서 당신은 일곱 개 부차원들이 또 저마다 일곱 개의 하부 부차원으로 구성되어 있다는 사실을 아직 깨닫지 못한 겁니다.'

'뭐라구요?'

'당신은 심령계의 차원과 부차원의 총 개수가 49개가 아니란 것을 깨달아야만 합니다. 그 개수는 당신이 생각하는 것보다 훨씬 많아요. 당신은 이곳을 오가면서 아주 여유 있게 일을 해왔지만, 그 차원들이 세분되어 있다는 사실을 제대로 알아차리지 못했어요. 각 부차원은 다시 일곱 개의 하부 부차원으로 이루어져 있어요.'

'각 차원의 일곱 개 부차원이, 다른 숫자도 아니고 왜 또다른 일곱 개의 하부 부차원으로 세분화되는 겁니까?' 내가 이렇게 물었더니 그가 대답했네.

'항상 7이어야 하는 것은 법칙입니다. 낮은 차원의 세계에서도 숫자 7을 발견할 수 있습니다. 예컨대, 일곱 가지 색상과 7음계 등등 말입니다.'"

"다스칼레, 그 경험이 심령계의 차원과 부차원에 대한 당신의 가르침을 수정하게 만들었나요?" 내가 물었다.

"아닐세. 우리가 가르쳐왔던 그 49개의 차원과 부차원은 사실이라네. 그 대천사는 분명히 '심령계에는 당신이 아주 잘 아는 일곱 개의 주차원이 있다'고 말했네. 그러면서 또 분명히 말했어. '이 각각의 주차원은 일곱 개의 부차원으로 세분화되어 있어요. 이것 역시 당신이 일하는 곳이니까 잘 알고 있지요. 하지만 그 일곱 개의 부차원은 각기 자신의 하부차원을 또 가집니다. 당신은 거기서 일하고 있기 때문에 당신의 잠재의식은 그곳을 알고 있어요.'"

"이 보이지 않는 구원자가 내게 가르쳐준 것은 미세하게 세분화된 부분에 좀더 주의를 기울이라는 것이었네. 그것은 마치 커다란 아파트빌딩 안에 여러 층이 있고, 또 각 층마다 여러 집이 있다는 사실을 인식하는 것과 같다네. 하지만 우리는 각 집에 얼마나 많은 방이 있는지는 정확히 알지 못했던 거야."

"그래서 이제 당신은 한 가지 심령적 발견을 해서 모든 부차원은 각각 저마다의 하부 차원을 또 가진다는 것을 확인하셨군요?" 내가 덧붙였다.

"그런 셈이지. 하지만 누가 알겠나? 어쩌면 지금까지 확인할 수 있었던 것보다 더 세분되어 있을지."

"나는 이 보이지 않는 구원자에게 또 물어보았다네. 우리가 돕고 싶은 사람을 높은 차원까지 호위해가서, 그 사람이 사랑하는 사람과 합류해서 평온을 얻도록 해줄 수 있는지 말이야.

'안 됩니다. 그건 불가능해요. 하지만 영적으로 더 진보되어 있고 높은 차원에 살고 있는 사람은 원한다면 언제라도 낮은 차원에 있는 사람을 방문할 수 있습니다.'

그래서 나는 다음과 같이 질문했네. '평균적인 사람은 어느 차원까지 여행할 수 있으며, 여러 차원을 이동하려고 할 때 어떤 종류의 한계가 있나요?'

'한계? 그런 것은 없어요. 이 차원에서 저 차원으로 가는 이동을 막기 위해 파수꾼을 두는 신은 없습니다. 사람들이 갈 수 있는 곳을 결정하는 것은 각자의 심령이지체의 자질이에요. 물고기가 튀어오르는 것을 막으려고 바다 표면을 감시하는 파수꾼이 있나요? 물론 없지요. 그게 왜 없겠어요? 물속에서 사는 것이 물고기의 본성이기 때문이죠. 만약 당신이 낮은 심령 차원에 있는 사람을 높은 차원에 데려다 놓으면 그는 불편을 느낄 겁니다. 편안할 수가 없어요. 그의 진동이 그 높은 차원의 진동과 어울릴 수가 없기 때문이지요. 따라서 외부에서 주어지는 한계와 장애는 없습니다. 그것은 개인의식의 역량과 성숙도의 문제일 뿐이에요. 모든 세계들의 차원과 부차원은 모든 인간에게 열려 있어요.' 그가 말을 이어나갔네. '한계는 그들의 성숙도에 달려 있지요. 낮은 차원에 있는 사람을 높은 차원에 데려다 놓는 일은 불가능합니다. 그들은 거기에 적응을 못하고 자동적으로 다시 아래로 내려갈 겁니다. 그것은 일종의 중력과 조정작용으로서, 그들이 가장 안락함을 느낄 수 있는 자신만의 차원이나 부차원으로 가게 합니다. 중력이 그 환경의 진동과 제대로 동조할 수 있는 곳으로 그들을 데려가는 것이지요. 그리고 그들에게 더 높이 올라가고자 하는 욕구가 싹트면 모든 기회는 열려 있을 겁니다. 높은 차원을 향해 가려 하는 인간영혼의 통로를 막는 자는 아무도 없어요. 하지만 그들 스스로가 그것을 원해야 하고, 위로 올라가기 위해 높은 진동에 자신을 맞추어야 하는 것도 그들입니다. 다시 말하면, 현재 가장 끔찍한 지옥에 있는 자들에게도 가장 높고 신성한 천국으로 올라갈 수 있는 자유와 선택권이 주어져 있어요. 그들도 언젠가는 거기에 다다르게 될 겁니다. 아무도 길을 잃지 않으며, 아무도 길을 잃은 적이 없고, 자아영혼〔ego-soul〕인 누구도 결코 길을 잃지 않을 것입니다.'"

"그 말은 대단한 소식이었네. 길을 잃는 자아영혼은 결코 없다는 사실 말일세." 다스칼로스는 다소 흥분된 모습으로 만족스러운 듯 말했다.

"하지만 그것은 당신이 가르쳐오신 내용인데 그것이 어떻게 당신에게 뉴스가 될 수 있지요?" 나는 나처럼 당혹스러워하고 있을 다른 사람들을 쳐다봤다.

"그래, 자네 말이 맞아. 하지만 나는 히틀러나 나폴레옹, 스탈린과 같은 자아가 성령 속에서 용해되어버릴 수도 있지 않을까 하는 염려를 했었다네. 다행히도 그는 내 염려와 남아 있던 의구심을 없애줬어. 이 보이지 않는 구원자는 인간의 현재인격이 아무리 사악하더라도 절대 길을 잃지 않는다는 사실을 내게 다시 확인시켜주었다네. 사실 나는 특별히 히틀러와 기타 인물들에 대해서도 물어보았었네.

'그들의 자아는 용해될 수 없어요. 다만 그들은 아주 오랫동안 잠을 자게 될 것이고, 깨어날 시간이 되면 깨어나서 한 걸음씩, 오직 한 걸음씩만 앞으로 나갈 것입니다. 그들의 향상, 혹은 성숙이라고도 부를 수 있는 그 과정은 천천히, 그리고 아주 힘들게 진행됩니다. 예를 들어, 당신 같은 경우는 날 수 있는 방법을 알고 있기 때문에 향상이 그다지 힘들지 않아요. 하지만 날 수 있는 방법도 모르고 한 걸음 한 걸음씩 걷기만 하는 사람들은 자기 육체의 무게를 느끼기 때문에 향상은 매우 부담스러운 일이에요. 그런 사람들은 한 걸음을 뗄 때마다 기력이 완전히 고갈되기 때문에 두 걸음, 세 걸음, 네 걸음 나가는 것은 아주 힘든 일이랍니다.'"

"다스칼레, 역사상 지배자로서 파괴적인 역할을 했던 히틀러 같은 사람들은, 실제로는 영적 진화과정에서 어쩌다가 길을 잘못 든 오래된 영혼이라고 볼 수 있을까요?" 내가 물었다.

"그 문제에 대해서는 내가 연구해보지 않았기 때문에 답변할 수가 없네. 나는 유추하는 것은 좋아하지 않아. 내가 내 개인적 경험의 바탕 위에서 어떤 것을 증명할 수 없다면, 그리고 그것에 대해 확신할 수 없다면 나는 침묵하는 쪽을 택한다네. 하지만 많은 조사와 관찰을 한 후에도 여전히 잘못 판단할 가능성은 있는 걸세. 왜냐하면 방금 얘기한 경우처럼, 뭔가 미세한 부분을 놓칠 수도 있기 때문이야. 나에게 물질적 차원 속에 더 많은 하부구조가 있다는 발견은 정말 놀라운 일이었네."

그러자 다스칼로스 내부 모임의 회원인 젊은 의사 로이조스가 가설을 세우듯 말했다. "어쩌면 각자가 자신에게 맞는 곳에 정확히 갈 수 있기 위해서는 인간의 숫자만큼 많은 하부 차원이 있을 수 있다고 봐야죠."

다스칼로스가 말을 가로막았다. "이보게 로이조, 성급하게 결론을 내려서는 안 되네. 대가(大家)가 되기 위해서는 어떤 것을 탐구하고 자신의 경험으로써 그것을 검증하고 연구한 다음에 결론을 내려야 하는 것일세. 이 문제는 더 연구해볼 필요가 있어." 그러면서 다스칼로스는 쾌활한 어조로 '내가 아는 것은, 나는 아무것도 모른다는 것뿐이다' 라는 소크라테스의 경구를 읊었다.

다스칼로스가 말을 마쳤을 때 전화벨이 울렸다. 내가 전화를 받았는데, 그것은 파포스에서 온 테오파니스의 전화였다. 테오파니스는 떨리는 목소리로 다스칼로스를 찾았다.

"하지만 이 모든 세월 동안 우리가 가르쳐온 게 뭔가, 테오파니?" 다스칼로스는 친구이자 오랜 동지인 70세의 신사 테오파니스를 위로하려고 애쓰면서 큰소리로 말했다. "이보게, 테오파니, 죽음은 없다는 것을 기억하게. 제발 울지 말게. 울 일이 아니야. 옆방으로 가서 내가 자네 집에 갈 때마다 앉아 쉬던 그 소파에 좀 누워 있게. 자네가 진정되도록 도와줄 테니. 됐나?"

수화기를 내려놓으면서 다스칼로스는 우리에게 상황을 알려주었다. 테오파니스는 남서쪽 항구 도시인 파포스에 지금 막 도착했는데, 73세 된 누님이 죽은 것을 발견한 것이다.

"우리는 오늘 아침 내부 모임 시간에 그에게 그 사실을 예고해주려고 애썼어요." 코스타스가 말했다. "사실 우리는 정규 강의 대신 테오파니스가 집에 돌아가 맞닥뜨리게 될 상황에 마음의 준비를 갖추게끔 해주느라고 시간을 보냈지요."

코스타스는 자신과 다스칼로스는 무슨 일이 일어날지 알고 있었지만, 테오파니스는 누님을 너무나 좋아하고 있었기 때문에 자신에게 주어진 메시지나 단서를 알아차리지 못했다고 말했다. 사실 다스칼로스는 그날 누님의 상태가 좋지 않을 것이란 사실을 테오파니스에게 일러줬다고 했다. 하지만 그 말을 대수롭지 않게 흘려들었던 테오파니스는 세 시간 후 파포스로 돌아가서야 다스칼로스가 말했던 의미를 이해하게 된 것이다.

다스칼로스는 고인이 된 테오파니스의 누나 도라와 가깝게 지냈었음에도 불구하고 전혀 슬퍼하는 것 같지 않았다. 대신 그는 사람을 미혹하는 죽음의 속성에 대해 철학적으로 설명한 다음, 늙은 사람이 죽는 것은 지극히 자연스러운 일이라고 강조했다.

"내가 가서 무슨 일이 일어났는지를 직접 보는 것이 좋겠어." 다스칼로스가 갑자기 걱정스러운 듯 말했다. "도라가 도움이 필요할 것 같아."

다스칼로스가 눈을 감고 편안한 자세로 머리를 뒤로 기댄 뒤 팔짱을 끼었을 때, 우리는 조용히 있었다. 내부 모임의 회원인 테아노, 코스타스, 아스파시아를 포함해 그 자리에 있었던 우리 다섯 명은, 깊은 초월 상태로 들어간 다스칼로스의 얼굴에 시선을 고정시켰다. 우리는 약 10분 동안 말없이 앉아 있었다. 다스칼로스의 입은 반쯤 열려 있었고, 호흡은 거의 감지할 수 없었다. 모든 이들은 다스칼로스가 도라에게 도움을 주기 위해 육체를 벗어나 파포스를 방문하고 있는 것으로 이해했다. 얼마 후, 그가 갑자기 눈을 뜨고 등을 꼿꼿이 세운 다음, 자신의 경험을 얘기하기 시작했다.

"그녀는 괜찮아." 다스칼로스는 평상시의 권위 있는 어조로 말했다. "도라는 자신이 처한 상황을 깨닫지 못하고 있었어. '다스칼레, 오래간만이에요. 어떻게 이렇게 갑자기 나타나셨어요?' 그녀는 이렇게 말하면서 온종일 몸이 안 좋았는데 이제는 괜찮다고 말했네. '이 봐요, 도라' 내가 말했지. '당신은 피곤해 있으니까 이제 푹 자면서 좀 쉬는 게 좋겠어요.' 나는 그녀를 자신의 육체와 집으로부터 떨어진 심령지 공간으로 데려다 주었네. 친척들의 울음소리가 그녀의 의식에 긴장과 흥분을 일으키기 때문이야."

다스칼로스는 살아 있는 자들의 절규와 이성을 잃은 울부짖음은 죽은 지 얼마 안 되는 자들에게 가끔 혼란을 일으킬 수 있다고 말했다. 이 때문에 그는 그녀가 평온을 찾도록 그녀와 거친 물질 차원 간의 연결을 완전히 차단한 것이다.

반 시간 후 테오파니스는 다스칼로스에게 감사를 표하기 위해 다시 전화했다. 그는 다스칼로스가 말해준 대로 휴식을 취하고 훨씬 좋아졌다고 말했다.

도라의 사례는 내게 사후 상태에 대해 다스칼로스와 좀더 구체적으로 토론할 수 있는 기회를 제공했다. 나는 독일의 신비가이자 과학자인 루돌프 슈타이너(Rudolf Steiner)의 책을 읽고, 그 책에서 내가 발견한 것과 다스칼로스가 가르쳐준 내용과의 유사성에 인상이 깊었다고 말했다. 사실 내가 읽은 그 책 가운데 한 장(章)은 사후 상태, 또는 산스크리트 용어로 카마로카(kama-loka)[37]와 관련돼 있었다. 다스칼로스는 슈타이너에 대해 찬사를 늘어놓았지만, 그가 슈타이너에 대해 얘기하기 시작했을 때, 그가 휠체어를 탄 어떤 치유가와 이 독일의 학자를 혼동하고 있다는 사실을 알 수 있었다. 슈타이너는 치유가로 알려져 있지 않으며, 지체부자유자도 아니었기 때문이다.

나는 다스칼로스와 이 문제를 토론하기 위해 차로 얼른 집에 가서 슈타이너의 책을 가져오기로 작정했다. 나는 토론이 가능하도록 내가 돌아올 때까지 다스칼로스가 얘기를 계속하고 있기를 바라면서 30분 만에 돌아왔다.

내가 다스칼로스의 집에 들어섰을 때, 다른 사람들은 이미 떠나고 없었다. 다스칼로스는 눈을 감고 휴대용 카세트테이프 레코더로 러시아어로 된 그레고리오 성가를 들으면서 긴 의자에 누워 있었다. 음악 소리가 너무 커서, 그는 내가 들어가 맞은편 안락의자에 앉아 있다는 사실을 전혀 알아차리지 못했다.

다스칼로스는 명상에 깊이 몰입해 있는 듯했다. 나는 그를 응시하면서 그가 어쩌면 또 자신이 좋아하는 러시아에 가 있을 수도 있다고 생각했다. 그는 반쪽짜리 스코틀랜드 양친(친 할아버지, 외할아버지 두 분 모두 키프로스의 그리스계 여자와 결혼한 스코틀랜드 이주민)을 둔 그리스계 키프로스인으로 태어났지만, 러시아에 대해 특별한 동질감과 애정을 가지고 있었다. 스토아에 있는 그의 작은 서재에는 먼지 앉은 낡은 러시아 연구논문 몇 권이 있었다. 한번은 그가 자신이 직전의 전생에 러시아 작가였으며, 그 생의 강렬한 경험이 아직도 너무나 생생하다고 털어놓았다. 역사적 소용돌이의 한가운데에서 살

---

37 카마로카(Kama-loka): 가톨릭의 연옥에 해당하는 힌두교 개념. 문제가 있는 개인의 회복과 방금 살았던 생의 교훈을 소화하기 위한 심령이지적 공간.

면서 턱수염을 기르고 깃펜으로 숭고한 존재의 신비를 열정적으로 깊이 파고들었던 19세기 러시아 소설가 다스칼로스를 그려보는 것은 그다지 어렵지 않다.

약 20분 정도 지나 러시아 정교회 성찬식이 끝나고, 테이프 레코더가 딸깍하고 멈추었다. 다스칼로스는 몇 분 후에 눈을 뜨고 긴 의자에서 몸을 일으키고 나서야 내가 와 있는 것을 알아차렸다. 주위는 보기 드물게 조용했다. 신경 쓰이는 방문객들도 없었으며, 늦은 오후라 가까운 건축 부지로부터 늘 들려오던 시끄러운 공사 소음도 끊겼다. 전화마저 잠잠해서 나를 크게 안심시켜주었다. 휴식을 취하고 난 다스칼로스도 대화를 나눌 준비가 되어 있었다.

나는 슈타이너가 주장했던 사후의 삶에 대한 몇 가지 핵심 개념을 요약하는 것으로 토론을 다시 시작했다. "슈타이너는 사람이 연옥, 즉 카마로카에 들어가서 방금 살았던 삶에 대한 재평가 과정을 겪을 것이라고 주장합니다. 그리고 방금 마친 생의 3분의 1에 해당하는 기간 동안 카마로카에 남아 있을 거랍니다. 그 기간 동안 사람은 이루어지지 않은 모든 욕구와 아직도 품고 있는 갈망으로 고통을 받을 것이고요. 우리의 아스트랄체는 이런 시련을 통한 순화 과정을 거친 후 해체될 것이랍니다. 또한 카마로카에서는 자신이 저질렀던 모든 일을 상대방의 입장에서 경험한다고 합니다. 예컨대, 살인자는 희생자의 입장에서 자신이 저질렀던 일을 경험한다는 거죠."

"대체로 정확해." 다스칼로스가 고개를 끄덕였다.

"카마로카 다음에는 영적인 영역으로 이동해서 카르마의 빚을 갚고 자신의 나쁜 행위를 고치기 위해 다음 생을 선택할 것이랍니다. 또 부모를 포함하여 살아야 할 환경을 우리가 선택한답니다."

"그건 정확하지 않네." 다스칼로스가 반박했다. "환생할 곳을 선택하는 것은 현재인격이 아니라 내면자아인 자아영혼이야. 자아영혼〔ego soul〕은 절대자가 최초의 생의 순간부터 해방될 때까지 선정해준 수호천사와 함께, 물질세계로 들어가는 우리와 동행할 것이네. 그리고 전에 얘기했듯이, 우리는 이 천사를 자기 자신으로 느낀다네. 이 천사는 우리가 무슨 일을 하고 있는지를 스스로 자각할 수 있도록 자기 양심의 온갖 측면을 관찰할 수 있게 하는 거울이라네. 그것은 우리가 깨버릴 수도, 치워버릴 수도 없는 거울이야. 우리가 좋아하든 싫어하든 거울은 항상 그 자리에 있을 것이고, 자신의 생각이나 느낌, 행동이 그 거울에 비치는 것을 피할 수가 없다네."

"우리가 누군가를 살해했다면, 우리는 자신의 죽음의 목격자가 될 것이네. 누군가를 살해하는 순간, 우리는 이미 자신이 살해될 계약서에 서명한 것일세. 슈타이너가 맞았어. 칼로써 살면 결국 칼로써 죽을 것이야. 이 법칙은 거친 물질계와 심령이지계 모두에 적용된다네. 내 말이 이해가 되나? 만약 자네가 심령계에서 그 법칙을 어지럽힌다면, 그 대가를 심령계에서 지불해야 할 것이고, 거친 물질 차원에서 그 법칙을 깨뜨리는 경우에는 거친 물질 차원에서 그 계산서를 처리해야 할 걸세."

"그러면 당신의 말씀은 우리가 심령계에 들어간 후에도 여전히 카르마를 만들 수 있다는 거로군요."

"물론이지."

"그러면 우리가 그것을 갚아야만 하는 곳도 거친 물질계가 아니라 심령계로군요?"

"그렇지." 다스칼로스는 고개를 끄덕이고, 설명을 해나갔다. "만일 우리의 생각이나 감정이 거친 물질계에서 행동을 일으킨다면, 거친 물질계로 와서 그 빚을 갚아야 하네. 모든 것은 차원에 따라 분류되어 있네. 예컨대, 우리가 거친 물질계에서 누군가를 죽이려고 칼을 빼들었는데 저지당하거나 실패했다고 상상해보게. 그래도 우리는 이미 범죄를 저질렀어. 이것이 바로 '여인을 보고 음욕을 품는 자는 이미 간음한 것'이라는 그리스도의 말씀의 의미라네. 자네도 심령이지계에서 그런 감정이나 생각들에 직면할 때가 있을 걸세. 그럴 때 꼭 마음에 새겨두게. 우리가 누군가를 죽이지 않는다 하더라도 그 증오는 파괴적인 염체를 만들어낸다는 것, 그리고 그 염체는 거친 물질계의 바로 그 상대방에게 영향을 준다는 것을 말이야. 물론 이것은 상대가 그 염체를 만들어낸 자와 동일한 주파수로 진동한다고 가정했을 때의 이야기라네. 이런 경우 우리가 누구를 죽이든 죽이지 않았든 우리는 이미 살인자야. 예수께서도 '그 무엇도 비밀로 남아 있지 않으리라'고 말씀하셨네. 우리는 그 대가를 치러야만 한다네."

"우리 감정이 거친 물질계에서 물질화되지 않은 경우 심령계에서 그 대가를 어떤 식으로 치르게 되나요?" 내가 물었다.

"그것은 심령 차원에서 물질화된다네." 다스칼로스가 진지하게 대답했다. "자네도 알다시피, 심령계도 진동의 수준만 다를 뿐 물질계야."

"그렇다면 우리가 감정과 생각으로 만들어내는 염체가 심령 차원에서 우리에게 자주 출몰할 것이라는 말씀이세요?"

"그렇다네. 그런데 누가 그런 일이 벌어지게 할 거라고 생각하나?" 다스칼로스가 마치 대단한 비밀이라도 밝힐 듯이 머리를 앞으로 기울이면서 물었다. "자아영혼인 자네 자신이야." 그는 집게손가락으로 내 가슴을 가리켰다. "이해할 수 있겠나? 우리 미래의 생을 결정할 수 있는 것은 현재인격으로서의 우리가 아니야. 전에도 자주 얘기했듯이, 우리 인간은 두 부분으로 구성되어 있네. 죄 많고 바보 같은, 말하자면 스스로 자기징벌을 가하는 현재인격과, 전적으로 순수하고 지혜로운 내면자아로 구성되어 있어. 내면자아는 현재인격을 보듬어 안고 '얘야, 고통스럽지 않어? 하지만 나도 어쩔 수 없구나. 너는 네 자신을 위해서 고통을 느껴야만 한단다'라고 말한다네. 자아로서의 내면자아 역시 현재인격이 저지른 행위로 인한 슬픔을 경험하는 걸세."

"마찬가지로, 저는 예수님이 인간의 죄 때문에 슬퍼했다고 생각하는데요."

"맞았어. 그러니까 우리를 거친 물질 속에 태어나게 하는 것은 네 가지 원소의 마스터들과 협력하는 우리의 자아영혼이라네."

"내면자아가 단독으로 결정하는 게 아니란 말씀이세요?" 내가 물었다.

"물론이지. 자아영혼이 무슨 권리로 원소의 지배자[master]들과 사전에 협력하지도 않고 혼자서 거친 물질계에 개입할 수 있겠나? 만물을 구성하는 원소는 그냥 거기 내던져져 있는 게 아니라 저마다 지배자를 가지고 있네. 그들이 우리 자신을 표현할 수 있는 물질육체를 우리에게 줄 원소의 지배자들이라네. 우리는 그들을 대천사라고 부르지. 그들은 가브리엘, 미카엘, 라파엘, 그리고 오우리엘이라고 하는데, 인도인들은 다른 이름으로 부른다네. 자네의 진화가 진척되면 자네도 이 대천사들과 접촉할 수 있게 될 것이고, 그들 중 하나가 될 걸세. 그리고 나서야 비로소 원소를 지배하는 힘을 얻어서 물현과 환원을 행하는 법을 터득할 수 있게 되는 거라네. 왜냐하면 그런 현상을 일으키기 위해서는 원소들을 잘 활용해야 하기 때문이지."

다스칼로스는 잠시 말없이 앉아 있다가 말을 이어나갔다. "현재인격이 제정신을 찾기는 쉽지 않아. 현재인격이 제대로 이성을 찾으려면, 먼저 내면자아에게 자주 매를 맞아야 할 걸세. 현재인격은 자신의 행동을 스스로 합리화하는 교활한 변호사와도 같은 면이 있다네. 이런 측면이 사라지지 않는 한 영적 진화는 정체된다네. 내가 그토록 자기 분석과 자기 극복을 강조하는 이유를 이해하겠나? 언젠가 강제적으로 하게 될 것을 지금 자발적으로 해놓으면 우리는 카르마의 고통스러운 경험을 피할 수 있을 걸세. 명상수련과 자기 분석이 우리의 진화를 앞당겨준다네."

"이런 사실에 눈을 뜨는 순간부터 우리는 스스로 자신의 생각과 행동을 면밀히 살피기 시작할 것이고, 자신을 보다 객관적으로 평가할 수 있는 능력이 커져서 좀더 나은 인간이 되겠지요." 내가 이치를 따져 말했다.

"현재인격이 마침내 깨달음에 이르면 이렇게 말할 거야. '나는 내 죄와 잘못을 인정하고……'"

"하지만 '인정한다'고 말하는 것만으로는 충분치 않지요." 내가 끼어들었다.

"아닐세. 그런 상태에 도달한다는 것은 자신을 내면자아에게 '내 맡긴다'는 것을 의미하고, '당신이 나를 훈련시킬 자격이 있다'는 것을 인정하는 셈이네. 그러면 내면자아는 어떤 방법으로 자네를 그런 깨달음의 상태에 이르게 할까? 내면자아는 과거에 자네의 못된 행동 때문에 고통당했던 사람의 역할을 자네에게 맡기는 방법을 쓴다네. 이런 방법을 통해서 내면자아는 현재인격이 제 정신을 찾고 자신의 죄를 인정하도록 도와줄 걸세. 그러지 않고 현재인격의 이기적인 입장에서 사물을 바라보는 한, 우리는 사물을 제대로 이해할 수도, 영적 존재로서 진화해갈 수도 없을 걸세. 이해하겠나? 내면자아가 자신의 낮은 부분인 현재인격에게 사용하는 이 같은 방법은 벌이 아닐세. 그것은 오히려 우리를 깨닫게 하는 방법이야. 지극히 자비로우신 그분은 벌을 허용하지 않아. 그는 오로지 우리가 영적인 길을 나아갈 수 있게 도와줄 가르침만을 허용한다네."

"심령이지계에서 그런 역할의 반전(反轉)이 어떻게 일어나는지를 보여주는 구체적인 사례가 있을까요?"

"그것은 보이지 않는 구원자들의 일이지만 그것을 말로 이야기하기는 쉽지 않다네. 심령계에서 우리는 항상 그와 같은 상황에 직면하지. 예컨대 누군가가 자기를 죽이려고 따라다니는 것 같다면서 도와달라는 사람들을 만난다네. 그러면 구원자인 우리는 그가 지금 자기를 괴롭힌다고 느끼는 상대가 이전에 바로 그가 죽인 희생자라는 사실을 알게 되지. 그렇다면 지금 그 살인자를 괴롭히는 피살자의 염체는 과연 누가 보내고 있는 것이겠나?" 다스칼로스는 몇 분 동안 침묵했다. "그 살인자의 내면자아라네." 그는 부드러운 목소리로 다시 이야기를 이어나갔다. "바로 그 자신이야. 그와 같은 상황에서 희생자는 순박하고 악의가 없어서 자신의 죽음을 앙갚음할 그런 사람이 아닐 수도 있네. 물론, 희생자가 실제로 복수심에 불타서 살인자를 괴롭히는 염체를 투사할 수도 있지만 말일세. 하지만 내가 조사한 경우에는 대부분 그런 복수심에 찬 염체를 투사한 자는 희생자가 아니라 살인자 자신이었네."

"당신이 살인자 자신이라고 말씀하실 때, 저는 그것이 양심의 근원인 그의 내면자아를 의미하는 것으로 이해하는데요." 내가 불쑥 끼어들었다.

"물론이지. 하지만 만약 그 살인자가 교훈을 얻고 진실로 뉘우친다면, 그는 카르마의 짐으로부터 자유로워질 것이고 희생자 때문에 고통을 겪을 필요가 없을 걸세. 이것이 우리가 주의를 기울여야만 할 중요한 대목이야. 배워야 할 것을 배우기만 하면 누군가를 살해했다고 해서 반드시 살해당할 필요는 없다네. 처음에는 나도 '칼로써 사는 자, 칼로써 죽으리라'는 법칙은 움직일 수 없는 절대적 법칙이라고 생각했었네. 그러나 심령이지계의 탐사 경험이 쌓인 후에는 꼭 그런 것만은 아니란 걸 알게 됐네. 하지만 그 법칙이 적용되지 않는다거나 잘못됐다는 의미는 아닐세. 단지 이 법칙도 극복될 수 있다는 뜻일 뿐이지. 우리가 양심을 찾지 못하여 교훈을 깨닫지 못한다면 칼에 죽을 것이네. 그런데 그것은 희생자가 끝내 자기 손으로 살인자를 죽일 만한 사람인가 아닌가 하는 문제가 아닐세. 희생자가 영적으로 진보해서 원수를 갚지 않을지라도, 살인자가 자기 행위의 실상을 자각하지 못했다면, 예컨대 외과의사의 손에라도 죽을 수 있는 거야. 하지만 이런 일은 그의 영적 성장에 교훈이 될 수 있을 때만 일어나는 것일세."

다스칼로스가 이야기를 이었다. "그런데 자네가 의식 진화의 어떤 단계에 도달해서 과거 행동의 사악함을 인정하고, 근본적이고도 진실한 의식의 전환을 겪었다고 생각해보게. 그러면 신은 자네의 짐을 들어올리고 자네 경험의 본질만을 남겨두면서, 과거 행동의 세부적인 기억들로부터 자네를 해방시켜줄 거야. 그러면 다음 생에서 자네는 훌륭한 외과의사가 될 수도 있겠지. 다시 칼로써 살지만, 이번에는 생명을 살리는 일을 하면서 죽이기 위해서가 아니라 치료하기 위해서 칼을 쓰게 되는 것이네." 다스칼로스는 칼을 쥔 듯한 모습으로 주먹을 높이 치켜들었다.

"그러니까, 요컨대 카르마의 법칙은 바꿀 수 없는 절대적인 법칙이 아니라 극복될 수 있다는 말씀이시죠?"

"맞았어. 전에도 자주 얘기했듯이, 카르마는 자연의 법칙이네. 하지만 다른 모든 법칙처럼 그것도 더 높은 법칙을 통해서 극복될 수 있어. 이것이 그리스도의 가르침이며, 그분이 회개하라고 가르친 이유라네. 만약 그렇지 않고, 카르마가 경직되고 무자비한 법이었다면 그리스도교는 소용이 없게 되어버렸을 것이고 '남의 짐을 서로 져주라'는 가르침도 아무런 의미가 없었을 것이네."

"카르마는 인과의 법칙이고, 우리는 거친 물질계를 포함한 모든 창조계에서 그것을 관찰할 수 있네. 거친 물질은 결합과 사랑의 법칙을 통해 창조된 순간부터 고유한 형태의 카르마에 종속되었지."

"그 말씀은 확실하게 이해가 안 되는데요."

"바위의 카르마를 예로 들어보세. 물과 진흙의 배합과 합성, 그리고 특정한 온도가 어떤 특정한 바위를 만들어낸다네. 이 바위의 카르마는 일정량의 물과 흙, 불 등등의 카르마의 결과야. 이런 관점에서 우리는 일정한 수학적 계산(지구의 자전, 온도, 비 등)에 근거해서 이 바위의 미래 카르마를 예측할 수 있네. 이 바위는 100년, 200년, 500년, 또는 1천 년 안에 분해될 것이라고 말일세."

"물질적 법칙도 일종의 카르마라는 말씀이세요?" 내가 다소 놀라서 물었다.

"그럼, 그것들도 그렇지." 다스칼로스가 힘주어 대답했다. "그런데 다른 법칙, 더 높은 법칙, 즉 인간의 마음의 법칙이 있네. 내가 이 바위의 법칙을 연구해서 그것이 천 년 안에 분해될 것이라는 사실을 알았다 하더라도, 마음만 먹으면 다이너마이트로 그것을 몇 초 안에 폭파해버릴 수도 있어. 천 년이 지나면 저절로 사라질 그 바위가 인간의 마음이 개입된 결과 몇 초 만에 분해되어버리는 거야. 천 년의 카르마가 몇 초 만에 극복되는 것이지. 완전히 새로운 현실과 새로운 카르마가 만들어진 거야. 물론 이것은 카르마를 없애버렸다거나, 분해되는데 천 년이 소요될, 주위의 무수한 바위들의 카르마를 파기했다는 뜻은 아닐세. 같은 논리로, 인간의 마음은 제트기를 발명해서 몇 시간 만에 키프로스에서 런던까지 날아갈 수 있도록 일시적으로 중력의 법칙을 극복했네. 하지만 만일 엔진이 멈춰버리면 비행기는 추락할 걸세. 중력의 법칙이 일시적으로 무력화될 수는 있지만 파기될 수는 없는 거야. 그 법칙은 항상 거기 있을 것이네. 중력의 법칙, 카르마의 법칙은 그대로 남아 있을 걸세."

"우리는 이 두 가지 예를 통해, 거친 물질 차원에서 마음이 카르마에 영향을 주거나 카르마를 변경할 수 있다는 사실을 알 수 있네. 같은 논리로, 인간 의지의 형태로 나타나는 마음은 거친 물질 차원뿐 아니라 심령이지 차원에서도 개인의 카르마를 바꿀 수 있다네."

"그 구체적인 예를 들어주실 수 있나요?" 내가 물었다.

다스칼로스는 잠시 동안 생각한 후 자세를 바로 잡았다. "이 문제에 대해 내가 조사했던 사례 하나를 얘기해주겠네." 그가 대답했다.

"키프로스에서 가장 유능한 외과의사 중 한 사람이 내 학생이 된 적이 있었는데, 그는 자기 일에 대단히 헌신적인 사람이었어. 그는 몇 년 전에 죽었지만 나는 여전히 그와 만나고 있다네. 그는 전생에 19세기 오스트리아의 정치가였는데, 오토만 제국에 항거해 일어났던 그리스 혁명의 적이었네. 그는 추방된 그리스 혁명당원들의 체포와 처형에 가담할 정도로 그리스인에 대한 적개심을 가지고 있었다네. 이제 이 경우 카르마가 어떻게 작용했는지 살펴보게. 다음 생에서 그는 터키를 마주보는 키프로스의 그리스인으로 태어났네. 그는 독일과 독일문화에 집착했고 사람들은 그를 '친독파(親獨派)'라고 불렀지. 그는 독일에서 의학을 공부하고 키프로스로 돌아와서 외과의사로 일했지. 그는 그리스계 키프로스인이었음에도 불구하고 독일의 주 키프로스 명예영사로 임명됐었어.

어느 날 강의가 끝난 후, 우리는 리마솔의 한 파티에 같이 갔었네. 내가 마카리오스(키프로스의 초대 대통령이자 대주교)를 처음 만난 파티였지. 그 외과의사는 마카리오스의 친구였고, 그는 그날 저녁 이야기를 나누던 중에 대주교에게 윤회를 믿고 있느냐고 물어봤다네. 대주교의 대답은 '여보게, 자네 질문에 대답하지 않게 해주게'라는 거였어. 그는 대주교였기 때문에 아무래도 조심스러웠던 게야.

그 의사가 말했네. '이봐요. 스피로, 어쩌면 당신은 내가 알고자 하는 것을 밝혀줄 수 있을 겁니다. 그리고 당신을 편하게 해주기 위해서, 나는 윤회를 삶의 사실로서 받아들인다는 것을 말해야겠어요. 나에겐 밝혀보고 싶은 어떤 경험이 있어요. 하지만 얘기를 꺼내기 전에 옆방으로 가서 이 기억들을 적어야겠어요. 당신이 어떤 이야기를 하든 내가 영향을 받지 않도록 말입니다.'

그는 옆방으로 가서 다음과 같이 적었다네. '나는 독일인이 아니면 오스트리아인이었다. 나는 그리스인들의 적이었다. 나는 싸우면서 그들을 강물에 던져 넣는 것 같은 짓을 많이 저지른 것 같지만 기억이 나지는 않는다. 키프로스에서 그리스인으로 태어난 것은 내게 내려진 징벌이다. 나는 이미 모종의 속죄 과정을 겪고 있다고 느낀다. 나는 비명횡사를 면하게 해달라고 신께 기도한다. 나는 그게 가장 두렵다.'"

나는 그가 자신의 진술을 읽어주기 전에, 그의 잠재의식으로 들어가서 그가 전생에 오스트리아인이었음을 보았네. 그래서 내가 말했지. '당신은 그리스 독립전쟁의 적이었어요.'

'거기까지는 좋아요.' 그가 대답했어.

'당신은 친 터키주의자였는데, 지금도 여전히 그래요.' 내가 말했네.

'그게 뭐 잘못됐나요?' 그가 물었지.

'아니요, 당신이 터키인들을 그저 형제처럼 느끼고 좋아할 뿐, 정치적인 이유로 친 터키주의자가 아니라면 아무것도 문제될 건 없어요. 인간으로서 나는 당신만큼이나 그들을 사랑해요, 어쩌면 더 사랑할지도 모르겠네요.'

'그건 나도 인정해요.'

그런 다음 계속 얘기를 나누면서, 나는 그가 처한 상황을 설명해주었네. '지금 당신은 외과의사가 되었고, 칼로 생명을 구하고 있어요. 당신은 칼로써 살고 있지요. 하지만 그것이 칼로써 죽을 것이라는 의미는 아니에요. 당신은 전생에서 지은 카르마에 대한 일종의 속죄로서 이번 생에 좋은 일을 하고 있는 겁니다.'"

"나는 비슷한 종류의 긍정적인 선행을 통해서 과거에 저질렀던 악업을 지울 수 있다는 것을 그때 처음 알았다네. 배워야 할 것을 깨우치기만 하면 동일한 형태의 고통을 당할 필요가 없다는 것을 알았지."

"이런 카르마의 법칙을 발견한 건 당신이 처음인가요?" 내가 물었다.

"다른 사람들도 틀림없이 이 법칙을 발견했을 거고, 미래에도 누군가가 이 법칙을 발견할 것이네. 하지만 내가 자신의 경험을 통해 그 법칙을 발견한 건 그때가 처음이었네. 다른 사람들의 삶으로 들어가서 더 관찰해보고 그들의 환생을 조사한 결과, 나는 이 법칙을 몸소 확인하고 또 확인할 수 있었네. 그리고 이런 경험과 관찰을 바탕으로 나는 그것이 진실임을 확신하네. 물론 내가 아는 한, 이런 사실들은 어디에도 적혀 있진 않아. 하지만 나에게 그것은 '가장 자비로우신 하나님, 죄인을 용서하시는 분' 같은 찬송가의 의미를 잘 드러내준다네."

다스칼로스가 말을 이어나갔다. "그러니까 누구나 선행을 통해 자신의 빚을 갚을 수가 있네. 틀림없이 이것이 그리스도가 말씀하신 속죄의 목적일 것이네. 그렇지 않다면 속죄나 참회의 의미가 무엇이겠나?"

"카르마는 이처럼 복잡한 메커니즘이야. 그래서 전처럼 '나는 그것에 대해서 거의 아무것도 알지 못한'는 말을 되풀이할 수밖에 없네. 내겐 아직도 공부하고 배워야 할 것들이 많이 남아 있네!"

"카르마에 대해 지금 설명해주신 것을 들으니 정말 두려워지는데요."

"이보게, 나도 두렵다네. 카르마가 실제로 어떻게 작용하는지에 관한 세부적인 내용은 천사들에게조차도 알려져 있지 않다네. 우리는 단지 삶 자체나 삶을 둘러싸고 있는 제반 문제를 얘기한 것뿐이네. 이해하겠나?"

다스칼로스가 이야기를 이어나갔다. "그래서 이 친구가 내 조언을 들으려고 찾아왔어."

"'내가 어떻게 하면 좋을까요?' 그가 물었다네.

'가난한 사람이 당신에게 수술을 받으러 올 때마다 무료로 수술해 주세요.' 내가 이렇게 말했더니 그는 그러마고 약속했고, 실제로 그렇게 했어. 그렇게 하는 대신 그는 어려운 경우에 직면할 때마다 내 도움을 요청했다네. 그는 내가 수술실에서 자기 바로 곁에 있어주기를 원했지. 나는 그가 나를 필요로 할 때마다 항상 곁에서 도움을 주었다네. 그는 평생 이 섬에서 가장 훌륭한 외과의사였는데, 늙어서 죽었어."

"당신은 거친 육체로써 수술대의 그 사람 옆에 계셨다는 말씀인가요?" 나는 정확을 기하기 위해서 물었다.

"그럼, 물론이지. 그는 좋은 친구였고, 나는 그가 부를 때마다 병원으로 가서 그의 곁에 서 있었다네. 그는 비명횡사도 하지 않고 자기 카르마의 빚을 갚았어." 다스칼로스가 강조했다. "그는 과거 자기 행위의 본질을 깨우쳤고, 필요한 교훈을 얻었기에, 자신이 저질렀던 것과 똑같은 징벌을 받을 필요가 없었네."

"의문이 생기는데요." 내가 말했다. "다른 사람들은 자기의 빚을 갚고 양심을 찾기 전에 반복해서 고통을 당해야만 하는데, 왜 그 사람은 그런 긍정적인 방법으로 카르마를 갚았을까요?"

"모든 인간에게는 선택권이 주어진다네. 우리가 카마로카에 있을 때 내면자아는, 우리에게 지상에 내려와 카르마의 채무를 갚을 수 있는 기회를 주기 위해서 원소의 4대 지배자들과 의식적으로 접촉한다네. 그것을 어떻게 할 것인지는 우리의 선택이야. 나는 우리가 선택해서 환생한다는(내면자아의 선택이지만) 루돌프 슈타이너의 말을 인정하네. 그런데 언제 그 선택을 할까? 그것은 오직 우리가 회계장부의 차변(借邊)과 대변(貸邊)을 맞춰본 뒤, 즉 내가 빚지고 있는 것과 다른 사람이 내게 빚지고 있는 것을 맞춰본 뒤라네." 다스칼로스는 가상의 회계장부를 쥐고 손으로 한 장씩 획획 넘기는 시늉을 했다.

"나는 이 의사의 경우와 같은 사례를 많이 조사했고, 그 결과 모든 인간은 두번째 죽음 직전에 다음 생을 어떻게 펼칠 것인지 자유롭게 선택한다는 사실을 알게 되었네. 그들은 두번째 죽음 전에, 다음 생을 시작하기 전에, 자신이 어디로 어떻게 내려갈지, 그리고 자신의 카르마를 어떻게 다룰지를 선택할 수 있네. 만일 우리가 전생에 살인적인 늑대였다면, 카마로카에서도 잔인한 늑대로 있다가 다시 내려와서는 끝없이 물고 물어뜯기는 늑대가 되는 것이네. 반면, 카마로카에서 전생에 주어졌던 교훈을 소화하고, 자신이 저질렀던 일을 깨달아 양심을 찾았을 때는 잔인한 늑대가 아니라 지키고 봉사하는 양치기개로 변모할 수가 있다네. 이때는 죽이기 위해서가 아니라 봉사하기 위해서 세상에 내려오는 거야. 기회는 우리에게 주어져 있어. 이것이 신의 위대한 자비의 이치라네."

"몇 년 전에 당신은 우리가 일단 카르마를 만들면, 카르마를 만들어냈던 그 상황을 극복하거나 교훈을 얻는 것과는 상관없이 그에 대한 책임을 져야 한다고 말씀하셨어요. 또한 우리가 만들어낸 염체가 선하든 악하든, 반드시 그것과 다시 대면할 수밖에 없다고 말씀하셨지요. 이것은 오늘 카르마의 극복과 신의 성스러운 자비에 대해 말씀하신 내용과 모순되지 않나요?"

"아닐세. 모순되지 않아. 내가 설명하지. 우리가 거듭 말해왔듯이,

카르마는 이 방법이든 저 방법이든, 어떤 방법으로든 갚아야만 한다네. 그것이 인과의 법칙이야. 장부를 맞춰야만 하네."

내가 반박했다. "만일 그렇다면, 카르마를 초월할 길은 없지요."

"아니야, 초월할 수 있어." 다스칼로스가 힘주어 말했다. "우리가 카르마를 지어냈던 그 행동을 되풀이하지 않고, 거기에 더 추가하지 않는다면 말이야. 만약 빚이 더이상 늘어나지 않는다면, 그것을 갚을 수 있는 시점에 도달할 걸세."

"그 외과의사의 경우, 그는 보통 같으면 응당 갚아야 할 카르마를 전생에 지었는데도 칼로써 죽음을 당할 경험을 하지 않았다고 설명하셨잖아요."

"하지만, 아까 얘기했듯이 그는 자신의 빚을 유사한 선행으로 갚았네. 그래, 그는 빚을 지고 있었고 어떤 방법으로든 그것을 갚아야만 했네. 그런데 그는 교훈을 얻었기 때문에 카르마의 고통스러운 채찍질을 당하지 않고 긍정적인 방법으로 그 채무를 없애버린 것일세. 그 사람은 그런 방법으로 자신의 대차대조표를 맞춘 것이라네."

내가 고개를 끄덕였다. "알겠어요. 고통을 통해서든 이타적인 행위를 통해서든 카르마를 갚아야만 하는 거로군요."

"그렇고말고. 간단한 예를 들어보겠네. 내가 도박꾼인데 하룻밤에 200파운드를 잃었다고 상상해보게. 그래서 나는 종이 한 장에 약식 차용증서를 썼어. 다음날 저녁 나는 다시 도박을 했고 또 100파운드를 잃었어. 내 빚은 이제 300파운드로 늘어났네. 그래서 나는 우울해졌고, 도박이 나쁘다는 것을 점차 자각하기 시작했어. 그 다음날 밤 나는 자신을 억제해서 도박을 하지 않고 집에 머물렀어. 나는 점차 도박의 유혹에 냉담해지기 시작했네. 하지만 이 냉담은 서서히 커가는 것이라서 아직은 내 의지가 충분히 강하지 못했어. 그래서 닷새째 되는 날, 도박의 염체에 굴복해서 한 번 더 재난을 겪었네. 결국 또 500파운드를 잃었지. 이제 빚은 800파운드에 달하게 됐어. 그 고통은 너무나 컸고, 드디어 나는 교훈을 얻었네. 그래서 나 자신과 물러설 수 없는 약속을 했네. '더이상 도박은 않겠다.' 하지만 내 빚은 여전히 그대로야. 그것은 여전히 내 몫이고, 나는 어떻게 해서든 그것을 갚아야만 하네."

내가 끼어들었다. "같은 이치로, 우리는 과거 생에서 많은 사람을 죽였어도 그 행동의 죄악성을 깨달으면 비슷한 운명으로 고통당하지 않을 수는 있지만 그 빚은, 그 의사의 경우와 같이, 선행을 하거나 생명을 구하는 것으로 갚아야 한다는 거죠."

"맞았어. 그것이 바로 우리가 얻은 교훈일세."

"당신이 언젠가 말씀하셨어요. 오늘의 살인자가 내일의 성인이고 깨달은 스승이라고 말입니다. 하지만 저는 궁금합니다. 역사상의 대량학살자 같은 경우, 그들이 교훈을 얻고 참회하는 진화 수준에 도달했다 하더라도 어떻게 그 빚을 다 갚을 것인지 말이에요."

"그런 때는 신의 거룩한 자비가 개입한다네. 복음서에 적혀 있듯이, 그분은 '세상의 죄를 짊어진 분'이라는 걸 기억하게. 이것이 예수 그리스도 로고스의 역할이라네." 다스칼로스가 눈을 빛내면서 힘차게 위쪽을 가리켰다.

"어떤 시점에서 로고스가 개인의 카르마를 짊어지기 위해 개입하나요? 좀 전에 당신은 예를 들면서, 정산해야 할 부채가 총 800파운드라고 하셨어요. 하지만 그 빚이 5억 파운드라면 어쩌죠? 그때는 어떻게 되나요?" 나는 말하면서, 질문이 너무 단순하지 않나 하는 생각에 웃었다.

"능력에 따라서 갚을 것이네. 우리는 2000파운드 정도를 갚겠지." 다스칼로스가 대답했다. "그리고 다시 강조하지만 우리가 교훈을 얻었다는 가정하에, 나머지는 로고스가 처리할 것이네."

"'너희와 나는 하나다'라는 그리스도 말씀을 기억하게. 내 말뜻을 이해하겠나? 그분은 '너희가 내 형제에게 한 행동은 무엇이든지 너희가 나에게 한 것'이라고 말씀하셨네. 그러므로 우리가 저질렀던 행동은 그것이 선하든 악하든 그분에게 책임을 지우는 것이 되고, 우리의 종교에 의하면 '가난한 자에게 베푸는 것이 곧 신에게 바치는 것'이라네."

다스칼로스가 나를 가리키며 말했다. "인간으로서 자네는, 타고난 일정한 권리를 가지고 있어. 자네의 능력을 벗어나는 수준으로 잘못이나 죄를 갚아야 할 일은 없을 거고, 감당하지 못할 고통도 받지 않을 것이네. 남아 있는 빚은 로고스가 감당할 것일세. 이것이 그리스도의 말씀을 그토록 호소력 있게 만들어주는 부분이라네. 그분은 진실로 '세상의 죄를 짊어진 분'이고, 특히 십자가에 못 박힌 그리스도가 이를 상징하고 있다네."

"당신은 로고스가 '세상에 오는 모든 인간을 비추는 순수한 빛'이라고 여러 차례 강조하셨어요. 그리고 그 빛은 우리 모두가 지니고 있는 것이므로, 로고스가 십자가에 못 박힌 것은 실제로는 서로의 카르마를 짊어지라는 명령이라고 말씀하셨지요."

"정확해. 하지만 자네가 누군가의 짐을 질 때, 실제로는 그것이 자네 자신의 것이라는 것을 깨닫도록 하게. 영적 진화 과정에서 자네가 그리스도 의식의 단계까지 발전하면, 다른 사람의 짐이 실은 자네의 짐이라는 걸 깨달을 걸세. 자네도 내면에 그리스도를 지니고 있는 인간이고, 다른 사람도 내면에 그리스도를 지니고 있는 인간이야. 그러니까 우리는 공동운명체로서 빚을 공유하고 있는 것일세. 이해하겠나?"

다스칼로스는 이야기를 이어나갔다. "누군가가 그리스 정교회 신앙 안에서 이러한 진실을 발견하더라도, 사제들은 그것을 전혀 모른다네. 물론 내가 수차례 얘기했듯이, 카르마가 어떻게 작용하는지 완전히 알 수 있는 사람은 아무도 없어. 그런데 대다수의 사람들이 어디에서 막히는지 아나? 거룩한 자비가 정말 있는가 하는 부분이라네."

"제 생각에 신성한 자비는 어쩌면 이런 비유로 이해될 수 있을 것 같아요. 자녀를 사랑하는 어머니가 어떤 중요한 기술을 가르치기 위해 자녀를 훈련시키고 싶어합니다. 그래서 어머니는 아이가 도전하고 탐구할 수 있도록 상당한 자유를 허용합니다. 아이는 그 사이 여러 차례 넘어져서 상처를 많이 입지만, 어머니는 항상 아이가 하는 것을 지켜봅니다. 하지만 낭떠러지에서 떨어지려고 할 때는 쫓아가서 구해줍니다. 그 순간이 바로 신성한 자비가 작용하는 순간, 즉 로고스가 우리의 짐을 덜어주기 위해 개입하는, 카르마 빚의 낭떠러지로부터 우리를 구해주는 순간이지요."

"맞았어."

내가 덧붙였다. "그러므로 엄청난 범죄를 저지른 악명 높은 인간이라도 결국은 제자리를 찾을 것이며 나락에서 구출될 것입니다."

"그렇고말고." 다스칼로스가 큰소리로 외쳤다. 그런 다음 그는 자신이 이 문제와 씨름하기 시작했던 열다섯 살 무렵의 경험을 얘기하기 시작했다.

"그때 나는 신에게 투정을 부리는 시를 썼다네. 내가 무릎 꿇고 무거운 짐에서 구해달라고 기도하는 동안 그분은 눈을 딴 데로 돌려 죄인에게 관심을 쏟고 계신다고 말이야. 그 시의 마지막에서 그리스도께서 이렇게 답하시지. '나는 너를 사랑하는 만큼 그 죄인도 사랑한단다. 그는 지금 내 도움이 필요해. 사랑하는 자여, 너는 기다릴 수 있겠지.'"

"그것이 다른 사람의 카르마를 기꺼이 받아들이게 하는 당신의 초기 훈련이었던 것 같은데요."

"그렇다네." 다스칼로스가 미소 지었다. "처음에는 가까운 사람들의 카르마를 짊어지는 법을 배워야 하고, 나중에는 죄인이라고 여겨지는 자들과 심지어 원수의 카르마까지도 짊어지는 방법을 배워야 한다네."

"그럴 수 있으려면 대단히 높은 영적 발전을 이루어야겠군요."

"그럼. 하지만 이것이 길〔The Way〕일세. 이것이 그리스도께서 우리에게 본을 보여준 길이라네. 그분이 십자가에 못 박히는 동안 하신 말씀을 기억하게. '아버지 저들을 용서해주십시오. 저들은 자신이 무슨 짓을 하는지 알지 못합니다.'"

우리의 대화는 에밀리의 친구인 미란다가 문을 두드리면서 중단됐다. 그녀는 1년 넘게 복부 통증으로 시달리고 있는 여섯 살짜리 아들을 진찰해달라고 다스칼로스에게 부탁했다. 아이를 진찰한 의사들은 아무 문제도 발견하지 못했지만, 미란다는 분명히 문제가 있다고 고집하면서 아이가 잠을 잘 못 잔다고 말했다. 다스칼로스는 아이를 무릎 위에 앉히고, 아이의 배를 어루만지면서 다정하게 말을 걸어 아이를 진정시켰다. 다스칼로스의 진단은 빠르고 간단명료했다.

"아무것도 걱정하실 필요 없습니다." 그는 무게 있게 말했다. "아이의 장 속에 기생충이 있어요." 그런 다음 그는 처방전 없이 살 수 있는 약을 알려주고, 아들이 곧 좋아질 것이라고 어머니를 안심시켰다. 미란다는 다스칼로스에게 감사를 표한 후, 아들의 손을 잡고 떠났다. 한 달 뒤 물어보니, 그녀는 다스칼로스의 집을 나서자마자 아들을 데리고 병원에 가서 대변검사를 받았다고 말했다. 그 검사결과는 다스칼로스의 진단을 입증해주었고, 소년은 몇 가지 약으로 기생충을 없앴고, 복통에서 해방됐다. 이런 일은 다스칼로스의 집에서 매일 벌어지는 일상적인 일들 중 하나이다.

미란다와 아들이 떠난 후, 나는 다스칼로스와의 대화를 다시 시작했다. 그때까지 에밀리는 우리와 함께 있었고, 다스칼로스 옆에 앉아서 열심히 듣고 있었다.

"다스칼레, '두번째 죽음'의 개념에 대해서 질문하고 싶은데요." 내가 얘기를 시작했다. "당신이 '두번째 죽음'이라고 말씀하실 때 저는 카마로카, 즉 낮은 차원의 심령계에 있을 때와 우리가 환생하려고 하는 시점 사이의 기간을 의미하는 것이라고 생각했는데요."

"어떤 사람들은 두번째 죽음이라는 말을 들으면 몹시 무서워한다네. 지상에서의 죽음과 비슷한 어떤 것을 상상하기 때문이지. 하지만 아주 달라. 두번째 죽음은 카마로카에서 심령체가 분해되는 것을 의미하는데, 매우 점진적인 과정이기 때문에 우리는 그것을 자각조차 못한다네. 그것은 갑자기 일어나는 게 아니야. 우리가 죽은 후에 — 또는 육체에서 빠져나온 뒤에 — 자신의 드러누워 있는 육체를 볼 수 있는, 그 거친 육체의 죽음과는 다르다네. 두번째 죽음은 심령체의 부정적인 진동을 서서히 청소하는 것이고, 그렇게 함으로써 주변 환경은 점점 신성해지지. 그것은 해가 떠오르면서 풍경 위에 비치는 빛과 비슷하다네. 처음에는 거의 아무것도 볼 수 없을 정도의 어둠 속에 있지만, 그다음에는 보름달 정도의 밝기로 풍경이 보이기 시작하네. 물론 그것은 처음과 동일한 풍경이야. 그런 다음 우리는 색깔을 보게 되고, 더 많은 빛을 느끼면서 기분이 좋아지네. 그리고 아침이 되면 풍경은 더 밝아지지. 상쾌한 미풍이 바다에서 불어오고 새들이 지저귀기 시작할 것이네. 태양이 정점을 향해 움직이며 사방에 풍성한 빛을 비출 때, 풍경은 반짝이는 빛으로 생기를 띨 것이네. 두번째 죽음은 이와 유사한 어떤 것일세."

"심령계는 우리가 살아야만 할 곳이고, 우리의 의식 상태와 영적 발전 정도에 따라 달라지는 독특한 곳일세. 그리고 풍경을 비추는 태양은 자신으로부터 나온다는 것을 기억해두게. 그것은 이 세상에 있는 것처럼 하늘에 있는 천체가 아니며, 그 빛의 변화도 우리 내면으로부터 오는 것일세. 나는 지금 내 경험을 바탕으로 말하고 있네. 두번째 죽음과 함께 우리는 전에 살았던 어둡고 칙칙하며 혼란스러웠던 세계가 점차 밝아지고 더 신성해진다는 것을, 그리고 우리의 이해 능력이 확장되었다는 것을 느낄 거야."

"다스칼레, 우리가 죽으면 심령계로 들어간다는 것이 반드시 어두운 풍경 속으로 들어간다는 뜻은 아니겠지요." 내가 완곡하게 말했다.

"그것은 우리가 갖고 가는 빛의 양에 달려 있는 것일세. 우리는 풍경을 비추는 태양이야. 내가 수차례 말했듯이, 가장 어두운 지옥조차도 객관적으로는 아름다운 공간이라네. 절대자 안에서는 모든 것이 아름다워. 물론 우리가 그 아름다움을 감지할 수 있는 위치에 있다는 가정하에서 말이야. 사람들은 자기 안에 지니고 있는 아름다움을 통해서만 그 아름다움을 볼 수 있을 뿐이라네."

"내 이야기가 좀 이상하지 않나?" 다스칼로스가 우리를 향해 활짝 웃으면서 말했다. "하지만 그것은 진실이라네. 두번째 죽음은 두려움의 대상이 아니라, 오히려 추구해야 할 어떤 것일세. 다시 말하면, 두번째 죽음은 높은 수준의 깨달음을 향한 계발의 과정이야."

"모든 인간이 다 이런 경험을 하나요?" 내가 물었다.

"그럴 가능성을 갖고 있지. 그들이 제정신을 찾고 방금 살았던 생의 교훈을 제 것으로 소화했다면 그런 경험을 할 거야. 하지만 만약 그렇지 않다면, 카르마의 스승은 현재인격으로서의 자아를 잠재울 것이네. 즉, 심령체는 즉시 해체될 것이고, 순간적으로 이지 차원을 통과해 새로운 생을 받은 뒤 거친 물질 차원으로 내려온다네. 이런 경우 그 사람은 이지체를 경험하거나 인식하지 못하지. 이건 매우 복잡한 과정이야."

"말이 난 김에 하는 말인데, 슈타이너가 방금 살았던 생의 3분의 1에 해당하는 기간만큼 카마로카에 머무를 것이라고 말한 것은 잘못된 얘기네. 연옥에서 지내는 기간은 개인에 따라 달라져. 지난 생의 과제를 종합적으로 공부하고 소화하기 위해서는 1년, 100년, 200년, 혹은 몇 달밖에 안 걸릴 수도 있다네. 그것은 상황에 달려 있지. 예를 들어, 어떤 사람이 아주 비극적이고 혹독한 삶을 살면서 자신의 심령체에 엄청난 혼란과 격렬한 진동을 일으켰다면, 그 진동을 가라앉히기 위해서는 카마로카에 더 오래 머물러야 할 걸세. 그러니까 심령 차원에 얼마 동안 머무는가 하는 것은 개인의 문제이지, 모든 사람에게 똑같이 적용되는 고정된 수학적 공식이 아니라네."

"내 자신의 생들을 검토한 결과, 내가 다시 일하기 위해 세상으로 내려오기까지는 지구 시간으로 보통 1~2년이 소요됐다는 사실을 발견했네. 그리고 이것이 내가 전생들을 그렇게도 많이 기억할 수 있는 부분적 이유이기도 하네."

"두번째 죽음에 이르고 그것을 경험하는 것." 잠시 쉰 후 내가 말했다. "즉 심령체를 초월하여 이지체 속으로 들어가는 동안 의식이 온전히 깨어 있으려면 일정 수준의 영적 진화가 이뤄져 있어야 하겠지요. 말하자면, 그것은 영적 진화의 노력에 대한 보상이라는 생각이 드는데요. 그리고 이 보상은 최면에 걸려 있는 현재인격으로 남는 것이 아니라 의식을 성취하는 것이고……"

"바로 그거야." 손뼉을 치면서 다스칼로스가 말했다. "결국 이번 생에서 진짜 내 것이라 할 수 있는 건 뭔가? 육체인가, 아니면 의식인가? 거친 물질계에서든 심령계에서든 이지계, 또는 그 너머에서든, 절대생명[The Life] 속의 작은 생명[life]으로서 의식 외에 우리가 진정 '내 것'이라고 부를 수 있는 것은 뭔가? 자네의 육신을 바라보게. 그걸 자네의 것이라고 말할 수 있겠나? 내가 자네 육체에 마취제를 주사해서 바로 여기에 누워 있다고 상상해보게. 그것을 '내 몸'이라고 부를 수 있겠나? 현재인격과 내면자아로 이루어진 그 '나'라는 존재는 자아의식 없이는 어떤 것도 해낼 수 없다네."

"그게 무슨 의미죠?"

"이 문제를 좀더 따져보세." 다스칼로스가 대꾸했다. "현재인격이 자아의식을 가지고 있을까? 대답은 '아니다'일세. 그것은 허약한 형태의 잠재의식을 갖고 있으면서 '나야, 나는 있어, 나는 존재하고 있어'라고 허풍을 떤다네. 하지만 그런 상태로 있는 한, 그것은 현재인격을 둘러싼 영양과잉의 이기주의 속에 갇혀 있을 것이네. 그것은 사물에 대해 알고 있는 척 하지만, 실제로 아는 게 뭐가 있나? 이 허약한 자아의식은 밤에 잠에 취했다가 아침에 거친 물질계로 다시 돌아오면 아무것도 기억하지 못한다네. 또 그것은 고삐 풀린 욕망으로 자신이 만들어낸 악몽에 시달리고 있지? 불행히도 대다수의 인간들은 깨어날 때까지 이런 상태라네."

(다스칼로스는 보통사람이 사는 모습은 허약한 상태이고, 개인의 영적 발전은 부분적으로 심령이지적 능력의 발전과 병행된다고 되풀이해 말했다. 다스칼로스는 거친 육체는 아주 사실적인 의미에서 자아영혼의 감옥이며, 이 한계를 초월하는 것이 인간 성장의 핵심 과제라고 가르쳤다. 그리고 이 한계를 초월하기 위해서는 거친 육체가 잠들어 있는 동안에도 완전한 의식을 유지할 수 있는 능력이 필요하다고 말했다.)

다스칼로스가 개인적인 문제로 찾아온 방문객들과 상담하는 30분 동안, 우리는 잠시 쉬었다. 그런 뒤, 에밀리가 말을 꺼냈다. "두번째 죽음을 경험하는 것이 의미하는 바와, 거기서는 어떤 형태의 의식을 가지는지에 대해 좀더 듣고 싶은데요."

다스칼로스가 설명했다. "두번째 죽음 동안에 우리는 한 지점에 도달할 수 있는데, 그렇게 되면 생각[thought]을 제외한 감정[emotion]은, 아주 밑바닥의 감정조차도, 그 사람의 내면에서 더이상 힘을 발휘하지 못한다네."

"그 생각이라는 것은 지성과 어떻게 구별되나요?" 내가 물었다.

"당신이 '생각'이라고 하셨을 때, 그것은 사랑의 감정이 결여된 것을 의미하신 건가요?"

"사랑은 감정이 아닐세. 그것은 바로 절대자의 본질이야. 우리는 본질로서의 사랑과 그냥 사랑을 구별해야만 하네. 촛불이나 횃불을 태양과 구별해야 하듯이 말일세. 평범한 인간의 감정 세계는, 가장 고결하다고 생각되는 사람들조차도 고도의 인식 차원에서 볼 때는 아주 희미한 빛을 발하는 횃불에 지나지 않아. 태양과 횃불은 비교될 수 없는 것일세."

"그런데, 다스칼레." 에밀리가 물었다. "당신이 두번째 죽음 동안 생각의 세계로 들어간다고 하셨을 때, 그것은 감정과 정서를 버린다는 걸 의미하신 건가요? 거기서는 그것이 필요 없나요?"

"여기서도 마찬가지로, 우리는 현상으로 드러난 감정과 본질로서의 감정을 구별해야만 하네. 고차원 이지계에서는 우리는 사랑이 된다네. 우리가 사랑 자체야. 그것은 낮은 세계에서와는 달라. 낮은 영역에서는 기본적으로 이기적인 자기애(自己愛)의 반영으로서 다른 사람을 사랑한다네. 낮은 차원에서 우리는 누군가를 사랑한다고 생각하지만, 실제로 우리가 매혹되어 있는 대상은 자기 자신이야. 이것이 내가 말하는 감정의 의미일세. 이 지구상에 진정으로 사랑하는 법을 알고 있는 사람은 거의 없다고 봐야 할 거야."

"그러니까, 그것은 정도의 문제겠지요." 내가 말했다.

"맞았어. 그런데 이지계로 들어갈 때, 자네는 어떤 종류의 감정을 갖길 바라나?"

"당신은 좀 전에 그곳이 생각의 세계라고 말씀하셨는데요." 내가 대답했다.

"하지만 어떤 종류의 생각 말인가? 자네는 생각의 의미와 감정의 의미를 구분했나?" 다스칼로스가 말했다. 잠시 침묵이 흐른 후 그가 미소 지으며 조용한 목소리로 우리에게 경고했다. "우리는 지금 아주 어려운 문제로 들어가고 있네."

"자네에게 질문 하나를 해야겠어." 다스칼로스가 팔짱을 끼고 등을 기대며 말을 이었다. "고차원 이지계에서 생각이란 어떤 것이겠나?"

나는 모범생처럼 선생님의 기대에 부응하는 답변을 하려고 애썼다. "글쎄요, 그것은 마음[Mind]의 형상화 작용[formation and shaping]이겠지요."

"그러면 그것은 외부에 있는 물체를 마음이 형상화하는 것인가, 아니면 우리 자신이 외부의 물체가 되는 것인가?" 다스칼로스는 내 앞에 있는 상상의 물체를 손으로 가리켰다. "고차원 이지계에서는 자기 외부의 사물에 대해서는 알 수가 없고 자신이 그 사물이 될 때만 알 수 있다네. 이것이 내가 말하는 하나됨[at-one-ment]의 의미야. 고차원 이지계에서는 자신의 외부에 있는 대상을 이해하기 위해서 마음을 생각의 형태로 형상화하지 않고 그것이 되어버린다네. 그래서 고차원 이지계에 도달하면 의식은 어떤 형체든 마음대로 취하면서도 여전히 자신으로 남아 있을 수 있다네."

"내 어려움은 이런 경험을 말로 전달하는 것이야. 이따금 나는 언어로 소통될 수 없는 경험적 현실의 본질을 전달하기 위해서 새로운 단어를 만들어내야 한다네. 예를 들자면, 그리스어에 앤티랩시스(antilepsis: 지각, 인식)라는 단어가 있네. 일전에 나는 내부 모임의 회원들에게 씬앤티랩시스(synantilepsis)라는 단어를 소개했지만, 내가 아는 바로는 그런 단어는 없어. 그럼에도 불구하고 저 너머에는 그것을 경험할 수 있는 현실이 있다네."

"씬앤티랩시스가 뭐죠?" 내가 물었다.

"그것은 둘 이상의 사람들이 각자의 의식 속에서 정확히 똑같은 방식으로 어떤 교훈을 받아들이거나, 대상과 동화되는 것을 의미한다네."

"제가 그 말씀을 제대로 이해했는지 모르겠는데, 그것은 모든 사람이 동일한 방법으로 어떤 것을 지각하는 상태로군요."

"아닐세. 씬앤티랩시스는 그것 자체가 돼버리는 걸 의미하네. 그리고 씬앤티랩시스가 일어나기 위해서는 먼저 하나됨이 이루어져야 해. 우리는 그와 같은 단어를 사용하지만, 얼마나 많은 사람이 실제로 그것을 이해할 수 있겠나?"

에밀리가 불쑥 끼어들었다. "당신이 정의하셨듯이, 고차원 이지계에서 우리는 대상의 본질 속으로, 실재[reality] 그 자체 속으로 들어가는 거군요. 그러니까 우리가 그 실재가 되어버리는 거죠. 이것이 그 차원에서 당신이 의미하는 '생각'이고, 만약 우리가 진화한 존재라면 두번째 죽음 동안에 이렇게 될 수 있는 거구요."

"그렇지. 그 차원들에서 생각은 우리 자신이고, 우리의 본성이라네. 그것은 우리를 흥분시키거나 실망시키는 외부의 어떤 것이 아니야. 거기에서 생각은 곧 사랑 그 자체라네. 가장 높은 경지에 이른다는 것은 '원수를 사랑하라'는 그리스도의 가르침을 진정으로 이해하고 그대로 사는 것을 의미하네. 즉 우리의 본성이 살인자마저도 나 자신으로 여기는 경지에 도달하는 것을 말하지."

"진리를 이해하는 것, 이것이 고차원 이지계에서는 생각의 본질이고,……" 내가 덧붙였다.

"아닐세. '진리가 되는 것'." 다스칼로스가 내 말을 정정했다. "그리스도가 뭐라고 말씀하셨나? '나는 길이요 진리요 생명이니라.' 바로 내가 진리가 되는 거라네."

"감정의 악순환을 그치고 진리와 실재에 동화되는 지점에 도달하는 거로군요."

"그렇지. 이제, 고차원 이지계에서 감정은 어떤 것이라고 생각하나? 그것은 해체될까? 아닐세. 그것은 축적된 불순물로부터 정화되는 거라네. 그것은 마치 손바닥에 악취 나는 진흙 한 덩어리를 가지고 있는데 그것에 불을 쪼여 흙과 물이라는 두 개의 순수한 원소를 분리해내는 것과 비슷하네. 우리의 감정은 진흙처럼 증오나 분노, 좋고 싫음, 연민, 혐오 등등의 일시적인 감정들이 뒤섞인 정서야. 순수한 형태의 흙이라는 원소는 좋은 것이지. 흙은 어머니와 같은 거라네. 악취 나는 진흙도 순수한 형태로 봐서는 흙과 물이지. 그것을 분리한다는 것은 진흙을 파괴해야 한다는 의미도 아니고, 감정이 파괴된다는 의미도 아니야. 고차원의 매체를 통해 진흙을 정화해서 흙과 물로 나누는 것이네. 흙은 순수하고 신성한 것이고 물 또한 그렇지. 우리는 세 가지 차원계에서 자신을 표현하기 위해 흙의 원소를 사용함으로써 그것에 경의를 표한 것이라네. 이해하겠나? 자네가 의식의 어떤 수준에 이르면 절대자 안에서는 아무것도 추한 것이 없다는 사실을 깨달을 것일세. 추하다는 것은 분리의 세계에서 쓰이는 하나의 의미이고, 우리는 정도에 따라 그것을 표현한다네."

"내가 고차원 이지계에 다다르면, 사랑하기를 그칠까? 친구들과 내 손자에 대한 사랑을 버리게 될까? 감정을 버리게 될까? 대답은 '아니다' 일세. 이 대목에서 우리는 그리스도의 말씀을 이해할 수 있게 된다네. 우리는 모든 사람을 똑같이 사랑할 것이네. 알겠나?"

"사랑을 덜어내는 것이 아니라 더하는 것이로군요." 내가 말했다.

"바로 그거야. 하지만 사람들은 그런 얘기를 들으면 대개는 반발한다네. 그것이 가능하냐고, 손자를 사랑하는 것과 똑같이 부랑자를 사랑하는 것이 가능하냐고 항의조로 묻는다네. 하지만 그것은 물론 가능하고 또 그렇게 되도록 노력해야 하네. 내가 다른 사람을 똑같이 사랑해도 내 손자는 아무것도 잃지 않아."

"내가 지금 말하고자 하는 게 결국 무엇이겠나?" 다스칼로스가 물었다. "지나친 이기심의 충족에 불과한 현재의 감정은 진실한 사랑의 표현으로 바뀌어져야만 하네. 이런 사랑을 표현한다고 해서 희생되는 것은 아무것도 없고, 도리어 더 많은 것을 얻는다네. 많은 사람들이 카마로카 이후에는 감정이 의미가 없어진다고 하면서, 정서적인 생활이 없어질 거라고 우기지. 그래. 이 세상에서 일상적으로 표현되고 있는 그런 감정은 사실상 전혀 가치가 없네. 독한 냄새를 뿜어내는 물과 흙은 가치가 없어. 그것들을 정화해서 그 물과 흙이 둘 다 아주 좋은 것이라는 사실을 깨달아야만 해. 그것들을 분리하고 정화하기 위해서는 불과 같은 차원 높은 매개체를 사용해야 하네. 그렇게 해서 우리 자신이 마음〔Mind〕, 정화된 마음이 되어야 하는 걸세."

"생각을 의미하시는 건가요?"

"아니야. 생각이 아니라 마음〔Mind〕을 말하는 것이네. 엇비슷한 예를 들어보겠네. 마음을 대상에 부딪치는 빛이라고 가정해보세. 그 대상의 이미지가 우리 눈에 들어와서 시신경을 자극하여 이미지를 뇌로 보내면, '나는 이것을 본다'고 말하네. 말하자면 이것이 보통의 생각이야. 그런 다음 감정이 생겨나지. 나는 이걸 좋아하는가, 싫어하는가? 그걸 원하는가, 원치 않는가? 이 상황 속에는 관찰하는 '나'와 '나'에 의해 관찰되고 있는 대상이 있네. 그리고 우리는 감정에 따라 판단을 내리지. 하지만 내가 말하고자 하는 건 이게 아니야. 나는 내가 관찰할 수 있도록 이런저런 상황을 제공해주는 조건인 빛이 비쳐주기를 기다리고 있지 않아. 나는 내가 관찰하는 대상의 외부에 있는 관찰자가 아닐세. 나는 절대자 자체의 본질인 마음을 갖고 있는 '나'를 발견하기 때문에 마음 그 자체가 되어버리는 것일세. 이는 마음을 내 외부의 것으로 보고, 그로써 이지 차원의 이미지를 지어내서 외부의 대상을 관찰하는 것과는 성질이 다른 일이야. 그와는 달리 나는 내 의식을 내 외부의 대상과 융합시켜 그것과 하나가 된다네. 그리고 그렇게 될 때, 나는 그것을 이해하려고 노력할 필요가 없네. 나는 그것이 되어버리기 때문에 저절로 아는 것일세."

나와 마찬가지로 에밀리도 귀를 바짝 기울이면서 다스칼로스의 말을 알아듣기 위해 무척 고심하고 있었다. 그녀는 '대상'과 관련하여, 다스칼로스와 유사한 논리로 시의 본질을 논하는 글을 썼던 독일의 시인 라이너 마리아 릴케의 이야기를 꺼냈다. "릴케는 시에서 대상을 이해하는 유일한 방법은 그것과 하나가 되는 것이라고 주장했지요."

다스칼로스가 반박했다. "자 잠깐만, 릴케는 그 대상과 하나가 되었나, 아니면 그 물체의 겉껍질인 이미지와 하나가 되었나? 하나됨에도 여러 단계가 있네."

"한 가지 예를 말씀드리지요." 에밀리가 말했다. "릴케는 어떤 시에서 우리 속에 갇혀 있는 한 마리 표범을 묘사했어요. 우리 속에 갇혀 있는 표범을 바라보는 시인은 외부에서 그것을 묘사합니다. 릴케는 이 방법이 잘못됐다고 주장합니다. 시인은 오직 우리에 갇혀 있는 표범이 되었을 때만 표범에 대해서 제대로 쓸 수 있다는 거예요."

"하지만 어떻게? 어떤 방법으로?" 다스칼로스가 물었다. "그렇게 말하는 것만으로는 충분치가 않아. 방법을 얘기해야지."

"그의 시를 보면, 우리는 대상과 하나가 된다는 것이, 예컨대 갇혀 있는 표범이 된다는 것이 무엇을 의미하는지를 느낄 수 있어요." 에밀리가 설명했다. "그 시의 리듬은 완벽해요. 우리는 철창 속에 갇혀서 절망을 느끼는 표범의 경험을 실제로 생생하게 실감하게 되는 거지요."

"하지만 그는 표범이 되지 못했어." 다스칼로스가 빈정대는 투로 대답했다.

"그는 상상으로 이 느낌을 만들어냈겠지요." 내가 나섰다.

"릴케는 자신이 경험한 대로 대상의 내적 상태를 그대로 표현한 거예요." 에밀리가 고집했다.

"좋아. 하지만 그는 표범이 되지는 못했네. 하나됨이란 시간과 공간을 뛰어넘어 어떤 표범이든 간에 그것이 내 자신이 되어버린 것을 뜻하는 거라네. 그리고 그것은 우리에 갇혀 있는 느낌이 어떨 것인가를 감정이입하여 상상으로써 표범을 관찰하는 걸 말하는 게 아니야. 그의 방법은 하나됨으로 다가가는 하나의 단계이긴 하지만, 하나됨 그 자체는 아닐세."

"그 단계에 다다르기 위해 당신은 어떻게 하시나요?" 에밀리가 물었다.

"집중력을 키우고 명상을 함으로써 그런 경지의 인식에 다다를 수 있지. 그렇게 되면, 과학자가 수년 내지 수십 년 걸려 연구할 것을 눈 깜짝할 사이에 모두 알 수 있다네. 예를 들면, 한 식물학자가 장미나

무의 종(種)에 대한 연구로 몇 년을 보낼 수 있네. 사실 이것은 아주 빈약한 형태의 의식이고 지식이야. 그것은 우리가 여기 거친 물질 차원에 내려와 있는 탓이라네. 하지만 고차원 이지계를 뚫고 들어갈 수 있다면, 우리는 장미나무가 될 수 있고, 눈 깜짝할 사이에 장미나무에 관한 모든 것을 알 수 있게 된다네. 그 장미나무에 관련된 모든 것, 즉 그것이 씨앗이었을 때부터 시공 안에서 사라질 때까지의 모든 것을 즉시에 알 수 있네. 내가 장미나무가 되기 때문이야."

"그 상태가 당신이 전에 말씀하신 '물밀듯 밀려오는 이해'로군요." 내가 말했다.

"이 하나됨의 의미는 우리 내부 모임의 회원들조차도 아주 어려워하는 부분이라네. 이것은 시공간을 뛰어넘어 우리 자신이 바로 그 사물의 본질이 되는 것을 말하는 거야. 우리는 진화의 과정중에 있는 구체적 형상의 세계가 아닌 이데아의 세계로 들어가는 것일세. 내가 이러한 하나됨의 상태에서 의식을 펼칠 때, 밖에 있는 것은 안에 있는 것이 된다네. 하나됨을 통해 나는 창조물과 하나가 되고, 대천사의 역할과 생명을 부여해준 그리스도 로고스를 인식하게 되네. 그러면 어디에 이르게 될까? 우리는 우주 만물 모든 것 안의 제1원리 속으로 들어가는 걸세. '그런 경지에 이르면 그 차원에 이르지 않은 사물들은 무시하게 되는가?'라고 물을 수도 있겠지. 그건 아닐세. 사실상 높고 낮은 것은 없기 때문이야."

"나는 또한, 자신의 외부에 있는 대상을 알고자 하는 욕구는 결코 만족될 수 없다는 사실을 덧붙여야겠네. 지식에 대한 그런 류의 갈증은 절대 풀릴 수 없다네. 그런 식으로는 결코 끝이 없어. 내가 알고자 하는 것과 나 자신 사이에 분리가 있는 한, 만족은 있을 수 없네. 성취와 만족은 오직 우리가 알고자 하는 그것 자체가 될 때만 찾아오는 것일세."

다스칼로스는 잠시 말을 멈추고, 몸을 앞으로 숙여서 무릎 위에 팔꿈치를 얹고 두 손으로 머리를 감쌌다. "이런 문제를 얘기하는 것은 쉽지가 않아." 그는 이렇게 말하고 머리를 흔들었다. "만약 교부 요하난이 임재하지 않으셨다면, 나는 오늘 얘기한 내용을 한마디도 말할 수 없었을 것이네. 나는 요하난과의 동조를 잃을 때마다 더듬거렸어. 그걸 느끼지 못했나? 동맥경화에 걸린 이 늙은이의 골통은 ― 다스칼로스는 자신의 머리를 툭툭 쳤다 ― 이 모든 내용들을 혼자 힘으로 담고 있을 수가 없다네. 이 강의를 하고 있는 것이 내가 아니라 교부 요하난이란 것은 자네들도 알고 있지 않나?" 우리를 바라보는 다스칼로스의 눈빛이 강렬하게 빛났다.

3차원적인 학구적 의식 속에 갇힌 채 옴짝달싹 못하는 나는 난감했다. 투시가의 안목이 없는 나로서는 요하난의 임재를 구체적으로 인지할 수도, 경험할 수도 없었다. 나는 에밀리와 눈빛을 마주치면서, 그녀도 나와 똑같은 거북함과 좌절감을 느끼고 있음을 알 수 있었다.

9
Cosmos and Mind

우주와 마음

"어떤 사람들은 우주의 밤과 낮에 대해 이야기합니다.
그리고 바로 지금 이 순간,
우주의 어떤 곳은 밤이고, 어떤 곳은 낮이라고 말합니다.
신성한 드라마, 거룩한 심포니는 영원히 재연(再演)되며,
창조가 일어나지 않는 순간은 결코 없었고 앞으로도 그럴 것입니다.
절대자는 자체 안에서 영원히 명상하며,
자신의 표현물, 곧 마음을 통해 창조한
이지적, 심령적, 에테르적, 물질적 우주들에 흐뭇해합니다."

스테파노스와 내가 다스칼로스를 방문했을 때 그는 재스민 넝쿨과 각종 선인장 화분, 그리고 갖가지 식물들로 둘러싸인 현관입구에 앉아 있었다. 밝은 갈색 스웨터를 입은 그는 눈을 감고 두 손을 앞으로 모은 채 지극히 행복한 모습으로 4월의 따스한 햇볕을 쪼이고 있었다. 우리는 계단을 올라가면서 인기척에 눈을 뜬 그에게 인사했다.

다스칼로스는 스테파노스를 특별히 좋아했다. 오십대 초반의 스테파노스는 에밀리와 내가 다스칼로스와 함께하는 긴 대화와 토론에 여러 차례 참여했다. 한번은 다스칼로스가 나에게 스테파노스는 진짜 '천사'였다고 말했다. 다스칼로스는 스테파노스가 실천철학 학교[38]에 관여하면서 자신만의 모임을 이끌고 있는데도 불구하고, 그를 다른 학생들과 마찬가지로 자신의 학생이라고 여기고 있었다. 다스칼로스는 스테파노스가 자기 모임의 공식 회원은 아니라 할지라도 스승으로서의 임무를 훌륭하게 해내고 있다고 생각했다.

며칠 전에 스테파노스는, 그의 학생들이 찾아와서 자신이 그들을 치유해줬다고 고마워했는데, 자신이 어떻게 그런 치유를 했는지 정말 알 수 없으며 그 일에 대해 설명할 길도 없다고 말했다. 그래서 그는 다스칼로스를 만나 왜 그런 일이 생겼는지에 대한 설명을 듣고 싶어 했다.

거실에 자리를 잡고 나서 스테파노스가 다스칼로스에게 말했다.

"저는 자주 당신과 실질적으로 연결되어 있다는 느낌을 가집니다. 정말 부정할 수 없는 느낌으로 당신의 인상이 제 마음속에 떠오르면서, 그 순간에 필요한 것을 얻게 됩니다. 그리고는 일들이 벌어집니

---

38 실천철학 학교(practical philosophy school) : 구르지예프와 우스펜스키의 사상과 힌두철학에 근거한 영적 단체. (역주)

다." 스테파노스가 잠시 쉬었다가 말을 이었다. "제가 그 모든 걸 공상으로 꾸며낸 건지…… 알 수가 없어요."

"아닐세, 아니야. 그건 사실이라네." 다스칼로스는 웃으면서 스테파노스를 안심시켰다. "나는 항상 자네와 함께 있다네."

"알겠습니다." 스테파노스는 고개를 끄덕이면서 지난 3년 동안 실천철학 학교를 통해 많은 사람들이 치유되었다고 말했다.

"저는 문제를 가진 많은 사람들을 도와주려고 그들과 얘기를 나눕니다. 사람들이 너무 많아서 제가 그들에게 무슨 말을 했는지 기억도 못하지만, 그들은 나중에 와서는 제가 자기들을 치료해줬다고 말합니다. 언젠가는 그들과 명상을 하던 중에 한 젊은 여성이 심한 관절염으로 고생하고 있다는 것을 알아차렸어요. 그 여성의 통증은 아주 심각했습니다. 갑자기 저는 설명할 수 없는 어떤 힘이 저를 그 여성 앞에 데려다 놓는 것을 느꼈어요. 저는 아무 생각 없이 그 여성이 고통을 느끼는 부위를 만져주었습니다."

"아주 좋았어!"

다스칼로스는 고개를 끄덕이면서 말했다.

"그러자 그 여성의 통증은 사라져버렸어요." 스테파노스는 스스로도 놀랍다는 듯이 말했다. "저는 이런 식의 일을 했고 사람들은 제가 자기들을 낫게 해줬다고 말했습니다. 그러나 저는 저 자신이 무슨 일을 하는지 전혀 모르는 상태에서 그 일을 했어요. 저는 정말 제가 무슨 일을 했는지를 모릅니다."

"그래도 자네는 알고 있어."

다스칼로스는 기쁜 표정을 지으며 말했다.

"저는 그 순간에 저 자신이, 치유에너지가 다른 사람에게 흘러들어가도록 하는 일종의 케이블 같은 통로가 되고 있다는 것을 느낍니다."

"치유를 행하는 것은 자네의 내면자아라네. 기억해두게. 자네는 스테파노스만이 아니야. 스테파노스는 진정한 자네의 일시적인 그림자일 뿐이네." 다스칼로스는 손가락으로 스테파노스를 가리키면서 말했다.

"알겠습니다." 스테파노스가 부드럽게 말했다.

"자네의 '나'는 스테파노스를 뛰어넘는, 다른 어떤 것일세." 다스칼로스가 되풀이해 말했다.

"스테파노스는 자네의 내면자아, 자네 프뉴마(Pneuma)의 옷이야. 그 모든 일을 하는 것은 자네의 내면자아야. 그 순간 자네의 소망은 상대방에게 도움이 되고자 하는 것이지. 그런데 그렇게 소망하는 것이 누구일까? 사실 그것은 원하고 말고의 문제가 아닐세. 그것은 그 사람을 치유하라는 명령을 받은 것과도 같다네." 다스칼로스가 강조했다.

"그 순간 행동하는 자는 지금 이 스테파노스가 아니라 내면자아로서의 자네야. 잠재의식 차원에서 일어나는 일이기는 하지만, 카르마가 스테파노스를 대행자로 이용하는 것이라네."

다스칼로스는 잠시 멈췄다가 말을 이었다.

"이런 경험들은 자신이 진정으로 누구인지를 깊이 생각해볼 좋은 기회가 된다네. 자네 자신에게 물어보게. '나는 진실로 누구이며, 시간과 공간 속에 형상화하여 살고 있는 나의 본질은 무엇인가?' 하고 말일세. 그런 결정을 내리는 것은 스테파노스가 아니야."

"자네는 정말로 치유를 행하는 자가 나, 스피로스 사티라고 생각하나? 다시 말하지만, 그건 스피로스 사티로서의 내가 아니라네." 다스칼로스는 웃었다. "자네는 그것을 성령이라고 말하겠지. 그래, 당연해. 그런데 그것은 또한 스피로스 사티가 아닌 내면자아로서의 '나'이기도 하네. 그것은 프뉴마, 신령한 자아인 나 자신이야. 그것은 내가 초점을 맞추는 것이 무엇이건 간에 거기에 동조해준다네. 다시 말하면, 그 순간 자네는 사실상 나와 동조되어 있기 때문에 치유를 행한 것이 나라고 느낄 것이네. 자네는 나와 하나라고 느끼는 걸세."

"코스타스는 이런 상황을 완전히 자각하고 있다네." 다스칼로스는 다시 내 쪽을 바라보면서 말을 이었다. "사람들은 내가 치유를 하거나 강의를 할 때, 이따금 그게 스피로스 사티인지 요하난인지 묻는다네. 그 순간 나는 둘 다야. 무슨 말인지 이해할 수 있겠나? 하지만 나중에, 내가 스피로스 사티이기만 할 때는 내가 요하난이 아니라는 사실을 완전히 자각한다네."

"내가 예를 하나 들어주지. 나는 미약한 불꽃을 내는 조그만 촛불이고, 요하난은 굉장한 불꽃을 내뿜는 거대한 촛불이라고 상상해보게. 이것들은 두 개의 다른 불꽃이네. 하지만 내가 나의 작은 촛불을 옆에 있는 커다란 촛불로 가져가서 그 불꽃들을 합치면 그때 나는 한 개의 큰 불꽃이 될 것이네." 다스칼로스는 두 손으로 상상 속의 촛불 두 개를 합쳤다.

"작은 촛불은 이제 '나는 커다란 불꽃이다'라고 말할 수 있게 됐네. 하지만 그것으로 끝나는 게 아니야. 내가 커다란 촛불에서 내 조그만 촛불을 떼어내는 순간 나는 다시 미약한 불꽃을 가진 작은 촛불이 될 것이네. 조그만 불꽃이 커다란 불꽃과 합쳐질 수는 있지만 조그만 불꽃으로서의 정체성을 잃어버리지는 않는다는 것을 주목하게. 말하자면, 그것은 소멸해버린 것이 아니라 동화되어 있는 하나됨의 상태였네. 이해할 수 있겠나?" 다스칼로스는 스테파노스 쪽으로 고개를 돌리면서 이야기를 이어나갔다.

"치료를 해야 할 때마다 자네는 눈을 감고 '다스칼레 도와주세요'라고 말하기만 하면 되네. 그 순간 자네와 나는 하나가 될 거야. 그리고 카르마가 허용한다면, 자네는 나와 동조된 하나의 자아로서 그 치료를 해낼 걸세. 일이 어떻게 돌아가는 건지 이해가 되나?"

"저를 혼란스럽게 하는 것은, 제가 당신을 찾지 않았어도 도움이 필요할 때마다 당신이 오신다는 겁니다. 달리 말하면, 저는 도움을 청하기 위해 일부러 눈을 감고 제 의식을 당신의 의식에 동조시키지도 않습니다. 그런데도 당신은 어김없이 오시고, 저는 그 순간 평안을 느낍니다. 저는 당신과 연결하기 위해서 의식적으로 어떤 노력도 하지 않습니다." 스테파노스가 말했다.

"자네는 그럴 필요가 없어."

"그것은 마치 당신이 절 방문해주시는 것과 같습니다." 스테파노스가 덧붙였다.

"아닐세. 그건 방문이 아니야. 내가 좀 전에 말했는데 자네는 제대로 듣질 않았군. 나는 항상 자네와 함께 있다네." 다스칼로스는 스테파노스 쪽으로 몸을 기울이면서 부드럽게 말했다. "나는 영원한 현재 속에서 항상 자네와 함께 있네."

다스칼로스는 안락의자에 등을 기대면서 다시 목소리를 높여 말하기 시작했다. "바꾸어 말하면, 나는 내가 사랑하는 사람들과 특별한 유대관계를 만들어낸다네. 그러면 자네가 경험한 것처럼 자네와 내가 함께 창조해낸 나 자신의 염체가 생기게 되지. 그 염체는 항상 자네와 함께 있어, 자네의 오라 안에. 그 염체는 나 자신이라네. 아니, 그것은 나이기도 하고, 아니기도 하다네. 내가 어디에 있든 간에 나의 내면자아는 자네와 항상 연결되어 있을 거야. 나의 염체가 늘 자네와 함께 있을 테니까 말일세. 이해가 되나? 그것은 내가 자네를 찾아 가는가 안 가는가의 문제가 아니라 내가 항상 자네와 함께 있는가 없는가의 문제라네. 따라서 자네가 자신을 위해서나 다른 사람을 돕기 위해서 도움이 필요할 때는 언제나 그저 눈을 감고 나를 부르기만 하게. 내 이미지를 형상화시킬 필요는 없네. 자네가 해야 할 일은 오직 내 이름을 부르는 것뿐이야."

"그래도 실제로는 당신 얼굴의 자세한 모습은 아니지만 대략적인 윤곽이 떠올라요. 그것은 마치 부드러운 빛과도 같아요."

"그게 내 내면의 자아라네. 그것은 어떤 특정한 시간이나 공간에 구애받지 않지." 다스칼로스는 잠시 쉬었다가 이야기를 이어나갔다.

"내 말의 의미를 자네가 제대로 이해하기가 어렵다는 것을 알고 있어. 자, 예를 하나 들어보겠네. 나는 코스타스나 테오파니스와 지속적인 동조 상태에 있어. 그들은 내가 보내고자 하는 메시지는 무엇이나 듣는다네. 내가 하는 일은 오직 집중뿐이야. 그들은 내가 그들에게 뭘 요청하는지를 알고, 나 또한 그들이 내게 뭘 요청하는지를 안다네. 이 상태는 하나됨[at-onement]이 아닌 동조[attunement]의 형태라네."

"다스칼레, 저는 당신에게서 좀더 실질적인 훈련을 받을 필요가 있다고 생각합니다." 스테파노스가 말했다. "때때로 저는 좀더 의식적인 형태의 훈련을 위해서 지금과 같은 직접적인 만남이 필요하다고 느낍니다."

"좋아, 자네가 원한다면 언제든지. 그 밖의 시간에는 그저 연습을 하게."

"어떻게요?" 스테파노스가 물었다.

"연습하고 싶을 때면 잠깐 동안 조용한 장소에 혼자 있게. 그런 다음 눈을 감고 내 얼굴의 이미지를 자네 앞에 데려다 놓아. 자네가 할 수 있는 한 오랫동안 그 상태를 유지하면서 우리가 연결되어 있다는 느낌을 가지도록 노력하게. 그것을 의식적으로 느껴야 하네. 자네와 나 사이의 연결은 더이상 추상적인 것도, 잠재의식적인 것도 아닐세. 지금 그것을 느끼는 건 스테파노스의 내면자아가 아닌, 이러한 접촉을 의식적으로 만들어내려고 하는 낮은 차원에서의 자네, 즉 현재인격으로서의 스테파노스야. 그런데, 이런 훈련이 정말로 필요한 것일까?"

"저는 모르겠습니다. 그래서 물어보는 건데요." 스테파노스가 어깨를 으쓱하면서 말했다. "그건 당신이 보시기에 제가 이런 것을 배울 필요가 있다고 생각되는지 어떤지에 달려 있겠지요. 저는 제가 설명조차 못하는 무지한 상태에서 일을 하고 있다고 느끼니까요."

"일은 잠재의식 차원에서 이루어진다네." 다스칼로스가 지적했다.

"하지만 스테파노스는 깨어 있는 치유사가 되기를 원합니다." 내가 끼어들었다.

다스칼로스가 미소를 띠며 나에게 말했다.

"그래, 스테파노스는 이미 높은 경지에 도달해 있고 에너지도 투사할 수 있네. 그는 스스로 생각하는 것만큼 무지하지도 않아. 사실 어떤 특별한 훈련도 필요하지 않다네. 그에게 필요한 것은 내가 좀 전에 설명했던 것처럼 자신을 나의 이미지에 동조시키는 일뿐이야."

잠시 후 스테파노스가 물었다.

"다스칼레, 동조와 하나됨의 차이는 무엇입니까?"

"자네가 이해하기 쉽게 하는 가장 좋은 방법은 개인적인 경험에서 얻을 수 있는 예화를 들려주는 것이겠군."

"자네도 알다시피, 지금까지 코스타스는 한 제자의 공장 회의실에서 자신의 리마솔 모임을 이끌어왔네. 모든 것이 순조로웠지. 그런데 하루는 내가 여기 앉아 있는데, 검은 구름이 움직이며 그 방을 뒤덮는 광경을 보았네. 안에는 아무도 없었어. 즉시 누군가의 이름이 마음에 번뜩 떠올랐는데, 나는 그런 이름을 가진 사람을 알지 못했네. 그런 광경의 환시가 느닷없이 보인 것이 너무나 의아했지. 그날 코스타스의 학생 하나가 여기 올 일이 생겼기에 리마솔에 있는 스토아에 무슨 좋지 않은 일이 있느냐고 물어봤어. 그는 자기가 알기로는 아무런 문제도 없다고 말했네. 그래서 나는 내 스스로 알아보기로 결정했어. 내가 코스타스와 나 자신을 동조시키는 순간, 나는 새 항구로 통하는 길을 보았네. 그다음에 2층짜리 건물이 환시로 번뜩 떠올랐네. 그리고 그 건물 2층에서 코스타스가 스토아를 꾸미는 것을 봤어. 1층은 면세품 상점이었네. 나는 황당했지. 왜 그런 이미지가 내 마음에 떠올랐을까? 다음날 코스타스가 내부 모임에 왔을 때 내가 그 이야기를 꺼냈지.

'코스타, 내가 이러저러한 것을 보았네.' 그가 막 웃었어.

'자네 왜 웃나?'

'보신 그대로입니다. 건물의 새 주인이 공장의 그 방이 필요하다고 해서 그 방을 비워주기로 했어요.'

그다음에 마음에 떠올랐던 그 이름을 얘기했더니 그건 새 주인의 이름이라고 하더군. 코스타스는 모든 것을 내가 환시 속에서 보았던 그대로 자세하게 얘기했네. 그러면서 그는 리마솔 항구 바깥쪽, 내가 봤던 바로 그 자리에 면세점을 꾸밀 계획이며 2층에는 스토아를 옮길 생각이라고 처음으로 내게 알려주었네. 코스타스는 '이것이 현재의 제 구상입니다'라고 말했어. 나는 그 환시를 볼 때까지 코스타스가 무엇을 계획하고 있는지 정말 모르고 있었다네."

"이제 자네는 내가 어떻게 그 모든 것을 볼 수 있었는지 묻고 싶겠지? 코스타스와 나는 서로 지속적인 동조 상태에 있네. 사랑하는 사람들이나 진화된 진리탐구자들 사이에는 비밀이 없다네. 이 점을 기억해두게. 그는 자기 곁에 염체로서의 나를 언제나 데리고 있네. 그는 그쪽에서 그 염체에 에너지를 불어넣고, 나는 내 쪽에서 그 염체에 에너지를 넣어준다네. 그가 알고 있는 건 뭐든지 내가 알고, 내가 알고 있는 건 뭐든지 그가 알지. 잠재의식상으로 그렇다는 것이네. 이런 동조는 우연히 또는 우리가 그것을 원할 때 의식적인 것으로 바뀔 수 있네."

"자네가 나를 향해 가지고 있는 이 공명(共鳴)의 염체는 나로부터 에너지를 받고, 잠재의식적으로 자네에게 영향을 끼치는 것일세." 다스칼로스는 스테파노스에게 힘주어 말했다.

"만일 자네가 원한다면, 자네 쪽에서 우리의 연결을 의식적인 것으로 만들 수 있네. 그렇게 하기 위해 필요한 것은 그저 약간의 노력과 훈련뿐이야."

"우리는 그것을 염체라고 부르지만, 그게 정말로 염체일까? 그것은 결국 나 자신의 일부분이야. 이것이 내가 말하고자 하는 동조일세." 다스칼로스는 내 쪽으로 고개를 돌렸다.

"이에 반해서, 하나됨은 나와 상대방이 하나가 되는 것이네. 이 상태는 좀더 높은 경지야. 그것은 내가 강의를 할 때 들어가는 상태라네. 내가 좀 전에 얘기했던 촛불의 비유처럼 그때 나와 요하난은 하나가 된다네."

다스칼로스는 이어서, 간혹 하나됨의 상태에서 강의를 할 때 그 진동이 너무나 강렬하기 때문에 요하난은 나이 든 다스칼로스의 육체를 보호하기 위해 '그를 쫓아낸다'고 설명했다. 그런 다음 그 높은 차원의 스승은, 다스칼로스가 물질 육체를 떠나 자신의 에테르체 속에서 다른 청중과 함께 요하난의 말씀을 듣고 있는 동안, 그 육체를 완전히 넘겨받는다는 것이다.

"언젠가 내부 모임의 강의가 끝났을 때 아스파시아가 내 이마에 손을 댔다가 내 몸이 너무 차가운 것을 보고 깜짝 놀라더군. '당연히 차지요. 다스칼로스는 강의 시간 내내 몸 밖에 계셨어요.' 코스타스가 웃으면서 이렇게 말했지. 알고 있겠지만, 우리의 생명은 이런 보잘 것 없는 육체 속에만 묶여 있지 않다네." 다스칼로스는 진지하게 말하면서, 장난스럽게 스테파노스의 무릎을 툭 쳤다.

"생명의 더 큰 부분은 항상 밖에 있어. 이 사실을 깨달을 때 사람들은 '육신은 쓸모가 없다. 생명을 주는 것은 영이다'는 그리스도의 말씀의 위대한 지혜를 이해하게 될 것이네. 그리고 죽음은 없다는 것, 즉 내면에 있는 신령한 자아의 소멸은 없다는 것을 이해하게 될 걸세."

다스칼로스의 도움을 구하러온 한 무리의 사람들이 들어오면서 우리의 대화는 중단되었다. 다스칼로스는 방문객들의 문제를 살펴보기 위해 홀 쪽으로 나갔고, 그 사이 거실에 남아 있던 스테파노스와 나는 잡담도 나누고 다스칼로스가 막 완성한 커다란 그림도 감상했다. 그것은 '생명의 나무'를 그린 것이었는데 전에 유대 신비주의에 관한 어떤 책에서 봤던 그림과 유사했다. 다스칼로스는 그 그림이 유대 신비주의와 약간의 유사점이 있긴 하지만 그것과는 크게 다른 점을 갖고 있다고 말했다. 다스칼로스는, 요하난의 지도를 받아 캔버스에 그린 그 생명의 나무는 바로 창조의 구조를 상징적으로 표현한 것이라고 말했다. 그러면서 그는 이렇게 주장했다. "일정한 경지에 도달한 높은 수준의 진리탐구자들만이 실재의 비밀 속으로 더 깊이 뚫고 들어가기 위해 저것을 이용할 수 있다네."

우리가 앉아 있는 거실로 다스칼로스가 들어오면서 중얼거렸다. "암에도 여러 종류가 있어. 쉽게 해결할 수 있는 것도 있고 어떻게 해볼 도리가 없는 것도 있지. 카르마가 허용하질 않아." 그는 한숨을 쉬며 안락의자에 앉았다.

방문객 중 한 명이 무서운 질병으로 고통받고 있음이 틀림없었다. 이런 경우 다스칼로스는 고통을 줄이도록 도와주겠다는 약속 말고는 아무것도 할 수 없다.

"암에 걸리지 않으려면 어떻게 해야 할까요, 다스칼레?" 내가 물었다.

"나쁜 방식으로 살지 말아야지." 다스칼로스가 피곤한 듯이 대답했다.

"나쁜 방식의 삶이란 어떤 것인가요?" "심령의 평안이 없는 걸 말하네. 심령이 평안하지 않으면 물질 육체가 약해져서 스스로를 지탱하지 못할 정도로 에테르 복체가 소진되어버린다네. 영국에는 '마음 편하게 가지세요.〔Take it easy.〕'라는, 지혜가 담긴 좋은 말이 있네." 다스칼로스가 말을 이었다. "또 몸에 산소가 충분히 공급되도록 해줘야만 해. 몸의 여러 부위에 산소가 결핍되면 암과 같은 여러 가지 질병에 걸리기 쉽다네."

"그렇다면 심호흡 운동은 건강을 유지하는 데 도움이 되겠군요." 내가 의견을 말했다.

다스칼로스가 두 손을 앞쪽으로 펴면서 말했다.

"그렇긴 하지만, 나는 암과 같은 질병을 두 가지 범주로 나누고 있다네. 하나는 치유가로서 우리가 상대방의 질병에 대해 뭔가를 해볼 수 있는 경우이고, 다른 하나는 너무나 심각해서 우리의 개입이 아무런 변화도 일으킬 수 없는 경우라네. 내가 방금 보았던 여성의 경우는 불행히도 후자였네. 그 여성은 도움을 받으려고 나를 계속 찾아왔지만, 막상 내가 넣어주는 그 모든 에테르 에너지를 거부했네. 그런 일이 반복적으로 일어났어. 그래서 나는 카르마가 치료를 허용하지 않는다는 것을 알고, 그녀가 피할 수 없는 운명을 받아들이도록 준비시켜야 한다는 것을 깨달았네. 나는 방금 그녀에게 '이 몸은 당신에게 더이상 소용이 없어요. 그것은 다 해진 낡은 옷과 같아서 수선할 수도 없으니, 당신 스스로 그것을 벗어버릴 준비를 하세요'라고 말했다네."

"카르마에 기인하지 않고도 그런 질병에 걸릴 수 있을까요?" 스테파노스가 의구심을 나타냈다.

"아니, 결코 없어. 모든 것은 카르마에 의거한다네. 하지만 심각한 것이 있고 그다지 심각하지 않은 경우가 있지. 카르마가 가벼울 경우에는 종종 암을 소멸시켜버릴 수가 있네. 하지만 카르마가 심각할 경우에는 보통 그것이 불가항력이란 것을 그들에게 알려준다네."

"얼마 전에 나는 머리에 종양이 생긴 사람을 만났네. 나는 그의 뇌 옆쪽에서 커다란 렌즈 콩만한 크기의 검은 점을 보았어. 그런 경우, 보통 우리가 해야 할 일은 종양에 대항할 수 있는 자외선과 적외선을 동시에 쏘는 일이라네. 우리는 집중해서 아주 작은 핀 꼭지만한 공 모양으로 그것을 만들어내야만 하네. 그다음에 그것이 종양의 한 가운데를 꿰뚫을 수 있도록 쏘아 보내야 해. 하지만 15초 이상 쏘아서는 안 되네."

"왜요?" 내가 물었다.

"그것이 타버리기 때문이야. 이 과정은 극도로 조심스럽게 진행해야 하고, 이 방법은 아주 드문 경우에만 사용해야 하네. 나도 지금까지 이 방법을 네댓 번 정도밖에 안 썼어."

그러면서 다스칼로스는 그 중의 하나가 친구 아들의 경우였다고 말했다.

"나는 친구 아들이 수술을 받기로 되어 있었던 런던에 그 가족과 함께 갔었네. 그런데 수술 전날 밤 나는 이 방법을 쓰기로 결정했지. 의사들은 그 아이의 종양이 말끔히 없어진 것을 발견하고 경악했다네. 그 아이는 그때 멀쩡해 보였지만, 내가 개입하기 전에는 몸을 가누지조차 못했다는 사실을 알아두게."

나는 다스칼로스의 이야기를 듣고 그와 유사한 일화를 떠올렸다. 몇 년 전에 나는 메사추세츠 주 뉴 베드포드에서 침술 치료사로 일하고 있는 그리스인 데메트리오스를 만나 친구가 되었다. 나는 그의 진실성을 여러 차례 확인할 수 있었는데, 하루는 그가 나에게 특별한 사례를 이야기해주었다.

　데메트리오스는 전에 토마스라는 시골 사람을 그리스에서 데려왔다. 그의 말에 의하면 토마스는 '제2의 에드가 케이시'였다. 데메트리오스는 장난스럽게 토마스를 '사도'라고 불렀다.[39] 토마스는 초월 상태에 들어가면 초라한 노동자로부터 비범한 지식을 지닌 현자로 변모했고, 초월 상태와 평상 상태를 번갈아 오가면서 데메트리오스가 'ET(외계인)'라고 이름붙인 어떤 영(靈)의 안내를 받았다. 토마스는 데메트리오스의 집에서 약 한 달 동안 함께 지냈는데 그 사이에 그들은 여러 건의 치료에 성공했다는 것이다.

　하루는 데메트리오스의 가까운 친구인 짐이 뉴 베드포드의 중심가에서 교차로를 건너다 트럭에 치이는 심각한 사고를 당했다. 짐은 몇 시간 동안 혼수상태였고 의사들도 사실상 그를 포기했다. 그의 생존 가능성은 희박했다. 엑스레이와 CT를 찍어 본 후, 의사들은 그의 뇌 속에서 응고된 커다란 혈액 덩어리를 발견했다. 의사들은 일단 응고된 피 덩어리를 제거하면 짐이 살아날 가능성이 조금이라도 있을까 하는 희망에서 수술을 계획했다. 데메트리오스는 친구의 사고 소식을 들었을 때 너무 놀라 제정신이 아니었다. 그는 토마스를 찾기 위해 집으로 뛰어 들어갔다. 그는 토마스에게 말했다. "이보게, 우리가 해야 할 일이 있어." 토마스는 짐이 어떤 사고를 당했는지, 상태가 어떠한지 등에 대해서 아무런 말도 듣지 못한 채, 일단 깊은 초월 상태로 들어갔다. 그리고 데메트리오스는 그에게 환시 속에서 짐을 보라고 지시했다.

---

39 예수의 사도 도마(Thomas)에 빗댄 것. (역주)

우주와 마음_315

토마스는 숨 막힐 듯 놀라며 탄식했다. "오, 하나님!"

"그에게 무슨 일이 일어났어? 무엇을 봤나?" 데메트리오스가 물었다.

"그의 뇌 속에 커다란 검은 점이 보여요."

데메트리오스가 지시했다.

"내 말 잘 듣게. 자네 마음속에서 그 검은 점과 똑같은 사이즈의 보라색 공을 만들어 내도록 해. 됐나? 자 이제 그것을 짐의 머릿속에 있는 그 검은 점을 향해 쏘아 보내."

토마스는 그 지시대로 따라했고, 그가 그 검은 점이 사라졌다고 보고했을 때 데메트리오스는 그 보라색 공을 파괴하라고 지시했다. 그런 다음 토마스는 초월 상태에서 빠져나왔고, 그제야 흥분해서 짐의 상태에 대해 이것저것을 물었다.

데메트리오스는 병원으로 달려갔고, 그가 그곳에 도착했을 때 외과 의사들은 수술실로 들어가고 있었다. 짐의 피 덩어리가 없어졌다는 사실을 발견한 의사들은 경악했다.

내가 석 달 뒤 데메트리오스의 친구가 운영하는 뉴 베드포드의 식당에서 짐을 만났을 때 그는 거의 완전히 회복되어 있었다.

"그 사고는 지금까지 내게 일어났던 일 중에서도 가장 좋은 일이었어요." 짐이 진지하게 말했다. "나는 그 사고 이후로 영적인 문제에 눈을 뜨게 됐고, 육체적으로도 사고 전보다 지금이 더 좋아졌다고 느끼고 있어요."

짐은 또 사고 당시 자신은 어떤 고통도 느끼지 못했다면서 이렇게 말했다.

"트럭에 치인 후, 내가 기억하는 것은 건물들 너머 먼 곳에서 부드럽게 빛나던 푸른 빛뿐입니다. 나중에 나는 사고 지점 근처에 있던 어떤 사람이 내 맥박을 짚어보고 내가 죽었다고 판단했다는 걸 알게 됐어요. 몇 시간 후 내가 의식을 회복했을 때, 맨 먼저 떠오른 것은 그 건물들 너머의 푸른빛이었습니다."

이 사건에는 이밖에도 우연의 일치와 운명의 얽힘에 관한 얘깃거리가 많다. 그날 짐의 수술을 담당할 만한 외과의사는 한 사람밖에 없었는데, 그는 가까운 도시에서 열릴 중요한 모임에 참석하기 위해 뉴 베드포드를 떠나야 했다. 그런데 뉴 베드포드의 교외에서 타이어가 펑크 났다. 그는 아내를 불러 집에 있던 다른 차를 가져오게 했는데, 그가 그 차로 갈아탄 뒤 곧 다시 펑크가 났다. 황당함과 좌절감을 느낀 그는, 모임 약속에 이미 늦은데다가 마침 무선 호출기에 급한 메시지가 들어오자 짐의 수술을 위해 병원으로 돌아가기로 마음을 바꿨다.

그가 병원에 도착했을 때, 짐은 이미 CT 스캔을 마친 상태였다. 다른 의사들이 짐의 수술을 담당할 이 외과의사가 도착하기를 기다리는 동안 짐은 수술실에서 무의식 상태였다. 나중에 의사들은 짐의 상태가 너무나 심각해서 생존 가능성을 5퍼센트로 보았으며, 짐이 다시 몸을 움직일 수 있을 가망성은 겨우 2퍼센트 정도로 내다봤다고 했다. 그는 극도로 심각한 환자로 분류됐던 것이다.

나는 짐에게 그의 기적적인 회복에 대한 의사들의 반응이 어땠는지 물어보았다. 짐은 그 의사들이 단지 어깨를 으쓱하며 간단히 설명할 수 없는 일로 치부했고, 설명하려고 노력하지도 않았다고 말했다. "이런 일은 언제나 일어납니다"라고 말하고는 그만이었다는 것이다. 그 의사들은 동료 외과의사가 '잘 해냈다'고만 말했다. 물론 그 의사들은 데메트리오스와 토마스가 행한 그 '마법 같은' 일에 대해서는 모르고 있었다.

"나는 토마스를 고용했어요." 데메트리오스는 나에게 말했다. "왜냐하면 그는 대단한 수신자이자 전달자이기 때문이죠. 나 스스로는 다른 차원으로 들어갈 수 없기 때문에 혼자서는 그런 일을 해낼 수가 없어요. 나는 이론적으로는 무엇을 해야 할지 알기 때문에, 이런 능력을 지닌 토마스가 필요했어요. 나는 다른 차원을 통과해 들어가서 거기서 일할 수 있는 대행자가 필요했었고, 토마스는 바로 그런 인물이었어요."

데메트리오스는 그 사고의 성격상, 일반적인 경우라면 짐은 걸을 수도 말할 수도 없는 식물인간이 되고 말았을 거라고 주장했다.

데메트리오스는 이런 기술을 지닌 숨은 대가들로부터 치유에 관한 비전의 가르침을 받아 수년간 탐구하고 실습한 결과, 색깔을 가지고 치료하는 방법을 배웠다고 말했다.

나는 데메트리오스를 두 번 만난 적이 있는 다스칼로스에게 이 얘기를 하면서 그가 친구 아들의 종양을 태워버린 것이 이와 유사한 방법, 즉 초월 상태에서 집중된 심상화의 힘을 통한 것이었는지 물어보았다.

"아닐세." 다스칼로스는 대답했다. "그 경우에 나는 투사법을 사용했네. 나는 유체이탈 상태에서 그 종양 속으로 들어갔지." 그리고 그는 종양 속으로 들어간 후에 적외선과 자외선을 만들어냈다고 말했다.

"어떻게 그렇게 하셨나요?" 스테파노스가 물었다.

"우리가 금속에 변성을 일으킬 수 있는 것과 정확히 똑같은 방법으로." 다스칼로스는 대답하면서 내 쪽을 처다보았다. 나는 그가 무엇을 말하는지 어느 정도 이해한다는 표시로 고개를 끄덕였다. 몇 년 전, 다스칼로스는 젊은 시절에 올리브 나뭇잎을 구리로, 은을 금으로, 금을 은으로 바꾸는 등의 금속변성 실험을 어떻게 했었는지를 내게 설명했었다. 그는 이 물질들의 원자구조 속으로 들어가서 의지와 집중력으로써 그것들의 분자구조를 재배치했다고 말했었다.

"나는 나 자신을 축소시켜서 종양 속으로 들어갔네." 다스칼로스는 스테파노스에게 설명했다. "그다음에 두 가지 색깔을 발생시켜서 그 안에서 작업을 했다네. 그러자 종양은 소멸돼 버렸지. 이미 말했듯이 이 과정은 15초 이상을 끌어서는 안 되네."

"그런 상태에서 시간을 어떻게 잴 수가 있나요?" 내가 물었다.

"잴 수 있지, 잴 수 있어." 다스칼로스는 여러 차례 고개를 끄덕이면서 우리를 확신시켰다. "시간을 알 수 있어. 나는 이런 일에는 아주 능숙하다네. 자네도 시간과 공간 속을 종횡무진하는 경지에 도달하면 이 모든 일들을 할 수 있게 될 걸세."

다스칼로스는 자신이 일단 그 종양을 '소멸'시켜버렸지만 그것은 아홉 달 뒤 재발했고, 결국 친구 아들이 죽는 원인이 되었다고 말했다. 이 경우 카르마가 진정한 치유를 허용하지 않았던 것이다.

다스칼로스가 씁쓸한 미소를 지으며 말했다. "카르마의 법칙을 거스르는 치료를 하면, 그 병은 조만간에 다시 나타날 걸세. 하지만 치유를 일으킬 것인지 아닌지는 카르마가 결정하게 놔두고 내가 할 수 있는 일은 무엇이든 해야만 한다네. 나는 카르마를 판단하는 사람이 아닐세. 나는 인간으로서 실수를 저지를 수도 있어. 그러므로 나는 결코 그런 것을 판단해서는 안 되네. 더 높은 경지의 스승들은 우리에게 이렇게 가르쳤지. 우리는 항상 최선을 다해야 하며, 우리가 바라던 결과를 얻지 못하더라도 결코 실망해서는 안 된다고 말일세. 내가 그 사례를 한 가지 들려주지."

"여러 해 전에, 나는 내가 무척 귀여워하는 조카의 치료를 맡은 적이 있어. 그 아이의 다리 상처는 좀처럼 치유되지 않았네. 나는 그 아이를 낫게 해주려고 몇 번이나 시도했는데도 도움이 되지 않았어. 나의 이런저런 노력에도 불구하고 그 아이가 좋아지기까지는 여덟 달이나 걸렸었네. 그러던 때였는데 하루는 내가 뜰에서 물을 펌프질하고 있을 때 한 터키인 여자가 아들을 데리고 도착했네. 그 소년은 소아마비였는데 오른쪽 다리가 위축되어서 다른 쪽 다리보다 짧았었지. 그 터키 소년은 대략 열세 살 정도였는데 시간이 얼마 걸리지도 않아서 부축도 받지 않고 똑바로 걷기 시작했다네."

"질문이 있습니다. 다스칼레." 스테파노스가 끼어들었다. "당신은 여러 차례 말씀하셨어요. 사람은 자기가 깨우쳐야 할 교훈을 깨우쳤을 때, 그리고 카르마의 빚이 갚아졌을 때만 치유가 일어난다고 말이에요."

"맞았어."

"어떤 사람이 자신의 교훈을 다 깨우쳤지만 자기를 치료해줄 당신 같은 사람을 만나지 못했거나 만나지 않았다고 생각해보세요. 그것은 그 사람이 치유의 기회를 놓치고 있다는 뜻일까요?"

"그렇지 않아. 대천사들과 보이지 않는 구원자들이 있지 않은가." 다스칼로스가 대답했다. "치유는 설명이 불가능한 조건, 아니, 사람들이 설명 불가능하다고 생각하는 조건 속에서도 일어난다네."

내가 덧붙였다. "당신의 말씀대로라면 치유가 일어날 때가 되면 사람들은 당신이나 당신 같은 분들을 만나든 말든 상관없이 낫게 되리라는 거로군요."

"정확해. 결국 나는 신의 뜻의 통로일 뿐일세. 그 밖의 어떤 것도 아니야."

"하지만 소아마비였던 그 터키 아이가 그날 당신을 찾아오지 않았다 하더라도 어떻게든 치유되기는 했을까요?" 내가 물었다.

"아마도 그날 치유되진 않았겠지만, 6개월 정도 이내에 점차적으로 치유됐을 거야. 그래도 상관없지. 게다가 내가 말했듯이 정통 과학이 설명할 수 없는 불가사의한 조건 속에서도 얼마나 많은 치유가 일어나고 있는가?"

스테파노스가 급한 용무 때문에 먼저 떠난 뒤 나는 다스칼로스와 좀더 같이 있었다. 시간은 정오를 조금 지났고 나는 스트로볼로스에 있는 다스칼로스의 집에서 약 2마일 정도 떨어진 우리 집까지 걸어갈 준비를 하고 있었다. 그때, 코스타스와 테오파니스가 페트로브나를 데리고 집 안으로 들어왔다. 페트로브나는 동유럽계의 영국 의학자였다.

다스칼로스는 그들을 반갑게 맞이하면서 나에게 좀더 머물라는 눈짓을 했다. 포옹으로 인사를 나눈 후에 우리는 거실로 들어가서 편안하게 자리를 잡았다. 페트로브나는 행복감으로 얼굴이 빛나고 있었다. 그녀는 다스칼로스와 내부 모임의 회원들을 만나기 위해 키프로스를 두번째 방문한 것이었다.

중년의 그녀는 키가 크고 기품 있어 보이면서도 예리한 지성을 갖춘 여성이었다. 그녀는 실력파 의학자이자 영국 대학의 교수로서 국제적인 명성을 누리고 있었다. 페트로브나는 또한 심령가이자 투시가였다. 그녀는 자신의 경험을 통해 기존 의학은 그 시야가 너무나 좁고 어둠 속을 더듬는 것처럼이나 제한적이라는 것을 깨달았다고 내게 말했다. 그녀는 한 개인의 건강을 돌보는 데에는 신체의 특정 부위를 검사하고 진단해서 처방을 내리는 것 이상의 무언가가 더 있다고 느낀 것이다. 그래서 그녀는 통합적인 의학 연구와 다양한 형태의 치유법, 그리고 고대의술 연구로 눈을 돌렸다. 그녀는 연구에 전념하기 위해 학계를 떠나 '진정한 지식과 지혜'를 위한 탐구에 착수했다. 의사였던 남편이 세상을 떠난 뒤에 페트로브나는 전 세계를 여행하면서 자신이 찾고 있는 숨겨진 지식의 소유자로 알려진 비범한 인물들을 만나고, 그들과 함께 연구했다. 그녀가 키프로스에 온 것도 이 때문이었다.

코스타스는 기질적으로 침착하고 신중한 성격임에도 불구하고 페트로브나의 출현에 열광했다. 그는 내게 은밀하게 그녀가 고도로 진화되어 있고 약간의 지도만으로도 훌륭한 치유가로 발전할 수 있는 잠재력을 지니고 있다고 말했다. 코스타스와 다스칼로스는 높은 수준의 학생들만 배울 수 있는 특별한 명상수련을 지도하느라 페트로브나와 많은 시간을 보냈다.

"그녀는 자신을 보호할 수 있는 훈련이 필요해요." 코스타스가 말했다. 내가 왜냐고 묻자, 그는 그녀의 차크라가 이미 열려 있다고 말했다. 코스타스는 페트로브나가 너무나도 기꺼이 타인들의 고통을 지려하기 때문에 스스로 떠안는 짐에 짓눌리지 않도록 해야 한다고 말했다. 사실 코스타스는 그녀가 페루인, 멕시코인, 그리고 영국인의 전생을 사는 동안 자신과 오랫동안 가깝게 지냈던 지인이었다는 사실을 깨달은 뒤 그녀에게 더욱 매료된 것 같았다.

페트로브나 역시 다스칼로스와 코스타스, 테오파니스와의 재회를 무척 기뻐하는 것 같았다. 그녀는 맨 처음 그들을 만난 뒤, 한번은

"오, 하느님" 하고 경탄하면서 내게 말했다. "이분들은 로고스를 향한 직접적인 접근 통로를 가지고 있어요." 그러면서 그녀는 팔로 위쪽을 가리켰다.

페트로브나가 노약한 테오파니스를 처음 만났을 때 나는 그 자리에 없었다. 코스타스 모임의 회원이자 그의 가까운 친구인 이아니스가 차로 그녀를 파포스로 데리고 가서 테오파니스를 만나게 해주었다. 페트로브나가 방의 한쪽을 비추고 있던 햇빛을 가리며 문 앞에 나타났을 때, 테오파니스는 방의 어두운 귀퉁이에 앉아 있었다. 아무런 소개도 없었지만 테오파니스는 그녀에게 손짓으로 들어오라고 하면서 떨리는 목소리로 "어서 와, 누이"라고 말했고, 두 사람은 서로를 얼싸안았다. 그 순간 그들은, 테오파니스가 이집트의 파라오였던 생에서 서로 남매간이었다는 사실을 알아차렸던 것이다. 나중에 페트로브나는 놀라워하며 나에게 말했다. "테오파니스의 오라는 정말 눈부셨어요."

페트로브나는 그 커다란 '생명의 나무' 그림을 마주하고 다스칼로스의 왼쪽에 앉았고, 코스타스와 나는 테오파니스와 함께 다스칼로스의 오른편에 앉았다. 다스칼로스가 항상 즐겨 꺼내는 얘기로 잠시 환담을 나눈 뒤, 페트로브나는 얼마 전에 자신에게 반복해서 보였던 환시 경험 한 가지를 이야기했다.

"저는 굉장한 속도로 위쪽으로 올라가고 있었어요. 빛은 점점 더 밝아지고 있었지요. 저는 말할 수 없이 눈부신 빛 속으로, 마치 물 아래 있던 코르크가 떠오르는 것처럼 치고 올라갔어요. 그곳에는 평화가 가득했고 색채는 형용할 수 없을 정도로 장관이었어요. 저는 매우 좋은 재질의 긴 흰 옷을 입고 있는 한 무리의 존재들 사이에 있었어요."

다스칼로스는 페트로브나의 얘기를 잠깐 중단시키고, 그녀가 말했던 그 옷감의 질과 짜임새에 대해 정확하게 설명했다. 그는 또한 그곳은 이지계 안의 한 장소라고 말했다.

"저는 구별할 수가 없었어요." 페트로브나가 이야기를 이었다. "그들이 남자인지 여자인지를요. 실제로 그들은 성별이 없었어요. 놀라운 것은 저 역시 그렇게 보였고 그들과 같이 흰 옷을 입고 있었다는 점이에요. 그들과 똑같은 존재라는 걸 느꼈지요. 그리고 전에는 결코 느껴보지 못했던 황홀감을 경험했어요. 그들은 마치 저의 실제 가족 그 이상인 것 같았어요. 저는 정말 그들 중의 하나였어요. 이 만남 동안에 일어났던 일은 행성의 미래를 위한 전략에 관한 의논이었어요. 우리들 각자는 특별한 임무를 갖고 있었어요. 저는 지구에 내려와서 수행해야 할 사명을 가지고 있다고 들었어요. 저의 사명은 이 지구의 영적인 부흥에 도움을 주는 것이었지요. 저는 환시에서 나올 때마다 깊이 감동하게 돼요. 제 삶의 목적이 수정과 같이 아주 명료해지거든요."

페트로브나는 다스칼로스의 반응과 논평을 기다렸다.

다스칼로스는 이를 드러내고 씩 웃으면서 코스타스와 테오파니스를 쳐다보았다. "그녀가 혼자서 흰 수도복을 입는(입문자가 되는) 일을 해냈어." 다스칼로스가 웃는 표정으로 감탄했다. 그런 다음 페트로브나의 눈을 주시하면서 말했다. "당신은 생명의 나무에 대해 명상하면 좋겠습니다." 다스칼로스가 진지하게 말했다.

"어떻게요?" 페트로브나가 물었다.

"가슴 차크라에 집중하세요."

다스칼로스는 말하면서 그 그림의 한가운데를 가리켰다.

그림에서 다스칼로스가 언급한 그 상징은 동그라미로 이루어져 있었는데, 동그라미 안에는 중앙에 십자가가 그려진 육각별이 들어 있었고, 동그라미의 주변은 너울거리는 붉은 불꽃으로 장식되어 있었다. 이 차크라를 마스터한 사람은 누구나 테오시스의 문턱에 서 있는 것이다. 우리는 그 디자인이 요하난의 상징이라는 것도 알게 되었다. 그것은 다스칼로스와 코스타스가 부적을 만들 때 사용하는 상징이기도 했다. 동그라미는 절대자의 무한성을 상징하는 것이었다. 위를 향한 삼각형은 우리 안의 신성한 로고스적 부분과 우리의 궁극적인 운명을 상징하고 있고, 아래를 향한 삼각형은 우리의 낮은 자아와 거친 물질계 속으로 내려온 로고스를 상징하고 있는 것이다. 가운데 부분의 십자가는 네 가지 원소와 그 원소에 대한 지배력과 봉사를 의미하고 있다.

페트로브나는 다스칼로스의 지시에 따랐다. 그녀는 등을 똑바로 하고 두 손을 무릎 위에 놓았다. 그리고 눈을 뜬 채로 그림의 한가운데를 똑바로 쳐다보았다. 아무도 말하지 않았다. 복도에 있는 골동 시계의 째깍거리는 소리 외에는 정적만이 감돌았다. 긴장하고 있는 듯한 페트로브나는 시계의 단조로운 소리가 집중을 방해하고 있다고 중얼거렸다.

"불만스러워하는 그 염체가 당신의 에테르를 소모시키고 있어요." 다스칼로스는 그녀 쪽으로 몸을 기울이면서 속삭였다. "시계는 잊어버리고, 집중하세요!" 그가 단호하게 말했다.

페트로브나는 미소를 지으면서 긴장을 푸는 듯 보였다. 분명히 다스칼로스의 말이 효과가 있었다. 그녀는 그림의 한가운데를 차분하게 응시한 채 꼼짝도 하지 않고 그대로 있었다. 나는 페트로브나가 모종의 초월 상태에 들어가 있다고 느꼈다.

"이제 거기서 나와도 됩니다." 쥐죽은 듯한 침묵 속에 약 15분 정도 시간이 흐른 후 다스칼로스가 부드럽게 말했다.

페트로브나는 심호흡을 하면서 집중 상태에서 나왔다. 그리고는 허리를 굽혀 무릎 위에 팔꿈치를 올리고 두 손으로 머리를 감쌌다. 그녀는 몇 분 동안 그 자세로 있은 뒤, 자신의 체험을 말하기 시작했다.

"저 그림의 진동은 매우 강력해요." 그녀가 보고하였다.

그 '생명의 나무' 그림 앞에서 심령가들이 자신의 느낌을 이렇게 표현하는 것을 들은 것은 이번이 세번째였다.

"저는 저 육각별 입구에서 시작되는 터널을 거의 감당할 수 없을 정도로 빠른 속도로 여행했어요." 페트로브나는 감정이 실린 목소리로 말했다. "터널에는 천사들이 줄지어 서 있었지요. 터널의 끝에서 저는 그리스도와 비슷한 형상 앞에 섰어요." 그녀가 터널의 끝에서 만났던 존재의 모습과 신비한 경험을 좀더 이야기하고 나자, 다스칼로스가 힘차게 무릎을 쳤다. 그는 확신에 차서 페트로브나가 요한난을 깨어 있는 의식으로 만났다고 선언했다. "이건 굉장한 일이야. 정말 놀랄 만한 일이지! 대단한 징조군."

그때부터 페트로브나는 이미 내부 모임의 회원처럼 대우받았다. 나는 그들 네 사람이 다채로운 전생과 관련하여 자신들이 기억해냈다는 이름과 장소들을 언급하면서 이집트와 페루에서의 경험을 즐겁게 회상하는 것을 들으면서 그 자리에 앉아 있었다. 페트로브나는 연신 고개를 끄덕이면서 코스타스와 테오파니스와 다스칼로스와 함께했던 경험들에 대한 힌트도 주면서, 그것을 모두 기억해내는 것 같았다. 나는 소외된 느낌을 받았다. 내가 과거 생에 대해 그 어떤 것도 기억하지 못해서 질투를 느꼈다고 살짝 불평하자, 그들은 나도 때가 되면 기억할 수 있을 것이라고 위로했다.

나는 그 자리에 남아, 우리가 함께 즉석에서 만든 점심을 다스칼로스와 손님들과 함께 나누어 먹었다. 그런 다음 우리는 다스칼로스가 오후 강의를 하기로 예정된 스토아로 갔다. 하지만 다스칼로스는 모임의 다른 회원들이 도착하기 전에, 페트로브나를 내부 모임에 공식적으로 입문시켜서 흰 수도복을 입히기를 원했다. 그는 방금 요하난으로부터 그렇게 하라는 지시를 받았다고 말했다. 페트로브나는 갑작스런 사태의 진전에 당황하면서도 감동한 듯 보였다. 그녀는 전에 나에게, 다스칼로스의 모임과 요하난의 가르침이 매우 편하게 느껴진다고 얘기했었다. 그녀는 자신의 문화적인 배경 때문인지 독실한 헌신적 수행이나 동양적인 신비주의 방법보다는 다스칼로스 식의 수행 방법이 자신에게 더 적합하다고 말했다. 다스칼로스가 구루에 대한 아첨이나 개인숭배, 그리고 그것의 위험과 허례 등에 대해 줄기차게 비판해왔다는 점이 서구 과학자로서의 합리적 훈련과 개인주의에 익숙한 페트로브나의 마음에 들었던 것이다. "에레브나는 내가 아닐세." 다스칼로스는 여러 차례 말했다. "나는 다만 에레브나에 속해 있을 뿐이야."

페트로브나가 에레브나에 끌렸던 또다른 이유는 이 비전 지식의 맥이 그리스정교 전통의 신비적 그리스도교에 뿌리를 두고 있다는 사실이었다. 그녀는 세례를 받았고, 동방정교회 문화권에서 자랐기 때문에 좀더 쉽게 그 상징을 받아들이고 내부 모임 활동에도 참여할 수 있었던 것이다.

페트로브나는 성소 안 제단 위에 걸려 있는 그리스도 성상 앞에 무릎을 꿇고 기도했다. 다스칼로스와 테오파니스, 코스타스는 흰 수도복을 입고 촛불을 켠 다음 성찬식을 위한 포도주를 준비했다. 코스타스가 그 성찬 잔에 '에너지를 불어넣고' 축복한 다음, 우리는 "성부 성자 성령의 이름으로"를 되뇌며 잔에 든 포도주를 마셨다. 그다음에 다스칼로스는 페트로브나에게 모든 입문자가 흰 수도복을 입기 전에 암송해야 하는 일곱 가지 서약을 자신을 따라 낭송하라고 말했다.

"나는 나 자신에게 약속합니다." 페트로브나는 다스칼로스의 선창에 따라 시작했다.

"내가 온 마음을 다해 속해 있는 절대자에게 언제 어디서나 헌신하겠습니다."

"신성한 계획에 언제 어디서나 헌신할 준비를 하고 있겠습니다."

"말씀과 생각의 신성한 은총을 언제 어디서, 어떠한 상황에서도 선하게 쓰도록 하겠습니다."

"가장 지혜롭고 신성한 법이 나에게 부과하는 어떠한 시험과 시련도 불평 없이 참고 견뎌내겠습니다."

"이웃 사람들이 나에게 어떠한 행동을 하더라도 온 마음과 영혼을 바쳐 그들에게 진실하게 봉사하고 사랑하겠습니다."

"나의 생각과 욕망과 행위가 신성한 뜻에 한 치의 어긋남도 없도록 매일 절대자를 생각하고 명상하겠습니다."

"나의 모든 생각과 욕망, 말과 행동이 신성한 법칙과 완전히 조화되었는지 매일 저녁 살피고 점검하겠습니다."

서약이 끝난 뒤 테오파니스와 코스타스는 페트로브나가 흰 수도복을 입는 것을 도와주었다. 다스칼로스는 날 없는 검을 그녀의 어깨

위에 놓고 기도문을 암송하면서, 오른손으로 그녀의 머리 위에 십자가를 긋고 그녀의 이마에 입을 맞췄다. 이 짧은 의식을 끝으로 페트로브나는 다스칼로스의 내부 비밀 모임의 공식 회원이 되었다.

우리가 스토아로 갔을 때 회원들은 대부분 이미 도착해서 다스칼로스의 오후 일정이 시작되길 기다리고 있었다.

다스칼로스가 강의를 시작하기 전에 먼저 주기도문을 암송하자 모든 사람들이 자리에서 일어났다. 그 사이 코스타스는 그리스 교회에서 사용하는 것과 똑같은 향을 준비했고, 페트로브나의 입문식에 사용했던 커다란 흰 양초 두 개를 다스칼로스 앞의 테이블 위에 놓았다. 다스칼로스의 기도가 끝나자 우리는 모두 자리에 앉았고 곧 강의가 시작되었다.

나는 페트로브나 옆에 앉아 그리스어로 진행되는 강의를 이따금 영어로 소곤소곤 통역해주었다. 그러나 다스칼로스는 그녀에게 통역에 의존하기보다는 자신의 말의 진동에 집중해서 강의의 핵심 내용을 심령적으로 흡수하는 연습을 해보라고 지시했었다.

"과거에 우리는 절대자의 본질은 무엇이며, 사람들이 일반적으로 신을 어떻게 인식하는가에 대해서 여러 차례 토론했습니다." 다스칼로스가 강의를 시작했다. "그러나 신이나 절대자와 같은 용어로는 실재[Reality]를 제대로 이해할 수도, 파악할 수도 없습니다. 그러기에는 단어와 그 말의 의미가 지나치게 제한적입니다. 어쨌든 우리는 이성과 언어라는 부적절한 도구를 이용해서 절대자의 비교적 두드러진 일부 속성에 대해 몇 가지 잠정적 결론만을 간접적으로 이끌어내는데 그칠 뿐입니다."

"절대자의 기본적 특성은 독자성[Autarchy]과 자족성[self-sufficiency]입니다. 절대자는 자체 안에 모든 것을 가지고 있고, 부족한 것은 아무 것도 없으며, 어떤 것도 그 바깥에 있지 않습니다. 절대자는 '생명[Life]' 그 자체이며, 그 자족성 안에서 드러나지 않고 표현되지 않은 채로 다만 '있을[Is]' 뿐입니다."

하지만 만일 자족성과 독자성만이 절대자의 특성이었다면, 절대자는 스스로를 드러내지 못했을 것이고 창조도 불가능했을 것이라고 다스칼로스는 말했다. 그러므로 절대자의 또다른 특성은 자신을 표현하려는 성향이어야만 한다. 다스칼로스가 '신성한 자기표현성[Divine Self-expressiveness]'이라 일컫는 이 속성은 절대자가 자신을 드러내고자 하는 신성한 의지를 뜻한다.

"이제 신성한 자기표현성으로 자신을 드러내기 위해서 절대자는 마음을 창조했습니다. 마음은 초질료이자, 모든 창조계와 온갖 우주 만물이 형성되는 무한한 진동의 바다입니다. 하지만 여기에서 유념해야 할 것은, 마음은 절대자가 아니라 드러나 있지 않은 절대자가 스스로를 드러내는 도구일 뿐이라는 점입니다."

다스칼로스는 전에도 여러 차례 얘기했듯이, 절대자의 속성은 전지, 전능, 절대선(絶對善)이며, 이 세 가지 속성은 마음을 통해서 자신을 그리스도 로고스와 성령으로서 표현해낸다고 말했다.

다스칼로스는 로고스와 성령의 차이를 다음과 같이 명확히 구분했다. 로고스는 자아를 의식하는 존재를 가능하게 하는 절대자의 부분, 예컨대 인간이 '내가 있다[I Am]'고 말하면서 영적 진화와 자유의지와 개체성과 신성 실현의 가능성을 일궈낼 수 있게 하는 절대자의 부분이다. 한편, 성령(또는 성령적 상태)은 창조를 가능케 하는 절대자의 역동적 부분이다.

"우리는 단지 창조 과정에서 이 두 가지가 하는 역할과 기능에 근거해서 두 가지 상태를 식별합니다. 실제로 생명 현상 속에는 로고스적 표현과 성령적 표현이 동시에 작용하고 있습니다. 그래도 우리는 그 각각을 식별해낼 수 있습니다. 로고스적인 것은 평범한 인간의 자의식에서부터 자아를 실현한 수준인 대천사의 초의식에 이르기까지, 다양하게 표현된 '자아를 의식하는 지성'을 제공해줍니다."

다스칼로스는 예수 그리스도가 절대자의 로고스적인 부분을 상징한다는 사실을 재차 강조했다. 그리고 그는 성령적 상태는 인간의 이해를 넘어서 있는 그 자체의 의식을 가지고 있다고 설명했다. "절대자의 이 두 가지 측면은 인간과 동물 사이의 기본적 차이를 살펴보는 것으로서 간단히 구별할 수 있습니다. 인간은 로고스적 존재인 동시에 성령적 존재입니다. 바꾸어 말하면, 인간은 자신의 존재를 인식할 수 있는 자의식을 소유하고 있습니다. 이것이 바로 로고스적인 속성입니다. 동시에 인간은 성령의 전지(全知)적 힘에 의해 생존하는 육체를 갖고 있기 때문에 성령적입니다. 반면 동물은 자아의식, 즉 로고스적인 부분이 없기 때문에 성령적일 뿐입니다."

"거듭 말하지만, 절대자는 그 자체로서 자족적인 생명이며 완전하면서도 드러나 있지 않고, 시간과 공간, 그리고 인간의 이해를 넘어서 있습니다."

"자, 이제 여러분에게 묻겠습니다. 우리 인간은 무엇일까요? 생명인가요, 아니면 생명의 현상인가요? 분명, 살아 있는 유기체이자 현재인격을 지닌 육체로서 우리는 생명 현상, 생명의 성령적 현상입니다. 우리의 물질육체는 성령이 만들었습니다. 그러나 우리의 '나(I-ness)', 혹은 '내가 있다(I Am)'는 이 의식은, 계발되지 않은 잠재의식 상태이든 의식 상태이든, 아니면 초의식 상태이든 간에 로고스적 실체입니다. 우리는 이성의 힘을 소유하고 있기 때문에 로고스적입니다. 좀더 정확히 말해, 우리는 마음이라고 부르는 초질료를 사용할 수 있고, 그것으로 생각과 감정을 만들어낼 수 있는 능력을 소유하고 있습니다. 우리의 내면의 핵심은 생명 자체입니다."

"하나의 성원소로서 우리는 절대자와 하나입니다. 우리가 신성한 자아 속에 우리 자신을 투사할 때, 우리는 생명입니다. 우리는 다른 곳에서 생명을 얻어내는 것이 아닙니다. 우리는 우리 외부의 근원으로부터 생명을 얻는 것이 아닙니다. 그렇습니다. 육체로서의, 현재인격으로서의 우리는 생명을 얻어서 삽니다. 우리의 세 가지 몸 — 거친 육체, 심령체, 이지체 — 은 창조되고, 생명을 얻어서 사는 존재입니다. 하지만 영혼 자아의식[a soul self-consciousness]이며 성원소인 우리는 그저 '있을' 뿐입니다. 우리는 생명 그 자체입니다."

다스칼로스는 자신이 설명한 내용을 우리가 되씹을 수 있도록 잠시 동안 멈췄다가 몇 가지 질문에 답한 뒤 강의를 계속했다.

"그러니까, 생명[Life]은 절대자입니다. 그것은 절대적 실재이고 진리입니다. 비유를 한 번 해보겠어요. 우리는 수소가 물의 중요한 원소라는 것을 압니다. 한 방울의 물이든, 한 컵의 물이든, 호수나 강이든 또는 바다든 간에 일정 분량의 물을 만들기 위해서는 수소가 반드시 필요합니다. 이 모든 물은 수소의 자식입니다. 수소의 표현물로서 그것들은 모두 하나의 실재이지만, 서로 매우 다릅니다. 말하자면 그것들은 각자만의 개체성을 가지고 있습니다. 한 잔의 물은 양적으로 호수나 바다와는 다르지만, 물이라는 점은 같습니다."

"비슷한 논리로, 모든 로고스적 표현물의 뒤에는 그 근원적 실재인 절대자가 있습니다. 교부들의 말에 따르자면, 다른 모든 로고스적 존재들에 대해 권능을 지닌 본원적 로고스인 절대자가 있습니다. 그런데 앞서 얘기했던 수소의 비유와 마찬가지로, 수많은 로고스적 존재들은 크건 작건 간에 신성한 계획 안에서 각기 고유한 목적을 가지고 봉사하고 있습니다. 각각의 대천사와 대천사급들도 하나의 로고스이고 인간 역시 로고스적 존재입니다. 그들은 모두 로고스적 존재입니다. 그러나 평범한 인간은 양이나 강도 면에서 매우 빈약한 로고스적 표현물입니다. 한 잔의 물은 바다가 아니지만 질적으로는 바다와 같은 물이며, 작은 불꽃은 태양이 아니지만 태양과 마찬가지로 불이지요."

"내가 말하고자 하는 바가 무엇이겠어요? 살아 있는 우주는 저마다 다른 수준의 의식과 각성 상태를 나타내는 다양한 형태의 로고스적 존재들로 가득 차 있습니다. 보통 인간의 로고스적 존재가 있는가 하면 대천사급 로고스적 존재도 있고 행성의 로고스적 존재, 은하계의 로고스적 존재, 범우주적 로고스에 이르기까지 말입니다."

"절대자 속에는 움직이거나 진동하는 누구도, 무엇도 없는데, 움직임과 진동과 박동이 있다고 얘기했었습니다. 그 움직임과 진동이 현상으로 표현되는 것은 오로지 마음의 창조를 통해서입니다. 절대자는 초질료인 마음[Mind]으로써 우주들을 창조하기 시작합니다. 고차원 이지계와 저차원 이지계, 심령계, 에테르계를 창조하고, 마침내는 마음의 진동이 가장 낮은 차원에서 거친 물질계를 창조합니다."

"자, 잠깐 생각해봅시다. 무한한 공간 속에는 무수히 많은 은하계가 있습니다. 은하계의 한쪽 끝에서 다른 쪽 끝까지의 거리는 수십만 광년에서부터 멀게는 수백만 광년에 이릅니다. 그리고 한 은하계 안에는 무수히 많은 태양계가 존재합니다. 그것들은 생명의 현상이 펼쳐지고 있는 극장인 셈이지요."

"우리는 절대자가 생명 자체라고 얘기했습니다." 다스칼로스는 강의를 계속했다. "절대자는 어디에나 있기 때문에, 생명도 어느 곳에나 있습니다. 그러니 생명이 없는 공간이 있으리라는 상상은 하지 마십시오. 우주는 살아 있는 존재입니다. 우리가 마음이라고 부르는, 그리고 그것으로 우주가 창조되는 이 초질료는 자체의 자족적인 생명을 가지고 있습니다. 그러므로 마음에는 절대자의 전지(全知)와 지혜가 부여됐습니다."

"마음은 살아 있습니다. 우리의 물질육체가 살아 있는 다양한 장기로 구성된 살아 있는 존재인 것과 마찬가지로 우주 역시 살아 있는 존재입니다. 그리고 인간의 인격이 거친 육체, 심령체, 이지체로 이루어져 있는 것처럼 우주도 거친 물질우주, 심령우주, 이지우주, 고차원 이지우주, 그 너머의 세계 등으로 이루어져 있습니다. 소우주가 그러하듯이 대우주도 그러하고, 위에서 그러하듯이 아래에서도 그러합니다."

다스칼로스는 강의를 이어나갔다. "태양계와 은하계를 위시한 거친 물질계는 생명 현상의 지극히 미미한 표현물일 뿐이라는, 이 분명한 사실을 생각해보세요. 아직 거친 물질우주로 표현되지 않은 심령적 중심인 심령은하계는 그보다도 무수히 더 많이 있습니다. 그런데, 이 드러나 있지 않은 심령우주들은 또 그에 상응하는, 드러나지 않은 이지우주를 포함하고 있습니다. 거기에 또 지금까지 심령 차원에 자신을 표현하지 않은, 오직 이지적 실재일 뿐인 우주들도 있습니다. 이러한 이지우주들 너머에는 끝없는 이지질[noetic substance]의 바다가 펼쳐져 있고, 그 속에서 이지계, 심령계, 거친 물질계가 탄생하고 유지되고 해체되고 있습니다."

"다음 사항은 꼭 명심하십시오." 다스칼로스는 열심히 귀 기울여 듣는 청중들을 흘깃 쳐다보았다. "무한한 공간 속에서 거친 물질우주가 탄생하기 이전에, 그것에 상응하는 이지우주와 심령우주의 성장이 먼저 나타나게 됩니다. 그리스도 로고스와 성령은 전지와 전능과 절대선을 통해서 마음을 이용하여 최초의 원형(原型)들의 세계를 투사해내고, 그것을 통해 맨 먼저 이지우주가 형성됩니다. 시간의 개념으로 치면 셀 수 없는 영겁의 세월이 흐른 후에, 이지우주에 상응하는 심령우주가 모습을 드러내기 시작합니다. 그리고 다시 영겁의 세월이 흐른 후에, 앞서 형성된 이지계, 심령계에 상응하는 거친 물질우주가 모습을 드러내기 시작합니다."

"바로 이 순간에도, 무한 속에서 우주의 탄생과 소멸이 진행되고 있습니다. 이와 마찬가지로 한 사회 안에서도 사람들의 탄생과 성장, 노쇠, 죽음 등이 이어지고 있습니다. 또 지금 이 순간 무한한 공간 속에서는 은하계나 태양계뿐 아니라 무수한 우주들이 태초를 열고 있고, 또다른 우주들은 성장과 해체의 길을 밟고 있습니다."

"주목하십시오. '범우주적인 밤'은 결코 없습니다. 왜냐하면, 절대자의 영원한 창조적 상태 속에서는 우주의 발생과 성장, 해체가 진행되지 않는 시기는 결코 없기 때문입니다. 마찬가지로 창조계에서, 인간이 사회 속에 태어나고, 성장하고, 생을 마감하지 않았던 시기는 결코 없습니다. 대우주에서 그러하듯 소우주에서도 그러하고, 위에서 그러하듯 아래서도 그러합니다."

"어떤 사람들은 우주의 밤과 낮에 대해 이야기합니다. 그리고 바로 지금 이 순간, 우주의 어떤 곳은 밤이고, 어떤 곳은 낮이라고 말합니다. 신성한 드라마, 거룩한 심포니는 영원히 재연(再演)되며, 창조가 일어나지 않는 순간은 결코 없었고 앞으로도 그럴 것입니다. 절대자는 자체 안에서 영원히 명상하며, 자신의 표현물, 곧 마음을 통해 창조한 이지적, 심령적, 에테르적, 물질적 우주들에 흐뭇해합니다."

"오늘 강의로 여러분의 의식에는 새로운 지평이 열렸습니다. 궁극의 실재와 자기 발견을 향해 나아갈 수 있도록 방금 논의된 내용에 대해 조용히 앉아서 명상해보아야 할 것입니다."

다스칼로스는 이렇게 강의를 끝내고, 대략 30명 가량 되는 청중들의 질문을 기다렸다. 그러나 질문이 시작되기 전에 다스칼로스의 열 살 난 손자 마리오스가 들어와서 방문객이 그를 기다리고 있다고 귓속말을 했다. 다스칼로스는 코스타스에게 토론을 맡기고 일어서서 나갔다.

니코시아에 있는 코스타스 모임의 회원이었던 임상심리학자 리디아가 첫번째 질문을 했다.

"제가 제대로 알고 있는지 모르겠지만, 당신은 전에 신을 제외한 모든 것들은 다양한 주파수로 진동하는 마음이라고 여러 차례 얘기했습니다."

코스타스가 대꾸했다. "맞아요. 마음은 하나의 창조물입니다. 그것은 신이 아니에요. 신이 자신을 드러내는 것은 마음을 통해서입니다. 어떤 비전 그룹에서는 마음과 성령을 혼동하기도 하지만, 그건 틀린 겁니다."

리디아가 질문을 다시 했다. "코스타, 제가 정확히 이해하고 있는지 모르겠는데, 어떤 이지계는 좀더 정묘(精妙)한 진동 차원에 있는 마음이고, 또 마음을 초월하는 어떤 세계도 있다고 알고 있는데요. 제가 잘못 안 건가요?"

"잘 들으세요. 우리는 형성된 마음과 상태로서의 마음을 구별해야 합니다. 이분법적이고 양극적인 세계는 형성되어 모양을 갖춘 세계입니다. 다시 말해서 저차원 이지계를 포함하여 그 아래로는 형상과 꼴의 세계를 갖습니다. 고차원 이지계는 형상이 있기는 하되 뚜렷하지 않고, 다시 그 고차원 이지계 너머로 가면 형상의 모든 제약과 구속을 벗어버리고 상태로서의 마음으로 들어갑니다. 그런데 비록 형상이 없다 해도 그것은 여전히 마음입니다. 창조의 영역에서는 모든 것이 마음이라는 사실을 기억하세요."

"인간은 마음이라고 했지요. 세 가지의 몸으로 이루어져 있기 때문에……" 리디아가 말을 계속하려고 했다.

"아니에요, 아녜요." 코스타스가 그녀를 제지하면서 반박했다. "인간은 마음이 아닙니다. 물론, 인간은 마음을 통해서 스스로를 표현합니다. 절대자가 마음을 통해서 스스로를 표현하는 것과 마찬가지로요. 하지만 인간은 마음이 아닙니다."

"그렇다면, 마음으로 만들어진 분리의 세계로 떠났다가 출발점으로 되돌아온 후에 자아실현을 하는 자는 누군가요? 인간 개인인가요?" 리디아가 물었다.

"아닙니다, 리디아. 마지막에 자아를 실현하는 것은 현재인격으로서의 개인이 아닙니다. 마지막에 자아를 실현하는 것은 '참 나〔I-ness〕', 즉 영혼 혹은 내면의 신령한 자아입니다. 그것은 개체성과 자주성과 고유성을 계발하기 위한 경험을 얻으려고, 인간 이데아를 통과해 마음으로 형성된 이원성의 세계로 내려온 바로 그것이죠. 내면자아는 이런 개체화 과정을 통해야만 비로소 개성 있는 자아를 실현하게 되기 때문입니다. 자아실현(self-realization)을 한 영혼이 절대자의 독자성과 다차원성으로 회귀했을 때 '나는 나다(I Am I)'라고 말하며 만물로부터 자기 자신을 구별지을 수 있게 하는 것은 거친 물질세계에서의 체험입니다."

"그러니까 내면자아는 마음의 상태가 아니라는 말인가요?" 리디아가 다시 캐물었다.

"그렇습니다." 코스타스가 힘주어 말했다. "그것은 마음을 초월해 있어요. 창조계 안에서는 모든 것이 마음이지만, 독자성 안에서는 아닙니다. 내 말을 이해하시겠어요?"

"좀 명쾌하게 설명해주세요." 이십대 후반 정도로 보이는, 모임의 신입회원 레안드로스가 물었다. "독자성이 무엇과 동일하다고요?"

"독자성은 신과 동일해요." 코스타스가 대답했다.

"그럼 그 나머지는 뭔가요? 그 외에 모든 것은 신 바깥에 있나요?"

"아닙니다. 모든 것은 신 안에 있습니다. 하지만 모든 것이 신은 아니에요. 모든 것은 마음이고, 신은 마음을 통해서 자신을 드러냅니다."

코스타스는 역설적으로 들리는 그 점을 명쾌하게 설명하려고 애쓰면서 말을 이었다. "그러니까, 진동하고 움직이는 누구도, 어떤 것도 없이, 단지 움직임이자 진동인 절대자를 잠시 생각해보세요. 거기에는 어떤 결과가 없는 에너지만이 있습니다. 창조계는 움직이고 진동하는 '어떤 것'이 있는, 움직임이고 진동입니다. 진동하는 어떤 것이 있기 위해서는 반드시 그 뒤에 원인이 있어야만 합니다. 진동과 움직임은 독자적이고 자족적인 절대자의 특성입니다. 절대자의 이 특성은, 진동하고 움직이는 어떤 것이라는 현상 이전의 원인으로서 있어야만 합니다."

"진동하는 어떤 것이 현상화되어 나타나는 것은 어느 시점인가요?" 레안드로스가 다시 물었다.

"마음이 창조될 때입니다. 그리고 앞서 말했듯이, 마음은 신은 아니지만, 신 안에 있습니다."

"로고스와 마음의 관계는 무엇입니까?" 뒤 쪽에서 어떤 사람이 질문했다.

"마음은 로고스를 통해 창조된 것입니다." 코스타스가 말했다. "로고스는 마음을 존재하게 하는 원인입니다. 성령과 마음이 하나이며 똑같은 것이라고 간주하는 학파도 있습니다만, 그들은 마음의 원인인 로고스에 대해 전혀 모르고 있는 겁니다. 그들에게 마음은 순전히 성령적 표현물일 뿐입니다. 그러나 우리의 작업이나 연구에 근거해봤을 때, 그 학파들의 의견은 틀립니다. 마음은 로고스를 통해서 창조되었고, 성령이 우주만물의 창조를 위해 그것을 사용해서 형상을 만들어냅니다."

"질문이 있습니다." 모임의 또다른 신입회원인 건축가 블라디미로스가 불쑥 끼어들었다. "가령 우리가 무슬림이라도, 여전히 그리스도 로고스, 성령 등과 같은 용어를 사용할까요, 아니면 다른 어휘를 사용해서 똑같은 진리를 논하게 될까요?"

"물론 무슬림들도 신에 대해 논하고 있지요." 코스타스가 대꾸했다. "우리는 실재(Reality)를 이해하고 가리키기 위해 로고스나 성령이라는 단어를 사용합니다. 어떤 언어로 그 실재에 접근하는가는 중요한 문제가 아닙니다."

"하지만 우리는 이미 학교나 교회에서 배운 그 용어의 의미에 의해 영향을 받고 있지 않습니까?" 블라디미로스가 고집했다.

"우리 진리탐구 모임은 직접적인 경험을 통해 실재에 접근하는 것을 목표로 삼고 있습니다. 우리는 일부 사제들이 미덕처럼 주장하는 맹목적인 믿음을 받아들이지 않아요. 우리는 그리스도 로고스가 피력한 '진리를 알라, 그러면 진리가 너희를 자유롭게 하리라'는 명령을 따릅니다. 이해하시겠어요? 이슬람교든 힌두교든, 어떤 종교를 믿든 간에 그것은 중요한 문제가 아니에요. 사실 모든 종교는 집단의 의식 수준에 따라 어느 정도까지는 무지로부터 인간을 자유롭게 하는데 도움을 줍니다."

"저는 마음에 관한 토론으로 돌아가서 질문하고 싶습니다." 여성 화가인 다른 학생이 끼어들었다. "저는 '마음' 이라는 단어로 표현되는 그 상태를 더 잘 표현할 수 있는 다른 용어가 있었으면 합니다. 우리 사회에서는 지성이라는 의미로 보통 '마음' 이라는 단어를 사용합니다. '마음' 대신 '사랑' 이라는 단어를 사용하면 안 되는 이유라도 있나요? 다시 말하면, '모든 것은 마음이다' 라고 말하는 대신 '모든 것은 사랑이다' 라고 말할 수는 없을까요?"

"안 됩니다."

"내 생각에는 사랑도 마음의 범주에 속하는 것 같은데……" 그 여성 화가가 중얼거렸다.

코스타스가 말했다. "사랑은, 마음[Mind]을 통해서 창조계 속에 자신을 표현합니다. 그리고 마음에는 절대자의 완전한 사랑의 표현인 '완벽한 조화'가 존재합니다."

"질적인 측면에서 볼 때, 마음은 완벽합니다. 하지만 인간의 의식을 통해 드러나는 모습은 조화롭지 못합니다. 이 부조화는 마음 자체에 있는 것이 아니라 인간 인식의 산물이라는 점을 유념하세요. 인간의 의식이 아무리 더럽고 왜곡되어도 마음은 더럽혀지지 않습니다."

"지금 여기에 거울이 있고, 그 거울이 우리의 내면자아라고 상상해 보세요." 코스타스는 그 말의 의미를 설명하기 위해 애썼다. "어떤 것이 아무리 왜곡되고 오물 구덩이에 처박혔다 할지라도, 그것을 이 거울에 비치게 한다고 해서 거울이 더럽혀지지는 않습니다. 그것을 이 거울 앞에서 치우기만 하면 거울은 다시 깨끗하게 보일 테니까요. 마음도 마찬가지입니다. 결코 더럽혀질 수 없는 거지요. 마음은 인간이 영적 진화를 위한 체험을 얻도록 도와줍니다. 인간은 바로 마음을 통해서 시간과 공간 속에서 체험을 얻고 있습니다. 만일 마음이 존재하지 않는다면, 우리는 존재의 다양한 세계 속에서 자신을 표현할 수 없을 것입니다."

리디아가 과감히 다시 나섰다. "제가 제대로 이해했는지 모르겠지만, 당신은 마음을 모종의 에너지로 얘기했습니다. 저는 아직도 그리스도가 가르쳤던, 사람들 사이의 사랑뿐 아니라 힘이나 에너지로서의 사랑이 마음에 없어서는 안 될 부분이라고 생각되는데요."

"아, 물론입니다." 코스타스가 팔을 벌리면서 큰 소리로 말했다. "사랑은 생명 그 자체이며 모든 곳, 모든 것 속에 있습니다. 앞서 얘기했던 창조계 안의 조화는 사랑의 결과물입니다. 그것은 우주적 지혜의 산물이에요. 거듭 얘기했듯이, 마음으로 만들어진 모든 현상이나 형상 안에는 절대자의 전지, 전능, 절대선이 깃들어 있습니다."

"자, 이제 명상을 하겠습니다." 코스타스가 몇 가지 질문에 더 답변한 후 이렇게 말했다. 우리는 코스타스의 지시에 따라 에테르 생명력을 보충하기 위해 10분 동안 명상을 했다. 그런 다음 코스타스는 '봉사를 위한 명상'이라는, 좀 색다른 형태의 명상으로 우리를 인도했다.

"이 실습은 대단히 중요합니다." 우리가 준비하고 있는 동안 그가 말했다. "우리 모임은 세상의 고통을 경감시키는데 기여하는 이 명상 수련을 열심히 해야 할 책임을 가지고 있습니다. 이것은 매우 중요하기 때문에 여러분은 이 명상을 매일 해야 합니다. 자, 시작합시다."

"지극히 평화스럽고 고요한 상태로 들어가십시오. 당신의 현재인격을 점령하고 있는 모든 생각을 쫓아버리고, 순백의 광채를 방사하는 자신을 떠올리십시오. 그래도 당신은 지금 희미하게나마 자신의 형체 속에서 구속감을 느끼고 있습니다. 당신은 몸무게가 줄어든 것을 느낍니다. 몸이 가벼워진 것을 느끼면서 풍성한 담청색의 빛 속에 싸여 있는 당신의 모습을 떠올리십시오."

"당신은 순백색의 빛이고, 주위는 풍성한 담청색의 빛으로 가득합니다. 이제 몸의 무게가 전혀 느껴지지 않게 되었습니다. 중력은 더이상 당신을 속박하지 않습니다. 어떤 것도 당신을 자리에 묶어둘 수 없습니다."

"당신은 이제 의식의 움직임이 위쪽으로 향하는 것을 느낍니다." 코스타스는 지시를 이어나갔다. "당신은 위쪽으로 계속 더 높이 올라갑니다. 이러한 의식의 움직임을 느껴보십시오. 상당히 높은 곳에 이르렀다 싶을 때, 그곳에 멈춰서 그대로 계십시오. 아래쪽을 내려다보면서, 키프로스 상공 위 아주 높은 곳에 있는 자신을 심상화하십시오. 당신은 키프로스 섬의 모양을 잘 알고 있기 때문에 그곳이 키프로스라는 것을 압니다. 당신의 오른편은 키프로스의 동쪽이고, 왼편은 키프로스의 서쪽입니다. 앞은 북쪽이고, 뒤는 남쪽입니다. 이 위치에서 당신은 키프로스 섬 위에 떠 있습니다."

"이제 당신 가슴의 중심으로부터 나오는 사랑의 태양에 에너지를 불어넣으십시오. 담홍색 빛이 모든 방향으로 방사됩니다. 당신은 순백색의 빛이고, 주위는 풍성한 담청색의 빛으로 채워지고 있습니다. 이제 집중하여 사랑의 햇볕이 아래쪽을 향하도록 초점을 맞추고, 키프로스 섬과 섬 주변의 바다 부분까지 밝게 비추십시오. 당신의 사랑으로 키프로스에 방벽을 치십시오. 이곳에는 많은 사랑이 필요합니다. 우리 섬의 앞날에 더 좋은 일들이 있기를 기원하십시오. 이곳에 사는 모든 사람들이 생각을 바르게 하기를 소망하십시오. 당신의 사랑이 이곳을 보호할 것입니다. 어디든 사랑이 있는 곳에서는 사랑만이 커갈 수 있습니다."

"키프로스를 비추는 담홍색 빛이 민족과 종교, 이데올로기, 정치적 성향 등에 관계없이 이곳에 사는 모든 사람들 사이에 상호 이해와 우정을 싹틔우기를 소망하고, 키프로스에 밝은 미래가 오기를 소망하십시오." 코스타스는 힘 있는 목소리로 천천히 말을 이어나갔다.

"자, 이제 키프로스에 그대로 초점을 유지한 채, 당신의 의식이 다시 위쪽으로 움직이는 것을 느끼십시오. 당신은 계속해서 더 위쪽으로 올라가 대단히 높은 곳에 도달합니다. 일단 아주 높은 곳에 도달하면, 아까와 같은 방향을 잡고 그대로 멈추십시오. 아래를 내려다보면, 그리스, 터키, 시리아, 이라크, 이란, 레바논, 이스라엘, 요르단,

사우디아라비아, 이집트, 그리고 리비아가 들어올 정도로 넓은 지역을 당신이 볼 수 있을 것입니다. 그러나 당신의 중심점은 여전히 키프로스입니다."

우리는 눈을 감고 코스타스의 지시에 따랐다. "이제 당신의 사랑의 햇볕을 이 모든 지역에 널리 비추십시오. 그리고 모든 사람들과 민족, 각국 정부 사이의 상호 이해와 신뢰, 선린의 우정을 염원하십시오. 이 모든 사람들이 국제법의 범위 안에서 이견을 해소하고 인권을 존중하는 더 밝은 미래가 오기를 기원하십시오. 이 지역에 평화와 안정이 도래하고 사랑이 넘치기를 소망하십시오."

"이제 지구상의 또다른 지역에 주의를 집중하십시오. 당신의 마음을 중국으로 옮겨가십시오." (이때는 전 세계에 충격을 주었던, 민주주의 운동에 대한 중국 정부의 폭력적 진압의 여파가 이어지던 시기였다: 1989년 6월 천안문 사태)

"당신의 가슴에서 쏟아지는 흰빛이 감도는 담홍색 광휘로 중국을 감싸 안으십시오. 중국 인민들에게 더 좋은 미래가 오기를 염원하고, 당신의 사랑의 광휘가 그들의 고통을 줄여주기를 염원하십시오."

"이번에는 지구 전체를 커다란 풍선 모양으로 당신 앞에 가져와 당신의 사랑의 광휘로 지구 전체를 덮으십시오. 당신 가슴에서 나오는 담홍색 빛으로 지구를 에워싸십시오. 담홍색 광휘가 키프로스와 주변의 모든 나라를 감싸고, 중국과 지구 전체를 감쌌습니다. 키프로스와 주변 지역 모든 나라들, 중국과 전 지구에 더 밝은 앞날이 오기를 기원하십시오. 평화와 복된 삶, 그리고 사랑이 함께하기를."

"그리스도의 사랑과, 위대한 스승들과 지상의 스승들의 사랑이 당신의 가정 안에 깃들고, 당신의 사랑하는 사람들과 함께하며, 전 세계와 함께하기를 염원합니다. 우리는 항상 순결한 마음으로 주의 곁에 있습니다. 이것으로 마칩니다."

 (전에 코스타스는 이 명상의 목적이 의식적으로 긍정적인 파동을 창조하여 부정적인 파동을 중화시키는 것이라고 설명했었다. 이 같은 명상은 악을 제거하는 자비로운 천사 같은 염체를 만들어낸다. 그리고 그는 자신이 현재 있는 장소나 나라를 이 심상화의 시점(視點)으로 삼을 수 있다고 했다.)

10
Shaping the Psychonoetic Body

심령이지체 만들기

"우리는 거친 육체와 짝을 이루는 심령체와 이지체를 가지는데,
그것들은 육체가 형성되게 하는 자궁과 같은 역할을 합니다.
이는 창조된 거친 물질계 전체에도 해당되는 사실입니다.
예컨대, 거친 물질지구는 그 배후에 심령지구,
즉 4차원에 존재하는 지구를 가집니다.
그리고 또 이지지구가 있는데, 그것은 5차원에 존재합니다.
이 '심령이지체'는 성령의 직접적인 감독 아래 있으며,
거친 육체를 유지보존하는 것이 그 중요한 기능입니다."

1989년 6월 중순, 우리가 여름을 보내기 위해 키프로스로 막 돌아왔을 때였다. 나는 아버지 집 뒤뜰에서 선글라스를 끼고 레몬과 오렌지 나무 사이에 앉아 원고를 읽으면서 아침시간을 즐기고 있었다. 나는 다스칼로스의 집에서 아침 느지막하게 코스타스와 페트로브나를 만나기로 되어 있었다.

현관문을 두드리는 소리가 막간의 평화로움을 깨뜨렸다. 현관에는 에밀리의 친구 안나가 와 있었다. 나는 그녀에게, 에밀리는 일이 생겨 집 밖에 나가 있으니 들어와서 기다리라고 말했다. 허브차를 만들기 위해 물을 끓이는 동안 나는 그녀가 매우 의기소침해 있다는 것을 느꼈다. 평상시 수다스러웠던 그녀지만 지금은 한마디 말도 시키기가 어려웠다. 그래서 나는 그녀에게 정치적 상황 때문에 우울하냐고 물었다. (그녀는 전임 대통령 키프리아노의 강력한 지지자였다. 그러나 키프리아노는 지난해 진보 좌파 정당의 지지를 받았던 경제학자 조지 바셀리오에게 축출당했다.)

그녀는 정치적 상황 때문에 기분이 매우 좋지 않았던 것은 사실이지만, 지금 우울한 것은 그것과는 아무 상관이 없다고 짤막하게 대답했다. 안나는 정말로 입을 열지 않았다. 나는 그녀와 친했기 때문에, 그녀를 심각한 우울증에서 빠져나오게 하려고 이것저것 질문해보았지만 쓸데없는 짓이었다. 내 모든 정신분석학적 치유 노력은 헛수고였다. 그래서 나는 다른 전략을 쓰기로 작정했다.

나는 옆방으로 들어가서 창문을 닫고 커튼을 내렸다. 그런 다음 작은 테이블 위에 하얀 양초를 올려놓고 불을 켰다. 그리고 그 옆에 물 한 잔과 소금 한 티스푼을 조그만 접시 위에 놓았다.

"들어와요, 안나." 나는 그녀를 방으로 안내했다. 나는 그녀에게

의자에 앉아서 내가 이야기하는 것을 주의 깊게 듣고 그대로 따라하라고 말했다.

나는 속삭였다. "촛불에 집중하세요. 다른 생각이 마음에 떠오르지 않도록 해야 합니다. 당신의 주의를 촛불에 집중하세요. 10분 동안 그렇게 하세요." 나는 한마디 말도 없이 내 지시를 따르고 있는 그녀에게 부드럽게 말했다. "10분 동안 촛불에 집중한 후에 눈을 감으세요. 그러나 마음속으로 촛불의 이미지는 그대로 유지해야 합니다. 그 다음에, 당신을 괴롭히고 있는 염체가 무엇이건 간에 이 순간 이 촛불에 타버리기를 아주 강력히 염원하세요. 그 염체들이 하나씩 하나씩 타버리는 것을 눈앞에 떠올리세요. 그 불꽃은 당신이 지금 겪고 있는 모든 불행으로부터 당신의 잠재의식을 정화시킬 겁니다."

나는 방을 나와 조용히 문을 닫았다. 나는 그녀의 명상이 끝나기를 기다리면서 다시 원고를 읽었다. 30분쯤 지난 후에 방에서 나온 안나는 완전히 바뀌어 있었다. 그녀는 눈에 눈물이 가득 고인 채 웃고 있었다. 이제 그녀는 옛날의 안나로 돌아가 있었고, 그 실습이 자신에게 얼마나 효과가 있었는지 흥분하여 얘기하기 시작했다. "내 가슴에서 커다랗고 무거운 짐 덩어리가 빠져나가 버린 것 같아요." 그녀는 목소리를 높여 말했다. 나는 그녀에게 컵에 든 물은 마시고 소금은 뜰에다 버리라고 시켰다. 나는 그 컵의 물은 치유의 염체로 자화(磁化)되었고, 소금은 염체들이 결코 접촉해서는 안 되는 원소인 땅을 상징한다고 설명했다. 그 치유가 끝났을 때 에밀리가 돌아왔다. 안나는 생기에 넘쳐서 에밀리에게 조금 전 일을 얘기했다. 나는 안나를 우울하게 했던 원인에 대해서는 결코 알아내지 못했고, 그럴 생각도 없었다. 하지만 중요한 것은 그녀가 음울한 심리 상태로부터 회복되었다는 것이다.

나중에 내가 다스칼로스에게 안나에 관해 자세히 얘기했을 때, 그는 싱글싱글 웃으면서 고개를 끄덕였다. "자네도 도사가 다 돼가고 있구먼."

"저는 당신을 흉내 냈을 뿐입니다." 내가 그와 비슷한 어투로 대꾸했다.

다스칼로스는 사람들에게 고통을 안겨주는 정신적 문제는 잠재의식 속에서 활동하는 염체 때문이라고 가르쳤다. 그러므로 치유는 염체들이 해를 끼치지 않도록 그 염체에 공급되는 에너지를 차단하는 일이 될 것이다. 에너지를 차단하는 방법으로는 명상이나 자기 분석, 암시, 기도 등이 있다. 그런데 통상적인 정신분석을 통해 잠재의식을 파헤치는 것은 이따금 해로운 결과를 초래할 수도 있다. 예컨대, 잠재의식의 깊은 곳에 오랫동안 조용히 묻혀 있었던 염체나 '악마'들을 다시 활성화시킬 수 있는 것이다. 염체의 성질이나 정신분석 기법에 능숙하지 못한 심리치료사는 일단 염체가 발견돼 인간의식의 표면으로 떠올랐을 때 그것을 제대로 다루지 못할 수도 있다. 그런 경우, 염체들은 에너지가 재충전되어 현재인격을 따라다니며 괴롭히게 된다.

다스칼로스와 만난 뒤에 나는 페트로브나를 니코시아의 종교적인 성소 곳곳으로 안내하며 오후를 보냈다. 성벽으로 둘러싸인 니코시아의 구시가에는 오래된 교회가 많은데, 그 가운데 일부는 중세 때부터 있던 것이다. 동방정교회 문화권에서 자란 페트로브나에게 이곳은 친숙한 공간이었다. 우리는 파네로매니 교회, 트리피오티스 교회, 아이오스 카씨아노스 교회, 그리고 복음서의 저자이며 다스칼로스와 코스타스의 스승인 요하난, 즉 성 요한에게 봉헌된, 대교구 옆의 아주 오래된 교회를 방문했다.

페트로브나는 이따금 어떤 조각상 앞에서, 또 가끔 교회의 둥근 지붕 밑이나 제단 앞에 서서 에너지 진동의 강도와 정도를 측정해서 나에게 중계했다. 그녀는 마치 일종의 방사능 탐지기를 들고 있는 것 같았다. 둥근 지붕 밑에서 제단을 마주하고 선 페트로브나는 흥분하여 그곳의 진동이 '정말 엄청나다'고 말했다. 그녀는 나도 그 지점에서 같은 느낌을 받을 수 있는지 시험해보라고 권했다. "그냥 한번 해 보세요." 그녀는 팔로 나를 부드럽게 끌며 재촉했다. 나는 긴장과 야릇한 호기심을 갖고 초조하게 염주를 세면서, 우리를 지켜보고 있는 교회 관리인을 의식하며, 그녀가 가리킨 자리에 어색하게 섰다. "뭔가 느껴져요?" 페트로브나가 열심히 물었다.

"글쎄요." 나는 중얼거렸다. "저는 교회, 특히 그리스 정교회 안에 있을 땐 항상 기분이 좋아요." 그러면서 나는 그녀를 실망시킨 것을 미안해했다. 나는 그녀와는 달리, 정교회의 조용한 장소에서 보통 사람이 통상적으로 느끼지 못하는 것을 느낄 정도의 심령적 감각을 갖고 있지 못했다. 페트로브나는 이해한다는 듯이 내 등을 가볍게 두드리고는 한숨을 쉬며 "책을 계속 쓰세요"라고 나를 격려했다.

우리는 6시경 코스타스 제자 가운데 한 사람인 리아의 집에 도착했다. 격월로 열리는 코스타스의 니코시아 모임 강의가 그곳에서 예정되어 있었기 때문이다. 코스타스와 대부분의 학생들은 이미 도착해서 넓고 안락한 거실을 가득 채우고 있었다.

코스타스의 니코시아 모임 학생들 가운데는 섬 안의 문화계 엘리트가 상당수 포함되어 있었다. 그들은 주로 30~40대의 전문직 종사자들로서 자신들의 사회적, 문화적 활동에 비전(秘傳)의 가르침에 관한 새로운 관심을 접목시키고 있었다. 그들 중 대부분은 영국이나 미국, 프랑스, 러시아 등지에서 학위를 받은 유학파였다. 키프로스에는 불안정한 정치적 상황으로 인해 대학교가 없기 때문에 고등교육을 받기 위해서는 해외로 나가야만 했던 것이다. 60년대 베이비붐 세대인 이들은 수년간 해외에서 공부한 뒤 다양한 시각과 이데올로기, 외국의 생활양식을 키프로스에 유입시키는 역할을 했다.

나는 다스칼로스를 알기 전부터 코스타스 제자 가운데 여러 사람들을 알고 있었다. 그 중 몇몇은 나의 오랜 친구로, 코스타스 모임에서 그들을 발견했을 때 나는 무척 놀랐었다. 나는 그들이 종교를 시골의 농사꾼이나 거무칙칙한 옷차림의 할머니들에게나 적합한 것으로 비웃는 무신론자로만 알고 있었기 때문이다. 사실 여성 제자들 가운데는 지역 내의 가부장적인 교회들에 대해 비판적인 급진적 페미니스트들도 있었다. 이들을 코스타스 모임에서 처음 보았을 때, 나는 시대가 변화하고 있다는 것을 느꼈다.

코스타스의 모임은 정치사회적인 색깔이 다양한 사람들로 구성되어 있었다. 회원 중 몇 명은 출생과 결혼을 통해 지역 공산당에 관련되어 있었으며, 우익 성향의 보수 정치결사체에서 활동하는 회원들도 있었다. 역사적 유물론자였다가 환멸을 느낀 회원이 있는가 하면 반부르조아적 자본가도 있었고, 성(性) 혁명으로 망가진 노장들은 물론 전형적인 보수파 키프로스 토박이들도 있었다.

이 구도자들은 세상을 등지고 조용한 곳에서 기도나 명상, 혹은 자기성찰을 하면서 하루하루를 보내는 전형적인 신비가는 분명 아니었다. 오늘 모임의 주최자인 리아만 해도, 지역 TV 방송국의 드라마 감독이자 에너지가 넘치는 40대 여성으로서 당파를 초월해서 열정적으로 활동하고 있다. 그녀는 비폭력 저항운동을 통해 키프로스 여성들이 조상의 고향인 북쪽 점령지역으로 돌아가게 하려는 WMH(Women March Home) 운동을 조직하는 데 참여하기도 했다.

이처럼 심리학자, 사회학자, 화가, 의사, 사업가, 건축가 등 전문직에 종사하는 많은 회원들이 합리적 원칙에 바탕을 두고 있는 코스타스의 가르침과 그 모임에 매료되어 있었다. 그들은 또 영적인 의문에 대한 비교조적 접근법과 초교파주의, 관용과 포용, 핵심 메시지의 다양성 때문에 이 가르침에 더욱 끌리고 있었다. 코스타스와 다스칼로스가 강조하는 전적으로 자유로운 탐구와 '조사연구', 어떤 개인숭배나 열광도 없는 모임 분위기 등도 그들을 끌어들이는 요인이었다. 그러나 무엇보다 가장 중요한 것은, 사람들이 코스타스가 행하는 '기적의 치유'를 목격한 후 그의 추종자가 된다는 점이다. 예를 들어, 모스크바 대학을 졸업하고 임상치료사로 일하는 마리아는 코스타스가 마비 상태의 스튜어디스를 기적적으로 치료하는 것을 목격한 이후에 그의 학생이 되었노라고 내게 얘기했다.

코스타스가 강의를 시작하기 전에, 나는 내 차례를 기다렸다가 코스타스와 다스칼로스의 도움을 구하는 독자들과 지인들이 보낸 편지와 사진 뭉치를 코스타스에게 내밀었다. 코스타스는 눈을 감고 손가락으로 그것들을 감지하면서 진단을 내리고, 환자를 돕기 위해 가능한 모든 조치를 취하겠다고 약속하면서 사진들을 한 장 한 장 주의 깊게 살펴봤다.

"키리아코, 이것은 전에 살펴봤던 사진인데요." 코스타스가 눈을 뜨고 사진 한 장을 든 채 내게 말했다.

그 사진을 주의 깊게 살펴보니 그것은 정말 몇 달 전 코스타스가 이미 점검한 것으로, 실수로 새로운 사진뭉치 속에 섞인 것이었다. 그리고 코스타스가 이런 식으로 지적한 사진은 한 장 더 있었다.

내가 코스타스의 투시력을 시험해보려고 고의적으로 그 사진들을 새로운 사진 뭉치에 넣은 것은 아니었다. 그런데 놀랍게도 이런 일이 일어난 것이다.

"어떻게 알았어요? 코스타. 당신은 그동안 수백 명의 낯선 사진을 점검해왔는데, 그걸 어떻게 다 기억합니까?"

"그건 간단해요. 사진을 만지는 순간 그 당시 이 사람들을 위해 내가 만들어냈던 치유의 염체가 느껴집니다. 그 염체는 무슨 일이 있었는지를 내게 알려주지요."

이 일은 다스칼로스와 관련된 비슷한 일화를 떠올리게 했다. 한 여인이 다스칼로스를 찾아와서 심각한 병을 앓고 있는 세 살짜리 아들의 사진을 보여주었다. 나는 그 장면을 목격한 사람에게서 들었는데, 다스칼로스는 그 사진을 감지하자마자 거의 자동적으로 "이 아이는 '바하들 가운데 한 명'이 환생한 인물"이라고 흥분해서 외쳤다고 한다. 다스칼로스는 그 아이의 병을 치료했고, 아이는 나중에 부모와 함께 유럽으로 이주해서 결국 세계적으로 유명한 피아니스트가 되었다. 25년 후에 어떤 사람이 이제 성인이 된 그 아이의 최근 사진을 다스칼로스에게 가져왔다. 하지만 그가 누구인지는 알려주지 않았는데, 다스칼로스는 눈을 감고 그 사진을 감지하며 깊은 숨을 쉬더니 25년 전과 똑같은 반응을 보였다.

내가 나중에 다스칼로스에게 이 사건에 대해 물어보자 다스칼로스는 코스타스가 말했던 것과 동일한 설명을 해주었다. 그 사진을 감지한 순간 자신이 세 살짜리 아이에게 만들어주었던 그 천사의 염체가 와서 스물여덟 살짜리 남자가 옛날의 그 아이임을 확인해주었다는 것이다. 다스칼로스와 코스타스를 알고 있는 사람들은 누구나 이 같은 일을 끊임없이 목격해왔고, 그 때문에 진정한 신유가이자 영적인 스승으로서 그들의 명성이 그토록 오랫동안 유지될 수 있었던 것이다.

코스타스와 사적인 면담을 원하는 모든 사람들이 면담을 끝낸 후, 코스타스가 강의를 시작했다. 나는 토론의 대략적인 내용을 페트로브나에게 통역해주기 위해 그녀의 옆에 앉았다.

"우리는 지금까지 거친 육체의 모든 원자와 모든 세포, 그리고 모든 입자에는 그에 상응하는 에테르, 심령, 이지(理智)적 원자, 세포, 입자가 있다고 공부했습니다. 그러므로 우리도 거친 육체와 짝을 이루는 심령체와 이지체를 가지는데, 그것들은 그 속에서 육체가 형성되게 하는 자궁과 같은 역할을 합니다. 그리고 이는 창조된 거친 물질계 전체에도 해당되는 사실입니다. 예컨대, 거친 물질지구는 그 배후에 심령지구, 즉 4차원에 존재하는 지구를 가집니다. 그리고 또 이지지구가 있는데, 그것은 5차원에 존재하는 지구입니다. 우리 자신의 물질육체의 경우도 이와 똑같습니다. 우리가 말하는 이 '심령이지체'는 성령의 직접적인 감독 아래 있으며, 거친 육체를 유지보존하는 것이 그 중요한 기능입니다."

코스타스는 거친 육체와 세포 하나하나까지도 모습이 똑같은 성령적 심령이지체 외에 또, 가슴에 중심을 두는 또다른 몸들인 심령체, 이지체 — 짧게 말해 '심령-이지체' — 가 있다고 말했다. 이 몸은 원래 무정형(無定形)인데, 모든 인간의 목표는 이것을 '형상화' 시키는 것이다. 즉 거친 육체의 상응물인 심령체, 이지체를 육체만큼 완벽하게 만드는 것이 모든 인간의 삶의 목표인 것이다.

코스타스는 다스칼로스가 늘 얘기해온 것을 그대로 따라하듯이 말했다. "이 심령-이지체는 지금 형성 과정중에 있으며, 우리의 의식 수준을 반영합니다. 그것은 우리 의식의 중추입니다. 진리탐구자들은 그것을 사용하여 더 차원 높은 세계의 지혜와 의식을 얻기 위해 이 무정형의 몸에다 점차 형상을 만들어나갈 것입니다. 이 몸을 만들어 내지 않고서는 진동이 다른 저쪽 세계에 들어가서 자신의 존재에 관한 객관적인 지식을 흡수할 수 없습니다."

내가 끼어들었다. "이미 형상화되어 있는 그 심령이지체는 어떻게 되는 겁니까? 그건 무얼 나타내나요?"

"그 완벽한 심령이지체는 우리 영혼과 자아의식의 바탕이자 중추입니다. 그것은 우리들의 '나'〔I-ness〕의 중심이며, 경험과 인상을 받아들이는 중심입니다. 그리고 그것은 영원불변의 '나'〔I Am〕입니다. 이 심령이지체의 눈부신 아름다움은 말로 묘사할 길이 없습니다."

"지금 여러분들은 인식의 중심으로서의 그 몸을 갖고 있지 않습니다." 코스타스는 계속했다. "우리의 목적은 무정형의 심령-이지체, 즉 인식의 몸이 형상을 갖추게 하여 기존의 완전무결한 심령이지체, 즉 우리 영혼자아 의식의 몸과 융합시키는 것입니다. 이 맥락 안에서 우리는 그리스도의 '마음〔heart〕이 깨끗한 자는 복이 있나니, 저희가 하나님을 볼 것'이라는 말씀을 이해할 수 있습니다. 우리가 전에 말했듯이 진화하는 심령-이지체의 중심은 가슴〔heart〕입니다. '마음〔heart〕이 깨끗하게' 된다는 것은 문자 그대로 기존의 완벽한 심령이지체와 합치될 수 있는 온전히 진화된 심령-이지체를 지니는 것을 의미합니다."

의미를 분명히 하기 위해 내가 말했다. "그러니까 당신의 말은, 코스타, 무정형의 심령-이지체에 근거하고 있는 우리의 인식이, '나[I-ness/I Am]'의 중심인 그 완벽한 심령이지체와 하나가 될 거라는 말이지요?"

"정확합니다. 모든 인간들뿐만 아니라 대천사들까지도 완벽하게 형상화되어 있는 심령이지체는 질적으로 다 똑같습니다. 하지만 우리가 만들어가야만 하는 심령-이지체는 개개인에 따라 그 질과 모양과 광채가 천차만별입니다. 정확히 똑같은 심령-이지체를 갖고 있는 사람은 단 한 명도 없습니다. 인간이 개성을 가질 수 있게 하는 것은 바로 이 몸입니다. 그것은 우리의 생각과 감정의 몸입니다."

"그러면, 두 몸이 융합하는 목적은 개인이 겪은 경험의 내용들을 말소시키자는 것인가요? 이 둘이 다른 것은 경험 때문 아닌가요?" 나의 친구인 네오피토스가 물었다.

코스타스는 자신과 다스칼로스가 여러 차례 얘기했던 말을 되풀이했다. 반복되는 윤회의 목적은 절대자의 일체성 속에서 개체성을 발전시키는 것이다. 그리고 이 개체성은 무정형의 심령-이지체가 발달해서 내면자아의 심령이지체와 하나가 되어도 결코 소멸되지 않는다.

"기본적으로 현상계의 쳇바퀴 속에 존재하는 한, 우리의 심령-이지체는 완전한 모습이 갖추어지지 않습니다." 코스타스가 말했다.

"항상 그런가요?" 네오피토스가 물었다.

"항상 그런 건 아닙니다. 우리가 심령-이지체를 완전한 모습으로 만들고 나서도 특수한 임무를 수행하기 위해 분리의 세계, 이원성의 세계에 돌아오기로 결정할 수 있습니다. 내말을 믿으세요. 여러분이 일단 자신의 심령-이지체를 완성하면 여러분이 있을 곳은 이곳입니다." 코스타스는 웃으며 바닥을 가리켰다. "여러분이 다른 사람들을 영적인 길에서 돕기 위해 돌아올 곳은 바로 이곳인 것입니다."

"저는 좀 혼란스러운데요." 그때까지 조용히 듣고 있던 어떤 사람이 약간 볼멘 듯한 목소리로 말했다. "어떤 것이 무정형 심령-이지체인가요? 그 형태 없는 것이 완벽한 것인가요?"

그의 순진한 말투에 웃고 있던 사람들이 웃음을 그친 후에 코스타스가 재차 말했다. "형태 없는 것, 즉 무정형이란, 우리가 제 모습을 만들려고 노력하는 몸입니다. 완벽한 심령이지체의 특징은 형언할 수 없는 눈부신 아름다움입니다. 신은 그곳에 있습니다. 반면에, 우리가 형상을 만들어야만 하는 심령-이지체는 말 그대로 가슴 주위의, 형체 없는 덩어리처럼 보입니다. 우리가 낮은 심령이지계에 있는 사람을 바라본다고 할 때, 실제 보이는 것은 포대 같은, 감자자루 비슷한 어떤 것입니다. 진화된 자들이나 볼 수 있는 그런 모습의 사람을 여러분이 본다면, 그는 손도 발도 없는 사람으로 보일 것입니다. 실제로 보는 각도에 따라서 그들은 정말 자루같이 보입니다."

"이건 사실입니다." 코스타스는 진지했고, 우리는 그가 선택한 단어 때문에 킬킬거리고 웃었다.

네오피토스가 물었다. "코스타, 만일 그 무정형의 심령-이지체가 자루처럼 보인다면, 완벽한 심령이지체는 물질육체와 똑같은 모양이라는 말입니까?"

"물론이죠."

곤혹스러운 표정을 지으면서 네오피토스가 다시 말했다. "다시 말해서, 당신의 말은 비유가 아니군요. 실제로 환생의 쳇바퀴를 통해 그 형체 없는 것은 거친 육체와 똑같은 형상을 취하려고 한다는 거지요."

"그렇습니다. 그게 지금 내가 말하고 있는 겁니다. 이것이 우리의 목적이에요. 왜냐구요? 우리가 세 가지 신체, 즉 거친 육체, 심령체, 이지체 안의 모든 세포와 모든 입자 속에서 완전한 의식을 가지고 살기 위해서입니다. 그것은 우리가 세 가지 신체를 마음대로 부릴 수 있는 달인이 될 수 있는 방법이기도 합니다."

"설명 좀 해주시겠어요?" 네오피토스가 요청했다.

"자 보세요. 심령이지계 안에서는 모든 입자가 완전한 의식을 갖추고 있습니다. 심령이지계에서 우리는 눈과 귀로써만 보고 듣는 것이 아니라 우리 존재의 모든 세포와 입자로써 보고 듣습니다. 바로 그것이 완전히 발달된 심령-이지체를 가질 때만 제대로 된 유체이탈을 할 수 있는 이유입니다."

"우리가 발달된 심령-이지체를 갖고 있지 않다면, 의식이 깨어 있는 유체이탈 여행을 할 수 없다는 말인가요?" 내가 그가 말한 것을 되풀이하면서 되물었다.

"바로 그 얘깁니다. 여러분은 완전하게 발달된 심령-이지체를 가져야만 의식을 투사하거나 완전한 유체이탈을 통해 다른 세계를 객관적으로 인식할 수 있습니다. 사실, 많은 사람들이 육체를 떠날 수 있다고 주장합니다. 하지만 실제로 그들이 하는 것은 자신의 잠재의식 속으로 들어가는 것입니다. 달리 말하면, 환각제를 복용한 사람들과 유사한 의식 상태에 들어가는 것이지요. 그들은 환각제를 사용하는 대신에 다른 수단을 통해 같은 상태에 들어간 것입니다. 실제로 그들은 자신만의 환상의 세계 속으로 들어갑니다. 그들은 사건이 펼쳐지고 있는 객관적 현실 속으로 뚫고 들어가지 못해요."

"좀더 자세히 말씀해주실 수 있나요?" 네오피토스가 호기심에 차서 물었다.

"예를 들어, 어떤 사람이 유체이탈을 해서 런던을 방문했다고 주장합니다. 그런데, 만일 그 사람이 실제로 발달된 심령-이지체를 갖고 있지 않다면, 그가 사실상 한 일은 자신이 과거 어느 시기에 경험했던 런던을 방문한 것입니다. 여러분이 런던을 방문해서 바로 이 순간 펼쳐지고 있는 사건들을 관찰하기 위해서는 완전히 발달된 심령-이지체를 지니고 있어야만 합니다. 예컨대, 가까운 트라팔가 광장에서 지금 이 순간 일어나고 있는 일에 대한 객관적 정보를 얻기 위해서 여러분이 사용해야 하는 몸이 바로 그것입니다. 만일 우리가 그 사람에게 그가 결코 가본 적이 없는 지구상의 어떤 곳을 방문하라고 한다면, 그는 '유체이탈'을 해낼 수 없을 겁니다. 그 사람의 잠재의식 속에 그 지점이 기록되어 있지 않기 때문이지요."

"내 생각에 이것은 심령이지계의 다양한 차원과 부차원에 대한 정보를 얻는 데에도 해당될 것 같은데요." 내가 자진해서 보조 발언을 했다.

"그렇습니다. 만일 여러분이 완전하게 진화된 심령-이지체를 가지고 있지 않으면, 기본적으로 그런 다른 세계들의 진면목을 보지 못할 것입니다. 대신 여러분은 자신이 만들어낸 환상의 세계 속으로 들어가게 될 거예요.

"그렇지만 이 말을 덧붙여야겠습니다. 여러분의 잠재의식 속으로 뚫고 들어가는 그 능력도 앞으로 나아가는 하나의 단계입니다. 물론 환각제를 이용하지 않고 자연스럽게 이루어졌을 경우에 한해서지요.

유체이탈을 한다고 해서 여러분이 다른 현실이나 다른 차원의 세계와 접촉할 수 있는 것은 아닙니다." 코스타스는 잠시 꿰뚫을 듯한 시선으로 말없이 방안을 둘러보며 다음 질문을 기다렸다.

"영구인격은 긍정적인 특성만을 지닙니까?" 의사인 파노스가 물었다.

"영구인격은 신입니다." 코스타스가 대답했다. "그것은 내면자아와 다른 것이 아니에요. 그것은 내면자아, 프뉴마입니다. 그것은 체험을 얻기 위해 낮은 차원에 내려와 있는 우리 자신의 일부입니다. 하지만 그것은 신이에요. 그것은 일부러 이원성의 세계로 내려왔습니다. 우리 자신의 일부인 현재인격은 늘 그렇지만, 영구인격으로서의 신은 그 모든 것(the All)을 가리고 있는 페르소나(가면을 쓴 인격) 속으로 들어가 있지 않습니다."

"주어진 삶에서 이루어낸 심령-이지체의 모양이 어떻든, 그것은 영구인격을 통해 다음 생으로 전해진다고 생각해도 될까요?" 파노스가 다시 물었다.

"그럼요. 당연히 그렇지요. 어떤 것도 잃어버리지 않습니다."

"자신의 심령-이지체를 일정 수준까지 발달시킨 사람이 그 뒤 어떤 상황이나 경험으로 인해 발달 정도가 낮은 상태로 되돌아갈 가능성도 있나요?" 직업화가인 글래프코스가 물었다.

"그런 일은 절대 없습니다." 코스타스가 단정적으로 대답했다.

"당신이 이룬 것은 당신 것입니다. 여러 생을 살면서도 같은 상태에 빠져 있을 수는 있으나, 결코 낮은 수준으로 떨어지지는 않을 것입니다. 자아각성과 관련해서 인간이 이루어낸 진보는 어떤 것이든 절대 잃는 일은 없어요." 코스타스가 말을 이어나갔다.

"이제 진리탐구자로서 여러분의 중요한 과업은 심령-이지체를 제 모습으로 형성시키는 일입니다. 그렇게 함으로써 여러분은 자신의 세 가지 신체를 잘 다룰 수 있게 될 것이고, 스스로 봉사할 수 있는 위치에 설 것이기 때문입니다."

"우리의 심령-이지체를 어떻게 발달시킬 수 있나요?" 심리학자인 마리아가 물었다.

"규칙적인 명상과 배운 지식의 내면화, 그리고 자기 성찰과 분석을 통해서 심령-이지체를 발달시킬 수 있습니다. 이것이 우리의 의식, 다른 말로 우리의 심령-이지체를 발달시키는 방법입니다." 그러면서 코스타스는 밤중에 아주 짧은 시간 동안, 그와 다스칼로스가 제자들의 심령이지체를 '형상화' 시켜준다고 밝혔다.

"그렇게 하는 목적이 뭐죠?" 내가 물었다.

"의식이 깨어 있을 때 배웠던 지식이나 지혜가, 잠자는 동안 여러분의 잠재의식 속에 동화될 수 있게 하기 위해서지요. 덧붙이자면, 일시적으로라도 형상을 갖춘 심령-이지체를 가지면 여러분은 다른 차원에서 봉사할 수 있게 됩니다. 물론 모든 것은 잠재의식적으로 이루어집니다."

"만일 스승이 여러분의 심령-이지체를 형상화시켜주지 않는다면, 기본적으로 여러분은 진동이 다른 세계에서 구원자가 될 수 없다는 걸 알아야 해요. 물론, 지상의 스승 입장에서 이렇게 개입하는 주된 이유는 심령-이지체 발달 과정에 있는 여러분들을 돕기 위해서입니다. 비록 일시적이라 할지라도, 여러분은 형상화된 심령-이지체를 가지고 다른 세계에서의 체험을 흡수할 수 있습니다. 그러나 일단 여러분이 자신의 거친 육체로 돌아오면, 낮에 깨어 있는 의식 속에서는 그 체험이 항상 왜곡됩니다. 그것은 여러분의 심령-이지체가 제대로 형상화되지도, 성숙되지도 않았기 때문입니다."

"스승들이 우리의 심령-이지체를 잠시 온전히 형상화시켜주는 밤 시간 동안에 우리의 행동은 평소와 달라집니까?" 누군가가 물었다.

"아니에요. 여러분의 행동은 평상시 깨어 있는 상태와 똑같을 것입니다. 여러분의 의식 수준이나 생각하고 느끼는 방식 같은 것은 그대로 남아 있을 거예요. 스승이 여러분의 몸을 일시적으로 형상화시켜 주는 이유는, 여러분이 자신의 현재 심령-이지체 발달 수준에서는 정상적으로 흡수할 수 없는 체험을 얻게 하기 위한 것입니다."

내가 물었다. "코스타, 개인적으로 당신은 완전히 발달된 심령-이지체를 지닌 사람과 그렇지 않은 사람을 어떻게 구별합니까?"

"물론 심령-이지체의 모습과 광채를 가지고 구별합니다. 그것이 발달되지 않았을 때는 몸 전체를 덮지 못합니다. 아까 말했듯이, 각성 상태가 낮은 사람은 심령-이지체의 중심인 가슴 근처에 형체 없는 덩어리 같은 심령-이지체를 가지고 있습니다. 이 덩어리는 점차적으로 커지면서 거친 육체와 같은 모습을 갖출 때까지 확대됩니다."

"그러면 당신은 평상 상태에서 한 사람의 영적 성장 정도를 말 그대로 볼 수 있나요?"

"당연하지요!" 코스타스가 큰 소리로 말했다. "물론 다른 방법도 있습니다. 예컨대, 그것이 발산하는 광채 같은 것으로 사람의 심령-이지체의 수준을 알 수 있어요."

"우리가 심령계의 어떤 차원이나 부차원을 방문했다고 가정해봅시다. 예컨대 그곳이 다섯번째의 아주 낮은 심령이지계라고 생각해보세요. 그곳에 높은 수준의 의식을 가진, 즉 그 세계의 스승의 자격을 가지고 거기에 간 사람들은, 아까 말했듯이 형체 없는 덩어리 상태의 사람들을 볼 것입니다. 하지만 만일 그 사람들 자신이 스스로를 지각하고 인식하는 대로 보고자 한다면 그들은 완전히 형상화된 모습으로 나타날 겁니다. 그들 마지막 생의 모습과 정확히 똑같은 모습으로 나타날 거예요."

"그들은 자신의 실제 심령-이지체 모습을 알고 있을까요?" 글래프코스가 물었다.

"물론 모르죠. 그들은 자신의 환상 속에서, 자신의 낮은 의식 수준 속에서 스스로를 인식합니다."

"거친 물질계에서 사람들이 스스로를 인식하는 방식과 유사하군요." 파노스가 덧붙였다.

"정확합니다." 코스타스가 대답했다. "그게 바로 내가, 실제로 유체이탈을 할 수 있게 되기 전에 먼저 발달된 심령-이지체를 만드는 것이 중요하다고 말한 이유입니다. 환각제나 LSD 같은 인위적 수단을 이용해서 자기 몸을 떠나 다른 현실에 대한 지식과 경험을 얻을 수 있다고 말하는 사람들이 있는데, 그게 그렇게 쉬운 일이 아닙니다. 그런 걸 이용하면 자신의 환상의 세계 속으로 들어갈 수는 있어요. 다시 말하지만, 시공간 속에서든, 혹은 어떤 존재 차원에서든 진정한 의미의 유체이탈을 하기 위해서는 모습을 갖춘 심령-이지체를 가져야만 합니다. 왜냐하면, 바로 그 몸을 통해서 인간의 의식이 표현되기 때문입니다."

"흉측하게 형상화된 심령-이지체를 가질 수도 있나요?" 마리아가 물었다.

"심령-이지체는 좋고 나쁜 것이 없습니다. 완전하게 모습을 갖추었는지, 아니면 불완전한 모습인지의 차이만 있어요. 자, 다시 말하겠습니다. 심령-이지체가 모습을 갖추면 갖출수록 그만큼 우리의 의식 수준도 높아져 갑니다. 심령-이지체의 모습은 현재인격의 성숙도를 나타내는 거예요."

"그러면 심령-이지체 형성을 목표로 삼고 있는 진리탐구자들은 정확히 어떤 노력을 해야 할까요?" 네오피토스가 자신의 처음 질문에 대해 좀더 구체적인 답변을 얻기 위해 재차 물었다.

그 질문에 대해 코스타스는, 지상에 내려와 있는 모든 인간은 심령-이지체를 형성시키는 것을 자신의 중요한 과제로 가지고 있다고 대답했다. 그는 이 몸은 '하늘에 계신 아버지'가 방탕한 자식들인 인간에게 준 유산이라고 말했다. 그분은 탕자에게 거친 육체와 더불어 감정을 느끼고 생각을 할 수 있는 능력, 즉 심령체와 이지체를 주신 것이다. 윤회의 쳇바퀴를 돌며 살고 있는 모든 인간은 생각과 감정의 총화인 이 심령-이지체를 형성하려고 한다. 이 과정은 인과의 법칙과 카르마의 법칙을 통해 잠재의식적으로 계속된다. 그리고 언젠가는 반드시 모든 인간은 완벽하게 모습을 갖춘 심령-이지체를 가지고 테오시스의 문턱에 나타날 것이다. 이것이 지상에 내려와 있는 모든 인간이 존재하는 이유이다. 진리탐구자들은 자신의 심령-이지체를 빚어내기 위해 일하는 훌륭한 우주의 조각가와도 같다. 그들은 목적이 분명한 의식적인 행동을 통해 카르마의 법칙을 극복하고, 무지와 고통과 슬픔의 길인 끝없는 윤회의 굴레를 벗어난다.

"우리는 이 목표를 향해 인내심을 가지고 천천히 한 개 한 개 조약돌을 쌓아가듯이 노력해야 합니다. 이런 일은 잠재의식을 통해서 이루어집니다."

"그것은 의식의 각성과 어떻게 연관되나요?" 네오피토스가 물었다.

"여러분의 의식은 바로 이 순간에 획득하는 지식을 통해 발전합니다. 여기서 얻는 지식이 여러분의 의식 안에서 내면화되고 동화될 때마다 사실상 여러분은 자신의 의식 각성을 위해 일하고 있는 것 아니겠어요?"

"제가 알고자 하는 것은, 명상수행을 하는 것이 어떤 식으로 우리를 그 방향으로 가도록 도와주는가 하는 것입니다." 네오피토스가 집요하게 물었다.

"자, 보세요. 지식의 내면화는 두 방향에서 동시에 진행됩니다. 즉, 여기에서 제공되는 이론적 강의를 이해하는 것과 명상 수련을 통하는 것 두 가지입니다. 명상을 통해서 우리는 에테르 복체에 작업을 하고 있는 겁니다. 우리는 지식을 흡수하고, 그것이 삶의 일부가 되도록 하기 위해 에테르 생명력의 다양한 성질을 활성화합니다. 여러분도 알다시피, 지식 그 자체는 에고를 부추기는 경향을 가지고 있기 때문에 영적인 길에 번번이 장애가 됩니다. 그래서 명상수련과 자기분석이 필수적인 거예요. 지식 그 자체는 심령-이지체 형성에 별로 도움을 못줍니다. 실제로, 지식을 굉장히 많이 가지고 있는 사람이 전혀 모습을 갖추지 못한 무정형의 심령-이지체를 가지고 있을 수도 있어요."

"그러니까 우리가 대학에서 배우는 지식은 인간 의식의 이런 측면을 전적으로 도외시하는군요. 대학에서 우리는 심령-이지체 발달에는 관심을 두지 않아요. 그래서 개인들은 불완전한 상태로 남아 있군요." 에밀리가 끼어들었다.

"맞습니다." 코스타스가 고개를 끄덕였다. "심지어 오늘날 대부분의 비전 그룹들조차 무정형 심령-이지체가 실제로 있는지, 또 그것의 본질은 무엇인지에 대해 모르고 있다는 사실을 덧붙여야겠습니다. 다만, 매우 수준 높은 탐구자들만이 실재하는 심령-이지체를 인식하고 구별할 수 있는 위치에 있습니다."

"당신은 말 그대로 심령-이지체를 '볼' 수 있다는 건가요?" 마리아가 의심쩍어하며 물었다.

"물론이에요. 그것이 내가 여러분에게 얘기해온 것입니다. 높은 경지의 진리탐구자는 그저 바라보는 것만으로도 그 사람이 도달해 있는 의식의 수준을 확인할 수 있습니다. 그 사람의 심령-이지체의 형성 정도, 그 바탕, 그리고 현재인격의 의식중추 등은 관찰을 통해 확인할 수 있습니다."

코스타스가 웃으며 말했다. "그런데 여러분은, 꼭 했어야 할 질문을 하지 않았습니다. 완벽한 심령이지체는 에테르 복체를 가지고 있는가? 그리고, 무정형의 심령-이지체도 에테르 복체를 가지고 있는가?"를 물었어야 합니다."

모든 사람들이 의견을 말하기 시작하자, 방안이 갑자기 시끄러워졌다.

"둘 다 에테르 복체를 가지고 있습니다." 코스타스가 자신의 질문에 스스로 답변했다. "기억해두세요. 존재하는 것은 무엇이나 에테르 복체를 가져야만 합니다. 그런데 이 두 심령이지체가 가지고 있는 각각의 에테르 복체는 그들끼리 하나로 융합됩니다."

"왜 그렇지요?" 내가 물었다.

"만일 그렇지 않다면, 키리아코, 둘 사이에는 어떤 연결도 있을 수 없을 겁니다. 그 형체 없는 것이 완벽한 형체를 갖추고 있는 것과 하나로 융합된다는 것은 불가능했을 겁니다. 우리가 완전한 몸을 모델로 이용하여 명상을 할 때, 실제로는 무정형 심령-이지체의 에테르 생명력을 활성화시켜서 그것의 발달을 촉진시켜주는 것입니다."

"코스타, 어린아이들과 무정형 심령-이지체는 어떤 관계가 있나요?" 방 뒤쪽에 서 있던 리아가 물었다. "그리스도는 우리가 어린아이와 같아져야 한다고 했는데, 그분이 의미하신 것은 무엇인가요?"

"그것은 어린아이들의 순수함과 순진함을 의미하는 거죠."

"어린아이들이 사회화되거나 경험을 갖기 전에, 주로 자신의 완벽한 심령이지체를 통해 자기표현을 한다는 의미인가요?" 리아가 한 번 더 물었다.

"정확하지 않습니다. 어린아이들도 과거 생에서 했던 경험에 의해 형성된 무정형의 심령-이지체를 가지고 세상에 옵니다. 우리는 전생에서 겪은 경험의 총화인 의식 수준을 가지고 이 세상에 옵니다. 그러므로 어떤 아이가 고도로 발달된 심령-이지체, 즉 높은 수준의 각성 상태로 세상에 태어날 가능성이 있습니다. 달리 말하면, 우리는 세상에 올 때 의식 수준과 성숙도가 저마다 다른 상태로 오게 됩니다."

코스타스는 무정형의 심령-이지체는 모든 인간이 최초로 물질계에 탄생할 때, 즉 윤회의 쳇바퀴를 처음 시작할 때만 동일하다고 강조했다. 그리고 그 지점을 지나서는 모든 인간은 저마다 다르게 발전한다. 그 이유는 단 한 사람도 에테르를 똑같은 방법으로 활용하지 않기 때문이다. 모든 사람은 생각과 감정을 통해서 자기만의 독특한 심령-이지체를 구축한다.

"여러 번 얘기했듯이, 우리는 자신의 잠재의식의 건축가입니다. 우리가 계획을 달성하기 위해 절대자로부터 받은 도구는, 생각할 수 있고 감정을 가질 수 있는 능력입니다. 생각과 감정은 염체로서 외부로 투사되지요."

"코스타, 우리와 같은 진리탐구자들은 자신의 심령-이지체가 발달되고 모양을 갖춰가고 있다는 걸 어떻게 알 수 있나요? 그걸 알 수 있게 하는 어떤 단서나 기준이 있나요?" 리아가 물었다.

"네. 물론입니다. 계속 변화하고 전환되는 여러분의 의식이 바로 그것입니다."

"하지만 의식이 변화하고 발달했다는 걸 어떻게 압니까?"

"예를 들자면, 이전에는 여러분의 심령을 뒤흔들어 놓거나 의식을 황폐화시키던 사건들이 이제는 더이상 영향을 주지 않습니다. 또 어떤 문제에 직면했을 때, 감정상에 커다란 기복이 없이 평온하게 대응하는 것을 스스로 발견하게 됩니다."

"이제 휴식 시간을 가져야겠습니다." 누군가 또다른 질문을 하기 전에 리아가 재빨리 큰 소리로 말했다. 리아는 마리아의 도움을 받아 코스타스를 위해 케이크 두 접시와 커피 한 잔을 가져왔다. 우리는 기지개를 켜고, 방 안을 돌아다니면서 환담을 나누었다. 코스타스의 격월간 모임은 친구들과 교류하는 기회이기도 했다. 저녁 8시 30분이어서 리아는 우리가 잠깐 동안이라도 뉴스를 시청할 수 있도록 텔레비전을 켰다. 거기 있는 모든 사람들이 정치, 특히 새로운 정부를 선출하는 것과 관련된 지난 몇 달 동안의 상황전개에 깊은 관심을 가지고 있었기 때문이었다. 회원 가운데 리아를 비롯한 많은 사람들은 자신들이 지지하는 후보 조지 바씰리오가 현직 대통령인 스피로스 키프리아노를 제치고 승리한 것에 매우 고무되어 있었다. 한편 소수의 다른 사람들은 깊이 상심하고 있었다. 코스타스는 회원들에게 정치적인 토론을 자제해줄 것을 요구했다. 그의 모임에는 모든 정치적 분파들이 다 모여 있었기 때문이다. 코스타스도 자신의 정치적 견해를 밝히는 것을 엄격히 자제하고 있었고, 선거 결과에 열렬한 관심을 가지고 있음에도 불구하고 아주 가까운 친구만이 그가 누구에게 투표했는지를 알고 있었다. 그는 모임은 정치를 떠나 있어야만 한다고 여러 차례 강조했다.

뉴스가 끝나기 전 리아가 육체적인 만성질병으로 고통받고 있는 한 남자의 사진을 코스타스에게 내놓았다. 그녀는 그 사람에게 도움을 줄 수 있는지를 물었다. 코스타스는 눈을 감고 오른손으로 그 사진을 꼭 쥐고서 여러 번 깊이 심호흡을 한 후 2분 정도 후에 눈을 떴다. 코스타스는 남자의 문제를 진단해주고 그에게 도움이 될 수 있는 일은 무엇이든지 해주겠다고 약속했다. 전에 그는 사진의 느낌으로 누군가의 건강 상태를 살피는 것은 '매우 쉬운 일'이라고 설명했었다. 일반적으로 사진에는 그 사람의 진동이 찍혀 있다. 그래서 높은 경지의 신유가나 진리탐구자들은 그 사진의 느낌으로 당사자와 접촉할 수 있는 것이다. 다른 모든 경우와 마찬가지로, 이번 경우에도 코스타스는 그 환자에게 작용해서 도움을 줄 수 있는 자신의 염체를 만들었다고 말했다.

코스타스와 다스칼로스는 사진을 통해 사람의 생사(生死)를 알아낼 수도 있다고 가르쳤다. 다스칼로스의 이러한 능력은 1974년 터키의 침공 이후에 전쟁에서 실종된 사람들의 운명을 확인하는 데 십분 활용됐다.

뉴스가 끝나자 리아는 텔레비전을 껐고, 코스타스는 질문에 답변하면서 자기와 같은 투시가들이 단순히 사진을 만져보는 것만으로 사람의 생사를 어떻게 확인할 수 있는지를 설명했다.

"형체를 가진 모든 물질은 자신의 고유한 빛을 발산합니다. 누군가 높은 수준의 진리탐구자에게 사진 한 장을 가져와서 그 사람의 생사를 물었을 때, 진리탐구자는 그 사람이 어떤 색깔의 빛을 발산하는지를 자동적으로 느낄 수 있어요. 만일 그 사람의 진동이 푸른색이나 담청색을 발산한다면, 그는 거친 물질계에 살아 있다는 것을 의미합니다."

"왜 그렇죠?" 네오피토스가 물었다.

"푸른색을 발생시키는 것은 거친 육체의 진동이기 때문입니다. 그리고 태양신경총에 있는 차크라는 거친 육체의 중추이지요. 우리가 거친 육체의 건강을 위해 명상할 때, 태양신경총에 집중하면서 담청색의 빛이 그 부분을 덮는 것을 심상화하는 것도 바로 이 때문입니다."

"사람이 거친 육체에 더이상 살고 있지 않다는 것을 사진을 통해서 어떻게 판단하나요?" 내가 물었다.

"그건 매우 간단합니다. 만일 심령계의 색깔인 담홍색만 감지된다면, 그것은 그 사람이 심령 차원에만 살고 있다는 걸 의미합니다. 제 말을 믿으세요. 이런 심령 능력을 기르는 데는 그다지 대단한 영적 발전이 필요하지 않아요. 사람의 생사를 확인하기 위해 유체이탈 상태로 심령이지계에 가서 찾을 필요는 없는 거죠. 우리가 방법만 안다면, 사진은 사람의 건강 상태와 생사 여부를 확인하는 아주 믿을 만한 수단입니다. 사진에서 세 가지 색깔, 즉 거친 육체의 담청색, 심령체의 담홍색, 이지체의 담황색 모두를 감지한다면, 그것은 그 사람이 세 차원 모두에 존재하고 있다는 것을 의미합니다."

"생사 여부를 확인할 수 없었던 적도 있었나요?" 마리아가 물었다.

"네. 물론이죠. 그것은 어떤 사실을 드러내는 것이 적절치 않아서 일 수도 있습니다. 그런 상황에서는 사실을 밝히지 못하도록 높은 경지의 스승들이 개입할 수 있습니다. 만일 그것이 심각한 경우라면, 그들은 우리에게 탐색을 중지하도록 요청하기도 하지요. 그러면 바로 중지합니다. 혹은 어떤 사람에 대한 진실을 이미 발견한 경우에도 높은 경지의 스승들이 개입해서 우리가 발견한 것을 밝히지 말 것을 요청하기도 합니다. 그런데 그런 상황에서는 보통 뭔가를 발견하기 전에 스스로 중단하게 됩니다."

"높은 경지의 스승들이 개입하는 이유는 뭔가요?" 마리아가 물었다.

"이따금은, 우리가 한 사람의 운명을 둘러싼 진실을 드러낼 경우 그 사람이 특정한 환경에서 꼭 겪어야만 할 체험을 바꿔놓게 될 수도 있습니다. 그러나 보통은, 그런 폭로가 관련된 사람들에게 고통과 괴로움의 원인이 될 경우 진실을 알리는 것을 제지당하게 됩니다."

"다른 질문 있습니까?" 코스타스가 방을 둘러보면서 물었다.

"세 가지 신체에 통달하기 위해서는 자아 각성이나 내면자아의 인식이 필수조건인가요?" 내과의사인 파노스가 물었다. "아니면 자아가 각성하기 전에도 그 몸들을 마음대로 부리는 것이 가능할까요? 예를 들어, 어떤 사람이 자아각성 과정에서 별 진보도 없이 이 신체들을 부리는 방법과 치유 방법을 배우는 것이 가능할까요?"

"안 됩니다. 여러분은 먼저 무정형의 몸들을 구체적으로 형상화해야만 우리가 그리스도 의식이라고 부르는 빛 속으로 뚫고 들어갈 수가 있습니다. 어떤 환상에도 빠져들지 맙시다. 만일 여러분의 의식이 로고스와 일정 정도까지 조화될 수 없다면, 이 상황들을 지배할 수 없습니다. 내가 '로고스와 여러분 자신이 조화된' 고 말했을 때, 그것은 여러분 내면의 지혜와 여러분 자신을 동조시키는 것을 의미합니다." 그러면서 코스타스는 자기 가슴 쪽을 가리켰다.

"흑마술사는 어떻습니까? 그들은 이 심령이지체를 제대로 형성하지도 않고 사악한 심령이지적 술수를 부리나요?" 내가 물었다.

"흑마술사는 심령-이지체가 형성되어 있지 않습니다. 신에게 감사할 일이지요." 코스타스가 웃으면서 대답했다.

"그렇다면 그들은 어떻게 힘을 가지고 있나요?" 네오피토스가 물었다.

"무엇보다도 그들의 힘은 제한적입니다. 그들은 이기적인 목적을 위해 비정통적인 수단이나 어떤 심령적 방법을 통해 마음〔Mind〕을 악용합니다. 사실상 그들은 자신을 해치고 있는 거예요. 높은 경지의 스승들은 소위 흑마술사들을 누를 수 있는 힘을 가지고 있습니다. 그들은 신성한 재산인 마음을 남용하고 있는 정말 무지한 사람들이에요. 그들이 존재하는 이유는 악이 존재하고 있는 이유와 동일합니다. 그것은 분리의 세계에서의 경험과 균형을 위한 것입니다. 우리는 이원성의 세계, 인과의 세계에서 살고 있습니다."

코스타스는 악의 존재에 대해 말했다. "악은 조화와 균형이 옳은 것임을 말해주기 위해 존재합니다. 그것은 징벌을 위한 징벌로서 존재하는 것이 아닙니다. 우리가 루시퍼(사탄)급의 악의 시종이라고 부르는 자들은 실제로는 이원성과 분리의 스승들입니다. 그들도 이 세계들을 두루 살피는 대천사들이에요. 그들은 단지 우리의 하인들일 뿐입니다." 코스타스는 자기 가슴을 가리켰다.

"제 생각에 악이 존재하는 것은 우리가 선을 향해 가도록 부추기는 목적을 가진 것 같은데요." 마리아가 말했다.

"맞아요. 악이 존재하지 않았다면 우리는 선이 무엇인지도 알 수 없었을 겁니다."

"논리상으로 납득이 안 되는 점이 있어요." 마리아가 대꾸했다. "당신은 선이 많이 존재하기 위해서는 당연히 악도 많이 있어야 조화와 균형을 이룬다는 식으로 얘기하셨어요."

"네. 정확해요. 바로 그겁니다. 이 원칙은 창조계 전체에, 모든 우주에 존재합니다. 이 원칙이 작용하지 않았던 시기는 결코 없어요. 하지만 우리의 목적은 이 인과의 법칙을 뛰어넘는 것입니다. 우리의 목적은 분리의 세계 너머로 가는 것이에요."

"저는 여전히 혼란스러운데요." 마리아가 고집했다. "제가 좀 단순하게 얘기해볼게요. 만일 지구에 사는 인류가 꾸준히 진화해서 완성을 향해 더욱 더 가까이 다가가게 된다면, 누가 악을 행하려고 하겠어요? 악은 어떤 모양과 형체로 자신을 드러내나요?"

"잠깐만요. 이봐요. 마리아, 잠깐 기다려요." 코스타스는 오른팔을 앞으로 내밀면서 다소 흥분된 반응을 보였다. "우리가 창조계에서 유일한 존재인가요? 우주의 무한 속에서 우리, 이 지구, 이 모래알 같은 공간만이 우주인가요? 모래알 위에 갇혀 있는, 상대적으로 미미한 존재일 뿐인 우리가 존재하는 유일한 자들일까요?"

"무슨 말씀인지 알겠어요." 마리아가 고개를 끄덕였다. "그렇다면 이 지상에서의 삶이 질적으로 증진되고 악이 더이상 드러나지 않는 순간이 있을 거라는 걸 가정할 수 있겠네요."

"그럼요. 물론이죠." 코스타스가 진지하게 대꾸했다. "이것이 우리의 목적이자 목표입니다. 만일 그런 가능성이 없다면, 진리탐구를 왜 하겠어요? 왜 로고스가 내려왔겠어요? 왜 그토록 많은 스승들이 인간의 자아실현과 완성을 향한 다양한 길을 보여주기 위해 지상에 오고 있겠습니까?"

"하지만 우리가 미개인 없이 어떻게 살 수 있나요? 코스타스." 화가인 글래프코스가 알렉산드리아의 시인인 카바피의 유명한 시에서, '미개인'이 없다면 우리는 우리가 누구인지, 무엇을 해야만 하는지 알 수 없을 것이라고 한 대목을 인용하면서 유머러스하게 꼬집어 물었다.

"이봐요. 글래프코, 우리는 미개인도 필요 없는, 이원성도 필요 없는 경지에 도달할 겁니다." 코스타스가 웃으며 대답했다.

모든 사람의 질문이 끝난 뒤에 코스타스는 이완과 집중을 위해 늘 하던 명상과 봉사를 위한 명상 실습을 진행했다.

"나는 여러분이 잊지 않도록 다시 말해야겠습니다." 명상을 끝낸 후 코스타스가 말했다. "잠들기 전에 자기관찰을 실천하는 것은 정말 중요합니다. 자기 전에 딱 5분 내지 10분 정도만 할애해서 그날 있었던 사건들을 되돌아보세요. 한 사건을 골라서 자신을 되돌아보세요. 그 사건을 중심으로 자신의 느낌이나 생각, 행동을 제삼자의 입장에서 살펴보세요. 어떤 식으로든 자신을 비판하지 말고, 그저 관찰만 하세요. 그리고 그 특정 사건에 자신의 에고가 어떻게 얽혀 있는지를 살펴보세요."

코스타스와 다스칼로스는 우리가 이렇게 꾸준히 자기관찰 훈련을 해나가다 보면 마침내는 감정과 생각을 지배하는 달인, 즉 심령체와 이지체의 주인이 될 것이라고 가르쳤다.

11
Vision

환시

"자기 자신을 발견하는 것 말고 인생에서 소중한 게 뭐가 있겠나?
자신을 찾게 되면 우리는 더이상 아무것도 필요가 없다네.
우리가 이 삶에서 뭔가를 소유하는 것은 다만
물질적인 생존에 필요하기 때문이야.
그러니 그것들에 도취되어서는 안 되네.
자기 자신을 발견하기만 하면 모든 것을 갖게 된다네."

다음날 아침, 나는 외국 대사의 부인인 티나와 함께 다스칼로스를 만나러 갔다. 우리가 도착했을 때 다스칼로스는 화실에서 뉴스를 들으며 그림을 그리고 있었다. 다스칼로스가 꽃을 무척 사랑한다는 것을 아는 티나는 하얀 치자꽃이 활짝 핀 꽤나 큰 화분을 가지고 왔다. 내가 서로를 소개한 후, 얼굴 가득 웃음을 띤 티나가 치자꽃 화분을 다스칼로스에게 건네자 연로한 스승은 기뻐했다. 그는 싱싱해 보이는 꽃나무를 바라보고 탄복하면서, 향기를 깊이 들이마시며 티나에게 여러 번 감사를 표했다. 그런 다음 우리는 거실에 둘러앉았고, 티나는 자신이 겪은 시련을 얘기했다.

티나는 지난 30년 동안 위장 장애와 이따금씩 찾아오는 심각한 두통으로 고생해왔다. 그동안 병원 치료로는 별 효과를 보지 못한 그녀는 그것이 그저 외교관인 남편의 업무 때문에 스트레스를 받아 생긴 신경성 질환이리라고 생각하고 있었다. 그녀는 다스칼로스가 이 병의 원인을 확인해 처방을 내려주길 바라고 있었다. 티나는 다스칼로스의 가르침과 세계관에 대해 열려 있었고, 루돌프 슈타이너의 저서에 대해서도 이미 잘 알고 있었다.

다스칼로스는 티나의 얘기를 듣더니 고개를 끄덕이면서 몇 분간 말없이 그녀를 바라보았다. 그런 다음 그는 진단을 내렸다. "부인, 당신의 문제는 스트레스로 인한 증세가 아닙니다. 의사들이 원인을 밝혀내지 못했군요. 당신의 병은 단지 세균에 의한 것입니다."

다스칼로스가 병의 원인을 설명하는 동안 티나는 침울해 보였다. "당신의 장 속에는 일종의 세균이 붙어 있어요. 당신 남편이 터키에 주재하던 시절 어떤 세균이 당신의 장 속으로 들어간 겁니다. 그리고 일본으로 옮겨 갔을 때 상황은 더 나빠졌어요. 거기에서 또다른 종류의 세균에 감염됐고, 이 균은 터키에서 감염된 세균과 교잡이 됐습니다. 그 결과 새로운 세균이 만들어져 당신의 내장에 남아 있습니다. 이런 종류의 세균은 어떤 의학적인 검사로도 발견할 수가 없어요. 당신의 두통도 그 세균이 머리로 가는 혈관을 차단하기 때문에 주기적으로 일어나는 겁니다."

"그럼 이제 저는 어떻게 해야 하나요?" 상황을 이해한 듯한 티나가 물었다. 다스칼로스는 잠깐 생각하더니 처방을 내놓았다.

"첫째, 두통이나 위장 장애와 관련된 약물 복용을 일체 중단하세요. 이것은 반드시 지켜야 합니다. 둘째, 꿀 한 숟갈과 포도 식초 두 숟갈을 물 반 컵에 넣고 잘 저어서 드십시오. 일주일에 두 번 저녁식사 한두 시간 후쯤 드시면 됩니다. 셋째, 컵 안에 손가락 두 개 정도 두께의 캐롭 시럽(carob syrup)을 넣으세요."

다스칼로스는 양을 알려주기 위해 오른손 손가락 두 개를 앞으로 내밀었다. "그런 다음 레몬 한 개를 짜서 물과 캐롭 시럽과 함께 잘 섞어서, 그 물을 마시고 싶은 만큼 여러 차례 드세요. 시판되고 있는 어떤 음료보다도 더 산뜻하고 맛있을 겁니다. 그리고 가장 중요한 것은, 마늘 대여섯 쪽 정도를 으깨서 요구르트와 약간의 올리브 오일을 넣고 마늘소스를 만드세요. 오이는 껍질을 벗기지 말고 아주 얇게 썰어요. 원한다면 작은 조각으로 잘라도 좋습니다. 이렇게 자른 오이와 마늘 소스를 버무려 식사와 함께 드세요. 그렇게 하면 세균은 모두 죽을 것이고 내장은 깨끗해질 겁니다."

"당신은 어떤 약을 처방해야 할지를 어떻게 알아내십니까?" 다스칼로스가 결과가 좋을 거라고 자신하며 식용식물 처방을 되풀이하여 설명하는 것을 듣고 나서 내가 물었다. 그의 대답은 간단했다.

"모든 신체적 문제는 어떤 진동으로부터 나온다네. 따라서 그런 문제를 다루는 방법은 반대의 진동을 발산하는 물질을 찾아내는 걸세. 그걸 찾아서 그 둘을 함께 두면 그것들은 서로를 소멸시킨다네. 결국 우리가 배워온 게 뭔가?" 다스칼로스는 자신의 질문에 대해 스스로 답변을 해나갔다. "모든 것은 움직임이고, 진동이며, 파동이라네."

다스칼로스는 그가 내리는 모든 의학적 처방은 이 원리에 근거하고 있다고 말했다. 그는 젊은 시절 여러 가지 질병과 상반되는 진동을 가진 약용식물을 찾아내기 위해 키프로스의 산과 들을 구석구석 찾아다녔으며, 실습과 체험을 통해 어떤 식물 처방이 어떤 종류의 질병에 작용하는지를 알아냈다. 다스칼로스의 설명을 듣고 있자니, 비서구적인 전통 의학의 상당 부분 — 샤먼이 치유를 행한다거나 하는 — 이 아마도 같은 방법, 즉 '진동'을 통한 체험적 작업에 기반을 두고 있는 게 아닌가 하는 생각이 들었다.

자신이 지시한 내용을 티나가 노트에 적고 있는 동안 다스칼로스가 말했다. "바로 며칠 전에도, 비슷한 경우의 한 소년을 보았었네. 그 소년은 쓰러져서 입에 거품을 뿜어냈기 때문에 간질이라고 여겼던 게야. 그러나 그 문제의 실제 원인은 뇌까지 올라가는 내장 속의 세균이었네." 다스칼로스는 유사한 처방을 내렸고 소년의 발작은 멈췄다고 했다. 티나의 문제 역시 치료됐다. 몇 주가 지난 후 내가 티나에게 연락했을 때, 그녀는 30년간 자신을 괴롭혀왔던 고통이 끝났으며, 자신과 남편은 다스칼로스의 식이요법 처방을 일상적인 식사 메뉴로 삼고 있다고 행복한 목소리로 말했다.

나는 티나가 치료됐다는 사실에 놀라지 않았다. 나는 다스칼로스와 코스타스가 의사들이 완전히 깜깜하게 헤매고 있는 문제들에 대해 정확한 진단을 내리는 것을 수도 없이 봐왔기 때문에 어느 시점부터는 그런 희한한 치유를 일상적인 것으로 받아들여 버렸다. 하지만 내가 알기로, 다스칼로스가 딱 한 번 환자의 상태를 정확하게 짚어내지 못한 적이 있었다. 그는 어떤 환자에 대해 아무런 문제가 없다고 진단을 내렸는데, 그 환자의 증상은 계속됐다. 그는 결국 최신 의료장비로 검사를 받기 위해 미국으로 갔는데, 거기서도 역시 다스칼로스의 진단과 마찬가지로 암세포가 없다는 판명을 받았다. 그러나 그 환자는 한 달 후 암으로 사망했다. 내가 다스칼로스와 이 문제에 대한 이야기를 나눴을 때, 그는 두 손을 쫙 펴면서 한숨을 쉬며 말했다. "우리도 결국 인간이니까, 역시 실수할 수가 있다네."

나는 티나를 집까지 태워다 주고 나서 다스칼로스와 대화를 더 나누기 위해 다시 돌아왔다. 코스타스의 전날 밤 강의가 내 마음에 남아 있었다. 우리는 조각가가 조각품을 만들듯이 스스로의 의식을 다듬어가고 있으며, 실재에 대한 우리의 각성 수준이, 고도의 진동 차원에서는 높은 경지의 스승이 감지할 수 있는 신체 형상을 띠게 된다는 사실은 정말 너무나도 놀라웠다. 물론 그런 견해는 내 자신이 경험적으로 검증해야 하는 가설로 남겨두어야만 한다. 다스칼로스와 코스타스가 가르쳤듯이, 그런 견해는 우리 자신이 일정한 영적 각성 수준에 도달했을 때만 비로소 검증될 수 있는 것이다.

역사상 서구 철학자들은 무엇이 앎을 가능하게 만드는지에 대한 인식론적 질문과 씨름해왔다. 데모크리토스에서부터 오귀스트 콩트와 버틀런트 러셀에 이르기까지 실증주의 사상가들과 과학자들은 '저 밖에 있는 실재'에 대한 진정한 지식은 수학적인 논리와 오감에 의한 관찰, 그리고 과학적 경험을 통해서만 얻을 수 있다고 강력하게 주장해왔다. 그러나 18세기 독일 철학자인 임마누엘 칸트는 그런 생각이 얼마나 허황된 것이었는지를 지적했다. 칸트는 확고한 과학적 지식을 통해 '자체로서' 있는 그대로의 바깥 세계의 본질을 알아낼 수 있다는 사람들의 기대를 무너뜨렸다. 칸트는 실재가 '저 밖에' 있는 것은 맞지만, 인간은 그 실재에 결코 직접 다가갈 수 없다고 말했다. 지식이라고 여겨지는 모든 것은 사실상 인간 마음으로 만든 축조물이기 때문에, 실재에 대한 진정한 앎은 불가능하다는 것이다.

서구 사상에는 실증주의와 관념론적 전통 사이의 끝없는 논쟁과 함께 다른 숨겨진, 비전(秘傳) 철학 전통이 있다. 이 '영속적'이고 '신비적'인 철학을 주창하는 사람들은 실재에 대한 진정한 지식은 신비적인 수행을 통해서만 얻을 수 있다고 주장했다. 그리고 이 신비적인 수행이 인간의 의식을 보다 높고 심오한 수준으로 끌어올려줄 것이라고 보았다.

나는 심령이지체에 관한 다스칼로스와 코스타스의 생각이 이런 신비주의자들의 영원한 철학의 전통을 더욱 구체적으로 보여준다고 생각했다. 두 사람은 영적 진화나 고도의 각성이 말 그대로 심령-이지체의 성장과 발달을 뜻한다고 간주하기 때문이다. 즉, 환생의 경험과 영적 수행을 통해 심령-이지체가 성숙함으로써 더욱 의식이 각성되고, 그럼으로써 실재에 대한 보다 객관적이고 진정한 이해에 도달하게 된다는 것이다. 심령이지체가 발달할수록 '그 자체로서 있는 것', 즉 실재를 객관적으로 알 수 있는 개인의 능력도 한층 더 커진다.

나는 심령-이지체의 진화 이론이 좀더 많은 것을 함축하고 있다고 생각했다. 사실 세 차원의 세계로 들어오는 모든 인간 존재의 계획이란 심령-이지체의 개발을 위한 것이다. 다스칼로스가 누차 말했듯이, '사랑하는 아버지의 궁전'을 떠난 탕아인 우리는 거친 육체와 심령체, 이지체를 받았고, 그것을 통해 시공간 속에서 자신을 표현한다. 생각하고 느낄 수 있는 능력, 즉 염체를 만들 수 있는 능력은 이 심령-이지체를 받았기 때문에 가능한 것이다. 우리가 윤회의 쳇바퀴에 오르는 순간부터 우리는 이 몸들을 형상화해서 완벽하게 만드는 영적 진화의 과정에 들어선다. 그러므로 현재인격으로서 모든 인간의 사실상의 성취는 심령-이지체가 형상을 갖춘 정도에 따라 결정된다고 할 수 있다. 다스칼로스와 코스타스는 정말 중요한 것은 사회적 지위나 학위, 혹은 재산 규모 등이 아니라 심령-이지체를 어느 정도로 형상화했는가 하는 점이라고 누차 강조해왔다. 이것이 인생에서 가장 중요하고 유일한 목적이며, 자아실현과 신 의식 또는 테오시스로 향하는 길이기도 하다.

나는 다스칼로스에게 코스타스와 함께했던 전날 밤의 토론과 그 내용에 대한 의견을 이야기했다. 다스칼로스는 웃으며, 예로부터 수행하는 많은 신비가들은 태양신경총 차크라를 심령-이지체의 중추로 여겨왔다고 말했다. "그것은 실수였네." 다스칼로스가 딱 잘라 말했다. "그들은 이 신성한 중추에 집중해서 오랫동안 명상하는 동안 얻은 체험을 근거로 그런 잘못된 주장을 했다네. 그들은 거기에 집중함으로써 심령이지 차원을 힐끗 엿볼 수는 있었지. 하지만 온전한 자아의식으로서 그 영역 속에 들어가지는 못했네. 말하자면, 그들은 심령이지적 망원경 같은 것을 통해 그 세계 속을 들여다 본 셈이지. 다른 차원 속으로 뚫고 들어가 자아의식을 지닌 존재로 완전하게 살기 위해서는 먼저 자신의 심령-이지체를 발달시켜야만 한다네."

"코스타스의 학생들은 주로 심령-이지체의 성장을 촉진시킬 수 있는 방법에 관해 질문했습니다." 주제에 대해 좀더 토론한 후에 내가 말했다.

"물론 명상 수행을 통해 심령-이지체를 성장시킬 수 있네. 우리가 자네에게 눈을 감고, 숨을 깊이 쉬고, 몸 전체에 집중하라고 할 때, 자네는 심령-이지체를 형상화시키는 작업을 하고 있는 걸세. 집중과 체계적인 수행이 심령-이지체를 성장시키는 방법이라네."

다스칼로스는 심령-이지체를 의식적으로 발전시킬 수 있는 가장 안전한 방법은 그와 코스타스가 과제로 내주었던 자기 관찰 연습과 집중 연습이라고 말했다. "편안한 자세로 앉게. 그리고 자신이 몸속에 있음을 느끼게."

"특별한 방식으로 앉는 것이 중요한가요?" 내가 물었다. (나는 인도의 요기들이 명상 수행하는 방식을 마음에 두고 있었다)

"아닐세. 우리 진리탐구 모임에서는 방법이 다르다네. 어떤 방식이든 가장 편한 방법으로 앉게. 중요한 것은 집중을 방해하는 불편한 자세를 피하는 걸세. 편안하게 느껴지면 몸 전체의 여러 부위에 초점을 맞추면서 깊이 숨을 쉬기 시작하게. 발가락 끝에서부터 머리끝까지 온몸의 구석구석을 거쳐서 올라가도 괜찮네. 이것은 에테르 생명력의 다양한 성질을 연습하는 것이기도 하다네. 그런 다음 온몸이 아니라 몸 '속에' 있다는 것을 느끼는 정도까지 다다라야만 하네. 이 차이를 유념하게. 자신이 거친 육체 안에 완전히 깨어 있는 의식으로서 존재한다는 것을 느낄 걸세. 그 자세로 10분이 넘지 않도록 하게."

"그렇게 하는 게 쉽지 않아요. 온갖 생각들이 떠오르거든요."

"다른 생각들은 쫓아버려. 그리고 에테르 생명력의 감지성을 이용해서 몸속에 자네가 있다는 것을 느끼도록 하게. 의식적으로 이 연습을 하면 잠재의식 속에서 자네의 심령-이지체가 형성되면서 거친 육체의 모습을 띠기 시작할 걸세. 에테르 생명력의 복제성을 사용해서 거친 육체 안의 빛나는 몸속에 자신이 있다는 것을 보고 경험해야만 하네. 이것이 심령-이지체라네."

"이것이 결국 마음대로 몸을 떠날 수 있게 하는 방법인가요?" 내가 물었다.

"글쎄, 다른 세계나 다른 차원의 경험을 얻기 위한 하나의 도구로서 발달된 심령-이지체를 사용할 수 있게 되려면 먼저 열심히 노력해야 할 걸세. 자네가 준비되면 그런 일이 일어나기 시작한다네. 별다른 노력을 하지 않아도 자신이 거친 육체 밖에 있는 것을 깨닫게 될 거고, 자아의식으로서의 자네는 빛나는 심령-이지체 속에 있을 것이기 때문에, 자네의 거친 육체를 마치 외부의 사물처럼 바라볼 수 있게 될 걸세."

"자네에게 일러둘 게 있네. 처음에는 너무 오랫동안 밖에 머물러서는 안 되네. 두번째 유체이탈은 처음보다 비교적 쉽다는 것을 알게 될 거고, 얼마 후에는 그런 상태가 자네의 제2의 본성이 될 거야. 몸을 빠져나가는 일이 손을 들어올리는 것만큼이나 쉬워질 걸세. 필요한 것은 단지 그렇게 되길 원하는 것뿐이라네."

"지금 말한 이 방법이 가장 쉽고도 안전한 방법일세." 다스칼로스는 안락의자에 등을 기댔다.

"다른 위험스러운 유체이탈법도 있다는 말씀인가요?" 내가 물었다.

다스칼로스는 미소 지으면서, 성숙해서 중용을 지킬 줄 알고 이치를 아는 사람에게는 위험이란 없다고 말했다. "심령-이지체를 형성시킬 수 있는 다른 방법이 있다네. 하지만 그것은 훨씬 더 어려운 방법이야."

"알고 싶습니다."

다스칼로스가 사려 깊게 말했다. "이 두번째 방법은 에테르 생명력의 운동성과 감지성은 물론 복제성에 대한 보다 강도 높은 노력과 연습이 필요하네."

다스칼로스는 말을 잇기 전에 잠시 멈췄다. "신비가들은 예로부터 이 방법을 알고 있었다네. 그들은 에테르 생명력의 복제성을 이용해서 몸 밖에 서 있는 자신의 염체를 만들었지. 그런 다음 그 염체 속에 자신의 의식을 옮겨 놓고 그것을 자기표현의 새로운 도구로 사용했다네. 그 염체의 관점에 서서 자신의 육신을 외부의 사물처럼 바라보고, 자기가 만든 염체를 자신의 진짜 몸인 것처럼 생각하고, 그렇게 느끼는 것이지."

"그 방법을 통해 자신의 심령이지체를 만들 수 있다고 생각해도 좋을까요?"

"꼭 그렇지는 않아. 그런 방법을 통해 우리가 할 수 있는 일은 에테르 에너지를 이용해서 자기 자신의 염체를 만드는 것뿐이야. 하지만 그 염체 속에 자신의 의식을 투사할 때, 자신의 심령이지체도 같이 실려가는 것이네. 우리가 물질육체에 집중하는 것과 유사한 방식으로 자신의 염체에 집중할 때, 사실 우리는 심령-이지체를 형상화하고 있는 셈이지."

"그렇게 할 수 있으려면 명상 수행이나 집중에 상당히 능숙해야만 할 것 같은데요."

"당연히 그렇지. 거기에는 시간과 끈기, 평화로운 집중이 필요하다네."

"평화롭다는 건 무슨 뜻인가요?"

"서두르지 않는다는 뜻일세. 조바심내지 않고, 스스로를 지나치게 밀어붙이지 않는 것을 의미하네. 조바심 내며 안달하는 것은 자신을 패배시키는 길이야. 그렇게 되면 자기가 만들어 세우려고 노력하는 염체의 강도를 약화시키는 진동이 발생한다네. 수행자에게 진정으로 필요한 것은 흔들리지 않는 확고함과 끊임없는 명상 수행일세. 물론 피로나 좌절감을 불러일으키기 쉬운 빡빡하고 힘든 명상이어서는 안 되네."

다스칼로스가 말을 이어나갔다. "자, 지금까지 심령-이지체를 의식적으로 구축할 수 있는 두 가지 방법을 살펴보았네. 결국 자네는 이 심령-이지체를 자아의식으로서의 자신을 표현할 독립체로 사용할 수 있네. 그런데 일단 이런 능력을 발전시키고 나면, 자네는 사실상 거친 육체도 아니고 스스로 만들어낸 심령-이지체조차도 아니란 사실을 경험적으로 깨닫게 될 걸세. 그것들이 단지 자아의식을 표현하는 수단이라는 걸 깨닫게 된다네. 이것이 이 수행에서 얻을 수 있는 첫 번째 수확이야. 자네는 자아의식으로서의 '자신'을 세 가지 몸으로부터 해방시키는 방법을 배우게 되는 것이지. 에테르 생명력의 성질을 숙달하면 자네는 이 몸들을 자유자재로 부릴 수 있게 될 걸세."

"하지만 이런 수행은 신중한 진리탐구자들에게만 안전한 방법이네." 다스칼로스가 진지하게 말했다. "불안정하고 신경질적인 인격의 소유자들에게는 이런 방법이 혼란과 문제를 일으킬 수도 있어. 가장 중요한 것은 자기성찰과 분석을 통해 자신의 잠재의식을 정화하는 것일세. 우리는 먼저 자기중심적인 태도를 극복해야만 하네."

다스칼로스가 안락의자에 등을 기대면서 한숨을 쉬었다. 그가 몹시 피곤해졌다는 뚜렷한 징표였다. 그는 지난주 내내 독일인 및 스위스인 단체와 사이 바바의 추종자들을 상대로 하루종일 강의를 했다. 하루는 강의가 끝난 뒤 스토아를 나오면서 그에게, 좀 숨을 돌려 휴식을 취하고 과로하지 않도록 시간을 내어 쉬라고 권고한 적이 있다. 내가 그렇게 말하자마자 그는 내 팔을 꽉 붙잡았다. "키리아코, 나는 곧 떠나려고 하네. 나는 이 지식을 전해야만 해." 내가 무슨 말씀이냐고 정색을 하자 그는 자신이 일흔일곱이 넘었다는 사실을 내게 상기시켰다. "코스타스가 이 일을 이어받은 것을 신께 감사한다네." 그가 낮은 목소리로 말했다. "에레브나에는 믿음직한 지도자가 있어." 다스칼로스는 거듭 말했다. "나와 코스타스는 하나야. 내가 아는 것은 그가 알고, 그가 아는 것은 내가 아네. 내가 그고, 그가 날세."

"오늘 아침에 어떤 환시를 보았네." 내가 막 떠날 준비를 하고 있을 때, 다스칼로스가 지나가는 말처럼 이렇게 말했다. 나는 다스칼로스의 이야기를 듣기 위해 다시 앉았다. 그것은 꿈이 아니었다고 그는 힘주어 말했다. 그 경험을 했을 때 그는 뚜렷한 의식으로 완전히 깨어 있었다는 것이다.

"내가 우리 아버지 집에 있더군. 어렸을 때 우리는 방이 여러 개 딸린 큰 집에 살았었네. 하지만 그 집은 오래전에 헐려 버려서 이 세상에는 더이상 존재하지 않아. 물론 심령계나 이지계에는 존재하지. 그곳에는 우리 부모님이 계셨네. 내가 어머니에게 말했어.

'어머니, 저는 제 방에 올라가서 좀 쉬어야겠어요.' 사실 난 휴식이 필요하지는 않았네. 나는 이 방의 두 배만한 커다란 방을 가지고 있었는데, 내 피아노와 책 등 모든 것이 거기에 있었네. 어머니가 말씀하셨어.

'오, 애야. 네가 너무 오랫동안 떠나 있어서 어젯밤 그 방을 네 사촌 앤드류에게 줘버렸단다.'

'괜찮아요, 어머니. 걱정 마세요.'

그러자 아버지가 말씀하셨네. '날 따라오너라.' 그래서 우리는 집 뒤쪽으로 갔는데, 거기에는 물질계에는 존재하지 않았던 것이 있었네. 그것은 난간이 달린 계단이었어. 그 계단은 넓고, 흰 빛으로 빛나는 설화석고로 만들어진 것이었지.

'가시지요. 아버지.' 우리는 올라가기 시작했네. 계단을 많이 올라가자 아버지는 피곤해하셨어.

'여기서 쉬어야겠다. 난 더이상은 갈 수 없어.' 아버지가 말씀하셨네.

'그래요. 아버지. 그럼 아버지는 여기 앉아 계시고, 저 혼자 갈게요.' 아버지는 뒤에 머물고 나는 날아서 올라가기 시작했어. 나는 보통사람들처럼 한 계단씩 걸어 올라갈 필요가 없었네.

나는 설화석고가 깔린 마당에 도착했다네. 주위엔 말할 수 없이 아름다운 가지각색의 꽃들이 잔뜩 피어 있었지. 나는 역시 빛나는 설화석고로 만들어진 궁전 앞에 서 있었네. 문 앞에 서자, 문이 저절로 열렸어. 그리고 그곳에는 내가 어린 시절 갖고 놀던 귀한 물건들, 조각이 새겨진 작은 장롱 같은 것들로 가득 찬 아주 커다란 홀이 있었네. 내가 과거에 몹시 바라던 것, 원하던 것, 그리고 애착을 가졌던 것들이 모두 눈앞에 있었어. 그 한가운데에 금붕어와 분수가 있는 연못이 있더군. 거기서 하얀 옷을 입은 18세 정도의 소년이 나를 맞이했네.

'집에 오신 것을 환영합니다. 여기가 당신 집이에요.' 그가 말했어. 나는 의식을 확장해서 그 방을 탐색했는데, 한번 힐끗 보는 것만으로도 모든 걸 볼 수 있었네.

'자네 이 궁전이 내 것이라고 말했나?" 내가 물었네.

'네. 이 궁전은 당신이 지구에서 우리에게 보냈던 재료로 만든 거예요.'

'나는 자네에게 무슨 재료를 보냈던 기억이 없는데.' 내가 대꾸했지. 그러자 그는 내게 또 하나의 궁전을 보여줬네. 그것은 먼 곳에 있는 아주 커다란 궁전이었지.

'저 궁전 역시 당신 것입니다. 가셔서 그곳도 이용하세요. 당신은 저런 궁전을 더 가지고 있습니다.' 나는 고개를 흔들면서 웃기 시작했다네.

'왜 웃는지 말씀해주세요.' 그가 말했어. 그래서 내가 대답했지.

'지구에서는 비도 오고, 눈도 오고, 바람도 부니까 집이 필요하지만 여기에서 이런 궁전들이 왜 필요한가? 무엇으로부터 나를 보호하려고 필요하겠나?'

그가 말했네. '당신은 재료를 보내왔고, 그래서 우리는 이 궁전들을 준비했어요. 원한다면 당신은 저 궁전들을 가질 수 있어요.' 그래서 나는 좀더 들어가 그 아름다운 궁전을 살펴보았네. 하지만 어떤 매력도 느끼지 못했고, 그걸 '내 것'이라고 부르고 싶은 어떤 욕망도 생기지 않았네. 그러자 한 노인이 다가와서 말했어.

'집에 온 걸 환영하네. 젊은이.'

'고맙습니다. 그런데 왜 저를 부르셨죠? 이 사람은 이 궁전이 제 것이라고 하는데요.'

'물론 그렇다네.'

'저는 제가 내 것 네 것의 의미를 초월했다고 믿습니다. 게다가 제가 원한다면, 바다와 바위와 정원들 위로 제 의식을 펼쳐서 그 모두를 느끼고 저 자신의 일부로 만들 수도 있습니다. 저는 살 집이 필요 없어요.' 나는 이렇게 말했지. 그런 다음 우리는 욕망에 탐닉하는 것은 사실 자기형벌 속으로 빠지는 것이며 그것이 욕망의 본질이라는 이야기를 나눴네."

"자, 이 환시의 내용에 대해 자네는 어떻게 생각하나?" 다스칼로스가 팔짱을 꼈다. "그것은 어리석고 들떠 있는 에고에 관한 것일까?" 그는 내게 환시의 내용에 대한 모종의 분석가 역할을 기대하며 웃음을 머금고 물었다.

"제게는 마치 당신이 내면자아와 대화를 나눈 것처럼 들립니다. 그 천사와 노인은 당신 자신의 모습이겠지요." 내가 내키지 않는 목소리로 말했다.

"바로 그거야." 다스칼로스의 눈이 빛났다. "자기 자신을 발견하는 것 말고 인생에서 소중한 게 뭐가 있겠나? 자신을 찾게 되면 우리는 더이상 아무것도 필요가 없다네. 우리가 이 삶에서 뭔가를 소유하는 것은 다만 물질적인 생존에 필요하기 때문이야. 그러니 그것들에 도취되어서는 안 되네. 자기 자신을 발견하기만 하면 모든 것을 갖게 된다네."

"그러면 그것이 그 환시의 교훈인가요?"

"그것 말고 뭐가 더 있어야 하나?"

(다스칼로스의 경험은 얼마 전 코스타스가 경험했던 환시를 떠올리게 했다. 코스타스는 그 환시를 경험한 다음날, 나와 페트로브나에게 그 이야기를 해줬다. "나는 길을 걷고 있었어요. 나는 무겁고 커다란 십자가를 등에 지고 가는 흰 옷을 입은 늙은 짐꾼을 보고 그를 도와주려고 다가갔지요. 하지만 그는 나를 막았어요. '젊은이, 여기 자네가 날라야 할 다른 것이 있네.' 그는 이렇게 말하면서 내게 커다란 보따리를 줬고, 나는 그것을 열어보았어요. 내가 거기서 뭘 발견했을 것 같아요?" "수천 개의 작은 십자가!" 페트로브나가 이렇게 말하면서 웃음을 터뜨렸다. "정확해요." 코스타스가 대답했다.)

"자네 떠나기 전에 내 침실에 가서 침대 위에 있는 사진들을 좀 가져오게나." 다스칼로스가 내게 부탁했다.

그것은 그가 유럽 각지에서 받은 산더미 같은 사진들이었다. 다스칼로스의 명성이 널리 알려지면서 많은 사람들이 계속해서 그를 찾고 있고, 치유를 바라며 멀리서 사진들을 보내오고 있었다. 나는 그에게 정말로 제대로 된 휴식이 필요하다고 재차 경고하면서, 사진 선별 작업을 돕기 위해 더 머물기로 작정하고 그의 옆에 앉았다.

그는 사진마다의 진동을 감지하면서 그것들을 한 장씩 검사했다. 다스칼로스는 내게 자신이 사진을 건네는 대로 세 무더기로 분류하라고 지시했다. 첫번째는 그가 아무런 조치도 취할 필요가 없다고 느끼는 경우였다. 이를테면, 한 소년의 진동을 느끼면서 너무 늦었다고 결론짓는 것이다. 그 소년은 이미 죽었기 때문이다. 두번째는 즉각적인 도움이 필요한 급박한 경우였다. 그리고 가장 부피가 큰 세번째 무더기는 별로 급하지 않아서 천천히 작업하려 하는 경우였다. 다스칼로스는 모든 사진의 검사를 45분 만에 마치고, 두번째 무더기의 급박한 사진들을 제단 위의 날 없는 검 아래에 갖다놓으라고 부탁했다. 내가 성소로 가기 위해 문 밖으로 나갔을 때, 또 한 무리의 외국인 방문객들이 집 안으로 들어오고 있었다.

사태는 감당 못할 지경에 이르고 있었다. 다스칼로스와 코스타스는 영적 지도와 치유를 바라는 방문객과 단순한 호기심으로 몰려드는 방문객들로 숨을 쉴 수 없을 지경이었다. 내가 다스칼로스 자신과 그의 가르침에 쏟아지는 국제적인 관심을 처리할 수 있는 모종의 조직을 만들어야 할 때가 온 것 같다고 말했을 때, 그는 이러한 제안을 무시했다. 격식을 차리지 않고 항상 문을 열어놓은 채, 누구나 쉽게 접근하여 도움을 받을 수 있도록 하는 방식에 만족하고 있었던 다스칼로스는 내 제안에 특별한 관심을 보이지 않았다. 그러나 코스타스를 포함한 우리들 몇 명은 다스칼로스와 코스타스의 활동을 지원할 뿐 아니라 그들의 가르침에 대한 높아져가는 관심과 강의 테이프에 대한 수요, 해외에 퍼져 있는 모임 등을 관리할 재단 형태의 조직이 반드시 필요하다는 사실을 인식하기 시작했다.

"도대체 왜 그런 조직이 필요한가?" 한번은 다스칼로스가 이렇게 반대했다. "예수께서도 올리브 나무 아래에서 아주 훌륭히 가르치셨네. 적어도 우리는 스토아를 가지고 있고 머리를 가릴 지붕이 있네." 나는 그에게 로마 시대는 갔고, 좋든 싫든 우리는 '제트기 시대'에 살고 있다고 애써 설명했다. 결국 다스칼로스는 내 말뜻을 되짚어보고, 날로 증가하는 영적 관광객들이 시도때도없이 집 문턱에 밀려드는 사태에 직면하면서 마지못해 이 일에 대해 다시 생각하게 됐다.

그는 결국 코스타스와 함께 내부모임을 가지던 중에 요하난의 지시를 받고 나서야 비영리재단 설립을 승낙했다. 코스타스에 따르면 모임중에 요하난은 다스칼로스를 통해 말하는 형식을 빌려, 보다 많은 사람들에게 영적 훈련과 가르침을 전파해야 할 의무를 강조하고 영적 센터의 설립을 조언했다는 것이다.

코스타스가 말했다. "요하난께서는 이 센터가 그리스도교인에게만 한정되어서는 안 되고, 불교도, 힌두교도, 이슬람교도, 유대교도를 비롯한 누구라도 자신의 사랑의 본성을 표현할 수 있는, 모든 사람에게 열려 있는 장소여야 한다고 강조하셨습니다. 교조주의나 어떤 형태의 차별도 있어서는 안 되며, 조직의 회원이 되는 유일한 기준은 인간에 대한 사랑을 표현할 수 있는 능력이어야 한다고 말씀하셨지요."

다스칼로스는 우리에게 그런 재단의 경영에 자신은 개입하지 않을 것이며 어떤 기구가 설립되든 간에 진리탐구의 목적에 기여해야만 한다고 말했다.

'에레브나(EREVNA)'라는 공식 명칭이 붙은 이 기구의 발족식에는 독일인과 미국인 몇몇을 포함해 2백 명에 가까운 회원들이 모였다. 다스칼로스는 코스타스가 재단의 성격과 목적을 청중들에게 설명하는 동안 그 옆에 앉아 있었다. 짤막한 소개와 발표가 끝난 뒤에 코스타스는 다스칼로스에게 연단으로 올라와줄 것을 청했다. 연로한 스승은 감격스런 표정을 감추지 못하며 천천히 일어섰다. 그 잠시 사이에 그의 마음속에는 틀림없이, 자신이 해온 일이 마침내 키프로스뿐만 아니라 국제적으로도 인정받기 시작했다는 사실에 만감이 교차했을 것이다. 수십 년 동안 그는 자신의 일이나 활동에 공감하기보다는 적대시하는 사회의 한 가운데서 그 가르침을 전파하기 위해 외로운 투쟁을 해왔다. 그런데 마침내 지금, 생애의 황혼녘에, 그로부터 ─ 이제는 또한 코스타스를 통해 ─ 쏟아져 나온 진리가 그 진가를 인정하는 사람들을 사로잡기 시작하고 있다. 처음에 재단 설립을 마땅찮아 했던 그의 생각은 사라져버린 것 같았다.

"내 가슴은 기쁨으로 벅차오르고 있습니다." 그는 약간 갈라진 목소리로 말하기 시작했다. "이제 일이 체계화되어가고 있습니다. 나는 엄청난 과업을 짊어진, 나의 형제이자 가장 사랑하는 코스타스에게 말할 수 없이 감사하고 있습니다. 이 가르침을 체계화하는 그 어려운 짐을 실질적으로 짊어져야 할 사람이 그이기 때문입니다."

다스칼로스는 늙어가고 있는 자신은 조직적인 일과 연관된 어떤 활동에도 개입하지 않을 것이라고 말했다. 게다가 그는 영적인 책무와 치유의 책임만으로도 이미 너무나 벅차다고 덧붙였다. 그리고 그는 이어 진정한 진리탐구의 세계 속으로 들어가기 위해서는 이웃 인간들에게 봉사하는 방법을 배우는 것이 필수적임을 청중들에게 상기시켰다.

그리고 그는 다음과 같이 말을 맺었다. "진리탐구자로서 우리에게 가장 중요한 과제는 이기주의라는 망령을 근절시키고, 현재인격을 내면자아와 동화시킴으로써 영혼의 빛나는 광휘와 위엄으로 이기주의를 대체하는 것입니다."

연회가 끝난 후, 코스타스는 출범식에 참석한 손님들과 모임의 신입회원들의 성화에 못 이겨 즉석 강연을 했다.

1989년 여름이 끝나가고 있었고, 우리는 매년 여름 그래왔듯이 메인으로 돌아갈 준비를 하고 있었다. 코스타스 모임의 회원이자 좋은 친구인 이아니스가 에레브나의 창립을 축하하기 위해 우리가 떠나기 전 마지막 일요일에 트뢰도스 산으로의 짧은 소풍을 계획하였다. 이아니스의 간절한 바람은 자신이 좋아하는 산 어딘가에다 영적인 쉼터를 세우는 것이었다. 영국에서 회계사 겸 환경운동가로 활동한 이아니스는 이 모임에 참여하기 전 다른 영적 그룹에서 경험을 많이 쌓은, 이 방면의 고참이었다.

모임은 트뢰도스 산에 있는, 접근하긴 어렵지만 웅대하고 아름다운 강 계곡인 플라테스에서 열렸다. 그 산 바로 아래에는 이아니스가 어린 시절을 보낸 트리스 엘리에스라는 마을이 있었다. 이아니스는 플라테스에 대해 각별한 애정을 가지고 있었다. 그는 어린 시절 그 산과 계곡을 누비며 자랐을 뿐만 아니라, 이 계곡이 댐으로 변모할 뻔했던 것을 거의 혼자서 지켜냈기 때문이다. 그의 노력 덕분에 이곳은 새로운 정부 하에서 자연보호구역으로 공표됐다. 이아니스의 장기적 계획은 트뢰도스 산 전체를 개발자들로부터 지키기 위해 다양한 환경 단체들을 결집시키는 것이다.

진흙길을 통과해 좁고 꼬불꼬불한 길을 돌고 다리를 건너는 모험 끝에 우리는 드디어 플라테스에 도착했다. 우리는 차에서 짐을 내리고, 초기 기독교 시대에 로마인들이 만든 오래된 돌다리 옆, 물 가까이에 있는 강둑에 돗자리를 펼쳤다. 울창한 숲과 높은 고도가 흐르는 강물의 시원함과 어울려 8월의 찌는 듯한 열기를 식혀주었다.

코스타스와 안토니스도 자신의 가족들, 그리고 여름철 동안 리마솔에 있었던 페트로브나와 함께 도착했다. 페트로브나는 이미 런던과 벨기에에서 진리탐구를 위한 자신만의 모임을 시작한 상태였다.

우리 가족은 이아니스와 3주 전에 섬에 온 소피아와 함께 왔다. 2년 전 여름 소피아와 나눴던 대화는 분명히 그녀에게 영향을 준 것 같았다. 그녀는 다스칼로스와 코스타스를 여러 차례 만났을 뿐 아니라 그들의 모임에도 수차례 참석했다.

소피아는 지역의 민족 분쟁과 관련된 연구를 하기 위해 안식년 동안 키프로스에 머물고 있었다. 그녀는 또한 에밀리가 다스칼로스와 코스타스의 격려와 유엔의 지원을 받아 설립한 여성연구센터의 활동에 참여하기를 바라고 있었다. 소피아는 또 코스타스의 니코시아 모임에도 나가고 있었다. 그 사이 그녀는, 2년 전 비전 철학을 소개하기 위해 내가 권했던 책들 가운데 상당수를 읽었다.

도로스와 스테파노스 역시 가족과 손님 린다를 대동하고 왔다. 린다는 연구재단 관련 경험이 많은 뉴욕의 행정관으로, 에레브나의 설립에 결정적인 역할을 했다.

도로스는 '진리탐구회'의 사회 지도강사[Social instructor]였다. 그는 이아니스와 마찬가지로 다른 여러 영적 단체에 참여한 적이 있는, 이 분야의 고참이었다. 사회 지도강사들은 자신이 비록 스승은 아니지만, 이론과 실천 양면에서 요하난의 가르침에 충분히 동화된 진리탐구자들로서, 다스칼로스와 코스타스의 감독과 지도를 받으며 자신의 모임을 이끌어 나가고 있는 사람들이다.

야채와 올리브, 빵, 그리고 할로우미라 불리는 키프로스식 염소 치즈를 곁들인 점심을 먹은 후 우리는 둥글게 둘러앉아 에레브나 조직상의 문제들을 의논했다. 코스타스는 그 어떤 개인숭배나 구루 숭배도 있어서는 안 되며, 이 조직은 단지 가르침의 확산을 촉진시키기 위해 세워진 것이라는 점을 재차 강조했다. "진리탐구회는 나도 아니고, 다스칼로스도 아니며, 다른 누구도 아닙니다."

돗자리에 앉아 나무 등걸에 등을 기대면서 코스타스가 말했다. "지도강사는 항상 스스로를 경계해야 하고 무비판적인 신봉자가 돼서는 안 됩니다."

"무슨 뜻인지 좀더 분명하게 얘기해주세요." 페트로브나가 말했다.

"나는 스승 역시 평범한 인간적 약점을 지닌 사람일 뿐이라고 여러 차례 얘기해왔습니다. 우리가 거친 육체 속에 살고 있는 한, 완전할 수 없기 때문에 오류가 있을 수밖에 없습니다. 가령 누군가가 나나 다스칼로스의 머리를 때려 뇌에 손상을 줬다고 칩시다. 이제 그 뇌는 더이상 지식 전파를 위한 도구로 쓸 수가 없게 됐어요. 그런데도 당신들은 우리가 아무리 비논리적인 말을 할지라도 계속해서 그것을 진지하게 받아들일 건가요? 잊지 마세요. 진리탐구의 목적은 경험적인 지식과 인간의식의 성장, 우리의 내면자아 속에 깊이 묻혀 있는 지혜의 원천을 발견하는 것입니다."

"코스타, 당신은 얼마 전에 다스칼로스와 당신이 모임 회원들의 영적 발전과 지도강사들의 일을 '감독하고' 있다고 말했어요. 그런 일을 어떻게 하나요? 당신은 우리의 영적 발전을 어떤 방법으로 '관리'하고 있죠?" 에밀리가 물었다.

"물론 염체를 통해서지요."

"당신과 다스칼로스가 만들어내는 염체 말인가요?"

"맞아요. 가끔 여러분 중의 몇몇이 내게 와서 '거기서 당신을 보았어요' 라고 말하면, 내가 '거기' 에 있지 않았다는 것을 확인해주는 이유가 바로 그것입니다." 코스타스가 싱긋이 웃었다.

"그러면 '거기' 에 있었던 것은 누군가요?" 에밀리가 다시 물었다.

"물론 나 자신의 염체지요. 그런 경우 당신의 의식은 내가 만들어낸 염체와 동화되고, 그 염체는 언제나 당신과 함께 있어요. 이것이 부분적으로 스승의 일이자 책임입니다."

"코스타, 그 염체는 우리를 보호해주나요?" 돗자리 위에 비스듬히 누워있던 안토니스가 물었다.

"보호해주고 충고해줍니다. 현재인격이 못되게 행동하지만 않는다면 말이에요." 코스타스가 웃으면서 말했다.

"왜죠?"

"왜냐하면 현재인격은 에레브나의 지침을 벗어난 행동을 할 수도 있기 때문이에요. 아시다시피, 개인의 잠재의식 속에 저장된 지식이나 지침, 제언 등에 따라 진행되는 어떤 프로그램이 있어요. 그러나 현재인격이 이 지침을 벗어나 행보하는 순간부터 염체는 그 사람을 보호할 수가 없어요. 그렇지 않으면 그 사람의 개체성과 자유의지가 침해되니까요. 만일 그런 경우가 생긴다면 정말 슬픈 일이지요."

코스타스는 보호 염체가 일하는 방식에 관한 질문을 몇 개 더 받은 뒤 이 염체들이 어떻게 작용하는지에 관한 한 가지 일화를 들려주었다.

"약 한 달 전 영국에서 어떤 사람이 사진 한 장을 보내왔어요. 매우 심각한 경우였지요. 의사들은 그 환자를 포기했고, 그 주변사람들이 우리에게 도움을 구해왔습니다. 그 환자는 이 사실에 대해 아무것도 모르고 있었고, 알 수 있는 처지도 아니었어요. 나는 그 사진을 손에 쥐었을 때 그가 매우 심각한 말기 암을 앓고 있다는 것을 알았어요. 물론 우리의 목적은 그 사람을 돕는 것이었지요. 다행히도 그는 더이상 통증을 느끼지 않았어요. 우리는 지금 그를 돕기 위해 한 달 동안 애쓰고 있는 중이랍니다.

그런데 지난주에 런던에서 전화가 왔어요. 늦은 밤이었지요. 전화를 건 사람은 영어로 자신을 소개했어요.

'나는 아무아무개인데 당신에게 보낸 사진 속 주인공의 형입니다. 당신에게 말해주고 싶은 것이 있습니다. 내 동생은 지난 몇 달 동안 심각한 상태여서 한마디도 말을 한 적이 없었는데, 어젯밤 우리에게 말을 하기 시작했어요. 요 몇 달 동안 결코 그런 적이 없었는데 말이죠. 그리고는 우리를 매우 걱정스럽게 만드는 다음과 같은 말을 했습니다.' '이 키프로스 사람들이 끼어들어서 방해가 되네.'

그 환자는 우리들에 대해 아무것도, 심지어는 우리가 키프로스 사람이라는 것도 모르고 있어요. 그 영국인이 내게 물었어요.

'무슨 일이 있었던 겁니까? 당신이 뭔가 그를 방해하고 있는 것처럼 보이는데요.'

'물론 우리는 끼어들고 있지요. 우리는 그가 이 삶을 떠나지 못하게 막고 있습니다. 이것이 우리가 하고 있는 일이에요. 우리는 될 수 있는 한 그가 이 세상에 남을 수 있도록, 도와줄 수 있는 염체들을 만들어냈습니다.' 내가 이렇게 말해줬지요."

"이 경우는 우리가 염체를 가지고 어떻게 일하는지를 보여주고, 이 사람이 지금은 주로 심령이지계에 존재하고 있다는 것을 알게 해줍니다. 그는 우리와의 접촉을 심령이지계에서 느끼는 겁니다. 즉 그는 저쪽 세계에서 겪은 기억을 이쪽 세상으로 옮긴 거예요. 사실대로말하자면, 그는 지금 벌써 저쪽 세계에서 주로 살고 있습니다."

"하지만 우리의 논의를 계속하기 위해 이 사람이 완전히 나았다고 가정해봅시다. 그가 병이 나은 뒤에도 우리와의 만남을 기억하고 있을까요? 못해요. 그 이유가 뭔지 아세요? 그의 심령이지체는 자신이 저쪽 세계에서 겪었던 경험을 기억할 만큼 발달돼 있지 않기 때문이에요."

"그 사람이 세상을 떠나게 놔두는 게 더 좋지 않나요?" 소피아가 물었다.

"마지막 순간까지도 그가 회복하도록 돕는 것이 우리의 의무입니다. 카르마가 어떻게 결정할지는 우리가 결코 알 수 없어요. 특히 이 경우에는, 영국과 키프로스에서 많은 사람들이 관심을 가지고 있어요."

"그게 중요한가요?" 스테파노스가 물었다.

"아니에요. 하지만 한 사람이 다른 사람을 걱정한다는 사실을 알았을 때, 우리는 진리탐구자로서 한 인간의 다른 인간을 향한 사랑의 표현에 공감하고 지원해줘야만 합니다."

"그런데 왜 이 사람이 떠나게 놔두지 않지요?" 에밀리 옆의 자갈밭에 앉아 있던 소피아가 재차 물었다.

"우리가 이 사람을 이번 생에 좀더 오래 머물도록 돕는 것은 그가 카르마의 빚을 더 많이 갚도록 도와주는 겁니다. 생명을 보호하고 유지시키는 것은 우리의 의무일 뿐 아니라 그가 카르마의 짐으로부터 풀려나는 것을 돕는 일이기도 하지요. 그렇다면 그가 다음 생으로 짊어지고 가야 할 부정적인 카르마에 묶여 있는 대신 지금 갚도록 하는 편이 낫지 않겠어요?"

"그가 죽어가고 있다는 것은 자신의 카르마에서 벗어나고 있다는 걸 의미하는 게 아닐까요?" 린다가 물었다.

"아니에요." 코스타스가 강조하듯이 말했다. "만일 그렇다면, 자살이야말로 자유로 가는 통로가 되겠지요."

"방금과 같은 그런 상황에서, 인간은 저쪽 세계에서 더욱더 제대로 자신을 표현하게 되고, 그 세상에 매혹되어버립니다. 이것이 실상입니다. 그들은 육체로 돌아가고 싶어하지 않아요. 아시다시피 저쪽 세계들은 거친 이 세계보다 훨씬 더 좋거든요. 사람들은 그곳을 좋아하고 머물고 싶어하지요. 바꿔 말하면, 그들은 힘을 빼버리고 육체에서 살기 위한 노력을 중단합니다. 그렇기 때문에 우리가 그들이 육체에 살아남도록 돕고자 하면, 방금 그 사람처럼 반응하는 겁니다."

"임사체험을 했던 수많은 사람들은 그들이 갔던 저쪽 세계에 남고 싶은 강한 욕망을 느꼈다고 말합니다." 내가 이렇게 지적했다. 나는 '돌고래 정신의학자' 존 릴리가 쓴 《태풍의 중심》〔The Center of the Cyclone〕이라는 책에는 몸으로 되돌아가야 한다고 충고하는 그리스도 같은 존재를 만났던 임사체험자들의 이야기가 담겨 있다고 말했다. 나는 또 임사체험 현상을 광범위하게 연구했던 레이먼드 무디 박사의 인상적인 연구결과에 대해서도 언급했다.

"이런 사람들이 마침내 자기 몸으로 돌아와서 이 세상에 더 오래 남아 있기로 결정했을 때, 그는 바뀔까요? 의식이 좀더 진보될까요?" 린다가 물었다.

"꼭 그런 것은 아니에요. 그는 단지 카르마의 빚을 약간 더 갚을 겁니다."

내가 말했다. "코스타, 우리가 그런 관점에서 이 문제를 바라봤을 때, 사람들이 겪는 고통과 괴로움이 사실상은 카르마의 빚을 갚는 것이기 때문에, 깊은 차원에서는 만족스러운 것으로 결론지어야겠네요."

"바로 그거예요, 키리아코. 자, 우리 이 문제에 대해서 실질적으로 생각해봅시다. 우리의 이해력과 자각이 상승하고 성장하는 것은 사실 시련이나 고통을 통해서입니다. 그것이 우리가 성숙해가는 방법이에요. 하지만, '의미'라는 것을 완전히 통달한다면 고통을 초월해버릴 수도 있습니다. 왜냐하면 고통이란 것도 끝까지 분석해 들어가면 하나의 개념, 하나의 의미거든요. 그것은 진짜로 존재하는 어떤 것이 아니에요. 이런 의미들을 철저히 통달하는 순간, 우리는 자신을 의미의 지배로부터 해방시키게 됩니다."

"이 문제를 좀더 분명하게 설명해주세요." 좌중의 몇몇이 마찬가지로 혼란스러운 듯한 표정을 보이는 가운데 이아니스가 말했다.

"세 가지 신체의 달인이 되기만 하면 우리는 더이상 고통의 영향을 받지 않게 됩니다. 주변을 돌아보세요. 그러면 비록 사람들이 의식하지는 못하더라도 매일매일의 현실 속에서 이 같은 원리가 작용하고 있다는 사실을 알게 될 겁니다. 같은 상황에 놓여 있어도 사람들은 저마다 고통을 달리 체험하고 다르게 설명합니다. 그런 일은 주위에서 늘 일어나지만, 우리는 주의를 기울이지 않아요. 예를 들면, 전에는 우리에게 많은 고통을 주었던 어떤 상황이 더이상 고통을 주지 않고, 더이상 영향을 끼치지도 않습니다."

"육체적 고통은 어떻게 되나요?" 안토니스가 물었다.

"이 원리는 육체적인 고통에도 적용됩니다." 코스타스가 잘라 말했다. "그 점에 대해 생각해보세요."

"있잖아요, 코스타." 페트로브나가 상기된 목소리로 말했다. "저는 당신의 말을 충분히 이해할 수 있어요. 나는 항상 느꼈어요. 예컨대, 예수 그리스도와 같은 존재는 사람들이 생각하는 것처럼 십자가 위에서 그렇게 고통받았을 리가 없다는 것을요. 난 늘 그걸 느꼈어요."

코스타스는 미소만 지은 채 아무런 논평도 하지 않았다.

봉사를 위한 명상이 끝난 뒤에 나는 일어나 기지개를 켰다. 그런 다음 흐르는 개울둑에서 가재를 잡고 있는 콘스탄틴과 바샤, 그리고 도로스의 아이들이 있는 쪽으로 갔다. 나는 신발을 벗고 바지를 걷어 올린 채 바위에 앉아서 수정 같이 맑게 흐르는 물이 만들어내는 작은 웅덩이에 발을 담그고 그 차가움을 즐겼다. 나는 고대 그리스 철학자인 헤라클리투스의 "우리는 같은 강물에 두 번 발을 담글 수 없다"는 말과 "모든 것은 항상 변화하며 그대로 있는 것은 아무것도 없다"는 말을 음미하며 생각에 잠겼다.

모세가 십계명을 받기 위해 시나이 산에 올랐을 때, 불타는 관목의 모습으로 나타난 신에게 물었다. "당신은 누구십니까?" 그리고 모세는 응답을 받았다. "나는 나다.〔I Am that I Am〕" 빌라도가 같은 질문을 예수에게 했을 때, 그 또한 동일한 대답을 들었다. "내가 나다.〔I Am Who I Am〕"

다스칼로스와 코스타스가 가르치는 '나는 나다〔I Am I〕'는 사건과 현상의 흐름의 배후에 있는 유일한 실재이다. 이원성의 세계, 창조의 세계는 오로지 경험을 얻고자 그 세계로 내려오는 '나는 나'를 돕기 위해 존재한다. 행성 지구는 자신의 온토피시스를 발전시키고 거룩한 독자성과의 하나됨 속에서 고유성과 개체성을 성취하기 위해 이곳을 지정받아 내려온 신령한 자아 곧 프뉴마를 위해 존재한다.

나는 헤라클리투스의 철학과 요하난의 가르침을 곰곰이 생각하면서 흐르는 물에서 발을 빼내, 마를 때까지 몇 분 동안 그대로 있었다. 그런 다음 신발을 신고 강을 따라 걷기 위해 다른 사람들과 합류했다.

용어 해설

거친 육체[Gross material body]
3차원에 존재하는 인간이 오감으로 인식하는 물질적 육체. 현재 인격을 구성하는 세 가지 신체 중의 하나. 태양신경총 차크라에 중심을 갖고 있다. 보통사람들은 거친 육체만을 의식한다.

그리스도 의식[Christ-consciousness]
현재인격이 내면에서 그리스도 로고스와 동조한 상태, 가슴 차크라가 열린 상태, 테오시스의 문턱에 서 있는 상태의 의식.

길[The Way]
자기 발견과 테오시스를 향해 가는 내면자아, 자아영혼의 길.

로고스(Logos)
자아의식과 자유의지를 가능케 하는 절대자의 부분. 절대자의 또다른 부분인 성령은 창조 자체를 가능하게 하는 절대자의 역동적 힘을 나타낸다. 영원한 존재인 인간은 로고스적이며 성령적이기 때문에 자아의식을 가지고 있다. 반면, 동물은 단지 성령적일 뿐이어서 자아의식이 없다. 그리스도 로고스인 예수는 절대자의 로고스적 속성을 가장 완벽하게 드러낸 존재로 대표된다. 인간이 영적으로 높이 진화할수록 자신의 로고스적인 부분도 더욱 두드러진다.

마음〔Mind〕

보이지 않는 절대자가 자신을 드러내는 수단. 마음은 초질료로서 모든 우주, 모든 차원의 존재계가 마음에 의해 만들어진다. 모든 것이 마음이다.

보이지 않는 구원자〔Invisible helpers〕

심령계와 이지계에 사는 스승들로서 육안으로는 보이지 않는다. 코스타스의 영적 안내자 중 하나인 교부 도미니코 같은 스승들이다. 다스칼로스나 코스타스와 같이 거친 물질 차원에 살면서 유체이탈하여 물질 차원이나 다른 차원에 사는 인간들을 도와주는 스승들도 포함한다.

스토아〔Stoa〕

진리탐구를 위한 모임이나 가르침이 이루어지는 그리스식 방이나 건물. 다스칼로스 집 뒤뜰에 있는 방은 그러한 목적으로 사용된다.

성원소〔Holy monad〕

절대자를 구성하는 부분. 신령한 자아. 각각의 성원소는 수많은 빛줄기를 방사하는데 이 빛줄기는 각기 다른 원형들을 통과하여 형체를 갖게 되고 현상적 존재가 된다. 이 방사된 빛, 프뉴마(Pneuma)

가 인간 이데아를 통과하면 하나의 영혼이 형성된다. 같은 성원소에 속하는 사람들은 서로 각별한 친근감을 갖게 된다.

신유가(神癒家)
영혼의 치유사. 초월적인 능력으로 병을 치유하는 사람.

심령이지 차원 [Psycho-noetic dimensions]
4차원인 심령 차원과 5차원인 이지 차원을 일컫는다. 4차원에서는 공간이 초월되고, 5차원에서는 시간과 공간이 모두 초월된다. 심령 차원에 사는 사람들은 공간을 초월하여 먼 거리를 즉시 이동할 수 있고, 이지 차원에 사는 사람들은 공간을 뛰어넘고 시간을 가로질러 순간적으로 이동할 수 있다.

심령체 [Psychic body]
현재 인격을 구성하는 세 가지 신체 중의 하나. 가슴 차크라에 중심을 가지고 있는 느낌과 감정의 몸. 심령체는 4차원인 심령계에서 산다. 그 모습은 다른 두 몸인 육체와 이지체와 동일하다.

에레브나(Erevna)

진리탐구를 의미한다. 진리탐구와 봉사를 위하여 키프로스에 설립된 비영리단체의 명칭(EREVNA)이기도 하다.

에테르 복체(複體, Etheric double)

세 개의 신체(거친 육체, 심령체, 이지체)를 살아 있게 하고 서로 연결되어 있게 하는 에너지 장. 각 신체의 모든 입자들은 상응하는 에테르 복체를 가지고 있다. 치유가 일어나는 것은 에테르 생명력 때문이다. 우주는 에테르 에너지로 가득 차 있다. 그것은 한 사람에게서 다른 사람에게로 전달될 수도 있으며 차크라를 통해 흡수된다.

염체[Elementals]

개인이 투사하는 모든 느낌이나 생각을 염체라고 한다. 그것은 투사한 사람과는 별개로 자신만의 고유한 수명과 형체를 가지고 있다. 모든 염체는 자신의 근원으로 반드시 돌아온다.

영구인격[Permanent personality]

환생의 경험이 기록되고 있는 내면자아의 부분. 환생 중에 얻은 모든 경험은 영구인격을 통해 한 생에서 다음 생으로 옮겨진다.

영혼 (Soul)

지상의 경험으로 물들여지지 않은 순수한 우리 자신의 부분이다. 성원소가 방사하는 빛이 인간 이데아를 통과하는 순간 영혼이 형성된다. 영혼은 형체 없는 영(靈)의 상태이다.

온토피시스 (Ontopeisis)

신령한 자아인 프뉴마가 윤회의 굴레의 마지막에 이르러 개체성과 고유성을 얻게 되는 것을 의미한다. 이는 오랜 세월 온갖 곳에서 갖가지 시련을 겪은 후에 아버지의 집으로 돌아오는 탕아의 상태를 나타낸다.

우주의 기억 (Universal Memory)

모든 차원에 있는 물질의 모든 입자에는 창조에 관한 지식이 빠짐없이 들어 있다. 어떤 하나의 동작이나 움직임, 생각, 느낌이라도 모조리 우주의 기억 안에 기록된다. 비전(秘傳) 문헌에서는 흔히 아카샤 기록이라고 부른다.

원형〔Archetypes〕

실재가 구체적으로 현상화하기 위해 필요한 틀로서 법칙과 원인과 이데아들을 말한다. 원형은 가장 높은 차원에서 진동하는 마음이다. 그러한 원형 중의 하나가 인간 이데아이다.

유체이탈〔Exomatosis〕

자기의 육체를 마음대로 벗어나 완전히 깨어 있는 의식을 가지고 심령이지 차원에서 살다가 육체로 돌아오는 능력. 이것은 또한 몸을 벗어난 상태에서 경험한 모든 것을 기억하는 것을 의미한다.

이지체〔Noetic body〕

현재 인격을 구성하는 세 가지 신체 중의 하나. 생각의 몸. 이지체는 5차원인 이지계 안에서 존재한다. 그 모습은 육체와 심령체와 동일하다. 이지체의 중심은 머리 차크라에 있다.

인간 이데아〔Human Idea〕

인간 원형(原型), 절대자 안의 영원한 원형. 프뉴마 곧 신령한 자아가 일단 인간 이데아를 통과하면 인간 존재가 비롯된다.

자아실현[Self-realization]

영구인격이 분리의 세계에서 쌓은 경험으로 인하여 개체성과 고유성을 갖게 된 상태를 의미한다. 자아실현의 시점에서 영구인격은 내면의 신령한 자아와 다시 하나가 된다.

초의식적 자아 인식[Superconscious self-awareness]

테오시스의 문턱에 다다른 영적으로 뛰어난 신비가의 의식 상태, 혹은 세 가지 신체를 통달하여 진정한 유체이탈을 할 수 있는 의식 상태를 말한다.

카마로카(Kamaloka)

가톨릭의 연옥에 해당하는 힌두교 개념. 문제가 있는 개인의 회복과 방금 살았던 생의 교훈을 소화하기 위한 심령이지적 공간.

테오시스(Theosis)

자아가 계속된 환생을 통해 거친 물질 경험을 모두 겪은 후 다다르는 진화의 마지막 단계. 신[the godhead]과 재결합한다.

프뉴마(Pneuma)

가장 진정한 궁극적 자아. 신령한 자아. 영혼자아. 절대자와 본질적으로 동일한 우리 자신의 부분. 프뉴마는 우리의 신성한 본질이며 변할 수 없는 영원한 것이다. 그것은 창조된 적도 없고, 죽지도 않는다. 낮은 세계의 경험을 얻기 위해 이원성의 세계로 내려온 것이 프뉴마이다. 이원성의 세계로 내려오는 목적은 절대자와의 하나됨 안에서 개체성과 고유성을 발전시키기 위한 것이다.

하나됨[at-onement]

주체와 객체가 분리를 극복하고 하나로 합쳐진 상태.

현재인격[Present personality]

보통 개인의 인격으로 알려지고 있는 것으로서 거친 육체와 심령체, 이지체로 이루어져 있다. 현재인격은 끊임없이 진화해가고 있는 우리 자신의 가장 낮은 표현으로서, 내면자아인 영구인격과 하나가 되려는 경향이 있다.

옮긴이의 말

나는 앞서 나온 다스칼로스 시리즈 1, 2권의 애독자였다. 후속편인 3권이 오랫동안 나오지 않아서 읽고 싶은 마음에 이 책의 원서인 《Fire in the Heart》를 미국 출판사에 주문했다. 책을 읽고 있을 때 주위의 많은 분들도 3권을 읽고 싶어 기다린다는 것을 알게 되었다. 그래서 독자로서 내가 읽은 것을 우리말로 옮기기로 마음먹었다.

이 책을 글로 옮기면서 나는 번역이라기보다는 공부라는 생각으로 작업을 했다. 즐기면서 하는 공부는 오래 지속해도 지루하지 않다. 이 책을 읽고 옮기면서 그동안 해왔던 어떤 공부보다도 보람을 느꼈고 즐거웠다. 인간의 상식과 이성을 뛰어넘는 다스칼로스의 심오하고도 외경스러운 우주적 안목과 통찰, 그리고 이론이 아닌 경험에 바탕을 둔 비범한 그의 가르침을 음미하며 많은 것을 다시 확인하고 깨달으면서 재미를 느꼈다.

이 과정에서 작은 편견들이 깨지기도 했다. 어떤 조직이나 교리에도 매이는 걸 싫어하는 나는 특정 종교를 갖고 있지 않다. 하지만 진리를 찾고 그것에 다가가고자 하는 열정만은 깊어서 종교를 가리지 않고 각 경전을 비롯해 정신세계 관련 서적을 비교적 많이 읽고 접했다. 하지만 기독교에 대해서만큼은 약간 달랐다. 거부감을 가지고 있었기 때문이다. 물론 다 그런 건 아니지만 일부 교도의 독선적인 믿음이나 타 종교에 대해 배타적인 모습, 몇몇 목회자의 세습이나 교조적이면서도 시류에 편승하는 모습 등은 그 가르침의 진실성마저 의심하게 만들었고 진지하게 다가가고 싶지 않게 만들었다. 그들의 가르침조차 왜곡되어 있을 것만 같아서였다.

하지만 이 책을 통해 다스칼로스의 가르침을 접하면서 거부감에 가려 건성으로 읽고 잘 보지 못했던 성경 구절의 순수한 의미가 진솔하게 다가왔다. 그리고 평소 잘 이해되지 않았던 부분에 대해서도 고개를 끄덕이게 되었다. 그것은 새로운 변화이자 즐거움이었다. 무슨 이유로든 닫혀 있던 마음이 열리는 경험이었기 때문이다. 이런 경험과 즐거움을 독자들도 체험하게 되리라고 생각한다. 종교를 가졌든 안 가졌든 상관없이 이 책을 진지하게 읽고 다스칼로스의 가르침을 편견 없이 이해한다면 각 종교의 경전과 책에 적힌 말씀의 진정한 의미를 새롭게 깨달을 수 있는 기회가 될 것이다. 이 책이 3권을 기다려온 독자뿐만 아니라 이 책을 처음으로 접하는 독자들에게도 많은 즐거움과 깨달음을 안겨주리라 생각한다.

이 시리즈의 1, 2권을 번역했던 이균형님이 마침 몇 년간의 인도 생활을 잠시 접고 정신세계사에서 편집주간으로 일하고 있다는 것을 알게 된 것은 번역이 거의 끝나갈 즈음이었다. 이 책은 편집인 역할 이상의 각별한 관심을 가지고 일일이 검토해준 이균형 주간님과 편집부 여러분의 꼼꼼한 손길을 거쳐 빛을 보게 되었다. 부족한 부분을 채워준 세심한 배려에 깊이 감사드린다.

부록 저자와의 대담

대담자 : 리처드 리바이턴[40]

키프로스의 메이거스(magus)[41] 스피로스 사티에 관한 키리아코스 마르키데스의 거의 기적과 같은 놀라운 이야기를 처음 대했을 때, 나는 마르키데스도 카스타네다만큼이나 은둔적이고 범접하기 힘든 신비가일 거라고 상상했다. 그가 들려주는 대부분의 이야기들은 카스타네다의 경이롭고 위험에 찬 아스트랄 세계의 형이상학적 자매판이다. 하지만 비슷한 부분은 여기까지만이다. 결국 카스타네다는 늘 악의에 찬 둔갑술사들의 공격에 시달린다. "카스타네다의 길은 나의 길과는

---

40 이 내용은 〈요가 저널〉(Yoga Journal) 1990년 9월호에서 발췌한 것으로, 원저작자 리처드 리바이턴(Richard Leviton)의 허락 하에 수록하였습니다. 리처드 리바이턴은 저술가이자 미국 〈대체의학〉지 편집장, 〈요가 저널〉의 고참 필진으로, 홈페이지는 www.blueroomconsortium.com입니다. (편집자 주)

41 magus(복수는 magi) : 조로아스터교의 사제. 아기예수를 찾아왔다는 '동방박사'(동쪽에서 온 현자)들이 바로 이들이다. 영어의 magic, magician은 이 단어에서 파생된 말이다. 다스칼로스는 그의 세계를 이해하지 못하는 주변사람들로부터 스트로볼로스의 마법사(magus of strovolos)라는 별명으로 불렸는데 이것은 이 말이 사뭇 부정적인 뉘앙스로 사용된 경우이다. 이 글에서는 깊은 지혜와 높은 경지를 추구하는 신비가, 현자의 뜻으로 쓰였다. (역주)

다릅니다. 그것은 두려움과 마법의 길이지요." 마르키데스는 이렇게 말한다.

마르키데스의 길은 서양 신비전통의 길로서 힌두교나 불교로부터 자유롭게 수분을 공급받는 다채로운 면을 지닌 그리스도교 신비주의의 길이다. 이것은 서구세계의 뒷전에서 수천 년 동안 수행되어 온 내면적 요가의 전통이다. 그리고 키프로스의 성숙한 그리스도교 신비주의 단체에 관한 마르키데스의 보고가 가리켜 보여주는 것이 있다면, 그것은 많은 사람들에게 상당한 혜택을 줄 수 있는, 알려지지 않은 길이다.

사회학 교수이자 메이거스 견습생인 마르키데스는 이 인식 부족을 바로잡고 싶어한다. 지난 5년 동안 그는 키프로스에 사는 높은 경지에 이른 서양인 스승들에 관한 입문담과 모험담을 담은 세 권의 놀라운 책을 썼다.

제자들이 다스칼로스라고 부르는 큰 스승(현 79세)과 그의 계승자인 코스타스(50세)와 마찬가지로 마르키데스도 세속적인 사람이다. 그는 1972년부터 미국 오로노의 메인 대학교에서 사회학을 가르쳐왔고 40대 후반인 지금은 잘 생기고 생기 넘치고 호기심 많은 학자로서, 또한 남편이자 아버지로서 두 자녀와 동료학자인 아내 에밀리와 함께 고요한 강변의 백 년 묵은 고택에서 살고 있다. 그는 날마다 오로노의 캠퍼스까지 강변길을 걸어서 출근하기를 즐긴다. "이곳은 헨리 데이비드 소로우의 고장입니다. 그는 1850년대에 이곳에서 〈메인 숲〉을 썼지요. 나에게 메인은 영원한 영적 은거지입니다. 신비가들이 말하는 소위 '좋은 기운'을 가진 곳이에요."

마르키데스는 자신의 신비적 공부와 연구를 사뭇 공개적으로 추구하면서도 학계에서 아주 교묘하게 살아남아서 종신직까지 확보했다. 캠퍼스에서 마르키데스는 공공연한 비밀이다. 신비화가인 마이클 루이스(미대 학장이자 마르키데스의 3부작 원서 표지를 그렸음) 같은 몇몇 동료들은 그와 함께 키프로스로 가서 다스칼로스의 가르침을 받기까지 했다. 몇몇 학생들에게는 그는 작은 영웅이다. 그 외에는 그는 누가 알아보지 못해도 흔들리지 않고 명예에 유혹되지도 않으면서 자신의 일을 해나가고 있다.

사리 밝은 독자들이나 그가 가끔씩 여는 주말 워크숍에 참석했던 사람들에게 마르키데스는 친절하고 가까이하기 쉬운 메이거스 견습생으로서, 권위 있는 가르침과 직접적인 경험에 근거한 위험성 없는 영성개발의 참신한 서구적 역할모델로 받아들여 지고 있다.

나로 말하자면, 그를 처음 만나서 그의 집 부엌에 들어선지 5분 후에 우리는 오랜 친구 같은 사이가 되어 형이상학과 출판계의 사조에 대해 활발한 토론을 하며 그리스식 커피를 끓였다. 커피를 다 끓인 후에 우리는 멋지게 장식된 그의 거실로 옮겨가서 음악을 틀고 계속 이야기를 나눴다.

메인 주로 장거리 운전을 하면서 오는 동안, 나는 아닌 게 아니라 그가 쓴 그런 종류의 가르침과 체험을 한 사람은 개인적으로 어떤 사람일지, 가족은 있는지, 세속적인 문제는 어떻게 해결하면서 사는지가 궁금했다. 그래도 역시 그의 서재는 소위 뉴에이지 철학의 시각에서 보더라도 사뭇 새로운 종류의 책들로 가득했다.

❋ 내가 가장 큰 관심을 가지고 있는 의문은 20세기 말의 미국에서, 성숙하고 책임감 있는 메이거스의 역할은 무엇인가 하는 것입니다.

☾ 그것은 우리 주변을 온통 둘러싸고 있는, 우리가 보통 의식하지 못하고 있는 다른 세계들에 대한 우리의 인식을 일깨워주는 것입니다. 메이거스 ― 위대한 샤먼, 혹은 신비가 ― 의 역할은 무엇보다도 우리가 3차원 속에 갇힌 협소한 의식에서 벗어나도록 도와주는 것입니다. 우리는 과학주의에 너무나 빠져 있어서 철학자 휴스턴 스미스가 원시전통이라 부른 그것을 망각해버렸습니다.

❋ 당신은 메이거스라고 할 때 무엇을 생각합니까? 구루와 같은 것입니까?

☾ 예, 그 말을 쓰고 싶다면 그렇습니다. 그리스에서는 메이거스란 말이 영어에서만큼 좋은 뜻으로 들리지 않아요. 그것은 마법사, 기적적인 일을 벌이는 사람을 뜻하지만 다분히 부정적인 뜻을 담고 있어요. 아기예수를 찾아온 세 메이거스(동방박사)를 빼고는 말이지요. 우리가 그들을 메이거스로 부르든, 혹은 샤먼, 구루, 신비가, 혹은 비범한 능력을 보여주는 사람들이라고 부르든 간에, 그들은 우리의 기계론적인 우주관에 가장 큰 도전장을 던집니다. 그들은 우리가 과학적 물질주의라는 굴레를 스스로 벗어날 수 있도록 자극을 줍니다.

❋ 서양에서 메이거스는 존경받는 전통으로부터 배출된 비전적 스승의 역할을 지닌 듯한데요.

☾ 그렇습니다. 하지만 사실은 메이거스는 문명의 중심에 있습니다. 모든 위대한 문명들은 그리스도나 붓다, 모세와 같은 위인들과 함께 생겨났지요. 이런 사람들은 우리가 오늘날 마법적인 것으로 간주하는

그런 능력들을 많이 보여주었습니다. 오늘날 세속화되고 기계화된 우리 서구문명도 역사 속의 위대한 메이거스들의 가르침과 비전에 그 기원과 뿌리를 두고 있습니다. 예컨대 다스칼로스와 같은 사람들, 그리고 루돌프 슈타이너나 게오르게 구르지예프와 같은 사람들은 현실 속에 또다른 현실들이 있다는 것을, 인간이 자각하는 상태는 인간의식의 밑바닥에 지나지 않는다는 것을 어렴풋이 깨닫기 시작하도록 사람들을 부추깁니다. 우리는 궁지에 빠져서 헤매고 있는 것 같습니다. 현실의 세 가지 차원을 이해하는 데는 과학적인 태도가 필요하지만, 우리는 과학에 너무나 빠져 있는 나머지 다른 현실은 존재하지 않는다고 생각합니다. 요기와 샤먼과 메이거스들은 우리가 기계론적 환상을 벗어나도록 또다른 현실에 대한 전망을 제공해줍니다. 오늘날 우리의 문화가 생존하려면 이것이 매우 중요합니다.

❋ 다스칼로스는 당신이 지어낸 인물이 아니라 실존인물이 맞습니까?

❊ 예, 그는 실존인물입니다. 내가 만들어낸 인물이 아닙니다. 3권의 중심인물인 코스타스도 마찬가지구요. 코스타스는 다스칼로스와 같은 수준이고 그의 가르침을 계승한 사람입니다.

❋ 전설적인 인물들에 대해 기록한 다른 사람들, 예컨대 돈 후앙의 카를로스 카스타네다와 아그네스 휘슬링 엘크의 린 앤드류스 같은 경우에는 그들이 사실과 허구를 얼마나 뒤섞어놓았는지 아무도 모릅니다. 당신이 기록한 다스칼로스는 있는 그대로입니까, 아니면 적당히 버무려진 것입니까?

❊ 그의 가르침이나 이야기나 일화 등에 대해서는 내 멋대로 만들어낸 것은 결코 없습니다. 내가 취사선택을 한 부분은 어느 것을 책에

포함시킬 것인가 하는 것뿐이었습니다. 이 사람들을 10년 동안이나 만났으니까요. 세 권의 책에도 현장에서 모은 자료를 도저히 다 담을 수가 없었습니다. 나는 모든 대화를 녹음테이프에 담아 가지고 있습니다. 이런 점에서는 내가 하나의 작품을 만들었다고 할 수 있겠지만, 내가 듣고 경험한 것과 동떨어진 창작은 아닙니다. 나는 가르침을 왜곡하지 않으려고 무척 애를 썼습니다. 책을 대화 형식으로 쓴 것도 그 때문입니다. 다스칼로스나 코스타스의 말을 바탕으로 내가 쓴 것이 아니라 그들이 자기 입으로 말하게 하려고 한 것이지요.

처음으로 다스칼로스를 만나서 첫번째 책의 집필을 준비할 때, 나는 사회학적인 태도로 이 이(異)차원 세계를 설명하려고 나서지 않기로 결정했습니다. 그것은 정당하지 않아 보였어요. 내가 할 수 있었던 것은 다만 연구자로서의 내 능력을 동원해서 이 내용들을 표면으로 떠올려놓음으로써 주인공들이 스스로 말하게 하는 일뿐이었습니다. 좀더 현상학적인 접근법을 취한 것이지요.

❋하지만 당신은 애초부터 기본적으로 그 가르침에 호감을 느꼈습니다.

☾ 예, 나는 보편적 박애사상인 다스칼로스의 가르침에 전적으로 공감합니다.

❋다스칼로스의 전통은 본질적으로 비전(秘傳) 그리스도교[esoteric Christianity]인 것 같군요.

☾ 그들도 자신을 그렇게 보고 있지요, 그리스도교 신비가로요. 그들의 가르침 속에는 그리스도교 전통에서 온 요소도 있지만 힌두교와 불교 전통에서 온 것도 있습니다. 다스칼로스는 동서양의 전통에 큰

존경심을 품고 있습니다.

❋그런 요소들이란 예컨대 어떤 것들인가요?

☾ 되풀이되는 윤회전생과 카르마라는 개념, 인과의 법칙, 차크라, 절대적 있음으로서의 신이라는 개념, 비인격적인 초지성으로서의 신, 이런 것들이 모두 그 중심적인 교의지요.

❋그리스도교 비전과 특히 힌두교나 불교적인 요소들의 결합이 현대인들의 영적 요구를 잘 만족시켜주는가요?

☾ 물론입니다. 저는 그렇게 믿어요. 우리는 이런 전통들로부터 최선의 것들을 부활시켜 한데 모아서 현대의 요구를 충족시키게끔 해야만 합니다. 모든 비전 전통들로부터 최선의 것들을 모으면 현대인들의 마음을 훨씬 더 잘 충족시켜줄 수 있습니다. 예컨대, 영원한 벌과 같은 개념은 도무지 말이 되질 않습니다. 절대선이며 사랑이신 신께서 인간을 영원한 지옥에 빠뜨릴 상황을 만들어낸다는 것은 상상할 수조차 없어요. 나는 다스칼로스의 좀더 인간적인 관점을 더 좋아합니다. 말하자면, 천국과 지옥은 우리의 의식 속에 있는 것이며 우리는 늦든 빠르든 현재인격의 성장을 통해 그런 것들을 넘어서서 영적 자아로 커간다는 것입니다.

❋당신은 세 권의 책에서 다스칼로스와 코스타스의 가르침을 소개하고 있지만 그 단체에서 행하는 실질적인 수행법에 대해서는 별로 언급하지 않았습니다. 그 내용은 어떤 건가요?

☾ 예, 특정한 명상 수련법들이 있지요. 참여하는 관찰자로서, 나는

다스칼로스와 코스타스가 나에게 시키는 연습들을 해야 했습니다. 하지만 코스타스는 그것을 혼자서 하지 말고 자기가 안내해줄 수 있도록 함께 있을 때만 하라고 했습니다. 그 중의 어떤 명상법들은 체험 면에서도 아주 비범했습니다. 하지만 그것은 혼자서는 하지 않았고, 같은 이유로 책에도 쓰지 않았습니다. 그것은 비밀주의 때문이 아니라 안내 없이 하면 위험할 수 있기 때문입니다.

다스칼로스는 날마다 20분씩 연습을 하게 했습니다. 다스칼로스나 코스타스나, 명상연습을 하지 않는다고 해서 학생을 물리치지는 않았습니다. 그들은 자신들이 가르치는 이론조차도 긍정적이고 살아 있는 생각으로서, 그것이 우리의 잠재의식에 주입되면 영적 발전을 돕는 방향으로 작용한다고 믿습니다. 명상만이 아니라 우리의 의식이 열리고 우주관이 변해가는 것, 그것도 중요한 것입니다.

그래서 카르마가 우리를 이 생에서 다음 생으로 따라다니면서 우리를 괴롭히도록 놔두지 않고, 우리는 수련과 자기분석을 통해 카르마의 부정적인 측면을 피해가면서 영적 완성을 향해 달려가는 것입니다. 고통은 무지의 소산입니다. 의식이 깨어날수록 고통이 고통스럽지 않게 됩니다. 겉으로는 고통처럼 보여도 사실은 그렇지 않습니다. 왜냐하면 우리는 그 너머에 있으니까요.

❋대부분의 현대인들은 그리스도교에는 날마다 하는 수련 같은 것은 없는 것으로 알고 있습니다. 하지만 당신네 비전 그리스도교 전통은 수련법과 심오한 지식을 가지고 있으며 형이상학적인 은폐물로써 신비화하는 부분이 없습니다. 어떻게 그런가요?

☾ 그리스도교는 과학적 유물주의에 팔려 갔습니다. 그것은 세속적

과학의 세계관을 받아들였지요. 그들은 다른 영적 세계들은 도달할 수 없는 것으로 간주해버렸습니다. 저는 주류 신학에 매우 큰 불만을 느낍니다. 나는 다스칼로스가 가르치는 전통이나, 역시 그리스도교 전통 안에 있는 루돌프 슈타이너처럼 경험적으로 증명해볼 기회를 주는 쪽을 선호합니다.

❁경험적 증명이라는 이 개념은 다스칼로스와 진리탐구자들의 중심사상입니까?

☾예, 맞습니다. 진리와 개인 간의 관계에 있어서 최종적 판단의 기준은 경험 그 자체에 두어야 합니다. 내가 경험이라고 말할 때, 그것은 초월적인 그런 종류의 경험을 말하는 것이 아니라 현실과의 만남을 말하는 것입니다. 영적으로 발전해갈수록 객관적인 지식을 더 많이 얻을 수 있습니다. 객관성의 문제는 영적 발전의 문제이지 어떤 방법론을 적용하느냐의 문제가 아닙니다. 그래서 그들은 자신을 진리탐구자로 부르는 것입니다. 물론 그것은 백색 형제단〔White Brotherhood〕이라 불리는, 뭇 종교의 모든 비전들의 큰 흐름 가운데 일부분입니다.

❁저는 백색 형제단이 메이거스들의 단체인 것으로 생각했는데요.

☾그것은 인류의 삶의 내밀한 부분, 인류 속의 비밀스러운 단체입니다. 다스칼로스는 2천 년 전의 세 명의 메이거스들이 오늘날 화이트 브라더후드의 전신이라고 합니다.

❁거기에는 육신의 형상을 입지 않은 스승들도 포함되지 않나요?

☾그렇습니다. 다스칼로스와 코스타스는 거친 물질 차원의 스승들

입니다. 하지만 그들은 동조(attunement)라 부르는 것을 통해 존재의 높은 차원의 스승들과 접촉합니다. 내가 다스칼로스나 코스타스에게, "당신들은 자신이 알고 있는 것들을 어떻게 알아냅니까?" 하고 물으면 그들은 이렇게 대답하곤 했습니다. "우리는 어느 수준까지는 직접적인 경험을 통해서 지식을 얻습니다. 우리는 우리가 세 가지 신체를 가지고 있다는 것을 사실로서 압니다. 왜냐하면 우리는 이 육신을 떠나서 다른 두 가지 신체를 사용하여 다른 차원계에서 경험을 쌓을 수 있기 때문입니다."

❂그들은 어떤 스승들과 동조하고 있나요? 당신의 책에서 다스칼로스는 자신이 요하난과 대화하고 있다고 하던데, 요하난은 누구인가요?

☾요하난은 위대한 스승들 중의 한 분이신데 한때는 요한복음을 쓴 성 요한이었습니다. 가장 높은 차원의 정보나 지식은 다스칼로스나 코스타스가 요하난과 의식을 동조함으로써 전해집니다.

❂그것은 채널링과는 다른가요?

☾저는 '채널링'이라는 단어를 좋아하지 않습니다. 왜냐하면 그 말은 너무 남용되고 있기 때문입니다. 그들은 동조되어 있을 때 의식을 잃지 않습니다.

❂그러면 그것은 다스칼로스가 곁에 있는 요하난이라는 이름의 동료와 이야기를 나누고, 그것을 다시 전해주는 것과 같은 그런 것입니까?

☾제가 한번은 다스칼로스에게 "당신과 요하난은 어떤 관계입니까?" 하고 물었더니 이렇게 말하더군요. "나는 작은 촛불과 같아. 나

는 작은 촛불로서 나만의 개체성을 가지고 있네. 상상해보게. 요하난은 거대한 촛불이야. 작은 촛불을 거대한 촛불에 갖다 대면 거대한 촛불만 있지. 하지만 떨어지면 작은 촛불은 여전히 작은 촛불이야. 요하난과의 동조, 혹은 하나됨은 내가 마치 요하난인 것처럼 가르침을 말할 수 있는 상태로 들어가게 하지만 작은 촛불인 나로서는 그 지고의 경지를 직접 경험하지는 못한다네."

❁인간들이 이 지고의 경지를 탐사할 수 있을까요?

☾ 물론입니다. 우리의 목적은 영적인 과학자처럼 현실의 다양한 경지들을 조금씩 탐사해가는 것입니다. 이것을 위한 기초 단계의 하나는 우리의 현재인격을 구성하는 세 가지 신체를 지배하는 것입니다. 거친 육체, 심령체, 그리고 이지체가 그것이지요.

❁어떻게 그것을 지배할 수 있지요?

☾ 심령체를 지배하려면 자신의 감정을 지배할 수 있어야 하고 자신의 표현을 통제할 수 있어야 합니다. 이지체는 생각이 들어 있는 사념의 신체, 마음의 신체입니다. 이 둘을 함께 심령이지체라고 부릅니다. 이 각각의 신체들은 각기 다른 현실로 우리를 데려갑니다. 우리가 육신을 의식적으로 떠날 수 있게 되면 의식이 완전히 깨어 있는 상태에서 심령이지체로서 살게 되는데, 심령이지체는 우리의 생각과 느낌의 총합입니다. 심령이지체는 생각과 느낌, 양쪽 모두와 관계됩니다. 왜냐하면 생각 없는 느낌은 없고 느낌 없는 생각도 없기 때문이지요. 우리가 존재하고 있음을 아는 것은 자아의식을 통해서입니다. 예컨대 다스칼로스와 코스타스와 같은 스승들에게 죽음은 실재가

아니라 다른 상태로의 이동입니다. 그 후에 그들은 심령계와 이지계에서 자신을 온전히 표현하면서 존재하지요. 세 가지 신체를 지배할 수 있게 되면, 즉 자신의 생각과 감정을 완전히 지배할 수 있게 되면 우리는 자신이 생각이나 느낌과는 다른 무엇임을 깨닫게 됩니다.

그러므로 우리의 기본 연습은 자신의 생각과 감정을 다스리는 훈련입니다. 저녁마다 우리는 그날의 일들을 돌이켜보면서 자신이 인간관계 속에서 어떻게 반응하고 느꼈는지를 살핍니다. 하지만 이러는 동안 자신을 변호하거나 심판하지는 않습니다. 그저 자신을 관찰하면서 그 관계 속에 에고가 어떻게 끼어들었는지를 주시합니다. 이 연습은 우리의 에고가 부리는 횡포를 자각하게 해줍니다. 이 연습을 많이 할수록 우리는 자신의 생각과 감정에 대한 지배력을 얻게 되며 자신이 생각이나 느낌 이상의 어떤 존재임을 깨닫게 됩니다. '나는 생각한다. 고로 존재한다'는 데카르트 식의 관점과는 반대로 다스칼로스는 이렇게 말합니다. "나는 존재한다. 고로 나는 내 생각과 감정을 추적할 수 있다."

이 연습을 해나가는 동안에 생각과 느낌에 대한 지배력이 저절로 조금씩 조금씩 커집니다. 과거에는 엄청난 분노와 이기적 반응을 일으켰던 경험들이 이제는 우리의 생각과 감정에 아주 미미한 영향밖에 못 미치거나, 아무런 영향도 미치지 못하게 됩니다. 우리는 서서히 세 가지 신체의 지배자가 되어갑니다. 세 가지 신체에 대한 지배력이 커지면 커질수록 다른 차원의 현실 속에서 온전히 깨어 있는 의식으로 살 수 있게 됩니다.

❀생각과 감정을 바꾸면 다스칼로스가 말하는, 우리가 투사하고 있는 염체도 바뀌지 않나요?

☾ 물론이지요. 중요한 것은 오직 자비로운 염체만을 만들어내는 것입니다. 모든 생각과 감정은 우리가 주위로 내보내는 에너지입니다. 이 생각과 감정은 형체와 에너지를 가지고 있습니다. 이것을 염체라고 하지요. 우리는 이것을 책임져야 합니다. 그것들은 우리와 연결되어 있습니다. 현재인격인 우리는 윤회의 쳇바퀴에 오른 순간부터 지금까지 자신이 지어낸 모든 염체의 총합입니다.

❀이런 염체들이 카르마체[karmic body]라고 부를 수 있는 것을 형성하는 건가요?

☾ 그렇습니다. 하지만 우리는 우리가 쌓아올린 염체들 너머로 가서 자신의 본성을 깨닫고자 합니다. 다스칼로스와 코스타스는 다른 모든 스승들과 마찬가지로 삶의 목적은 우리가 스스로 생각하는 그런 존재가 아님을 깨닫고 자신의 본성을 찾는 것이라고 말합니다. 그것이 이 신성한 게임의 전모이고, 우리가 이 세상에 온 이유입니다.

❀염체에 대해 작업하고, 그것에 자신이 책임을 지고 있음을 이해하고, 무의식적으로 부정적인 염체를 만들어내지 않고, 의도적으로 긍정적인 염체를 만들어내는 것이 당신네 그룹의 중요한 수행인 것 같군요. 이것은 우리가 자신의 현실을 창조한다고 말하는 또 하나의 방식이라고 할 수 있겠군요.

☾ 그렇습니다. 그리고 그것이 이 가르침의 중심 요소입니다. 천국과 지옥도 이 염체들을 통해서 우리가 지어내는 것입니다. 그러니까 생각과 감정의 힘을 깨닫는 순간부터 자신이 어떤 종류의 염체를 만

들어내는지에 대해 더욱 책임감을 느끼기 시작하는 것이지요. 이것이 심령이지체에 대한 지배력을 키우는 과정의 한 부분입니다. 이리하여 우리는 다스칼로스가 말하는 '생각-욕망'의 염체를 만들어내는 단계에 도달합니다. 이것은 '욕망-생각'의 염체와는 아주 다릅니다.

 대부분의 사람들이 욕망을 가지고 있지만, 그것을 통제하지 못합니다. 욕망은 그것을 어떻게 만족시킬 수 있을지에 관한 온갖 생각들을 일으켜냅니다. 그 결과 우리는 욕망-생각의 손아귀에서 놀아나게 됩니다. 육신을 떠났을 때 생각과 감정을 지배하지 못한다면 심령이지 공간에서는 염체 형태의 생각과 감정이 당신이 가진 것의 전부가 됩니다. 그래서 이 공간에서는 감정의 힘이 훨씬 더 강력해지기 때문에 우선 감정을 지배할 수 있어야만 합니다. 그러지 않으면 당신은 악몽과 같은 체험 속으로 들어가서 온갖 끔찍한 괴물들에게 시달릴 것입니다. 당신이 천국을 만들어낼 수도 있고 지옥을 만들어낼 수도 있습니다.

 진리탐구자들은 욕망이 지혜의 지배를 받는 경지에 이르러야 합니다. 생각-욕망이 곧 지혜입니다. 그러면 우리는 자신이 택하는 어떤 목적을 달성하기 위한 긍정적 염체를 지어낼 수 있습니다.

✾그러니까 생각에 힘을 불어넣는 것은 욕망이라는 말씀이지요?

☾그렇습니다. 예컨대, 내가 어떤 사람의 치유를 위해서 자비로운 염체를 만들어 보낼 수 있습니다. 이것이 생각-욕망 염체입니다. 왜냐하면 나는 그것을 마음속에서 의식적으로 만들어내기 때문입니다. 나는 빛으로써 거기에 기운을 불어넣고 사랑하는 사람에게 그것을 보냅니다. 이것은 자비로운 일을 위해서 마치 작은 천사와 같은 염체를

만든 것과 같습니다. 사람들이 날마다 만들어내는 다른 종류의 염체들 — 집이, 자동차가, 아니, 더 멋진 집이 있었으면 좋겠다, 부자가 되고 싶다는 등 — 은 욕망-생각의 염체입니다. 그래서 진리의 탐구자들은 이런 종류의 욕망을 극복하고 생각-욕망의 염체를 만들어내는 방법을 배웁니다.

❋그러니까 우리는 먼저 제멋대로인 감정적, 심령적 삶에 대한 지배력을 키우고, 그다음에 돌아서서 치유의 염체를 내보내기 시작해야 하는 거로군요.

☾ 예, 그렇습니다. 생각과 감정에 대한 지배력을 키워가는 동안 우리는 의식의 각성 속에서 영적으로 성장해갑니다. 영적 성숙과정 속에서 심령적 능력은 조금씩 저절로 나타날 것입니다.

❋다스칼로스의 모임과 그의 가르침의 목표는 무엇인가요?

☾ 목표는 우리가 치유가가 되어서 다른 이들의 짐을 덜어주는 것입니다. 이웃 인간들을 돕고 그로써 우리 자신의 의식도 더욱 깨어나는 것이지요. 모든 인간의 궁극적 목표이자 운명은 신성 실현, 곧 테오시스입니다. 모든 진리탐구자의 목표는 자신의 발전뿐만 아니라 영적 성장의 길을 타인들도 함께 가도록 돕는 것입니다. 대부분의 사람들, 인류의 압도적인 대다수는 무지한 상태 속에서 살아가고 있습니다. 오직 소수의 몇몇만이 깨달음의 경지에 도달합니다. 깨달은 사람들의 의무는 다른 사람들을 영적 깨달음의 길로 인도하는 것이지만, 결코 강요하는 것이어서는 안 됩니다.

진리탐구자들은 요청이 올 때 봉사할 수 있도록 늘 준비해 있어야 합니다. 하지만 결코 설교를 하거나 믿음을 전향시키려 들어서는 안 됩니다. 사람은 준비되어 있지 않으면 깨닫지 못합니다. 이것은 나가서 복음을 전해야만 한다는 선교사들의 말과는 반대입니다. 모든 인간은 자기발견의 길을 가고 있습니다. 대부분의 사람들은 온갖 시험과 고난을 먼저 겪으면서 자신의 카르마의 문제를 풀어야만 합니다. 하지만 어떤 지점에 이르면 그들도 진리의 탐구자가 되기 시작합니다. 구도의 길을 가지 않는 인간은 없습니다. 나날의 삶에서 쌓아가는 정보들은 나중에 우리가 깨달음을 얻도록 도와줄 것입니다.

✺다스칼로스 같은 스승이나 그룹이 꼭 필요합니까?
☾ 나도 그 질문을 다스칼로스에게 했었습니다. 그는 우리 모두가 내면에 스승을 모시고 있다고 했습니다. 모든 차원에서 우리를 인도하는 요하난과 같은 스승도 있습니다. 예, 우리는 스승이 필요합니다. 하지만 스승은 언제나 주위에 있습니다. 우리가 해야 할 것은 단지 자신을 발전시켜가는 것입니다. 그러다가 때가 오면 인도를 받게 될 것입니다. 그 스승이 물질계에 있든지, 아스트랄계에 있든지 아니면 다른 차원에 있든지 상관없이 말입니다.